国家出版基金项目

"十三五"国家重点图书出版规划项目

朱庆葆 主编

# 中国禁毒史

## 北洋政府卷

刘霆 著

南京大学出版社

## 图书在版编目(CIP)数据

中国禁毒史. 北洋政府卷 / 朱庆葆主编；刘霆著. — 南京：南京大学出版社，2023.12
ISBN 978-7-305-27591-3

Ⅰ.①中… Ⅱ.①朱… ②刘… Ⅲ.①禁毒－历史－中国－民国 Ⅳ.①D669.8

中国国家版本馆CIP数据核字(2023)第247216号

| | |
|---|---|
| 出版发行 | 南京大学出版社 |
| 社　　址 | 南京市汉口路22号　邮　编　210093 |

ZHONGGUO JINDU SHI

| | |
|---|---|
| 书　　名 | 中国禁毒史 |
| 主　　编 | 朱庆葆 |
| 著　　者 | 清代卷　　刘霆 |
| | 北洋政府卷　刘霆 |
| | 国民政府卷(上)　朱庆葆　杨长年　刘霆 |
| | 国民政府卷(下)　朱庆葆　杨长年　刘霆 |
| | 共和国卷　张楠 |
| 责任编辑 | 清代卷　臧利娟　　　　　北洋政府卷　谭天 |
| | 国民政府卷(上)　张淑文　国民政府卷(下)　张倩倩 |
| | 共和国卷　黄睿 |
| 照　　排 | 南京南琳图文制作有限公司 |
| 印　　刷 | 南京爱德印刷有限公司 |
| 开　　本 | 718 mm×1000 mm　1/16开 |
| 总 印 张 | 105.75 |
| 总 字 数 | 1752千 |
| 版　　次 | 2023年12月第1版 |
| 印　　次 | 2023年12月第1次印刷 |

ISBN 978-7-305-27591-3
总 定 价　998.00元

网址：http://www.njupco.com
官方微博：http://weibo.com/njupco
官方微信号：njupress
销售咨询热线：(025) 83594756

\* 版权所有，侵权必究

\* 凡购买南大版图书，如有印装质量问题，请与所购图书销售部门联系调换

# 目 录

## 清代卷

**第一章　古代中国的鸦片输入与服用问题 / 1**

第一节　古代西方鸦片种植与传播 / 1
　　一、何谓鸦片？/ 1
　　二、鸦片的原产地问题及词源演变 / 2
　　三、希腊、罗马及阿拉伯的鸦片使用情况 / 3

第二节　鸦片合剂流入中国 / 5
　　一、东汉时期的"苏合香"：一种可能含有鸦片的合剂 / 5
　　二、"底也伽"的传播时间及路线 / 5

第三节　古代中国的鸦片输入、种植与服用 / 7
　　一、唐宋至元时期 / 7
　　二、明清时期 / 9
　　三、古代中国的鸦片提炼技术 / 11

第四节　鸦片吸食方式的形成与演变 / 13
　　一、烧吸"碗药" / 13
　　二、混合吸食法 / 13
　　三、直接吸食烟膏的时间问题 / 18

## 第二章　1840年之前的鸦片贸易 / 21

### 第一节　1840年之前的中西贸易格局 / 21
一、中英茶叶贸易 / 21
二、中国的货币体制与白银依赖 / 23

### 第二节　早期的鸦片贸易 / 26
一、葡萄牙与荷兰的鸦片贸易 / 26
二、英国霸权地位的取得及对华鸦片走私的开始 / 28
三、从澳门到伶仃洋：英、葡之间的贸易战 / 31
四、其他国家鸦片走私概况 / 35

### 第三节　1840年之前的"白银漏卮"问题 / 36
一、鸦片输入的数量与价值问题 / 36
二、清廷关于"白银漏卮"的讨论 / 42
三、白银外流的数量问题及银贵钱贱之原因分析 / 52
四、鸦片贸易对于印度、英国、中国之影响 / 60

## 第三章　雍正、乾隆、嘉庆三朝的禁烟 / 63

### 第一节　雍正与乾隆时期 / 63
一、雍正时期：中国历史上的第一个禁毒令 / 63
二、乾隆朝：禁烟令的重申与扩展 / 68

### 第二节　嘉庆朝的禁烟 / 70
一、鸦片烟外禁的时间问题 / 70
二、禁止吸食法令 / 87
三、嘉庆年间禁烟效果之分析 / 88

## 第四章　道光朝的禁烟 / 91

### 第一节　道光朝前期的禁烟 / 91
一、叶恒澍事件及其影响 / 91
二、"广东立场"与《酌定失察鸦片烟条例》的出台 / 94
三、"广东立场"的持续发酵："内禁优先"与"弛禁"论的酝酿 / 97

第二节　鸦片战争之前的严禁 / 118
　　一、罂粟种植及《严禁内地种卖鸦片烟章程》/ 118
　　二、进口鸦片的贩运与清政府的查禁行动 / 125
　　三、鸦片战争前的吸食问题 / 134
　　四、林则徐的广东禁烟 / 150

第五章　鸦片贸易的合法化与全面弛禁(上) / 162
　第一节　鸦片贸易合法化的交涉 / 162
　　一、英方致力于鸦片贸易合法化的原因 / 162
　　二、璞鼎查的交涉 / 164
　　三、德庇时的交涉 / 165
　　四、战后的鸦片走私问题 / 168
　　五、《通商章程善后条款》：鸦片贸易合法化的开端 / 174
　第二节　税厘并征体制的形成 / 183
　　一、税厘分征体制下中央与地方之关系 / 183
　　二、税厘并征：《烟台条约》及《烟台条约续增专条》/ 187
　第三节　洋药进口数量与关税统计 / 194
　　一、洋药的进口数量 / 194
　　二、洋药的税厘统计 / 200

第六章　鸦片贸易的合法化与全面弛禁(下) / 213
　第一节　土产鸦片的全面弛禁 / 213
　　一、朝野弛禁之论 / 214
　　二、土产鸦片弛禁的开始 / 221
　　三、土产鸦片的种植与产量 / 222
　　四、土药的税厘征收 / 248
　　五、"以土抵洋"之成功 / 263
　　六、鸦片弛禁之影响 / 267
　第二节　弛禁时期的严禁思想与实践 / 287

一、同治至光绪初的禁种措施 / 287
二、洋务派中的严禁主张及实践 / 288
三、维新派的禁烟主张 / 297
四、太平天国的禁烟政策及实践 / 299

## 第七章　清末禁烟运动 / 305

### 第一节　清末禁烟运动之背景 / 305
一、清末民族主义与禁烟舆论之形成 / 306
二、有利的外部环境 / 312
三、民间禁烟团体及禁烟运动的推动 / 317

### 第二节　禁烟法令与禁烟机构 / 323
一、相关禁烟法令的颁布 / 324
二、禁烟机构的设立 / 332

### 第三节　中英禁烟交涉 / 339
一、禁烟条约的初步签订 / 340
二、英方的调查 / 342
三、《中英禁烟条约》的最终确定 / 355

### 第四节　禁烟运动的措施及成效 / 356
一、禁种植的措施及成效 / 356
二、禁贩售的措施及成效 / 366
三、禁吸食的措施及成效 / 370
四、万国禁烟会 / 377

### 第五节　禁烟运动中的财政抵补 / 382
一、禁烟与财政之两难 / 382
二、抵补措施 / 383
三、抵补政策之评析 / 389
四、清廷灭亡与禁烟运动的中断 / 390

# 北洋政府卷

## 第八章 民初禁政之延续 / 393

### 第一节 禁政持续之原因 / 393
一、中英条约的束缚 / 393
二、国际禁烟形势的制约 / 394
三、民众禁烟力量的推动 / 395

### 第二节 禁烟法令的颁布与执行 / 396
一、南京临时政府的禁烟令 / 396
二、北洋政府的禁烟法令与饬令 / 397
三、司法实践中的诸多细节问题 / 405
四、各地禁政之举措 / 410

### 第三节 民初禁政与外交纠纷 / 430
一、纠纷之条约渊源 / 430
二、浙江省的交涉 / 432
三、安徽省的交涉 / 436
四、广东省与江苏省的交涉 / 438

### 第四节 民初禁政之成效 / 440
一、中英联合会勘与印药禁止输华 / 440
二、存土焚毁之始末 / 452

## 第九章 军阀时代烟禁的废弛 / 466

### 第一节 烟禁废弛之原因 / 466
一、政局动荡 / 466
二、麻醉类毒品使用的增加 / 468
三、财政短缺 / 470
四、租界庇护与外人贩毒 / 473

### 第二节 全国烟毒泛滥之情形 / 483

一、禁烟法令的存续与影响 / 484

二、军阀获取鸦片利益之一般概况 / 488

三、各地烟禁废弛之具体情形 / 498

第三节 罂粟种植与吸食人口的数量问题 / 610

一、目前关于20年代烟土产量及吸食人口的几种估算 / 611

二、吸食人口数的估计 / 612

三、年消费量的估算 / 614

四、烟土年产量的估算 / 617

五、罂粟种植面积的估算 / 622

## 第十章 禁烟外交与海外华人所受之毒祸 / 626

第一节 英国的责难 / 626

第二节 国际禁烟会议 / 630

一、"国联禁烟委员会"的成立 / 630

二、中国参会之情形 / 631

第三节 世界毒品生产与中国之关系 / 638

第四节 海外华人所受之毒祸 / 641

一、英属殖民之毒祸状况 / 641

二、荷属东印度之毒祸状况 / 646

三、葡属澳门之毒祸状况 / 648

## 第十一章 民间禁烟运动的继续发展 / 650

第一节 传统政治之转型与禁烟运动之关系 / 650

第二节 各禁烟团体的成立及活动 / 653

一、全国禁烟联合会 / 653

二、万国拒土会 / 657

三、中华基督教协进会拒毒委员会 / 660

四、中华国民拒毒会 / 661

五、各地方禁烟组织概述 / 668

## 国民政府卷(上)

**第十二章　南京国民政府初期的禁毒 / 673**

　　第一节　禁毒法律体系的初步建立 / 674
　　　　一、《禁烟暂行章程》/ 675
　　　　二、《修正禁烟条例》/ 677
　　　　三、《禁烟法》与《修正禁烟法》/ 678

　　第二节　"断禁"政策的实施 / 681
　　　　一、"断禁"举措与成效 / 681
　　　　二、层出不穷的烟毒大案 / 683
　　　　三、"断禁"政策的失败 / 684
　　　　四、"渐禁"之议再起 / 687

　　第三节　军委会腹地省份禁烟 / 688
　　　　一、四省禁烟 / 689
　　　　二、腹地省份禁烟 / 691

　　第四节　南京国民政府初期禁毒的失败 / 696
　　　　一、中央政府政令不畅,地方禁烟各自为政 / 696
　　　　二、各级官员贪腐成风,烟毒势力盘根错节 / 704
　　　　三、中国对外主权丧失,外来毒祸难以遏制 / 706

**第十三章　南京国民政府时期的民间禁毒运动 / 714**

　　第一节　中华国民拒毒会与民间禁毒领袖 / 715
　　　　一、中华国民拒毒会的组织构成及其管理制度 / 715
　　　　二、民间拒毒运动精英 / 724

　　第二节　中华国民拒毒会的禁毒努力 / 731
　　　　一、唤起与鼓动民众拒毒 / 731
　　　　二、接洽与监督政府 / 747

　　第三节　海外华侨禁毒 / 762

一、菲律宾华侨清毒《宣言》/762

二、清毒委员会及各股办事细则/768

第四节 民间禁毒运动的衰落 / 770

一、民间禁毒力量的妥协/770

二、政府对民间禁毒力量的管控/776

第十四章 "两年禁毒、六年禁烟"运动(上) / 779

第一节 六年禁政的规划、法令、组织及其调整 / 779

一、六年禁政的基本规划/779

二、六年禁政的相关法令法规/786

三、禁烟组织/795

第二节 六年禁政的实施环节 / 801

一、施禁思路概述/801

二、具体实施措施及变通/802

三、禁烟经费与烟土税收/818

第十五章 "两年禁毒、六年禁烟"运动(中) / 827

第一节 分期禁烟区域 / 827

一、完全分期禁烟区域/827

二、绝对禁种分期禁运禁售禁吸区域/885

第二节 绝对禁烟区域 / 948

一、南京市/948

二、浙江省/949

三、山东省/953

四、青海省/956

第十六章 "两年禁毒、六年禁烟"运动(下) / 958

第一节 禁种成效考察 / 958

一、各省禁种成绩概况/958

二、存在问题分析 / 962

第二节　禁吸成效考察 / 967
　　一、烟民登记 / 967
　　二、施戒工作 / 971

第三节　禁运与禁售 / 979
　　一、禁运 / 979
　　二、禁售 / 989

第四节　禁毒工作成效 / 996
　　一、禁毒成绩之分析 / 996
　　二、禁毒工作问题之分析 / 999

第五节　六年禁政的若干缺失 / 1005
　　一、禁政计划不尽符合实际 / 1005
　　二、"禁税兼顾"导致重税不重禁 / 1007
　　三、法律执行宽严不一 / 1009
　　四、腐败导致禁政受阻 / 1011

# 国民政府卷(下)

## 第十七章　全面抗战前国民政府的禁烟运动与政权建设 / 1019

第一节　禁烟与国家政权建设的合法性问题 / 1019
　　一、"总理拒毒遗训"与国民党的政治遗产 / 1019
　　二、民族国家建构的诉求与政权建设的历史契合 / 1021
　　三、"六三纪念日"与"新生活运动" / 1024

第二节　禁烟运动与国民政府中央政权的巩固 / 1028
　　一、财政的中央集权:鸦片税基的扩大与重新分配 / 1028
　　二、中央政权的延伸:禁烟机构的膨胀 / 1038
　　三、基层的抵制与较量 / 1049
　　四、禁烟与社会管控 / 1059

第三节　全面抗战前的禁毒外交 / 1064

一、对于禁毒外交的认识 / 1064
二、国联多边禁毒框架与禁毒交涉与合作 / 1067

# 第十八章　全面抗战前日本对华毒害政策 / 1077

## 第一节　日本对华早期毒品走私 / 1077

一、数额巨大的毒品走私 / 1077
二、日本对华走私毒品的主要口岸 / 1080
三、对日本毒品走私活动的揭露与谴责 / 1081

## 第二节　日本在华毒品制贩基地的建立 / 1084

一、日本在"旅大"租借地的制贩毒活动 / 1084
二、天津日租界——日本向全球走私毒品的中心 / 1089
三、汉口日租界——日本在中国腹地的毒化中心 / 1092
四、日本在冀东的制贩毒活动 / 1094
五、日本在青岛实施的鸦片专卖 / 1098
六、日本在福州、厦门的制贩毒活动 / 1098
七、领事裁判权与日本在华制贩毒基地的建立 / 1101

## 第三节　日本在东北地区实施的毒害政策 / 1106

一、鸦片专卖制度的酝酿 / 1106
二、鸦片专卖制度的实施 / 1110
三、毒害情形 / 1118
四、鸦片"断禁" / 1120

## 第四节　日据台湾地区的毒祸 / 1127

一、渐禁政策 / 1127
二、断禁政策 / 1140
三、日本对台鸦片政策的危害 / 1142

# 第十九章　全面抗战时期日本对华毒害政策 / 1150

## 第一节　东北地区的毒害政策 / 1150

一、"断禁"政策的废止与鸦片增产 / 1150

二、鸦片吸食的泛滥／1152

三、鸦片走私的猖獗／1153

四、鸦片毒祸的危害／1155

### 第二节　伪蒙疆地区的毒害政策／1157

一、土药公司制／1157

二、组合贩售制／1160

### 第三节　华北沦陷区的毒害政策／1163

一、伪中华民国临时政府的鸦片专卖／1163

二、华北各地的毒祸／1168

### 第四节　华东沦陷区的毒害政策／1180

一、南京／1180

二、上海／1181

三、山东／1182

### 第五节　华中沦陷区的毒害政策／1184

一、河南／1184

二、湖北／1186

三、江西／1193

### 第六节　华南沦陷区的毒害政策／1194

一、福建／1194

二、广东／1203

三、香港、澳门／1208

### 第七节　华中宏济善堂与日本对华毒害活动／1209

一、华中宏济善堂的成立／1209

二、华中宏济善堂的毒害体系／1211

三、华中宏济善堂毒害的恶果／1217

## 第二十章　抗战胜利后南京国民政府的禁毒努力／1221

### 第一节　战后的禁毒形势／1221

一、国统区的毒祸／1221

二、收复区的毒祸 / 1222

第二节　南京国民政府的禁毒举措 / 1224
　　一、中央政府的禁毒举措 / 1224
　　二、地方政府的贯彻落实 / 1235

第三节　海外华侨禁毒 / 1245
　　一、海外华侨的毒况 / 1245
　　二、华侨禁烟座谈会 / 1247
　　三、华侨禁烟设计委员会 / 1248
　　四、《肃清华侨烟毒办法》/ 1249
　　五、华侨禁毒交涉 / 1250
　　六、华侨戒烟运动 / 1252

第四节　国际禁毒合作 / 1254
　　一、国境边界禁毒交涉 / 1254
　　二、联合国禁毒框架 / 1255
　　三、烟毒缉私情报交换 / 1256

第五节　南京国民政府战后禁毒努力的失败 / 1258
　　一、依然严峻的禁毒形势 / 1258
　　二、禁毒失败的原因 / 1265

# 共和国卷

## 第二十一章　中华人民共和国成立前的禁烟禁毒工作 / 1287
第一节　中共早期的禁烟禁毒思想及政策 / 1287
第二节　全面抗战时期中共的禁烟禁毒工作 / 1292
第三节　解放战争时期中共的禁烟禁毒举措 / 1300

## 第二十二章　禁烟禁毒政策和组织的确立及转变 / 1306
第一节　1952年肃毒运动之前的禁烟禁毒政策 / 1307
第二节　"三反""五反"运动与1952年肃毒运动的确立 / 1314

目 录

　　　一、"三反""五反"运动中的铁路运毒问题 / 1314

　　　二、1952年肃毒运动的确立 / 1319

　　第三节　禁烟禁毒运动的组织形态及其演变 / 1328

　　　一、禁烟禁毒干部的教育与惩处 / 1328

　　　二、禁烟禁毒委员会的建立与发展 / 1329

第二十三章　禁烟禁毒宣传工作的实施与调整 / 1333

　　第一节　1952年肃毒运动之前的禁烟禁毒宣传政策 / 1333

　　第二节　美国诬蔑事件与"口头宣传"政策的推行 / 1345

　　　一、冷战初期美国诬蔑共和国贩毒的系列事件 / 1345

　　　二、禁烟禁毒方针的转向与"口头宣传"政策的确立 / 1351

　　　三、"口头宣传"政策的执行 / 1355

　　第三节　群众的宣传动员：禁烟禁毒运动中控诉的微观研究 / 1368

　　　一、控诉：一种宣传动员技术 / 1368

　　　二、组织与培养典型控诉人 / 1371

　　　三、家庭苦与"大义灭亲"的情感动员 / 1375

　　　四、深挖毒根与阶级苦难 / 1378

　　　五、"由鬼成人"与身份认同 / 1381

第二十四章　农村政治运动与禁种工作的开展 / 1384

　　第一节　禁种鸦片政策的制定与调整 / 1384

　　第二节　农村政治运动与鸦片查铲工作的推进 / 1395

　　第三节　禁种善后政策的拟定与实践 / 1402

第二十五章　禁贩运毒品的推进与烟毒犯的惩治处理 / 1410

　　第一节　严禁制售和贩运烟毒政策的转变 / 1410

　　　一、第一阶段的禁贩运工作概况 / 1411

　　　二、严禁制、贩、运烟毒政策的普遍推广 / 1414

　　　三、1952年肃毒运动的准备工作 / 1418

xiii

四、1952 年肃毒运动的执行情况 / 1422

第二节　中央和地方对烟毒犯的处理与惩治 / 1429

# 第二十六章　毒品收缴和处理政策的建立与变化 / 1446

第一节　美国诬蔑事件对禁烟禁毒政策的影响 / 1446

第二节　烟毒收缴与处理政策的实施 / 1449

一、沿袭与各地独立处理时期 / 1449

二、中央统一管理时期 / 1456

三、暂缓与区域集中保管时期 / 1466

四、中央重新统一管理时期 / 1470

# 第二十七章　烟民戒烟断瘾及其改造 / 1475

第一节　禁吸政策之流变 / 1475

一、强制戒烟政策的延续 / 1475

二、教育改造与分期戒绝：戒烟政策的温和化转向 / 1481

三、暂缓戒烟：1952 年肃毒运动中的禁吸工作 / 1494

四、群众规劝与第四阶段的禁吸工作 / 1500

第二节　个人改造与戒除烟瘾：社会救济与戒烟工作的推进 / 1506

第三节　禁烟禁毒运动成功的经验总结 / 1513

**参考文献** / 1521

**索　引** / 1559

**后　记** / 1585

# 第八章 民初禁政之延续

辛亥革命后的短暂时间内,逊清政府政令不行,各地革命军政府又无暇顾及烟禁,故各省多有偷种烟苗之情事,以致鸦片毒卉几有复萌之势,吸食及贩运现象亦随处可见。因此,许多人曾预料政局动荡将会葬送清末禁烟业已取得的成就,但事实并非如此。海关报告指出:"出乎人们的意料,辛亥革命不但并未中断,反而更为有力地推进了这一活动。鸦片贸易虽同其他贸易一样都遭受革命所引起的政治、军事动乱的冲击,但没有像一般商业那样恢复过来。"①统一之民国政府成立后,从政权革新及合法性角度而言,对于鸦片这一贻害国家人民之大患,不能不设法涤除。否则,前清专制政府所行之禁烟政策,反不能行于民国,实为政府之奇耻大辱。故民国政府积极颁布禁烟法令,延续清末未完成之禁政。

## 第一节 禁政持续之原因

清末禁烟运动之所以能在民国初年继续向前推进,与以下三个方面的因素有关。

一、中英条约的束缚

按照《中英禁烟条约》的规定,在中国土产鸦片逐年减少的前提下,英国

---

① 徐雪筠等译编:《上海近代社会经济发展概况(1882—1931):〈海关十年报告〉译编》,上海社会科学院出版社1985年版,第183页。

则允诺印度鸦片对中国的输入在十年之内也分年递减,直至完全停止。在晚清政府看来,英国政府态度的转变,为禁绝鸦片提供了一个难得的良机。因此,对条约的履行相当认真,禁烟的成效也相当显著。而且,奉天、吉林、黑龙江、山西、四川等省已报完全禁种,并禁止邻省鸦片与印度鸦片运入。其他省份许多种烟土地也已改种粮食和经济作物。民国政府成立后,《中英禁烟条约》尚在履行之中,新政府基于自我形象和国家声誉,不能不以积极的态度对待禁烟。

二、国际禁烟形势的制约

清末民初时期,国际社会已经开始高度重视禁烟问题。自 1909 年 2 月在上海举行首次万国禁烟大会后,限制及禁止鸦片毒品的非法使用已为国际社会普遍认可,禁烟禁毒越来越成为一项国际合作的项目。但万国禁烟大会所议决之议案,并无法律效力,故 1912 年 1 月,由美国召集,美、德、中、英、法、意、俄、日、荷、波斯、暹罗、葡萄牙 12 国代表于荷兰海牙再次举行国际鸦片会议。会议通过了《海牙国际禁烟公约》,将万国禁烟大会上讨论形成的原则进一步上升为法律性的规范。该《公约》成为当时国际禁烟运动及各类禁烟条例之基础。《公约》规定除正当医药及科学上之应用外,鸦片、吗啡、可卡因的生产及分配均应受到法律的限制,鸦片吸食也应逐步禁绝。同时,该公约还作出声明,要帮助中国禁止鸦片进口,消除鸦片流毒。① 可见,中国的鸦片问题已然成为一个国际化的问题,该会议亦为中国禁烟营造了良好的国际环境。英国驻华公使朱尔典(John Newell Jordan)在会上承认"吸食鸦片的毒害,实际上是中国人民的生死问题",但其对中国政府的禁烟并无信心,指出"中国政府……要在十年内扫除至少一世纪以来所成长的,并且在帝国 800 万成年人口中已根深蒂固的习惯,我想是历史上很少曾施行成功的一项工作。而且,必须记得,进行这一尝试正是在中央政府已基本上丧失了将他的意志加之于各省的能力的时候"②。因此,如何向世界展示中国履约的能力,提高国际地位,其关键就在于中国政府能否将烟毒肃清。辛亥革命后,这

---

① 罗运炎:《毒品问题》(下),商务印书馆 1936 年版,第 108—109 页。
② [美]威罗贝:《外人在华特权和利益》,王绍坊译,生活·读书·新知三联书店 1957 年版,第 671—672 页。

一历史任务落在了新成立的民国政府身上。

1913年7月,海牙鸦片会议续开,中国政府对此极为重视,派出驻德国公使颜惠庆为会议全权代表,公共卫生专家伍连德等随同赴会。[①] 考虑到《海牙国际禁烟公约》尚未经各国一律画押,亦有画押者尚未由各国政府批准,故1914年国际社会在海牙再次召开禁烟大会,呼吁各国切实履行《海牙国际禁烟公约》,以制止鸦片毒害的蔓延。1914年5月,中国政府正式批准《海牙国际禁烟公约》,并声明于签字之日起实行[②];1915年,在荷兰外交部,由荷兰外交部长、美国驻荷公使及中国代表唐在复正式签字。[③] 签字加入国际禁烟公约,便意味着在禁烟问题上承担了国际义务,自然要付诸行动。根据国际禁烟会的精神,1915年4月,中国拟定《管理药商章程》及《限制药用鸦片吗啡等品营业章程》,对药用毒品进行规范管理。[④] 国际社会的禁烟形势,对中国的禁烟无疑起到有力的推动作用。

### 三、民众禁烟力量的推动

清末民众的禁烟意识已开始觉醒,禁烟的呼声渐趋高涨。1910年,经万国改良会总干事丁义华的促成,中国国民禁烟会在北京成立。该会会员多为资政院议员及学术界、绅商界人士。主要宗旨就是吁请政府废止《中英禁烟条约》,缩短禁烟期限,以求尽快达到禁绝鸦片的目的。中国国民禁烟会成立后,进行了许多有益的工作,如联合各省及府厅州县自治团体,于各地设立禁烟分会,商请资政院及各省谘议局协助政府及各省督抚加快禁烟进度,缩短禁烟期限。联络英国士绅及各国教会、慈善团体,争取国际声援,并大量撰写文章在中英文报纸上刊载,以资鼓吹和宣传。在中国国民禁烟会的努力下,1913年3月召开了全国禁烟会议,以商讨全国各地禁烟合作问题,各省均派代表参加了大会。会后又成立了全国禁烟联合会,以协调和推动全国的禁烟活动,并"派员赴英,要求废止中英禁烟条约,提前停止鸦片贸易,予我国以自

---

① 《政府公报》,1913年5月29日,第381号。
② 于恩德:《中国禁烟法令变迁史》,河南人民出版社2016年版,第150页。
③ 陈霆锐:《鸦片问题之结束》,《大中华杂志》,1915年第1卷第12期。
④ 《司法公报》,1915年,第44期。

由断禁之权"①。除此之外,当时各地成立的民间戒烟会社还有很多,也在勠力从事禁烟的事业。毫无疑问,民众禁烟力量对民国初年政府的禁烟工作也起到了促进作用。

## 第二节 禁烟法令的颁布与执行

正是在上述情势之下,民初政府仍然继续清末的禁烟运动并适时颁布了一系列禁烟法令。

### 一、南京临时政府的禁烟令

以孙中山为首的南京临时政府,成立伊始即连续发布禁烟令,表示了彻底清除烟毒的坚决态度。

1. 孙中山的禁烟主张

早在光绪十六年(1890),孙中山在致郑藻如的信中就指出,"今夫鸦片……为祸尤烈,举天下皆被其灾,此而不除,民奚以生",其认为"道在鼓励农民,如泰西兴农之会,为之先导",且要"立会以劝戒,设局以助戒;推贵乡已获之效,仿沪上戒烟之规"②。光绪二十年(1894),孙中山在其《上李鸿章书》中再次论及禁止鸦片烟,"近以愤于英人禁烟之意难成,遂劝农人栽种鸦片……亦一时权宜之计也。他日盛行,必能尽夺印烟之利……印烟之利既夺,英人可不勉而自禁,英人既禁,我可不栽,此时而申禁吸之令,可百年大患可崇朝而灭矣。劝种罂粟,实禁鸦片之权舆也"③。可见,晚清时期孙中山对禁烟就表示了高度的热情。

民国元年,孙中山就任临时大总统,随即表示"民国建立伊始,凡我国民固当力为戒绝"④,并承诺"一俟大局稍定,即当尽全力铲除此不良之毒物"⑤。

---

① 内政部禁烟委员会:《民国成立后之禁令》,中国第二历史档案馆藏档案,档号:四-(2)24。
② 《孙中山致郑藻如书》,《孙中山全集》(第一卷),中华书局1981年版,第1—2页。
③ 《孙中山上李鸿章书》,《孙中山全集》(第一卷),中华书局1981年版,第17—18页。
④ 《孙中山批仇志远呈》,《孙中山全集》(第二卷),中华书局1982年版,第247页。
⑤ 《孙中山复丁义华函》,《孙中山全集》(第二卷),中华书局1982年版,第36页。

针对当时有人建议专卖办法,孙中山认为"专卖一节,非禁烟之良法。现时南洋各埠办法,实于禁烟进步有阻,盖视为一种收入,必难收净尽之效……故即将来官卖之法,亦恐无以取信内外而必其办到"①。

孙中山是民主革命的先行者,又是南京临时政府大总统,故其禁烟主张必然对临时政府的禁烟政策产生较大的影响。

2. 大总统禁烟令

1912 年 3 月 2 日,孙中山以临时大总统名义发布禁烟令,指出:"鸦片流毒中国,垂及百年,沉溺通于贵贱,流衍遍于全国;失业废时,耗财殒身,浸淫不止,种姓沦亡,其祸盖非敌国外患所可同语。……方今民国成立,炫耀宇内,发愤为雄,斯正其时。若于旧染锢疾,不克拔涤净尽,虽有良法美制,岂能恃以图存。……其有饮鸩自安,沉湎忘返者,不可为共和之民。当咨行参议院于立法时,剥夺其选举与被选举一切公权,示不与齐民齿。并由内务部转行各省都督,通饬所属官署,重申种吸各禁,勿任废弛。"并表示:"尤望各团体讲演诸会,随分劝导,不惮勤劳,……屏绝恶习,共作新民,永雪东亚病夫之耻。"②

民国初建,军务倥偬,临时政府无暇详细拟订禁烟计划,因此孙中山于 3 月 6 日饬令内务部根据前清各项禁烟法令,择其可行者通饬各都督参照执行。在饬令中再次强调鸦片烟"小足以破业殒身,大足以亡国灭种",因此要"申告天下,明示禁止……勿任废弛"③。

遗憾的是,由于政局变化迅速,南京临时政府并未出台具体的禁烟细则,大总统禁烟令亦未及贯彻。

二、北洋政府的禁烟法令与饬令

民国成立伊始,未及制定系统性的禁烟法规,故前清禁烟法令得以延续施行,在实践过程中,又不断补充修订,终至成一基本完善之禁烟法律。

---

① 《孙中山复黎元洪电》,《孙中山全集》(第二卷),中华书局 1982 年版,第 73 页。
② 《大总统令禁烟文》,《临时政府公报》第 27 号,见《中华民国史档案资料汇编》(第二辑),凤凰出版传媒集团 1991 年版,第 31—32 页。
③ 《大总统令内务部通饬禁烟文》,《临时政府公报》第 30 号,见《中华民国史档案资料汇编》(第二辑),凤凰出版传媒集团 1991 年版,第 33—34 页。

1.《暂行新刑律》之"鸦片烟罪"

1912年3月10日,袁世凯在北京就任中华民国临时大总统,其宣布,在民国法律未经制定之前,所有以前施行的法律,只要不与民国的国体相抵触,均应暂行援用。如此,清末的禁烟法令及《大清新刑律》中规定的"鸦片烟罪",便成为民初禁烟案件定罪量刑的依据。《大清新刑律》是光绪三十三年(1907)冬所编定,由于采用了西方刑事立法的思想,备受守旧势力的抨击,故编定之后未能颁行。宣统二年(1910)经资政院议决于宣统四年(1912)颁布,但未及颁布晚清政府即告覆亡。民国成立后,《大清新刑律》经部分删改,定名为《暂行新刑律》,由临时大总统颁布通行,其中第20章"鸦片烟罪"成为民初禁烟治罪的主要依据。

该章规定:"鸦片烟罪"之罚,以传播恶习、危害社会国家的制造、贩卖鸦片之行为为重,以个人之吸食行为为轻。前者处三等至五等有期徒刑,并科500元以下罚金。后者处四等以下有期徒刑或拘役。税关官员或其佐理自外国贩运鸦片烟,或贩运吸食鸦片烟具,或纵令他人贩运者,处二等或三等有期徒刑,并科1000元以下罚金。开设烟馆者及栽种罂粟者,均处四等以下有期徒刑或拘役或300元以下罚金。吸食鸦片烟者处五等有期徒刑拘役或1000元以下罚金。上述各条之未遂犯亦要接受相应处罚。且凡有各条者得褫夺公权,如系官员将遭免职。巡警官员等执法者如放纵徇私,亦得相同之处罚。此外,收藏专供吸食鸦片烟之器具者,处100元以下罚金。①

《暂行新刑律》之鸦片烟罪与清末施行之《禁烟条例》相比,处罚略有加重。特别是在吸食方面,《禁烟条例》对吸食鸦片烟者,仅处20元以上500元以下之罚金,并未规定徒刑处分。尽管民初的吸食之罪重于清末,但当时多数人仍主张加重吸食之徒刑处罚,取消罚金。可见当时吸食鸦片现象之严重,且一般舆论将此归因为用刑过轻。事实上,要杜绝吸食之风,除了处罚适当外,还要靠执法层面的公正。若能认真举发、秉公惩治,即使刑罚略轻,亦当能奏效。

2. 关于禁止吸食与政治权利之补充规定

关于禁吸之法规,前述鸦片烟罪中除了有徒刑及罚金外,还有褫夺公权

---

① 于恩德:《中国禁烟法令变迁史》,河南人民出版社2016年版,第153页。

之规定。据此,1912 年 4 月 1 日,大总统宣布经参议院议决之参议院法,规定凡吸食鸦片者不得为参议员,从立法上剥夺了吸食鸦片者的公权。① 8 月 10 日,民国政府所颁布众议院议员选举法中又明确规定,吸食鸦片者不得有选举权及被选举权。9 月 4 日,颁布省议会议员选举法,亦规定吸食鸦片烟者不得有选举权及被选举权。② 因此,吸食鸦片烟者不但要受到刑律之处罚,且丧失了作为现代公民的最基本政治权利。

3. 参议院提议实行之《禁烟法》

1912 年 5 月,参议院议员周钰等 13 人提议实行《禁烟法》,经众议院议决通过。《禁烟法》内容分四章十五条,规定全国烟毒以 1916 年 6 月末为禁绝之期,施行范围以未实行禁绝鸦片之各省为限。③

《禁烟法》内容极简,不如《禁烟条例》及《暂行新刑律》之鸦片罪规定之系统,这是其未得颁布施行的原因之一。

4. 关于禁售的补充法令

《暂行新刑律》中有售卖鸦片之罪,该处鸦片主要是指生烟土与熟烟膏。事实上当时市面上所谓的各类戒烟药丸均含有一定程度的鸦片成分,而贪利之徒更是以出售戒烟药丸为名变相出售烟毒丸药。1913 年 2 月,公民王元吉等具呈内政部,谓戒烟药丸危害甚巨,宜严杜绝。内务部因此通咨各省都督及民政长,要求禁止售卖戒烟药丸。10 月,内务部又将禁令推及药用鸦片,命令京师警察厅及各省民政长,禁止管辖区域内所有洋药房出售药用鸦片,一旦查出,立即取缔。④ 1917 年 6 月,美国驻上海领事函请江苏省省长及外交部江苏交涉员,要求将美商华来福戒烟丸及上海惠济药房汤寿南戒烟丸由各机关出示保护。但内务部认为,此要求与 1913 年内务部通令不符,亦与《海牙禁烟公约》相抵触,且中国烟已禁绝,戒烟药物自属无用,因此拒绝出示保护。⑤ 可见,禁售戒烟药丸的规定是执行得较为严格的。

此外,《暂行新刑律》之"鸦片烟罪"中没有关于贩卖罂粟籽的规定,此点

---

① 《临时政府公报》,第 55 号,1912 年 4 月 2 日。
② 《政府公报》,1912 年 8 月 10 日、9 月 5 日。
③ 《政府公报》,1912 年 5 月 23 日、9 月 19 日、10 月 1 日。
④ 《政府公报》,1913 年 2 月 1 日、10 月 30 日。
⑤ 《政府公报》,1915 年 6 月 15 日。

与禁烟实有莫大之关系,故 1914 年 12 月,司法部又规定将贩卖罂粟籽种子者、意图贩卖而收藏或贩运者,处五等有期徒刑、拘役或 100 元以下罚金。①

上述禁售的补充规定,使得禁烟法令进一步系统化、具体化,增强了执法层面的可操作性。

5.《禁种罂粟条例》

种植罂粟之罪在《暂行新刑律》之"鸦片烟罪"中有明确规定,为了便于切实执行,民国政府于 1914 年 3 月颁布《禁种罂粟条例》,共计 21 条。主要内容为:凡各省栽种罂粟,不问是否禁绝,不得再行栽种。查禁之责任完全归于地方民政长官及县知事。县知事应责成乡董随时呈报禁种情形,于辖区内发现烟苗应随时强制铲除,如遇聚众抗铲,可转请都督派兵协助。民政长官应随时派员切实勘查,并将禁种情形按月册报。凡查禁不力之民政长官与县知事,由该管长官或内务总长付高等文官惩戒委员会惩戒。而办理成绩昭著者,则呈请奖励。②

民初政府以清末新刑律之"鸦片烟罪"为禁烟依据,虽然在种贩售吸方面补充了不少新规定,但多数并未形成独立的法律,如禁吸食的补充规定散见于参议院法、众议院选举法、省议会议员选举法中,而禁止售卖的补充规定亦仅以相关部门的命令存在,唯独在禁种方面形成了专门的法律条例。这是因为一方面,种植是烟毒泛滥之根源,加强禁种立法是从根本上肃清烟毒的措施;另一方面,十年禁烟的期限迫近,而英国检视中国履约程度的标准则为是否完成了禁种。对于新生的民国政府而言,这是关乎国际声誉及政权合法性的问题,故政府在禁种方面尤其重视。

6.《吗啡治罪条例》

吗啡是鸦片中最主要的生物碱,长期施用对人体的危害更大。清末民初,国内直接吸用吗啡现象有逐渐增多的趋势。关于查禁吗啡,清末曾定专门章程,外务部亦与各国订立禁止入口条约,法部亦有治罪专条,但内容并不完备。1914 年 4 月,民国政府特定《吗啡治罪条例》,该条例共 12 条,关于运输、销售、施打吗啡的量刑幅度均与《暂行新刑律》中关于"鸦片烟罪"的量刑

---

① 《政府公报》,1914 年 12 月 23 日。
② 于恩德:《中国禁烟法令变迁史》,河南人民出版社 2016 年版,第 274 页;《增补再版法令大全》,第五类,内务,商务印书馆 1921 年版,第 32 页。

幅度相同。条例还明确规定,"在制药律未颁布之前,凡关于高根、安洛因及其化合质料之犯罪亦适用本条例"①。

高根又名古柯,是生长于南美洲的一种灌木植物。古柯叶具有提神醒脑、消除疲劳、御寒治病等功能,其最主要的生物碱即可卡因。长期大量吸用或注射可卡因会导致人体循环系统受损,甚至呼吸衰竭以致死亡。安洛因即海洛因,是吗啡经过提纯后再加以化学合成的毒品,其纯度更高、毒性更烈、危害更大。在近代中国,最为普遍的吸毒方式是一榻横陈、衔着烟枪就着烟灯吸食鸦片烟。在清代卷中,我们已经分析了此种吸食方式与中国人特性契合的原因。此种吸食方式通过呼吸道吞吐,每次吸食摄入的吗啡是微量的,瘾者的用量达到一定程度后便基本固定,并不需要一直增加。长期吸食鸦片会造成身体虚弱、颓废,在外人眼中,华夏大地尽为"东亚病夫"。但吗啡、可卡因、海洛因等提纯物就不同了,通过静脉注射直接作用于神经系统,对身体伤害极大,且随着瘾加重就要逐渐增大药量,一旦沾染此类毒品,结局就是命丧黄泉。清末民初,因政府禁烟致使鸦片价昂难寻,而直接注射吗啡等毒品,初始费用低、过瘾便捷,不少瘾民放弃烟枪去寻求新的吸毒方式,但其对身体及社会的危害极大,故民国政府专门针对此类毒品制定法律。

7.《管理药商章程》及《限制药用鸦片吗啡等品营业章程》

1915年4月,内务部拟定《管理药商章程》及《限制药用鸦片吗啡等品营业章程》,这一方面是适应国内禁烟形势的需要,另一方亦是为了履行《海牙国际禁烟公约》中关于对药用毒品管理方面的规定。

《管理药商章程》共30条,其中第11至19条涉及售卖毒剧药品方面的规定。《限制药用鸦片吗啡等品营业章程》第12条规定,凡药用鸦片、吗啡、高根、安洛因及其化合质料之贩卖除要遵守《管理药商章程》中有关售卖毒剧药品的规定外,药商还要向该管警察官署领取特别执照,将所需数目、购药清单交由官署查核。零售药店要按照医士所开药方售卖,若无医士药方则不得售卖。药店若照外国药局方将鸦片、吗啡、高根、安洛因等制为丸、散、膏、丹、饼、胶、水等成品药,则须严格按照成方所载分量出售。若按照中国医士研制的成方配制,则须将成方及药品经官厅查验批准后才准许售卖。药商每月需

---

① 于恩德:《中国禁烟法令变迁史》,河南人民出版社2016年版,第273页。

要将售出数量报告该管官署,以备卫生职员前往查验。国人制造鸦片、吗啡、高根、安洛因及其化学质料除了要经政府特别允许外,还要将制造场所、制造人之详细信息向该管官厅照章注册。①

上述两个章程的刑事处罚措施并不具体,违禁行为除了科以罚金外,仅抽象规定"违犯本章程有应受刑律科罪者得仍依刑律各条处断"。

8. 各类禁烟奖惩条例

为顺利贯彻禁政,民国政府还颁布了各种关于禁烟的奖惩条例。1912年5月,曾有广东都督胡汉民电请大总统袁世凯奖励查获烟案的眼线人。② 1914年5月,民国政府颁布《烟案罚金充赏办法》,规定烟案罚金充赏,50元以下五成充赏,500元以下四成充赏,1000元以下三成充赏。③ 9月,司法部规定,嗣后拿获吗啡案亦适用上述办法。④ 1915年,广东巡按使李国筠电请拟定洋关查获私运罂粟种子提赏办法。据内务、财政、司法、税务处四部门会核,以罂粟种子每担值洋不过10余元,故拟定,若由税关查缉,则给缉私人员赏洋4元、报信人赏洋8元,有余则移赏他案,不足则由省库提拨。若该案由该管县查获,则适用《烟案罚金充赏办法》。⑤ 但由于海关胥吏贪贿纵容,1918年8月,税务处拟增加缉私赏额,将前述章程取消(仅指海关缉私部分,原《烟案罚金充赏办法》仍沿用),定《关员眼线禁烟缉私赏款章程表》。由内务部通咨各省遵行,其赏金由海关存储债款息项下拨给。⑥

对于尽力禁烟的官员,政府亦施以相应的荣誉、奖励。1913年12月,颁布《县知事奖惩条例》,规定县知事禁止鸦片依限肃清者,予以晋级或加俸。禁烟不力者,则予以褫夺或免官。⑦ 1914年4月,内务部拟定《警察奖惩条例》,其中规定警察官吏有关于禁止鸦片烟之劳绩者,给予警察奖章。⑧

9. 关于禁烟机关及烟案审判机关之规定

关于禁烟机构,自南京临时政府时期,即由内务部作为全国禁烟之负责

---

① 《司法公报》,1915年,第44期。
② 《政府公报》,1912年6月12日。
③ 《政府公报》,1914年5月24日。
④ 《政府公报》,1914年9月9日。
⑤ 《政府公报》,1915年2月5日。
⑥ 《政府公报》,1918年8月20日。
⑦ 《政府公报》,1914年1月6日。
⑧ 《政府公报》,1914年4月2日。

机关。1912年3月14日,内务部奉大总统扫除余毒之令,通咨各省禁止鸦片,并称政府已经设立禁烟公所,任命石瑛为经理、丁义华为顾问,负责全国的禁烟事项。嗣后各省若有禁烟事宜,请向石总理交涉。① 目前所见该时期之相关法令、政策等均由民政部、司法部等发布,未见禁烟公所运作的任何文件及资料,似乎该机构并未实际成立,或仅是短期存在,并未颁发关防。1914年3月,民国政府在内务部警政司下附设禁烟督察处,处长由警政司长兼任,主管全国禁烟督察事宜。② 随后又订立《禁烟督察处章程》,规定各省由都督(或省长、巡按使、民政长官)负责督理全省禁烟事宜,具体事务由政务厅负责,有的省份则设置禁烟公所专司其事。各县则由县知事(县长)负责禁烟事务。③

在清代,禁烟行政及司法审理统由地方官办理,民国成立后实行司法与行政分离制度,因此司法审判改由司法机关承办。④ 1917年9月,司法部又下令,今后监狱、看守所对于烟犯应令医士进行诊察,按其瘾之轻重,限期戒断,使其出狱出所之后不致再犯。⑤

10. 1919年之修正案

1919年,司法部对原《暂行新刑律》中的"鸦片烟罪"进行修订后颁布,主要有十个方面的变化:一是在罪名上,将"鸦片烟罪"修订为"鸦片罪"。其理由为"鸦片贻害社会,无论其为生药为熟膏为烟为灰,厥害相等","若仅举烟字,反滋遗漏"。二是将原罪中鸦片扩及吗啡、高根、海洛因及其化合质料等,此是将1914年颁行的《吗啡治罪条例》整合入新的"鸦片罪"中,亦反映了从晚清至民国时期,中国毒品种类范围的扩大及吸毒方式的多样化。三是增加了贩卖罂粟及高根种子的罪罚,此是将1914年司法部拟定的贩卖罂粟种子的相关规定整合入新的"鸦片罪"中。四是增加了关于将毒品输出国外的相关规定。这是因为《海牙国际禁烟公约》规定,凡是签约各国均应禁止将毒品输出过境,中国既与签约之列,自应一律办理。五是增加了制造、贩卖专供吸

---

① 《临时政府公报》,第38号、第40号,1912年3月14日、3月16日。
② 《政府公报》,1914年3月23日。
③ 《政府公报》,1914年4月1日。
④ 《政府公报》,1913年3月23日。
⑤ 《政府公报》,1917年9月29日。

食鸦片之器具,处三年以下徒刑的规定。此条还特别说明,洋灯、火柴虽可供吸食鸦片,但非专供之器具,故不在禁止之列。六是将以馆舍供人吸食鸦片罪,修改为以馆舍供人吸食鸦片并有营利之意图。七是增加为人施打吗啡针的处罚规定。八是删去原案中税关官员或其佐理人有犯者科以较重之刑的规定。因为官吏犯罪于"渎职罪"已有规定,无须重出,而佐理人并无官吏之身份,故不负官吏对于国家特别之义务,其科刑当与常人相同。九是删去原案中巡警官员等执法者如放纵徇私,亦得相同之处罚规定。巡警官员若与烟犯串通,则适用"渎职罪"。若非串通,则为溺职,适用惩戒处分。十是因币制变化,大幅提高了各类罚金之数量,从 500 元至 5000 元不等。①

可见,该修正案主要是将民初以来有关禁烟的各项法令及补充规定整合,并根据司法实践中的部分问题而进行了修改调整。

11. 各类禁烟饬令

除了上述颁布的法令外,民国政府还针对具体问题,不断以饬令的形式督促各地的禁烟活动。如 1912 年 6 月,针对部分地区偷种罂粟现象,大总统袁世凯下令通饬各省严禁种烟,"责成各省都督,无论已报禁绝及未报禁绝各省份,一律剀切晓谕。如再有私种鸦片情事,即严禁分别犁拔。凡国民尤宜互相惩戒,毋得干犯禁纲,致贻后悔"②。10 月底,正值烟苗下种之期,大总统袁世凯又申令民政机关严切晓谕国民力除痼习,吸者立即戒除,贩者立即歇业,种烟者也应改种粮食,违者一律治罪。官员故纵者,亦一并分别轻重,按律惩治。③ 随即,内务部通咨各省请饬属查禁私种烟苗,谓"现当烟苗下种之期,尤应严行申禁,以期根绝"④。12 月,因禁烟联合会函告内务部,山东、直隶的部分地区仍有烟苗发现⑤,大总统袁世凯再次训令各省行政长官恪遵前令,严切执行,必须按照中英禁烟条约确实禁种,并令各地按月将禁烟实在情形报明内政外交两部,以资考核。⑥

1913 年 10 月,英国公使向本国外交部报告,谓中国的云、贵、川、浙、苏

---

① 《司法公报临时增刊》,1919 年,第 103 期。
② 《政府公报》,1912 年 6 月 15 日。
③ 《政府公报》,1912 年 10 月 29 日。
④ 《政府公报》,1912 年 11 月 13 日。
⑤ 《政府公报》,1912 年 12 月 19 日。
⑥ 《政府公报》,1913 年 1 月 5 日。

等省仍有累陌连阡的种烟地亩,英国政府即以这一理由拒绝了中国外交部提出的立即停止印烟运华的要求。内务部获悉这一情况后,再次通电饬令各省都督、民政长官切实查禁。电称"顾念自强之计,恪遵大总统命令,督饬所属积极进行。无论如何为难,必使已禁绝之区,勿令再滋萌蘖,未及肃清之处,设法速予澌除。但视法所能施,绝不稍留余地。庶几废约旧议尚可早日实行,共和新民不致贻讥退化"。该电令通布后,各省都督和民政长官均复电报称认真查禁。① 年底,国际禁烟会议在海牙召开,受国际禁烟形势的影响,民国政府再次饬令各省严切执行禁令,并命令内务部与国务院法制局拟定违犯烟禁律令及地方官吏禁烟不力的处分办法。同时,又令教育部将鸦片之祸害编入学生的教科书中,以垂诫社会,令工商部和农林部在拔除烟苗的地区广筹生计,俾不致因禁烟而妨害民生。②

民初,特别是袁世凯统治时期,全国政令基本统一,故中央政府之饬令对地方政府仍有相当之威慑作用。

### 三、司法实践中的诸多细节问题

各种禁烟法令的颁布仅仅是法律的制定,而在司法实践中,还会遇到诸多具体而复杂的问题。因司法执行亦可反映禁政之一斑,故现仅就相关资料,略述一二。

1. 关于法令统一的问题

虽然民初政府颁布了一系列禁烟法令,但不少省份还习惯沿用清末出台的地方性禁烟法规,在司法程序上有的还与中央法令相抵触。如福建省有《闽省暂行禁烟条例》,且还据此条例常常提起上诉。1912年10月30日,总检察厅电令福建高等检察厅嗣后不得再据暂行条例提起上诉,并由司法部电咨福建都督及民政长,将此项章程取消。③ 经过整顿,清末禁政时期的地方法规一律不再适用,嗣后各地出台的禁烟章程亦不得与中央法令相抵触。

2. 关于"再犯"的问题

"再犯"加重处罚是各国法律通例。《暂行新刑律》中的第19条,"已受徒

---

① 《政府公报》,1913年10月18日。
② 于恩德:《中国禁烟法令变迁史》,河南人民出版社2016年版,第154页。
③ 《政府公报分类汇编》,1912年,第15期。

刑之执行,更犯徒刑以上之罪者为再犯,加本刑一等"。在民初相关鸦片烟案的司法实践中,将法律颁布之前的初次犯罪行为亦纳入处罚范畴。如1913年11月,有烟贩任炳全在车站向工人陆续兜售烟膏,按"鸦片烟罪",当处三等至五等有期徒刑,并科500元以下罚金。但审判时,法庭认为任炳全于宣统三年(1911)曾因私贩鸦片烟泡受徒刑之处理,故此次当援引再犯条例,处以二等至四等徒刑。后从重定为四等徒刑二年。① 可见,审判机构对待鸦片烟案的审理,倾向于在司法范围内加重处罚。

3. 关于贩卖戒烟药丸的法律适用问题

内务部已明令禁止贩卖戒烟药丸,那么在司法实践中,对于此行为是按照《暂行新刑律》中的"鸦片烟罪"处理呢,还是照"违背法令贩卖药品"处理呢?若按后者,仅能处以罚金。1913年7月,福建省高等审判庭为此函询大理院,并附有上海工部局化学科针对戒烟药丸的英文化验单及译文各一份。该化验单显示,戒烟药中含鸦片质极多。对此,大理院的函复解释为"查刑律鸦片烟自系指广义而言,凡以鸦片掺和制造之物,不问其为丸药,为他种形式,皆得依该条处断"②。可见,按司法解释,售卖含有鸦片成分的戒烟药是以"鸦片罪"为处罚的。虽然鸦片入药治疗各类病痛在当时的中国极为普遍,但禁政时期很难保证药用鸦片之医疗用途,事实上多数药用鸦片亦成为瘾者的吸食之物。因此,禁止戒烟药丸及药用鸦片的售卖,并对此科以贩卖鸦片之同等处罚,对于禁政而言是十分必要的。

4. 关于代买鸦片的问题

若代他人购买鸦片,既非自己吸食,又无贩卖牟利行为,法律对此如何处置,并无相关规定。1915年2月,江西省高等审判庭审理某不吸食亦不贩卖鸦片,却受人之托代买鸦片者。江西方面认为,应讯明嘱托者之目的,若系吸食,则依刑律29条2项,处代买者以吸食罪准正犯或从犯;若系贩卖,则依刑律31条1项,处代买者以贩卖鸦片罪之准正犯或从犯。但大理院认为,无论购买鸦片之目的为何,代买者均依照贩卖鸦片罪之从犯论处。③

---

① 《政府公报》,1913年11月13日。
② 《政府公报》,1913年11月13日。
③ 《司法公报》,1915年,第30期。

### 5. 关于售卖"士的年"的问题

"士的年"是民初各西药房普遍售卖的一种中枢神经兴奋药。该药剧毒，微量可治疗偏瘫等疾病。1920 年，郑县某药房从上海进"士的年"40 瓶，被县邮务局查获，经化验认为该药含有毒质，是制造白丸的必需品。白丸是含有鸦片或吗啡的白色吞服丸的通称，成分复杂，有些制品中加入微量"士的年"也未为可知。但药房掌柜到县辩诉，坚称"士的年"并非禁品，已经在海关纳税进口，上海邮政局贴票通行。郑县审判机关为此呈请大理院。而大理院的解释却含糊其词，认为若此项药品确实含有鸦片、吗啡、高根等物质，且可为代用者，则适用"鸦片罪"；若违反《管理药商章程》及《限制药用鸦片吗啡等品营业章程》，则适用该两章程。① 显然，大理院的解释回避了"士的年"的问题。而关于"士的年"的性质问题，从另一文件亦可窥究。1920 年 9 月，河南督军赵倜、署省长王印川，署山西省省长阎锡山等呈请制定《惩治制售戒烟毒质药丸专条》，司法部会同内务部核议后，认为禁止戒烟药丸的售卖已经通行在案，若戒烟药丸中掺入吗啡、高根、海洛因等自然可按照吗啡治罪法从重处罚，故没有必要针对戒烟药丸制定专条。在复文中提及，"士的年"并非禁品，但性质剧烈，掺用制药，亦殊危险，故应通行各省严加取缔。② 此事发生在郑县"士的年"案件之后，郑县药房运售"士的年"时，内务部还未通行地方取缔"士的年"，此时当属合法药品。

### 6. 关于吸食行为的界定问题

仅按法律条文，对于吸食鸦片的行为并不难界定。当时中国各地规定的禁吸期限都远远早于中英约定之十年禁烟的期限，这就造成一方面吸食鸦片是违背刑律的罪行，另一方面市面上还存在大量的贴有财政部印花的合法洋药。吸食贴有印花之洋药该如何处理，在司法实践中产生了诸多矛盾，此类纠纷在洋药进口的主要城市上海最多。上海地方审判庭为此多次电函大理院，请求解释。而大理院却认为"刑律关于鸦片罪非有新法律废止或变更仍应适用。故吸食鸦片不问曾纳印税与否一律科罪"③。从司法方面而言，大理院的解释并无问题，在实际上造成有合法商品进口，却无合法购买及使用

---

① 《司法公报》，1920 年，第 118 期。
② 《司法公报》，1920 年，第 126 期。
③ 《司法公报》，1915 年，第 35 期。

之怪现象。

此外,吸食鸦片还存在这样的问题。吸食鸦片者要有吸食行为为要件,但若购买鸦片预备吸食被查获,则很难判定其有贩卖或吸食之意图,此在实践中亦纠纷不断。如1918年,江西省第二高等审判分厅审理一烟案,某甲被人告发吸食鸦片,法庭一审提验其并无烟瘾,但身上搜得烟土少许,法庭遂以吸食鸦片烟论罚。某甲不服审判,声明控诉。法庭二审仍未验有烟瘾,又于其身上搜得烟土少许,经调查又很难得出某甲有贩卖之证据。法庭认为此种行为已近着手吞服,与预备而未着手是有区别的,决定以吸食鸦片烟未遂罪处罚。但地方法庭拿捏不准,依然电函大理院,希望作出解释。大理院的解释为"若吸食鸦片已有着手情形即构成未遂犯,有律可援",支持了地方法庭的审判。①

7. 关于烟苗转包与期货交易的问题

1916年9月,甘肃省会宁县,某甲种植烟苗长成后将其转包给乙,乙又将烟苗全部转包给丙。丙得手时正值收割,且甲已经潜逃。对于乙丙而言,并未有偷种罂粟之行为,是否适用违禁偷种罂粟罪,甘肃高等审判庭为此函询大理院。大理院的答复为,"包得烟苗亦构成刑律270条之罪"。后乙、丙照偷种罂粟之罪处刑。②

在司法实践中,部分烟土期货交易也是麻烦案件。如法律承认清末不违定章之烟土买卖仍属有效,但交土债务若在1912年3月10日之后,则禁止给付,只能按照债权法则相关规定办理。③ 如甘肃省山丹县有乙、丙二人于宣统末年向甲借银两若干,双方约定于1919年11月以内,乙、丙以烟土若干归还,不论烟土价值涨落。经甘肃省高等审判庭电询大理院,最终乙、丙以银两赔付。④ 按照此原则,贩土人若持1912年10月后之土药局收税凭单仍依律酌办。⑤

8. 关于特别救济之措施

1917年10月,司法部认为,吸食未绝的原因是判处罚金徒刑之外未有

---

① 《司法公报》,1918年,第91期。
② 《司法公报》,1916年,第56期。
③ 《司法公报》,1919年,第107期。
④ 《司法公报》,1919年,第109期。
⑤ 《司法公报》,1919年,第107期。

特别救济之方。故司法部训令各高检厅各处及京师各监狱,嗣后监狱看守所收禁烟应令医士切实诊察,按照烟瘾程度订立期限,使之完全戒断。戒断期内须勤加教诲,或比照病犯稍从宽待,俾除痼疾,而谋自新。① 显然,此救济措施的相关规定极为抽象空洞,在实践中很难达到戒断的效果。

9. 关于从重处罚与罪罚相当的问题

从上述诸多鸦片案件的审理中可以看出,各级审判机构在具体案件中量刑从重,有从重处罚之倾向。但若逾越法定范围,则会遭到大理院或最高检察机关的干涉。如前所述,1914年12月,司法部拟定将贩卖罂粟籽种子者、意图贩卖而收藏或贩运者,处五等有期徒刑、拘役或100元以下罚金。但内务部对仅予收藏,非意图贩卖者,因无明文规定表示不能理解,希望司法部作出解释。后司法部咨行大理院请予解释。大理院认为,鸦片、吗啡等罪都是以意图贩卖为犯罪成立之条件,故"收藏罂粟种子而确能证明其非意图贩卖,则除有必要情形得为行政处分外,在司法上既无明文规定,似不应处以罪行"②。又如1917年6月,陕西人马家汉因种烟未遂被地方审判庭处以一等有期徒刑12年。该罪按刑律应处四等以下有期徒刑或300元以下之罚金,但地方审判庭认为如此处理"未免致滋轻纵"。后总检察院检察长以原判违法而提起上告,最终大理院改判,对马家汉处以五等有期徒刑6个月。③ 此外,1920年10月,新疆省长咨称内务部,乌苏蒙部发现烟苗,拟将该署盟长福晋鄂罗拉玛罚俸半年,充作禁烟经费。若再违抗功令,则将种烟地亩充公。内务部根据司法部的咨复,认为地亩充公与刑律不符。至于罚俸一节,内务部为此咨询蒙藏院。④ 但未见有蒙藏院之回复公文,似乎不了了之。1921年,山西省有僧道沿门募化得到鸦片烟土并携归寺观施舍。经山西高等审判庭电询,大理院认为苟无贩卖或帮助吸食等故意,应不为罪。但大理院认为此事并不合理,因烟土非布帛菽粟可比,沿门募得及无故施舍皆非人情,提醒山西审判庭要注意事情真相。⑤

---

① 《司法公报》,1917年,第83期。
② 《司法公报》,1915年,第30期。
③ 《司法公报》,1917年,第135期。
④ 《内政公报》,1920年11月10日。
⑤ 《司法公报》,1921年,第145期。

上述诸多鸦片案件的司法审判,不仅可借以窥探民初禁政之一般情形,亦可作为考察民初司法体系之具体案例而研究。值得注意的是,一般进入司法程序之鸦片案件,审批机构大都能依法判案,很多拿不准的细节问题均向大理院请求解释,较为审慎。大理院及最高检察厅亦能对地方司法系统进行一定的监督。但另一方面,很多地方为了完成禁种任务,将违禁种植罂粟行为适用于军法,处以极刑,即对大量违禁种植者的处理并未进入司法程序。这对禁政而言,或许效率极高,但对国家司法的破坏亦显而易见。而1917年之后,中央政权几乎崩溃,地方军阀割据混战,烟禁渐趋废弛,地方司法系统亦完全依附于军阀政权。中央最高审判机构及检察机构不仅失去了对地方司法系统的监督职能,甚至连一般业务上之指导关系亦不复存在。

### 四、各地禁政之举措

民初在政府的严切饬令下,各地政府均能认真执行禁令。总体上看,禁烟活动在各地均搞得有声有色。部分地区还针对实际情形成立了地方禁烟机构,并颁布了地方禁烟法令。由于受资料限制,只能对各地禁烟情形作一概述。

1. 云南省

辛亥革命后,云南亦间或有偷种罂粟之现象,清末的禁烟法令遭到削弱。新成立的云南都督府却按照中央政府的禁烟要求,加强了禁烟工作。1912年10月,都督蔡锷发布《禁种专则》,对禁种烟苗相关事务作出规定。该条例相比清末处罚条例要严重得多,以军法处置种植罪犯,轻则监禁,重则枪毙。并规定了连坐方法,明确了士绅、县官等在禁种中的责任与义务。此外,云南都督府健全各级禁烟机构,各县设立禁种公所,所长由县知事担任,下设总董和协董,负责具体工作,每区镇设立禁种分所,各禁烟职员具结相关切结。

禁令颁布后,云南方面加强查禁力度,命令种烟民户自行铲除烟苗,若有抗铲一律派出军队助铲。元江县是云南鸦片主要产区之一,民族多,情况复杂,偷种抗铲之事不断发生,禁种工作极为困难。1913年,乡董武光烈查禁烟苗被民人所杀,县知事姜松龄派兵剿杀。1914年,烟民抗铲,姜松龄被围,省府调兵铲烟,杀烟民数十人。① 云南腾越盏达地方,民人向以种烟为生活,自禁烟以来,边民借入英籍为护符,私栽者甚众。官方铲烟,遭到聚众抗拒,官兵被击毙4人。经激战,官方毙20余民人、毁堡垒10余座,烟苗始得铲除。腾越洞德地区亦违禁私种,铲烟部队遭到聚众800余人的开枪抵抗,毙官兵4人。铲烟连长、委员及军队全部被围,乃派兵冲出,往腾越求救,又添派一连兵力往剿。云南马关县亦以栽种罂粟为生,铲不胜铲,县知事派员铲烟,亦遭聚众抗拒,后经设法击散,铲除无遗漏。② 对于云南少数民族的种烟问题,政府还是十分谨慎的。云南普洱县土司聚众盘踞,抗拒铲烟。总统电令该省长官,谓土司情形与内地迥然不同,且言语隔阂,难免误会,应以劝谕为入手,不宜过于操切,致酿意外。③

由于中英会堪期限迫近,1916年夏,云南都督唐继尧颁布《禁绝烟苗条例》及《巡视铲烟规则》,责令各道尹及县知事督率地方绅团,在烟籽下种时剀切晓谕民众不再种烟,在烟苗出土时层层勘查,发现烟苗立即铲除。查勘种烟先由地方绅团检查,然后报与地方官复查,地方官查毕,报与道尹再查。如地方绅团查获种烟情事,除将烟苗铲尽,应将种户送交地方官拘押惩处;如地方官复查而查获种烟,即将种户枪毙、烟田充公,并相应处分失察或隐匿实情的地方绅团。如省府派员复查而查获种烟,即将道尹撤职,地方官及种户均以军法从事。在严刑峻法之下,云南的禁种效果十分显著。至1917年年初,滇省内地和近边各地都已报告完成禁种。唐继尧还派亲信军官会同各地驻军长官再行复查,查毕确实无烟才电复北洋政府。④

此外,云南省对运输鸦片的惩处亦甚为严格,运输鸦片者一律视为烟匪,随时派兵擒拿,烟土没收,运者治罪。但是比较禁种与禁运,云南对于禁吸食方面似乎重视不够,遗留不少漏洞。⑤ 整体而言,民初云南的禁政还是取得明显效果,也顺利完成了中外会勘工作,印药停止入滇。

---

① 秦和平:《云南鸦片问题与禁烟运动(1840—1940)》,四川民族出版社1998年版,第183—186页。
② 《云南抵抗铲烟案之骇闻》,天津《大公报》,1915年5月18日。
③ 《大总统电令对滇省土司严禁不宜操切》,天津《大公报》,1915年7月17日。
④ 《滇督军兼省长唐继尧电告禁烟情况》,天津《大公报》,1916年9月28日。
⑤ 秦和平:《云南鸦片问题与禁烟运动(1840—1940)》,四川民族出版社1998年版,第186页。

## 2. 贵州省

民国初始,政局混乱,先前一度禁绝的烟毒又在贵州复炽。据载,"军都督以下各官长,吸烟者甚众,以至令出不从,烟苗遍野,烟馆无数"[①]。后滇军入黔,夺取政权,唐继尧任贵州都督。当时贵州流传一种说法:"唐继尧贪妄成性,勒捐不已,复运大帮云南鸦片,入黔售卖……致吾黔满地烟霞,受害何堪设想。"[②]此说难以判断真伪,或许仅代表贵州当地民人对外来统治者的一种不满。不久,唐继尧就开始在贵州禁烟,且拟定了严厉的禁种办法,发现烟苗即将烟田充公,种户枪决或判处徒刑;甚至动用军事手段,将滇军作为铲烟的军事保障,如桐梓县因私种而被枪毙者达十数人。[③] 而在开阳县,烟农以时局紊乱为偷种之机会,1912年冬大量播种罂粟。1913年3月,省都督府派遣滇军来县督铲。由于此地气候温和,作物较早,去冬之罂粟已行将收割,弃置可惜,故烟农要求官府矜恤。其时县属各地,土匪蜂起,因匪徒从中煽播,遂发生宅吉抗铲之事。省当局派军队进行武力铲烟,宅吉之人民倾家荡产、身受诛戮者,殆难悉数,各地亦备受荼毒,其事始息。[④] 由此可见,铲烟之残酷。

与铁血残酷之铲烟相配合的是,黔省政府继续推行作物替代和产业调整,鼓励民间种植桑树、棉花、苎麻、油桐,开掘矿山、垦殖荒地、推广畜牧和设立工厂等,以发展经济,实现作物的有效替代,从而最终实现转移支付收益,促使禁令能够被民众接受。1915年春,巡按使龙建章令农事试验场广蓄桑秧,并刊布《农桑浅说》,给各县分发播种桑籽,可惜领种者栽活无多。后龙建章调离贵州,此计划暂时搁置。1916年冬,省督军刘显世规划全省蚕桑条例,以谋抵补罂粟禁种之损失。由省蚕桑总局负责全省相关事宜,各县设桑区事务所,在县知事监督下专管其事。额定大县6万株,限1917年及1918年春间两期栽足。[⑤]

1916年年底,为迎接中英联合会勘,刘显世设立东、中、西三路禁烟督办

---

① 贵州省社会科学院历史研究所编:《贵州辛亥革命资料选编》,贵州人民出版社1981年版,第92页。
② 中国科学院历史研究所编:《云南贵州辛亥革命资料》,科学出版社1959年版,第225页。
③ 李世祚:《桐梓县志》卷9,1929年铅印本,第238页。
④ 中国近代史资料丛刊:《辛亥革命》(六),上海人民出版社1957年版,第477页。
⑤ 秦和平:《清末民初贵州禁烟运动研究》,《西南民族学院学报》(哲社版),2003年02期。

公署,委命专人负责,配备一定数量的军队,以期消灭烟毒,顺利通过会勘。当时有部分乡民种烟,烟籽一经下地便不可复收,省府只得派员赴各地监督,强令农户反复翻犁,有的散在土表,有的转藏土中。再三翻犁仍不时有烟苗长出,继而发芽有先有后,成苗有早有晚。因此,许多农户被查铲部队认定为有意抗拒而擅行枪决。中英会勘前夕,许多地方迫于禁令,动员男女老幼,满山遍野,日夜清铲。经过整顿,贵州的偷种得以控制,禁烟成绩得到英国承认。

3. 四川省

四川在清末是全国产烟最多的省份,其禁烟措施严厉,效果亦明显。而辛亥革命后,川省亦如其他地区,出现法令废置、禁烟中断的现象,鸦片的种贩售吸一度回潮。直到1913年下半年,四川的政局才逐渐稳定,在全国禁烟的形势之下,川省当地政府开始采取积极行动推行禁政。

1913年年底,四川省行政公署训令各道观察使及各厅县知事,要求严厉禁止鸦片,并限年内全面禁止种植、贩运及吸食的行为。抗铲包庇之人,一并拿案严办,知情不报者,以连坐处罚。① 后省当局再颁禁烟告示:"照得鸦片烟禁,业已三令五申……烟苗赶紧自拔,即是安分良民,倘敢再违禁令,惩办决不从轻。至于烟贩烟馆,与夫吸食积囤,刑律具有明律,有犯即于严惩。责成官吏团保,并派委员梭巡,且准投函告密,罚款实奖五成。断难幸逃法网,务宜革面洗新,如有诬告图赏,反坐尤不容情。特在严重告诫,其各一体凛遵。"②民初,四川省府以告示的形式表达了禁烟的决心。

1915年4月,四川省又颁布《四川省禁烟施行细则》,规定于罂粟下种时,先以文告严重告诫,并选派员绅分赴各乡,于赶集之期当众演说利害,以期共喻;地方官责成团保取具永不种烟切结,毗邻各团保须互具甘结,承担连坐之责;对于在禁种或铲除时聚众抵抗者,派兵协助查禁。③ 四川各地方政府在执行中央及省府禁烟法规的前提下,结合实际情况加以变通处理和灵活运用。各地偷种烟苗得以迅速铲除。巴县档案显示,在1914年与1915

---

① 《四川政报》,1913年,第2期。
② 《四川政报》,1913年,第5期。
③ 于恩德:《中国禁烟法令变迁史》,河南人民出版社2016年版,《附录》第277页。

年间,烟土主产区的川东各县基本上禁绝罂粟,其他地方情况也大同小异。①

川省还根据民众沾染烟癖为数众多的状况,制定《禁烟施行细则》及《模范戒烟所章程》,重点进行禁吸和烟民施戒工作。其中关于种贩售吸等规定及烟案罚金之办法均与中央政府之规定类似。特别之处是拿获吸烟人犯后,先缴纳罚金,然后勒令入戒烟所戒断烟瘾。若人犯无能力缴纳罚金,则先发戒烟所戒断烟瘾,后再酌情处理。② 川省许多烟民入所投戒或在家自戒,脱离了烟籍。

1916年秋,鉴于中英禁烟协定期限将至,川省加大禁种力度,再次发布严禁种烟之告示:"秋收已毕,又当耕耘,禁种一端,最宜厉行。种烟之害,祸国殃民……如再偷种,稽查认真。一经发觉,拿送公庭,田土充公,并予重刑。首人团保,不许徇情,倘敢包庇,加重治惩。令出惟行,一体凛遵。"③

在中英会勘前,省当局将全省划分为21个禁烟检查区,派出委员21名,分区查禁。各员分赴各区,严密调查,但有烟苗发现,即召集该地团甲督令铲除,并将种烟之犯拿送地方究办。若遇聚众抗铲,则飞函知事,带队前往,拿办铲除,如需兵力,得会同地方知事,商请驻防军队协助办理。查禁委员往返夫马均由公署发给,地方馈送一概不许接受。④ 此外,四川督军熊克武、省长杨庶堪从整顿吏治入手,推行禁令。对于各县知事首以查铲烟苗之勤惰及境内有无烟苗作为考课之标准,分别举劾。⑤ 涪陵、梁山、盐源、仁寿等县知事遭记过扣俸处分。在严令之下,各级政府积极推动当地禁政工作,四川禁烟运动,特别是禁种取得了极大的成效。

4. 陕西省

陕西省于1913年9月即呈报种植及贩运已渐禁绝⑥,但此后不断被揭发有种烟情事。故1914年10月,陕省复设禁烟总局,并派专员总司禁烟之

---

① 秦和平:《四川鸦片问题与禁烟运动》,四川民族出版社2001年版,第145页。
② 于恩德:《中国禁烟法令变迁史》,河南人民出版社2016年版,第162—163页。
③ 秦和平:《四川鸦片问题与禁烟运动》,四川民族出版社2001年版,第149页。
④ 《川省分区禁烟之规划》,天津《大公报》,1916年11月24日。
⑤ 《政府公报》,1915年2月8日。
⑥ 《政府公报》,1913年9月19日。

事。① 1915年1月,陕西巡按使呈报存土甚多及乡人视禁烟为无关重要之事。这些信息均说明,陕西省的烟土运输、售卖、吸食并未净尽。此后,陕省又拟定《陕西全省戒烟章程》,于省城西安设立戒烟总局,并饬令各县设立戒烟分局,并于1915年年底完成全省的戒烟工作。② 但事实上,陕省的吸食问题始终未得解决。

由于陕省在种烟方面经常出现反弹现象,且颇为外人所关注,而中英条约期限将近,故陕省当局于1915年7月呈请中央,要求对于种烟者用特别办法,加重治罪,除将地亩充公外,枪毙纠众抗拒为首之人。③ 但中央政府认为,"禁烟不可徒恃峻法,宜严密稽查,劝教兼施",故未批准陕西省的呈请。④ 值得注意的是,中央政府一方面对于履约甚为重视,不断督促地方严厉禁烟,另一方面对司法之维护亦尤为在意,对于地方上要求加重惩处,另订特别之法的请求,中央政府始终未能同意。此前,大总统袁世凯亦以"破坏司法系统"为由拒绝了察哈尔都统的类似请求。⑤

5. 甘肃省

1913年,张广建任甘肃都督,其执行禁令极为严格,特别是禁种方面实行较好。他"派员分往各县,认真查勘,不使一茎半苗发现于地亩,其烟亩罚款一项收入,永远停止再不征收"⑥。1916年以后,甘肃省内种烟基本禁绝。烟亩罚款在鸦片税收中基本不存在了。⑦

据统计,1915—1919年,甘肃省岁入的主要部分还是田赋和统捐,二者合计分别占当年岁入总额的60.6%、73.2%、73.8%、63.6%、60.4%。⑧ 由于种植的减少,鸦片价格大涨,兰州1两鸦片之价格竟由纹银一二钱涨至十一两以上,故吸食者大为减少。对此,陇上名士慕寿祺曾赞扬道:"张广建到甘以来,惟禁种罂粟一事实事求是。""甘肃自张督军任职以来,认真禁烟,

---

① 《政府公报》,1914年10月14日。
② 《政府公报》,1915年1月30日。
③ 《政府公报》,1915年7月9日。
④ 《政府公报》,1915年7月17日。
⑤ 《政府公报》,1914年6月22日。
⑥ 慕寿祺:《甘宁青史略正编》第28卷,俊华印书馆1936年版,第41页。
⑦ 杨惇颐:《甘肃灾情谈》,《新陇》第3卷第1期,1930年7月,第44页。
⑧ 赵志龙:《民国时期甘肃鸦片生产规模的数量分析》,《天水师范学院学报》,2002年04期。

今已七年矣,各县业经禁绝,民间虽有存土,究亦无多,遂致烟价腾贵。"①据当时兰州博得恩医院的医生记载,应北京政府的请求,英国驻北京领事曾派了一个查烟委员,赴甘肃查看是否还有鸦片种植。该委员在甘肃翻山越岭,仔细考察,最后给领事的汇报中声称没有发现任何种植鸦片的迹象。②

由于民间存土较多,甘肃省于1914年6月拟定《变通分期以罚为禁办法》,规定民间私土在征收罚款后准许售卖,但征收期限以1914年年底为止。限满后如有存土隐匿未报者,一经查出,土则焚烧,人则治罪。但是甘肃地方财政困难,似乎对鸦片利税的依赖较大。1915年,镇原县知事张传霖等侵占及贩运私土一事案发,皋兰地方审判庭在判决该案时,以甘肃财政困难为由,拟将追获烟土及变价银两悉数留拨为本省裁军练兵各费。但内务部认为甘肃省咨部在案章程内并无所谓查获烟土及变价银两可以留拨为省内相关费用一节,且甘肃省亦未就此事特别请示内务部。而司法部对于甘肃省"现在烟土尚可买卖,且得由官变价"一事表示质疑,认为没收款项及物品卖得金为司法收入之一种,应照章解部,而所有查获烟土则勒令该管监察厅按章程实行销毁。③ 由于遭内务部及司法部联合抵制,此举未得施行。

6. 新疆

新疆地广人稀,除吐鲁番、新平、若羌、疏勒、疏附、英吉沙、蒲犁、于田等县地多含碱,不宜种烟外,其他地区多适宜种植罂粟。绥定、宁远、焉耆、轮台、乌什、拜城、迪化、昌吉、呼图壁、阜康、孚远等处向为著名产烟区域。新疆的烟苗播种季节比内地要多。有于冬季播于雪上者,来年春融雪消则烟籽发芽,谓之冬花;有于春季播于雪消时者,将烟籽与豆麦同时下种,谓之春花;还有于四五月间将种子下种,至七八月间仍可一律割浆,称为秋花。三者之外又有于割浆后不将烟包采去,听其树腐子落,一二年尤能自然发生者,谓之流生栽种,较之内地倍易。而四野漫漫,一片戈壁随处可种。④ 而遇有禁令,罂粟则多种于深山辟谷中,其禁种的难度远高于内地。

辛亥革命后,因政局混乱,新疆的罂粟种植又开始逐渐恢复,在部分地区

---

① 慕寿祺:《甘宁青史略正编》第30卷,俊华印书馆1936年版,第16页。
② 尚季芳:《民国时期甘肃毒品与禁毒问题研究》,四川大学博士论文2007年,第15页。
③ 《司法公报》,1915年,第35期。
④ 《司法公报》,1915年,第42期。

还尤为严重,特别是天山南北各属,几乎无人无地不种。① 据统计,仅昌吉芳草湖一带,就有烟地 23000 余亩。② 新伊大都督府虽然存在时间短,过渡性质明显,但还是颁布了禁止种植"花花子"(罂粟)及禁止吸食鸦片的相关法令。③ 不久之后,新疆便进入杨增新统治时期。

杨增新对禁烟持十分积极的态度,其认为"此次查禁舍家赔款所系,百姓生命所关,万勿稍涉轻忽,致滋贻误"④。由于镇迪道属向为产烟最盛之区,尤以奇台、绥来两县为多,故杨增新的禁烟首先从奇台和绥来两县入手。先广贴告示,再派专员协同地方文武,辅以军队逐段铲烟。在偏远地区,除派员亲赴查禁外,还将责任分解给蒙古王公、哈萨克头目等,要求他们务必实力举行禁烟。⑤ 为了断绝罂粟种子来源,杨增新命令各地方官将民间烟籽一律炒熟榨油。⑥ 对种烟的处罚则极为严厉,发现烟苗,地方官员严参,烟民枪决。当时,在新疆种烟的还有部分英、俄人。杨增新令喀什道尹与英俄领事严加交涉,查禁方面中外一体。还有华人越境赴俄种烟,并将烟土运回华境。经过交涉,俄方出令,禁止租地给华人种烟,并会同中方劝导,乃至驱逐华人回国。在查禁过程中,杨增新发现赴俄种烟之人以甘肃出关游民为最多,于是请甘肃督军限制民人出关。⑦

对于地方官吏,杨增新明确要求他们对禁烟负有责任,并颁布《禁种烟苗功过规则》。⑧ 主要内容为:一是自 1914 年 1 月以后,各县初次发现烟苗者,将知县记大过三次,每一大过罚公费银 50 两。再次发现烟苗,即行撤职。二是各县所属各村庄乡约同负禁烟责任,某村发现烟苗者,每次罚公费 50 元。如乡约自种者,立即革退。三是1914 年之内,经委员查勘,乡无烟苗者,官则

---

① 杨增新:《电呈新疆烟苗现经一律禁绝并将烟犯首要惩办文》,《补过斋文牍》(甲集上),1921 年刻本。
② 杨增新:《指令昌吉县知事谢祖耀等会呈禁烟情形并拟定赏罚规则文》,《补过斋文牍》(辛集一),1921 年刻本。
③ 魏长洪:《辛亥革命在新疆》,新疆人民出版社 1981 年版,第 56 页。
④ 杨增新:《密令各道尹饬属严禁烟苗文》,《补过斋文牍》(辛集一),1921 年刻本。
⑤ 杨增新:《呈报派负查禁烟苗开支禁烟文》,《补过斋文牍》(甲集上),1921 年刻本。
⑥ 杨增新:《训令各道尹饬属查禁烟籽文》,《补过斋文牍》(辛集一),1921 年刻本。
⑦ 杨增新:《呈请禁止甘肃游民出关以免赴俄种烟文》,《补过斋文牍续编》(卷二),1921 年刻本。
⑧ 杨增新:《通令各属禁种烟苗实行功过规则文》,《补过斋文牍》(辛集一),1921 年刻本。

记功,绅则给予匾额,以昭激劝。① 对于失职官吏的处理毫不留情,如乌苏县属之甘家湖地区发现烟苗,土尔扈特东部盟长被罚俸半年,以充禁烟费用。对于有功的官员,杨增新亦呈请中央政府给予奖励,如 1915 年 9 月,中央政府批准新疆方面呈报的奇台县知事郑有叙禁烟有功的申请。②

民初新疆禁烟成效很大,1915 年中英联合会勘未发现烟苗,新疆列入禁止印药进入之省份。正如民国时期的曾问吾所说:"夫新疆地面之辽阔,民族之复杂,加之有种烟嫁祸之俄国,其禁烟之困难百十倍于内地,然而新省当局竟能使毒卉一时绝迹于天山南北,不可谓非伟绩乎。"③

7. 山西省

山西在清末即已告禁绝烟土,印药亦禁止输入。民国肇始,又有复种之苗头,而当地政府竟收捐允征。1912 年 6 月的大总统禁种饬令下,都督阎锡山派出查禁委员及军队,会同官绅,厉行查禁。但当时很多地方的烟苗已经纳捐,如交城、文水、汾邑等种烟县份,所种植烟土 6/10 均已纳捐。在此情形之下,阎锡山仍坚持禁种,6 月 17 日发出拔除烟苗命令。因此,烟农与委员大起冲突,在交城,县令及委员 2 人被刀刺毙。阎锡山闻报,立即派兵两营前往弹压,用快炮打毙居民甚多。④ 1912 年 10 月,值往日播种冬烟之期,晋督阎锡山会同民政长迭张布告,严饬地方官查禁。此外,在关津渡口,亦严查外土私运,查获立即焚毁。⑤

山西虽有复种,但因清末时期禁种基础较好,阎锡山又持严厉禁烟之态度及坚决之措施,故至 1913 年 1 月,晋省各地已确无偷种情事。⑥

8. 直隶省

直隶省属于京畿之区,执行中央禁令自然不敢懈怠。直隶自晚清以来种烟向来不多,据海关数据,其种烟地亩自宣统元年(1909)即已经禁绝,至民初政局纷乱,又间有私种,后经省当局派员会同地方官拔除净尽。虽然直隶禁

---

① 曾问吾:《中国经营西域史》,商务印书馆 1936 年版,第 663 页。
② 杜继东:《民国初年新疆禁毒研究》,《江苏行政学院学报》,2007 年 02 期。
③ 曾问吾:《中国经营西域史》,商务印书馆 1936 年版,第 662 页。
④ 《山西交城烟户之暴动》,天津《大公报》,1912 年 6 月 25 日。
⑤ 《黎元洪、阎锡山就禁烟事复电丁义华》,《大公报》,1913 年 5 月 6 日。
⑥ 马模贞主编:《中国禁毒史资料:1729 年—1949 年》,天津人民出版社 1998 年版,第 601 页。

烟以 1912 年年底为限，但据资料显示，1913 年，距离京城极近之昌平县部分村庄仍种烟不少，且种烟地区闻政府禁烟，竟聚集 2000 余人，以与官兵对抗。经县知事一面调停，一面略以民兵弹压，才将烟苗铲除净尽。①

直隶虽然种烟不多，但是消费重区，故其所销烟土全靠外运，以甘肃、山西运来者较多。自宣统二年（1910）至三年（1911），直隶已无洋药报运进口。民初为执行中央禁令，直隶重点治理私售私吸。1912 年 5 月，京城警察厅发布通告，限令 5 月 16 日各土膏店一律停业，嗣后如再有私售私吸情事，即按新刑律鸦片烟罪予以惩治。嗣后土药商会禀文请求展期，却遭警察厅拒绝。② 此外，中央政府各部门亦分别下令严禁本部属员吸食鸦片。如海军部于 1912 年 6 月令该部军医查验部员有无烟瘾。③ 又如交通部通电所辖各局所，责成各该管长官重申严禁，嗣后倘若有吸烟人员即行照章参办。若该管长官因循袒护，亦行并处。④ 自内务部禁烟督察处设立后，广为调验，凡中央各机关，无论委任何项人员，均须自具甘结及同僚保结证明向不吸食鸦片字样，呈送禁烟督察处存案。如查有欺瞒情弊，吸者立即予以罢职究办，担保者罚俸记过，而在职人员应补具保结。⑤

至 1912 年 7 月，外省土药已经禁止入境，且当局在张家口等车站站台的禁烟稽查极严，所查获私运烟土者，立即会遭到处决。全省 407 间烟店亦勒令陆续闭歇，限 1912 年 7 月底一律停闭。在戒烟方面，天津设有戒烟医院及女子戒烟所 4 处，其他各地共有 333 处。而烟民登记数量亦大幅减低，1911 年 6 月为 92836 名，至 1912 年 6 月降至 68784 名。由于禁烟颇有成效，烟土价格大涨，1911 年每百两烟价为 80 两上下，至 1912 年 6 月，涨至 130 两上下。⑥

9. 东三省

民国初年，黑龙江省偷种问题严重，1912 年 3 月，巡按使援引新疆对种

---

① 《直隶禁烟之认真》，天津《大公报》，1913 年 6 月 17 日。
② 《政府公报》，1912 年 5 月 19 日。
③ 《政府公报》，1912 年 6 月 27 日。
④ 《政府公报》，1912 年 7 月 19 日。
⑤ 《大总统注意官吏吸烟》，天津《大公报》1914 年，11 月 6 日。
⑥ 《奉天等省禁烟情况——万国改良会禁烟问答》，天津《大公报》，1912 年 8 月 19 日、20 日、21 日、23 日。

烟人犯处以死刑之例而加以变通,对种烟者处以无期徒刑。① 1913年春,黑省将禁烟法令演成白话,布告各属。夏间派员分途密查私种各事,多数县份已经禁绝。而余庆县查处有一户园内有私种烟苗,知事刘启坤被撤任,并呈请大总统免官。省府要求各属按月将查禁实在情形据实呈报,并以此作为从政之勤惰,定成绩之优劣。② 除了派员查禁外,黑省还多次派军队赴中央区查铲。如1914年7月,巴彦五路统领部、绥化三路统领部、海伦三路帮统部各按驻防区派兵入山搜查,除搜获烟苗立即拔除外,还将种烟人犯拿获交地方官惩处。经过搜查后,若防区内再发现烟苗,各驻防长官即负相应责任。在禁运方面,加强缉私,如1913年1月,警察厅破获同德号烟料至2300余两之多,同时将贩运烟犯张福思拿获。但因黑省之地理位置,从事贩运毒品的有很多日俄人,故交涉是黑省禁烟过程中的棘手问题。在禁吸方面,程序更为规范,禁烟执行部门每月都要将烟犯姓名、年龄、身份、犯案地点、犯案情形、拿获情形、罚办情形填表造册呈报,以资考核,每月呈报期限最迟不能超过下月15日。③

奉天于宣统二年(1910)即已禁种。虽然每年谷雨之后,乡民仍有部分乘机偷种,省当局于此时必派员分途清查,故查禁种烟成绩较好,但私运及私自吸食却始终存在。根据万国改良会的调查,奉天每月并无印土输入,但由上海挟带而来之烟土不少。山海关、营口、安东等处,水陆交通搜查极为不易,贩运者常依靠外人包庇,借租界为护符。省当局严饬禁烟,派交涉员严加交涉,一经查获,犯人按律严惩,烟物焚毁无遗。此外,奉天全省并无公开之烟店,亦无登记烟民人数。偶有一二吸烟者由于轮轨交通辗转而来,查办极严。戒烟所已于清末禁种后便裁撤,民初由自治团体组织劝导戒烟,行慈善事业,行政机构并不干涉。④

10. 湖北省

湖北省在革命时期,因战事影响,烟禁稍为废弛。虽然1912年8月续颁

---

① 《司法公报》,1912年,第56期。
② 《政府公报》,1913年10月18日。
③ 刘丽丽、刘会军:《变局中的社会控制:辛亥革命前后黑龙江禁烟考略》,《学术交流》,2016年10期。
④ 《奉天等省禁烟情况——万国改良会禁烟问答》,天津《大公报》,1912年8月19日、20日、21日、23日。

禁烟令,但各项职务受军人牵制,成效不大。11月设禁烟专科主管全省禁烟事宜,并在武昌、汉口、沙市、宜昌、老河口等鸦片较为流行的地区设立禁烟专局(后改为禁烟查缉处),实行重点查禁,限期关闭烟膏店,缉堵外省鸦片的流入。此后,湖北省还先后订立《烟膏专卖处章程》《吸户牌照调验章程》《禁种章程》等地方禁烟法令。①

1912年冬播种时期,省当局电令地方行政官员、警察等会同军队,铲除烟苗。已经禁绝区域,即由各区自治员绅出具禁绝切结,呈报备查。1913年1月,省当局派员赴各地咨查,未净尽者勒令铲除,种户按情节轻重分别惩办。至1913年4月,全省报禁绝者有32县,共铲除烟苗4000余亩。

禁运方面,除印土外,无论公土、私土一律禁止贩运。通商重镇设有缉土专卡,严行搜查往来车船及旅客行李,一经查获,即将运商送法庭严惩,烟土焚毁。1912年12月,稽查人员在襄河一民船上缉获烟土26箱,计1400余斤。经查,该鸦片为汉口某土行所有,因禁政严厉,造成大量积货,拟运往内河销售。该案由黎元洪亲自过问,所获烟土全部于黄鹤楼前公开焚毁。从1912年至1913年4月,湖北方面先后烧毁烟土、烟膏4万余两,还有大量烟具。此举显示了湖北省当局的禁烟决心。

在禁吸方面,由各地方官与禁烟专局将各土商以及居民存土收集合买,成本按售出膏价摊给吸户,各按瘾量填领牌照,凭照购膏,逐日递减,统限六月为禁烟日期;并设调验所调验各机关人员,又设戒烟所,令贫户无力吸食或私吸者入。据报告,至1913年4月,全省吸烟者已减少四分之三。②

11. 湖南省

辛亥革命爆发后,湖南都督府成立伊始,即以"剃发""放足""禁烟"三事为首要推行之政治。对于鸦片流毒,人民极为痛恨,"遂议凡吸食鸦片者枪决"。据传,有药店少主人沈某,因嗜鸦片,被获当死。家族街邻请求保释,都督谭延闿以不教而杀为虐,同意保释,但执法者予以枪决。两批示同时并悬,可见革命初期政令之混乱。③ 但湖南省的确是民初禁烟最严厉的省份。谭延闿任都督期间,规定湘省禁烟期限为1912年年底,过期有犯者辄枪毙。为

---

① 《政府公报》,1914年7月3日。
② 《黎元洪、阎锡山就禁烟事复电丁义华》,天津《大公报》,1913年5月6日。
③ 粟戡时等:《湖南反正追记》,湖南人民出版社1981年版,第23页。

此，省城长沙设立禁烟总公所及土膏专卖处负责全省禁烟工作。而各州县则普遍设立禁烟分局，负责编查户口、施放戒烟丸药、禁止种植等事项。

在禁运方面，湖南并非产土地区，故禁政必须首禁烟土之入口。就印土而言，以往均由土商往上海、汉口处采办。禁政施行后，湖南规定无论何种烟药输入，均在局报告。据万国改良会的调查，当时已无土商报有输入印药数目。在土药方面，1912年7月，都督谭延闿通电各省，谓湖南烟土专卖于7月13日截止而实行禁烟。邻省各口已驻兵堵截，要求各省土药不得运入湖南，亦不得借口运往他省过境湖南。① 由于湖南省所销土药以云土最多，川土次之，黔土又次之，故谭延闿又专电咨云贵川三省都督严行禁运，并在土药入口之靖州、晃州、凤凰、永绥、麻阳、保靖、龙山等地方，派拨重兵堵截。1912年11月，湖南省禁烟总公所一次性焚毁所查获之各类烟土烟膏2861公斤。

在禁吸方面，勒令各烟店关闭，土膏全部缴存专卖处，并派人驻所经理。吸户买烟，根据瘾量发放凭照，限期递减，并定于1912年7月戒净。当时湖南省共有72州县，各地禁烟分公所登记烟民20143人。戒烟所为禁烟公所之附设机关，负责烟民的施戒工作，各府厅州县得有一处，共72所。因戒期将近，烟民纷纷赴所领取戒烟药丸。戒烟药丸由公所监制，仿用林则徐戒烟旧方，兼采名医秘本。烟民陆续报戒，并由公所实行抽验。戒净期至，吸烟人数比专卖局发售凭证时减少十分之六。此后，土膏专卖局撤销，只存禁烟公所一机关，接续查禁，专发戒烟药丸，以三个月为断。②

在禁种方面，唯辰沅一带界连川贵，山谷偏僻处有栽种烟苗。禁烟总公所成立后，派员按地搜查，铲除净尽，各团绅种户出具永不种烟之切结。1913年5月，湖南辰州府知事贺学海力拔烟苗。该州所属荔枝溪一带，土民种烟为业者甚多，竟敢持刀揭竿抗拒。贺学海派兵弹压，毙烟农60余人，捕获巨魁4人，当即宣布罪状，就地正法，乘势将荔枝溪一带烟苗拔除罄尽。③ 因而湘省很快将本省烟苗查拔干净，并致电中央要求限制英印鸦片入湘。1913年6月1日，民国政府外交部函告内务部，湘省烟苗净绝，已会同英国特使委

---

① 《浙江公报》，1912年，第130期。
② 《奉天等省禁烟情况——万国改良会禁烟问答》，天津《大公报》，1912年8月19日、20日、21日、23日。
③ 《辰州禁烟之大惨杀》，天津《大公报》，1913年5月4日。

派人员履勘完竣,自 6 月 15 日起,依禁烟条例停止英印鸦片输入湖南。

至禁烟限满后,总公所及专卖处均裁撤,于内务司附设禁烟专科(后改禁烟专处),总揽全省禁烟事宜。禁烟专处撤销后,全省就不再设立统一禁烟机关,由巡按使署内务科掌管省城查缉事宜,各地方县区则由卫团兼办,并颁布《明定禁烟查缉章程十五条》。湖南省之烟案不经一般司法程序,多数惩以行政处分,而情节严重的鸦片犯罪则予以军法审判,借以震慑犯罪。①

12. 安徽省

1912 年 4 月,柏文蔚任安徽都督,其力主禁烟,民初皖省禁政颇有成效。

在禁种方面,省当局多次发布禁令,并派军队严行稽查。规定私种 20 株以上者,即将种户讯明枪毙,所种烟地勒令犁毁,另种他物。② 柏文蔚是皖省寿县人,其家乡曾发生种烟抗铲之事,但其依然派军队弹压,格杀数十人,将烟苗铲除。军阀姜桂题是皖省亳县人,而亳县姜氏半多种烟。在严令之下,姜氏烟苗仍遭铲除。③ 可见,皖省在柏文蔚的治理之下,执法是较为严格的。此外,针对知事的督办责任,安徽省还专门订立规则三条:"三月初以前查有县境发现烟苗者,知事立予撤任;四月内发现烟苗者,该县知事除撤任外,并照第二百七十条之处分坐罪;五月以后再发现烟苗者,知事除撤任外,并援照纵令他人贩运罪二百九十五条严办。"④在柏文蔚治皖时期,全省烟苗几乎铲除绝迹。

在禁止运售方面。柏文蔚通饬全省各县知事,禁止运入鸦片,并设立出售存烟所。⑤ 1912 年 9 月,安庆稽查人员从英国太古轮船公司"鼎昌号"上查获大批鸦片,柏文蔚指令将所获鸦片全部销毁。此举引发外交纠纷,但中方外交部及皖省地方政府均能坚持立场,外交上并未妥协,故皖省缴获并销毁烟土之行为获得举国上下之赞赏。安庆事件之后,皖督柏文蔚又发布禁令,明确"嗣后无论运自何处,一经察觉,除将烟土焚毁外,并按律从重惩办,绝不

---

① 《政府公报》,1914 年 12 月 27 日、1915 年 1 月 8 日。
② 《通致六十县知事禁种烟苗贺电》,《安徽公报》,1912 年第 8 期;《致颍州倪督办、亳县刘统领阳电》,《安徽公报》,1912 年第 11 期。
③ 张湘炳、蒋元卿、张子仪编:《辛亥革命安徽资料汇编》,黄山书社 1990 年版,第 476 页。
④ 《禁烟约法三章》,《民立报》,1913 年 4 月 13 日。
⑤ 马模贞主编:《中国禁毒史资料:1729—1949 年》,天津人民出版社 1998 年版,第 586 页。

姑息"①。此外,针对当时皖省土膏业极为发达之情形,柏文蔚"拟将皖省土税、膏捐一律停止,统限一年内禁绝"②,并严令"所有各土膏铺户拟先调查存货若干,勒令本年底止尽数销售,届期余土拟由公家备价收毁"③。由于柏文蔚极力反对鸦片专卖,使得当时甚嚣尘上之烟膏专卖政策未能在安徽实行。

在禁止吸食方面。柏文蔚"下令查封烟馆,并在各地成立戒烟会,劝导烟民戒烟,同时颁布禁烟章程,限令50岁以下吸者,3个月戒绝;50岁以上者,6个月戒绝;50岁以上确有疾病者,10个月戒绝,无论官民,一律遵行,违者依刑律治罪"④。柏文蔚得知庐江、寿县两处在禁令颁布之后"仍复烟馆林立,开灯私吸"等情,特发示令,认为"该知事等如此玩忽,实堪痛恨,应将庐江县知事周浩然、寿县知事钟冰各记大过一次,并责成该知事等速为查封……并将售户提案,按律惩办,如再玩延,定即撤任不贷"⑤。同年,由军政司报告,皖军水师第四营管带李经栋、第六营管带李传藻"嗜好洋烟,营务废弛",柏文蔚随即指示"若不从严惩处,殊不足以肃军纪而昭替戒等情,前来除将该管带李经栋、李传藻一并撤差,"并令其他军官"立即转饬所属,一体遵照,禁绝嗜好"⑥。

安徽省在柏文蔚主政期间,禁政效果较好。此后,柏文蔚离任,安徽省亦能基本保证政策的延续性。1916年,临近查勘期限,安徽省又制定禁烟单行条例二项:有栽种罂粟者处死刑;为业主知情纵种者,处无期徒刑或一等有期徒刑,因而得利者,以共犯论。⑦ 由于禁令严格,特别是在禁种一端,效果显著。根据中英条约规定,1913年6月,皖省全行禁种,印药禁止运入。

13. 江苏省

江苏省向为洋土药消费重区,苏北地区亦有产烟。民初苏省在禁种方面屡颁禁令,并频频派遣官员至各县调查禁烟实绩。如1913年,省府特派专员分赴旧宁扬镇、淮徐海、苏松常太各属严密调查,并通饬各处驻扎军队遇省委

---

① 《批商务总会呈请土业归并并明定各种办法由》,《安徽公报》,第11期。
② 《柏文蔚禁烟条陈通电》,《民立报》,1912年5月19日。
③ 《柏都督禁烟之严厉》,《申报》,1912年6月10日。
④ 陈蕊:《近代安徽禁毒与禁烟》,安徽大学未刊硕士学位论文,2010年,第37页。
⑤ 《令饬庐江等县据禁烟总局呈该县境内烟馆林立请饬知由》,《安徽公报》,第20期。
⑥ 《令饬水陆军遵照转饬所属一体禁绝嗜好由》,《安徽公报》,第16期。
⑦ 《皖省禁烟单行条例》,天津《大公报》,1916年11月18日。

会同县知事商请协助时立即派军队督同铲烟。① 1915 年 3 月又制定《禁种烟苗章程》,规定对不服查禁抗拒铲除者可以格杀勿论,并将种烟地亩没收充公。②

在禁售吸方面,苏省规定 1912 年 12 月 31 日为全省禁绝之期,故从 1912 年 9 月开始严格限制烟土的运销。都督程德全命令,凡鸦片欲运何处,除领有该处民政司之执照,一概不准起运。南京将所有土膏店于 1912 年年底全部关闭,并设立官烟局,专门售卖南京药店所存货物。崇明、海门、通州三地政府亦各出示告示,禁止运入印药,饬令土店立行关闭。③ 上海自开埠以来就是烟土买卖及消费的重要地区,故江苏省对上海的烟土买卖及戒烟事项极为重视。沪上土商如杨大和号、裕泰元号、郭永发号等,首先停开。而药铺亦只能凭执照售卖规定之戒烟药丸,烟民登记后取得执照方可购买指定之戒烟药一二种。④ 由于沪上土行停业,所销剩余洋土药烟膏 3800 余两,经批准于 1913 年年初装运火车退回上海法租界。嗣后上海当局规定,凡邻境有剩余烟土膏浆需要运往上海者,限 1913 年 1 月 31 日为止。⑤

虽然 1912 年 12 月底为禁烟终期,但至 1913 年,私吸、私运情况仍旧不少。省内务司认为原因有二:一是无激励之方,明知私吸而隐忍不发;二是其他机关侵犯权限,不经司法衙门按律惩办。针对第一方面,省长通令凡关于禁烟事宜调查、逮捕一切手续照章补助,应需费用参照广东、浙江等省,即于罚金项下提出五成开支。若有在私售、私吸方面提供信息者,一俟按结,亦准予在罚金项下酌量奖励。此外,各地及各机关亦加强对瘾者的调验及惩处,如 1913 年,省议员张谬、张禄因有烟瘾,且传验不到,该二人被停止议员资格。⑥ 针对第二方面,省府通令预审、起诉、公判等事按照法律应由司法官厅办理。⑦

江苏省还进一步加强烟土稽查的规范性。当时常常发生冒充查禁稽查

---

① 《上海公报》,1913 年,第 6 期。
② 《政府公报》,1915 年 4 月 1 日。
③ 马模贞主编:《中国禁毒史资料:1729 年—1949 年》,天津人民出版社 1998 年版,第 590—591 页。
④ 《上海公报》,1913 年,第 3 期。
⑤ 《上海公报》,1913 年,第 3 期。
⑥ 《上海公报》,1913 年,第 10 期。
⑦ 《上海公报》,1913 年,第 7 期。

员借端敲诈抢劫之事,故苏省通令各地发给查禁稽查员证件,以辨真伪。①对于查获的烟土,亦规定了相应的焚毁制度,并加强核查。如江宁地方检察厅定于1914年12月30日,将1913年12月2日至1914年10月底所有没收之烟土、烟膏、烟具等焚毁,但经查含有大量伪质烟具烟土。虽然这批烟土系前任移交,何时何人掺入杂质终究未能查清,但江宁地方检察长刘鸿枢被褫夺职务并交司法部从严惩办。② 此外,还规定查获烟土或积存烟土必须预定焚毁日期,详报核办。如泰兴县查获一批烟土,预定焚毁日期为1915年1月30日,但详文31日才到省巡按使公署,文件上日期是1月19日发递,而封面邮印日期却是1月28日。省署以倒填日期对相关人员追责。③

需要指出的是,江苏省行政费及地方公益费均系列入预算,并无余款充设立禁烟机关之费用。禁烟经费都是各县自行筹款,不准作正支销。各地的筹款渠道并不相同,如前所述,上海审判庭及检察厅参照广东、浙江二省之禁烟条例,将烟案罚金酌提五成,作为禁烟局奖赏报告人及戒烟医院各项费用。无锡禁烟局及戒烟医院每月需费千元,毫无的款可指,筹措为难。故无锡知事呈请参照此办法筹款。④ 另外,还有不少地区的禁烟公所是由平粜余款筹办的。⑤ 可见,江苏省的禁烟有专门机构却没有专项经费,这在一定程度上亦制约了禁政的效果。

14. 浙江省

浙江省在清末禁政时期,效果显著。但民初因政局动荡,毒卉有所复炽。"象山及温、台、处各旧府属之莠民,乘军事倥偬,政府不遑顾及之际,反而盛种烟苗",1912年,浙江全省75个县,调查发现有烟苗种植的县份共有65个,面积达429万亩。台州各县,每县少则数千亩,多则数十万亩。⑥

早在1912年1月,嘉兴军政府就颁布禁烟告示,命令所辖"务将所种罂粟一律铲除"。嗣后,2月初又出示晓谕,禁止各种土浆运输境内。⑦ 浙江省

---

① 《上海公报》,1913年,第2期、第7期、第9期。
② 《司法公报》,1915年,第32期。
③ 《江苏省公报》,1915年,第428期。
④ 《上海公报》,1913年,第7期。
⑤ 《上海公报》,1913年,第7期。
⑥ 辜孝宽:《浙江省二十年禁烟史略》,《浙江民政》,第39期,第76页。
⑦ 马模贞主编:《中国禁毒史资料:1729年—1949年》,天津人民出版社1998年版,第559页。

临时议会成立后,经省临时议会议决,浙江军政府公布《禁绝鸦片议决案》,这是民国初年浙江禁烟的主要法规,规定全省烟毒以 1912 年 2 月 17 日为禁绝期限,各地要成立禁烟局或禁烟分局,且须附设戒烟局,各局于禁烟期满后,参酌戒烟状况定期裁撤,至迟不得超过 1912 年 6 月 30 日。各禁烟局、分局应派员赴各乡调查,查有私种报明县知事,将烟苗拔除,烟亩充公,聚众抗铲者派军队查办。届期土膏店一律闭歇,营业执照、吸户牌照等一律废止。违者将店屋发封,本主处三等至五等徒刑。禁限后 10 日内,吸户无论戒绝与否,须将烟具及剩余土膏呈缴禁烟局,私藏者处三等至五等徒刑,并百元以下罚金。① 凡到禁绝期限仍未戒绝的人,只准给照服药,不准熬膏私吸,最迟延至元年 5 月末一律戒绝。7 月以后则禁止各店铺售卖戒烟药。同时禁止其他省份产烟在浙江省境内运销,查到一律扣留销毁。②

后浙江省都督又公布《浙江省实行禁绝鸦片法修正案》,将各禁烟局及戒烟局至迟于 1912 年 6 月 30 日裁撤的规定删去。③ 显然,在如此短的时间内,要让瘾者全部戒断是比较困难的。在禁种方面,后又修改条例,将种烟地亩毗连二亩以内一并充公。在经费方面,浙江提法司亦通令各县知事兼执法长,凡关于禁烟罚款如数留充禁烟经费。④ 但浙省的私种、私运、私吸仍时有发生,并见诸外人责问。为此,1912 年 6 月,浙省临时议会咨文都督蒋尊簋,认为此系负责禁烟事宜的民政司对禁烟法案执行不力所造成,且都督未能对民政司司长严加处分,亦有失职之处。但民政司认为自禁烟以来,对法令执行森严,正因如此才导致外人之干涉。都督蒋尊簋亦认为"民政司呈称各节均属实情,该司长于禁烟事项确已遵照议案分别办理,并无执行不力之处,未便处分"⑤。

实际上,浙省在 1912 年上半年的禁烟效果的确不甚明显,特别是禁种方面,8 月以前,浙省 91 县经查有烟苗 429075.7 亩。针对种贩售吸仍比较严重的情况,浙省于 1912 年 11 月又颁布了《浙江省禁烟条例》。对鸦片问题做出

---

① 浙江巡按使公署编印:《浙江省禁烟成绩书》(第一编),中华书局 1915 年版,第 5 页。
② 朱德明:《浙江医药史》,人民军医出版社 1999 年版,第 339 页。
③ 《浙江公报》,1912 年,第 122 期。
④ 《浙江公报》,1912 年,第 121 期。
⑤ 《浙江公报》,1912 年,第 126 期。

了更为严厉的规定:"第一,凡播种罂粟者处以三等有期徒刑,其田地一并充公;第二,凡开设馆舍供人吸食鸦片烟者处以三等有期徒刑,其房屋封闭充公;第三,凡吸食鸦片者处以四等有期徒刑;第四,凡贩运烟土者处以四等有期徒刑,家产一律充公;第五,凡犯第一条至第三条者自民国二年二月六号起均处以死刑;第六条,查禁时,如有聚众违抗需调遣军队查办者准予格杀勿论。"① 依据各地种烟多寡,将全省划分为七区,每区设禁烟监督一员,禁烟委员若干员。对查禁有功的官员予以奖励。衢县知事李龙元于1912年5月18日将吸烟犯禁之衢县自治会议长钉镣收监,并派员下乡,查获全县种鸦片苗60余亩,当即督拔。1914年3月3日,浙江省督府授予衢县禁烟有功之禁烟局董胡友梅及警察署长孔宪荄二等奖章各一枚。②

由于浙东是浙省主要种烟区,1912年春,省民政司派调查员赴各县督促铲除烟苗,在台州、海门等地设常驻委员,稽查土浆出口情况。自1913年1月后,派陆军第11旅旅长张载扬兼充浙东禁烟督办,凡山谷海道,幽深穷僻之处,无不搜拔净尽。因此,1913年春,浙省罂粟种植已基本全部肃清。1913年5月,浙江民政司即请依照条约,停止印药入口。③

15. 福建省

福建省烟苗种植以兴泉漳三属居多,且常常发生抗铲事件。1913年年初,兴化、泉州、同安各县遍栽烟苗,所下肥料资本约达200万元,闽省当局恐铲除烟苗会激成大变,故迟迟不敢派兵铲烟。后在舆论压力之下,才开始派军队铲除兴化、泉州烟苗。④ 而同安县则由南路观察使及县知事等官员亲自督军剿铲,边远地区饬县委分路督拔,按日报告并拍照呈验,至4月初将烟苗基本肃清。⑤

莆田、仙游两县烟苗种植亦一向严重,且烟匪猖獗,纠众抗铲之事时有发生。1913年2月,政府动用军队铲烟,10余日后方将烟苗肃清。据军队报告,两县共拔除烟苗四五百亩,在军力压制之下,各处具结自拔净绝数不胜

---

① 《浙江省禁烟条例》,《申报》,1912年11月17日。
② 李慧英:《近代浙江鸦片问题研究》,宁波大学未刊硕士学位论文,第35—36页。
③ 辜孝宽:《浙江省二十年禁烟史略》,《浙江民政》,1931年第39期。
④ 《闽督拟用武力禁烟》《上海文汇西报载兴化烟案》,天津《大公报》,1913年1月31日、2月18日。
⑤ 《政府公报》,1913年4月24日。

计。① 晋江县由县知事督队雇夫出拔,间有一二抗拔之乡则增兵铲除。② 其他如惠安县、思明县、福安县等均由县知事会督军队将烟苗拔除净尽。③

1913年10月,闽省当局饬令各观察使督促所属,严查辖境烟苗。净绝者由观察使呈明,电请中央给予奖励,奉行不力者,随时纠举,以凭电请严惩。禁烟局派员分赴各属,帮同地方官办理禁烟。④

就上述资料可见,民初福建各地的抗铲是普遍现象,查铲基本都要依靠军队方能肃清。

16. 广东省

禁政伊始,广东军政府制定了《禁烟章程》及《禁烟规则》。

在禁种方面,多次发布禁种罂粟的通告,并时常派人赴各县查勘私种情形,一经发现立即拔除,并将种户法办,田产充公。广东的罂粟种植以潮州所属为甚,经潮州绥靖处派军队会县拔除。至1913年年初,潮州、揭阳、大埔、普宁、会来、丰顺、翁源等县之烟苗已经拔除净尽。饶平、澄海、海阳等县烟苗亦拔除过半。⑤

在禁运方面,加强烟土的缉私工作,拨出专款用于海关缉查烟土走私入口。照会驻粤各国领事馆,编查各租界及外人居留地,报告有无烟土积存之事,并代为驱逐出境或解送本署惩办。⑥ 1913年年初销毁的走私烟土多达3000余斤,烟毒泛滥之势得到遏制。

在禁吸方面,广州当局规定1912年年终将膏店一律关闭,⑦限令吸食鸦片者于1912年12月31日前戒断,官吏、军警如有吸食,立即革除公职,依法惩处。

17. 广西省

广西省在清末实施的是分区分期禁烟计划,至1911年年底,一切种、贩、售、吸均遭禁止,所有土膏税卡均裁撤。辛亥革命后,私运鸦片有死灰复燃之

---

① 《政府公报》,1913年4月22日、4月24日、5月2日。
② 《政府公报》,1913年4月28日。
③ 《政府公报》,1913年5月20日。
④ 《政府公报》,1913年10月18日。
⑤ 《粤省禁烟成效之报告》,天津《大公报》,1913年3月8日。
⑥ 《粤租界磋议烟禁办法》,天津《大公报》,1915年2月6日。
⑦ 马模贞主编:《中国禁毒史资料:1729年—1949年》,天津人民出版社1998年版,第578页。

势,都督陆荣廷顺应全国形势,继续推行禁烟政策,并发布禁令:"吾省烟禁,经谘议局力争于前,各省赞同于后,艰难百折,始达施禁之目的。限期净尽,法令綦严,乃自去年独立后,各处商人竟乘间运输,希图垄断,只知私利,不恤殃民。言之殊堪痛恨,亟应通电重申禁令,自后凡有私售私种私吸等弊,无论官绅军警各界人等,均有查禁之权责,赏罚悉照旧例,惩办不妨从严。倘有抗违,即由地方官署拘拿。除按章罚办外,并将铺屋田亩分别查封;至外来土膏,近接湘、滇、黔各都督来电均已禁绝过境,南京政府亦有专电饬禁。如奸商匪徒尚敢从外省私运膏土入境者,应即严行拿办,并将膏土悉数焚毁,毋稍宽纵。"①

禁烟令发布后,都督陆荣廷通饬地方官绅、军警、关卡严拿焚毁,尽法惩治。1912年11月15日,南宁海关协助军警搜查土药店,查获价值银2万两的土药,全部焚毁,并按章罚款。② 陆荣廷又电云南、贵州等产土邻省,谓"敝省烟禁于前清宣统二年起分区分期禁至去年腊月底止,无论吸售种运,全省一律禁绝,所有征收土膏各税卡均已裁撤,并电咨接邻各省禁运土膏入口,如有奸商偷运即予焚毁惩办"③。1912年4月29日,陆荣廷又电请大总统及外交部,希望与英使交涉,禁运印药入桂。④

陆荣廷主政时期的广西禁烟,取得了较大成效,广西在全国亦获得很好的声誉。

## 第三节 民初禁政与外交纠纷

### 一、纠纷之条约渊源

1911年5月8日,中英双方在北京签订了《禁烟条约》。英国政府承认,"三年以内中国于减种一事立意诚笃,且成效卓著,英国政府愿于未满七年期

---

① 《广西公报》(民政类),1912年第8期。
② 广西壮族自治区地方志编纂委员会编:《广西通志·大事记》,广西人民出版社1998年版,第121页。
③ 《广西公报》(呈咨类),1912年第12期。
④ 《桂督电告禁烟事宜》,天津《大公报》,1912年5月12日。

限内,接续施行1907年所订之办法"。

有了条约本可按章办事,但由于此后双方在处理具体事务时,对条约解释存在差异,从而纠纷不断。这种纠纷从清末时就已经开始,主要集中于条约的第3款及第7款。第3款规定:无论何省土药已经绝种,他省土药亦禁运入,显有确据,则印药即亦不准进入该省。唯言明,广州、上海二口应为最后之结束,务须俟中国政府进行以上办法,始可将该口禁止印药入口。第7款规定:此项条约准行后,起征税厘并征时(洋药每百斤加至350两,载于第6款),中国应将各省宪所有在广东等省近准行于印药大宗贸易之各项限制及征收各他项税捐立即消除,《烟台续增专条》现仍施行,自不应另行设立此等限制及他项税捐;印度生土,如税厘并征一次完清后,在所进之口岸内,全行免其输纳他项税捐;若查得以上二节中所载有不照行之处,则英国政府可将此次所订条件或暂行停止,或即行作废;唯中国政府为禁绝吸烟及整顿稽查烟土零卖事宜,凡所已经颁布或将来颁布之法令不得因以上条款致其效力稍受阻抑。①

问题的关键是,中国政府的何种行为或何种法令可以界定为"禁绝吸烟及整顿稽查烟土零卖事宜"呢?自中英条约签订后不久,广州地方当局就与英方在此点上产生冲突。时广州方面将印度生土每两加征税银5角,两广总督的理由是为了更快禁除烟毒,而《泰晤士报》的驻北京访事却认为是其贪得税款,从而违背了条约的第七款。②双方各执一词,虽然广东未取消加征,但英方始终认为是中方违约。

双方间的纠纷并不止于印度鸦片,还有波斯鸦片。波斯与中国并无条约,中国禁烟后,自然可以对其随意禁之。当中英禁烟条约尚在磋商之时,英国公使朱尔典借口印烟断禁,其他各国之烟即会多来,中国外务部许诺一切无约之国的鸦片先行禁止。但经营波斯烟土的商人绝大多数为英商,为保护商人的利益,英使朱尔典要求中国外务部允许香港所存之波斯烟土入口,随后北京的《英文日报》将此事刊登,并谓朱尔典无理取闹。很有可能是清廷外务部故意透漏消息,据传朱尔典阅报后,十分尴尬,立即赴清廷外务部责其不

---

① 王铁崖编:《中外旧约章汇编》(第二册),生活·读书·新知三联书店1959年版,第711—714页。
② 《中国果违背禁烟条约耶?》,《申报》,1911年8月11日。

守秘密。此事在北京外交团传为趣话。改良会亦谓朱氏此举"不独有背中国之成约,尤属拂逆我大英国民道德之心情"①。

清廷灭亡后,中英关于条约间的分歧继续存在于英国政府与民国政府之间。民初关于禁烟引发的中英纠纷的主要原因是地方政府禁绝鸦片的措施导致印药的滞销。这些纠纷主要集中于浙江、江苏、广东、安徽等印药行销的省份。

## 二、浙江省的交涉

1912年2月,浙江省临时议会议决,浙江军政府公布禁绝鸦片议决案,全省烟毒以1912年2月17日为禁绝期限,届期土膏店营业执照、吸户牌照、行旅小票一律废止,各属膏店应即闭歇。②此后,杭州、宁波、湖州的民政部门,嘉兴军政分府、绍兴军政府等均根据省军政府的议案,公布了烟禁限满勒闭膏店的告示。绍兴府军政府还发出告示,限本月将存土全行毁坏。

浙江的禁令公布后,英国驻沪及驻宁领事或给外交部来函,或亲往外交部交涉。他们提出两点疑义:第一,浙江省的告示语涉笼统,照限禁绝,是否包括禁运在内?虽然驻杭领事曾就此事面询过浙江方面的相关人士,得到的回答是禁绝系指禁种禁吸而言,与烟土入口贸易无涉。但英人认为浙江省并没有明确指出不禁运输,因而造成土商疑惧,而土膏店关闭,英商之前尚未结清的货款将不能得,亏累甚大。因此浙江省此举事实上起到禁绝印度鸦片的作用。第二,浙江省此举违背了"中英禁烟条约",英领事要求中国外交部饬令浙省,将关涉印土之各种限制立即取消,切实查照条约办理。

在英方的压力下,中国外交部于2月11日、16日、27日迭次电浙省都督蒋尊簋③,要求浙省指明禁种禁吸,勿用笼统语,致疑涉及禁运一层,庶免借口。外交部认为禁烟条约第7款所谓整顿稽查烟土零卖事宜,并非遽行禁绝的意思,而且前清外务部还通电解释过该四字的意思,外人既执以为据,民国政府自然不能不注意。外交部在要求浙江省妥协改正的同时,亦希望得到地

---

① 《英人果欲禁烟耶? 抑欲卖烟耶?》,天津《大公报》,1911年9月11日。
② 浙江巡按使公署编印:《浙江省禁烟成绩书》(第一编),上海中华书局代印,1915年版,第3页。
③ 刘寿林等编:《民国职官年表》,中华书局1995年版,第276页。

方的谅解:民国新立,未经各国正式承认,交涉事颇不易着手,稍有不慎,于将来承认问题且恐转生枝节。可见,这才是外交部真正的苦衷。

但浙江方面显然不肯轻易让步,在迭次给外交部的电文中,均坚持称浙省的禁烟未尝禁及印土,故与条约无抵触。英领事见无切实办法,乃将全案移交英国外交部。英使两次向中国外交部照会,称将来或有索赔之举。外交部在此压力之下,于3月3日至24日,连续5次致电浙督,饬其将并未禁及单售印土各店一节明白晓谕,使外人不再以贸易亏损为借口。外交部甚至还要求浙省在示谕中,应加入吸食印土及印土熬膏两事均未禁及字样,而且绍兴军政府应迅速将烧毁印土的命令取消。外交部指出条约的第7款第4节"惟中国政府为禁绝吸烟及整顿稽查烟土零卖事宜,凡所已经颁布或将来颁布之法令不得因以上条款致其效力稍受阻抑"中的"禁绝吸烟"字样,翻译成英文为 Suppress the Smoking Opium,并未含有绝字意义,是条件所许者,系我可颁行禁吸法令,并不是我可以遽行禁绝也。① 外交部对英方的让步,使得浙江方面十分不满。正当外交部陷于内外交诘之时,俄国驻沪总领事却电请外交总长王宠惠"速行核复,免令各土商受损为荷",该领事认为"浙虽不禁售印土,而实不准将印土熬膏吸食,似此实与禁止售卖印土无异,以致各华商向该商等所定之货均不愿出,受损甚巨,断不能作为办结"②。可见在对华的烟土出售一节上,西方各国有着共同的利益。

一波未平,一波又起,此时又发生了印土9箱被浙省扣留的事件。英使亦向外交部提出交涉。英国方面认为浙江当局以未领禁烟局执照将之扣留,不符条约。因为"烟台条约续增专条"及1911年的"中英禁烟条约"言明,烟土税厘一次完清后,即全行免其输纳他项捐税,因此浙江禁烟局所发执照如果要缴费,则与条约不符。而浙江方面却认为省禁烟局所发购土执照,系为稽查起见,并不纳费,在前清也是这样实行的,光复后浙省颁布的法令,大多根据前谘议局的议案办理,并未禁止洋土运入,与条约绝对没有抵触。此次

---

① 《外交部关于浙省禁烟案致浙军都督电》(1912年2月11日—3月24日),第二历史档案馆藏件,马模贞主编:《中国禁毒史资料:1729年—1949年》,天津人民出版社1998年版,第560—562页。
② 《俄驻沪总领事就浙省禁烟事致外交部电》(1912年3月26日),第二历史档案馆藏件,马模贞主编:《中国禁毒史资料:1729年—1949年》,天津人民出版社1998年版,第570页。

所扣留的印土,既未领有禁烟局执照,与所持的海关凭证亦不相符,所以此次扣留是因为其违章。外交部在英方的压力之下,迭次给浙省去电,要求浙省的民政司务期查有违章确据,然后才能扣留,不能以疑似定案。浙省的答复是,已经将该土详细复验,查照海关凭单,溢出32斤有奇。该事件的最终处理结果是浙江方面将土商议罚释放,但不能将该药运往原指之处,令其运回上海。① 浙江方面还是作出了一定的让步,很快即出告示申明印土未禁售卖,英驻杭领事还向浙督索取告示的抄搞为凭②,绍兴方面亦取消了焚毁余土的命令。③

英国方面对中国的处理结果并不满意,英国希望通过某一个案的交涉而得到一个统一的解决方法,即以后各省不再发生这样的"违约"事件,可以让印药畅销无阻。显然英国的目的并未达到,1912年3月9日,英驻沪总领事电英使,有小土1箱半计144包,经地方官粘贴印花,连同印花20张,由铁路运往江西,被杭州车站因运照仍书旧日皇帝年号细故扣留。④ 虽然经过交涉,浙江方面承认禁烟公所执照所填年月不符,与商人无干,该土自应释放⑤,但英国方面坚称印药由口岸运入内地是按约办理,浙省拦阻行为是违背约章。9箱印药价值33348两,应由扣留之日起至放行之日止,所有利息及其他各项费用,将来都要索赔。至于杭州被扣留的小土1箱半,非将此项印药价值由被扣之日起至放行之日止利息全行付清,不能作为完结,而且一俟查明该价,即向中国外交部索赔。当时中国的外交部对外是典型的弱国外交,而对地方各省又没有绝对的权威,故外交部最希望的结果是不了了之,最怕的就是节外生枝。但英使提出的赔款是外交部万万不能答应的,因为这在

---

① 《浙军都督等关于扣留衢商运土事与外交部等往来电文》(1912年2月13日—3月22日),第二历史档案馆藏件,马模贞主编:《中国禁毒史资料:1729年—1949年》,天津人民出版社1998年版,第563—565页。

② 《英使馆请饬浙闽两省长官停止阻碍印药贸易致外交部节略》(1912年4月29日),第二历史档案馆藏件,马模贞主编:《中国禁毒史资料:1729年—1949年》,天津人民出版社1998年版,第574页。

③ 《浙军都督关于绍兴分府焚毁余土事复外交部咨》(1912年3月30日),第二历史档案馆藏件,马模贞主编:《中国禁毒史资料:1729年—1949年》,天津人民出版社1998年版,第571页。

④ 《英使馆就印药被扣留请迅电浙江放行致外交部节略》(1912年3月5日),第二历史档案馆藏件,马模贞主编:《中国禁毒史资料:1729年—1949年》,天津人民出版社1998年版,第567页。

⑤ 《英使馆致外交部节略》(1912年4月10日),第二历史档案馆藏件,马模贞主编:《中国禁毒史资料:1729年—1949年》,天津人民出版社1998年版,第572页。

国内必将会使之陷于孤立,甚至会被舆论冲垮。外交部随即回复英使,谓浙江之案或因未领执照,或因执照有误,执行禁烟的官吏自然有权力详细查明。若因此阻滞就许商人索赔,其结果是使地方官毫无稽查烟土之权,又安能执行禁烟之法令?海关的凭单是印土无须再完税捐的凭证,而浙江禁烟公所的执照是为了稽查所用,不能视为违背约章。何况"中英禁烟条约"第7条所言整顿稽查,就是指此类办法。外交部提醒英使不要因这次浙省的细微事故为商人索赔,以免有损英国政府赞成禁烟的名誉。①

很显然,中英双方关于条约的理解差异很大。英国方面认为条约载明"中国应将各省宪所有在广东等省近准行于印药大宗贸易之各项限制及征收各他项税捐立即消除,烟台续增专条现仍施行,自不应另行设立此等限制及他税捐",续增专条中声明洋药运往内地应行之办法,系属条约办法,由海关经管,而且其办法还要得到英国政府的认可,至于别添办法勒令遵守,根本就不是中国省级政府的权力。所以英使仍坚持认为浙省违约,两案所有被扣的损失,将来必须索赔。英使还奉劝中国外交部不要听信外省的一面之词,并奚落中国外交部,谓中国外省顺从部意之令,所获效果如此其渺小也,连英使都觉得伤心。② 事涉赔款,外交部态度亦逐渐强硬,谓印土早经释放,如果该商受有损失,应于释放时要求赔偿或不愿领回原货,该商当时领回原货物并无异言,事后英使提出索赔巨款,一而再再而三,似乎不是为了代运货之商人索赔损失(运商为华商),而是因为经营印药的商人不满意浙省禁烟之举,而使英使出面为难。

中方的回复点明了问题的实质,英使恼羞成怒,坚持认为英国对于鸦片问题的宗旨只有一个,即遵守中英间的条约。故英使要求中国政府将两案7181.256两及运商500元的罚款迅速支付。此外,英使还不忘再次点出中国外交部的弱势地位,谓各省官吏有不遵守条约条件之处,虽中央政府立即发电责问,然自未能禁止,屡有违背之行也。③ 关于英使的目的,用其自己的

---

① 《外交部复英使朱节略》(1912年4月15日),第二历史档案馆藏件,马模贞主编:《中国禁毒史资料:1729年—1949年》,天津人民出版社1998年版,第572页。
② 《英使馆致外交部节略》(1912年4月19日),第二历史档案馆藏件,马模贞主编:《中国禁毒史资料:1729年—1949年》,天津人民出版社1998年版,第572—573页。
③ 《英使馆致外交部节略》(1912年7月16日),第二历史档案馆藏件,马模贞主编:《中国禁毒史资料:1729年—1949年》,天津人民出版社1998年版,第573页。

话说,"此事若非迅速妥办,在沪即酿出牵连财政 900 万镑之巨祸"。① 因而英方要通过浙江的个案"将各省所立致印药大宗贸易停歇之章程一律撤销"②。外交部对英使的动机判断得十分清楚,在给驻英代表的信函中明确表示"英使近于浙省禁烟事最为反对,实因印药骤行滞销之故"③。

在浙省事件中,外交部开始希望通过地方当局的让步,而将纠纷平息。但当英方提出赔偿要求,并要将所有省份阻碍印药贸易的法令全部撤销时,外交部的态度开始趋于强硬。应该说外交部对英方动机的把握是比较准确的,亦始终坚持了不赔偿、不将个案作为普遍原则的底线。外交部此举,亦给了地方当局坚持主权、自主禁烟的信心。而一旦中央与地方在类似的事件中达成共识,一致对外,中国的外交力量亦大为增强。即以浙江而论,英方的赔偿目的终未达到。而此次事件后不久,法国商人亦有烟土在浙江被扣,虽然法国总领事致函外交部,希望外交部查明办理,但赔偿的要求却只字未提。④

三、安徽省的交涉

1912 年 9 月,安徽都督柏文蔚通饬该省各县,出示禁止运入鸦片,设立出售存烟局所的文告。此后不久,安庆厘捐局即查获 7 箱小土印药,经柏文蔚下令在省政府门口焚毁。⑤ 与此同时,芜湖税务司也扣留了 20 箱印药,理由是这 20 箱印药运单上面的日期有涂改迹象,是用笔从 1911 年改到 1912 年的,而且与汉文的日期不符。英政府获此消息后,英使馆除了向外交部提出讨索赔偿的要求外,还委派驻沪总领事法磊斯与驻芜湖领事乘兵船前往安

---

① 此处英使所谓"900 万镑之巨祸"乃指沪上之存土,此事件之处理详见下文。
② 《英使馆请将浙江等省限制印药贸易章程撤销致外交部节略》(1912 年 4 月 19 日),第二历史档案馆藏件,马模贞主编:《中国禁毒史资料:1729 年—1949 年》,天津人民出版社 1998 年版,第 574 页。
③ 《外交部函送与英使交涉禁烟案节略致驻英刘代表函》(1912 年 7 月 17 日),第二历史档案馆藏件,马模贞主编:《中国禁毒史资料:1729 年—1949 年》,天津人民出版社 1998 年版,第 580 页。
④ 《外交部关于法商运杭土被扣事复驻沪通商交涉使照会文》(1912 年 3 月 30 日),第二历史档案馆藏件,马模贞主编:《中国禁毒史资料:1729 年—1949 年》,天津人民出版社 1998 年版,第 570 页。
⑤ 《英使馆致外交部节略》(1912 年 9 月 20 日),第二历史档案馆藏件,马模贞主编:《中国禁毒史资料:1729 年—1949 年》,天津人民出版社 1998 年版,第 586 页。

庆会同柏文蔚查明该案。① 由于芜湖扣留的 20 箱鸦片并未损毁,故英国政府的要求为尽快返还印药即可,并不涉及赔偿。此案与安庆焚毁鸦片事件均发生在安徽省,所以中英方面将两个案件一起进行交涉。

英国驻沪总领事法磊斯认为,民国成立后,中英尚未续订专约,不得突言禁运,并称禁运政策只能限制内地土商,断绝本土,此次某商所运 7 箱之印土,尚有关税提单,何能名为私土等语。法磊斯要求中国政府赔偿 25100 两,且不仅这笔钱应当照付,还有平常每月可以运进,但现为省当局作阻不能进口的 300 箱鸦片的损失,也应由中国政府赔偿。法磊斯争辩说,中国为了维护在全世界的信誉,还应该向上海和香港的印度商人手中积存价值多达 1200 万至 1500 万英镑的大量鸦片付出赔偿。他甚至举林则徐禁烟导致战争之事相恫吓。而柏文蔚则坚称"查禁烟条约,凡各省种烟禁绝,即不准印土入境,皖省在前清时,即报肃清,本年 4 月 29 日,又由孙前都督②电国务院与外人磋商,停止进口,凡货物一离通商口岸,即为中国货物,与外国无涉,安庆既非通商口岸,烟土系中国商人所有,违悖税则,例得取消"。外交部对安徽省的行为表示支持,谓此次事件皆由该商手续不清所致,纯系稽查问题,所有责问皖省赔偿一节,本部碍难承认。③ 外交部坚持烟土已经在华商之手,与洋商已脱离关系,在洋商并无损失,而且据芜湖海关监督的呈报,自 7 月以来,洋药的进口甚多,而土药全无,可见皖省土药已经禁绝。外交部坚持,此次事件是皖省官吏执行稽察整顿之权,纯系内政问题④,于条件无所违背,自无赔偿之可言。⑤ 法磊斯挑衅不成,只得离去。

安庆硝烟之举获得中外正义之士的一致赞赏。丁义华称"此次焚烧烟土,正欲禁一警百,为民除害之举,极合民国自由体裁"。英国人莫理循在给格雷的信函中就写道:"就鸦片事件来说,我们为了安庆方面烧掉 7 箱鸦片,

---

① 《英使馆致外交部节略》(1912 年 9 月 30 日),第二历史档案馆藏件,马模贞主编:《中国禁毒史资料:1729 年—1949 年》,天津人民出版社 1998 年版,第 586 页。
② 辛亥革命后,安徽首任都督孙毓筠。
③ 《外交部致英使馆节略》(1912 年 11 月 2 日),第二历史档案馆藏件,马模贞主编:《中国禁毒史资料:1729 年—1949 年》,天津人民出版社 1998 年版,第 587 页。
④ 《外交部致英使馆节略》(1912 年 12 月 13 日),第二历史档案馆藏件,马模贞主编:《中国禁毒史资料:1729 年—1949 年》,天津人民出版社 1998 年版,第 588—589 页。
⑤ 《外交部致英使馆节略》(1912 年 12 月 30 日),第二历史档案馆藏件,马模贞主编:《中国禁毒史资料:1729 年—1949 年》,天津人民出版社 1998 年版,第 590 页。

向中国政府索取 21500 两的赔款,中国付出这笔赔款的可能性是极其渺茫的。"而对于英方提出的对香港地区及印度积存鸦片的无理赔偿要求,莫里循说:"我作为一个英国人,为我们的无能,使我们自己在中国陷入种种困境蒙受损失而感到痛心。"①后孙中山路经安庆,亦曾称赞:"贵都督初烧鸦片土时,人人都替贵省耽忧,……贵都督焚烧鸦片,又根据条约,所以外交不致失败,贵省禁烟办法,实可为各省模范也。"②

## 四、广东省与江苏省的交涉

与浙江及安徽同时,广东、江苏两省亦颁布了禁止洋药运入,关闭土膏行店的禁令。

1912 年 5 月,广州发布鸦片禁令,拟年终将膏店一律关闭。③ 9 月,江苏都督程德全命令,凡鸦片欲运何处,除领有该处民政司之执照,一概不准起运。且南京口岸正拟将所有土膏店于 1912 年年底全部关闭,并设立官烟局,专门售卖南京药店所存货物。崇明、海门、通州三处长官亦各出示禁止运入印药,饬令土店立行关闭。④ 对于这些省份的行动,英方的一贯套路依然是交涉、提出赔款、政治威胁。在广州事件中,英方在国内甚至对中国驻英代表施加压力,并威胁"长此不已,则英政府之承认中国共和一事,必致延缓"⑤。由于外交部在浙江、安徽事件的处理中获得了相关的经验,一开始就对英方表露强硬的态度。如关于江苏省的禁烟,外交部在复英使的照会中表示,江

---

① [澳]骆惠敏编:《清末民初政情内幕——〈泰晤士报〉驻北京记者袁世凯政治顾问乔·厄·莫里循书信集》(下)(1912—1920),刘桂梁等译,知识出版社 1986 年版,第 71—72 页。
② 《孙中山在安徽都督府欢迎会上的演说》(1912 年 10 月 23 日),《孙中山全集》第二卷,中华书局 1982 年版,第 532 页。
③ 《英使馆请照约办理各省禁烟事与外交部往来节略》(1912 年 5 月 24 日—6 月 1 日),第二历史档案馆藏件,马模贞主编:《中国禁毒史资料:1729 年—1949 年》,天津人民出版社 1998 年版,第 578 页。
④ 《英使馆关于江苏禁止印药贸易与外交部往来节略》(1912 年 9 月—11 月),第二历史档案馆藏件,马模贞主编:《中国禁毒史资料:1729 年—1949 年》,天津人民出版社 1998 年版,第 590—591 页。
⑤ 《驻英使馆就英外部指责种烟事致外交部函》(1912 年 7 月 25 日),第二历史档案馆藏件,马模贞主编:《中国禁毒史资料:1729 年—1949 年》,天津人民出版社 1998 年版,第 581—582 页。

苏系为查考内地烟土零卖起见,与大宗印药贸易无关。①

中英之间关于鸦片问题的一系列矛盾及交涉,导致驻京英使照会外交部,提出更多的正式抗议。由于英方诸如此类的抗议越来越多,1912年12月,外交总长陆徵祥将英使的抗议照会交国务会议讨论,并连日谒见袁世凯,筹商办法。12月18日,袁世凯交国务院密函,指示外交方针:其一,此次鸦片交涉,由外交部根据1911年中英禁烟条约,妥筹抗议之方,以免贻人口舌;其二,电饬各省派员来京,会同讨论;其三,交涉事宜,须邀请丁义华赞助。②1913年1月,总统府决定对待之法,其大略有四:其一,照中英禁烟条约切实力争;其二,照会英国政府,磋商修改旧约办法;其三,采丁义华之条陈,取严厉之态度;其四,采莫里循之条陈,妥筹调停之策。③

孙中山亦为此致书英国国民及伦敦各报,指出中英所定之禁烟条件,于中国的禁运禁卖大有妨碍,使中国的禁烟一政,陷于进退维谷、荆天棘地之中,孙中山要求英国人士于中国更新之始,还中国自由禁烟主权。④ 此外,禁烟联合会会长章遹骏赴英,与英朝野人士广泛接触,争取请英国政府停运印度烟土。章遹骏于1913年7月16日在英外交部拜会了英外相格雷及由北京归假的英使朱尔典,表达了中英间的条约所造成中国禁烟的困难,以及中国禁烟的决心。此次谈话从下午3点50分至4点35分,虽然章氏并不代表中国官方,但格、朱均为章之言词所动,赞其口才辩论。⑤

当时中英双方的矛盾焦点,在于中国自清末禁政实行以来,"禁烟已成民国上下一致之心理"⑥,因此中央及各地都督均对禁烟表示出极大的热情,相当一部分省份希望在自己的辖区尽早清除烟毒。而英商有大量烟土囤积在上海,价值在千万镑以上,若中国各省禁烟措施施行,势必影响这部分烟土的销售,英商的损失会很大。因此,英方为使中国政府通电各省都督废止禁止

---

① 《英使馆关于江苏禁止印药贸易与外交部往来节略》(1912年9月—11月),第二历史档案馆藏件,马模贞主编:《中国禁毒史资料:1729年—1949年》,天津人民出版社1998年版,第590—591页。
② 《大总统拟定鸦片交涉办法》,天津《大公报》,1912年12月21日。
③ 《总统府决定中英鸦片交涉之对待法》,天津《大公报》,1913年1月4日。
④ 《孙中山致英国国民书》,《孙中山全集》第二卷,中华书局1982年版,第569—571页。
⑤ 《全国禁烟联合会致外交部函》(1913年8月11日),第二历史档案馆藏件,马模贞主编:《中国禁毒史资料:1729年—1949年》,天津人民出版社1998年版,第615—617页。
⑥ 《今后民国之禁烟》,天津《大公报》,1912年10月6日。

烟土的政策,以赔偿相威胁,甚至将此与承认民国政府相关联。中国政府在各省的积极禁烟及国内高涨的民族主义思潮之下,要维护自身的形象及声誉,必须在外交中持较为强硬的态度。民国政府亦明白,到20世纪,帝国主义的鸦片政策不得人心,中国的禁烟在世界范围内得到普遍的支持。如在安庆事件中,时任外交总长的梁如浩曾提议将此事付之公断,但英方不同意,中国方面认为这是英国将最公允的方案弃而不用。英方的拒绝,至少给了中国外交部继续强硬的信心。正如莫里循所认为的那样,"英国政府不可能使用武力来逼迫中国,因此不要再为鸦片问题攻击中国,采取向上海的鸦片贩子指明事实真相,是比较明智的办法。因为中国十分清楚尽管英国在进行外交恐吓,但并不准备强迫中国承担这批鸦片的费用"①。正是中国外交部门对英方底线较为准确的把握,以及地方当局与民间力量积极禁烟的行动,推动英国基本履行了条约,并最终禁绝了印土来华。

对于民初禁政,丁义华曾谓"惟今后禁烟,非中国单独的进行事件,乃中英两国合并的进行事件,非中英两国交际上之个体问题,乃世界人类人道上之公共问题。故禁烟一事,中国不可不负中国应负之责任,英国不可不负英国应负之责任。乃今日之事,中国已负其力所能负之充量之责任矣,为问英国人责任上之担负如何,世界人责任上之担负如何。于此,吾愿世界人人共勉之,吾尤愿文明之英吉利奋砺而自勉之也"②。

## 第四节　民初禁政之成效

### 一、中英联合会勘与印药禁止输华

根据清末签订的《中英禁烟条约》的规定,如果中国某省罂粟种植业已停止,那么英国也相应停止将印度鸦片输入该省。在清末,奉天、吉林、黑龙江、山西、四川五省已告绝种,因此,印度鸦片也禁止进入上述五省。民国政府继

---

① [澳]骆惠敏编:《清末民初政情内幕——〈泰晤士报〉驻北京记者袁世凯政治顾问乔·厄·莫理循书信集》(下),陈泽宪等译,知识出版社1986年版,第71—72页。
② 丁义华:《今后民国之禁烟》,天津《大公报》,1912年10月6日。

续遵行该条约,厉行禁种。

1. 直隶、山东、安徽、湖南、广西五省的会勘及印药禁运

1912年12月,中国外交部与英使交涉,提出直隶、山东、安徽、湖南、广西五省土药已经禁绝,并且已经禁止他省土药运入,要求英方亦禁止印药运入。但英使提出,1911年已经禁绝印药运入的山西、四川均发现有罂粟复种的现象,这次提出禁绝的五省,就山东而言,据驻济南领事称,土药禁绝一层,相差太远。去年全省有20余处种烟,据教士报告,临清有售烟的情形,西境省份的烟土,由车运入高塘境内。至安徽省,据芜湖领事报,北部寿州尚有种烟之事,西北颖州府地方,种罂粟者极多。湖南一省,据长沙领事报,去年收浆之际,多半无所阻挠。因而英方只同意直隶、广西两省禁止印药运入,即行列入禁绝省份单内,而山东、安徽、湖南三省都督所述土药禁绝的情况,英方认为所得凭据不足允认,不能列入禁运单内,要将该三省按照条件所载办法调查明确后,再行确定。对英方的答复,中方表示赞同,定于1913年3月1日为实行禁止印药运入直隶、广西两省之期。英使代英国政府允可,且照中国外交部所拟办法转饬各处遵行。① 安徽、湖南、山东虽然暂未列入禁运单内,但1913年4、5月的中英联合会勘还是较为顺利的。

关于皖省的调查,1913年4月底至5月底,由外交部派查皖省烟禁委员会同内务部代表、安徽都督代表及英国查勘委员一同调查,在怀远、蚌埠地方齐集,共同商定查勘地方,以英员所指定为限。查勘办法分三种:就商驻芜湖领事,查明向来产烟区域;征求各国教士意见,报告无烟地方,即不往查;抽查传闻有烟地方。据此,英领报告皖省江南地区的罂粟种植已经禁绝,毋庸再查;无为、阜阳、亳县、涡阳、蒙城、宿县等处,因各教会报告烟苗确已铲除干净,英员主张不查;实行履勘地方为巢县、合肥、六安、霍邱、寿县、凤台、定远、怀远等属。此次查勘,皖省作了充分的准备,自奉令会查之日,中方查勘委员即密电皖省会商办法。皖省当局广劝居民先期拔除,否则毁药赔偿损失尤巨,绅董均能遵循,不俟追呼。其强悍地方由都督加派兵队搜索,地方官吏亦莫不趋承恐后。定远县白炉桥为著名的产烟区,民俗强悍,抗拒拔苗,屡伤官

---

① 《英使馆关于山东等三省按条件所载办法调查禁止印药运入事与外交部往来文》(1913年2月),第二历史档案馆藏件,马模贞主编:《中国禁毒史资料:1729年—1949年》,天津人民出版社1998年版,第602—604页。

兵,在英员查勘前地方官集兵队500人先行检查,查毕无事方回。怀远、淮河两岸麦地中间有铲烟未尽之处,中方委员即饬纤夫先行踏倒,以免英员用望远镜窥见。在查勘的过程中,皖省地方官吏对英员款待极周,虽然英员对此常常拒绝,以示查勘的公允,如其在芜湖时,柏文蔚曾饬芜湖外交办事处处长接英员赴省会安庆,英员以未奉公使命令不肯前往。从芜湖乘小火轮至巢县,知事邀其至行馆不肯,遂住船上。有时英员对中方的殷勤还是十分受用的,如在六安,一如前清接钦差故事,英员喜形于色。自六安启程,县署卫队外,并有防营护送,且兵行百里,坚不受奖犒,英员赞不置。在霍邱,县知事郊迎30里,警察长迎送各近百里,至城之日,遍传商民悬五色国旗,英员极为感谢。但英员享受归享受,他们对中国人并不信任,其信息来源完全为当地英领及各国传教士。查勘所至之处,有山则登高眺以远镜,平地则验以田亩有无菽麦,更访问土人地方禁种禁售情形。查勘的结果,英员是满意的,就目见实无烟迹可寻,其麦地或蔬园间存一二株,实因遗种自生,不为皖省烟禁未绝之证。①

关于湖南烟苗的查勘情形,事前外交部查烟委员至长沙,向督军陈说此次查烟关系重大,都督通电各属下反抗拔苗格杀勿论之命令,乃得将境内罂粟一律廓清。1913年4月1日至5月9日,湖南的查勘开始,由外交部委员、英员、湖南都督代表及都督派出的40余人组成的卫队从长沙出发,经湘潭、宝庆、新宁、城步、绥宁、靖州、溆浦、麻阳、凤凰厅、乾州厅、泸溪、辰州、桃源、常德,复至长沙,一路未有烟苗发现。与安徽省的查勘情形相比,湖南要艰苦得多,所过皆崇山峻岭,水流湍急,还有所谓的羊肠鸟道,夜晚投宿往往竟夕不得食。湖南的经济情形与皖省也有较大的差距,即使官方接待,条件也很艰苦。如4月16日,晚宿城步县知事署,房屋湫隘,铺陈简陋。英员于情形不熟,但与中方委员间缺乏信任,往往一意孤行,常常强行十数里,村店俱无,进退失据,但不可谓不认真。经过调查,英方认为湖南实行烟禁的措施切实有效,土药的种植和运入得到了有效的抑制,没有发现土药继续在湖南流通

---

① 《派查皖省烟禁委员张玮报告》(1913年4—5月),第二历史档案馆藏件,马模贞主编:《中国禁毒史资料:1729年—1949年》,天津人民出版社1998年版,第605—608页;亦可见 Report on Journey in Anhui, E. C. WILTON, May 26, 1913, The Opium Trade, 1910—1941, Vol. 3, Part Ⅷ, London: Scholarly Resources, Inc. 1974, pp. 145-147。

的迹象。①

山东省的查勘为 1913 年 4 月 25 日至 5 月 24 日。分两路,一路由英济南领事充任查烟委员,会同中方外交部委员及鲁省委员,从济南出发,经藤县、鱼台、金乡、单县、曹县、陶县、菏泽、巨野、濮县、郓城、嘉祥、济宁、滋阳、洛宁、邹县、泰安、肥城等 18 县境域。只在泰安县孔家庄一处查出烟苗约 2 分,且正在拔除。英领事深佩山东禁烟成效。山东省种烟向以兖、沂、曹、济宁为最多,英员所定查勘区域,只往岱南所属各县。为应付此次检查,山东省都督禁令愈加严厉,强迫各地铲除。如巨野县铲除 4000 余亩,曹县、单县铲除亦不下千亩。自 1912 年秋以来,鲁督严饬各知事禁种烟苗,由省特派初查委员、复查委员、三次四次复查委员,并饬军队帮同查禁。如曹州动用巡防营,兖州动用武卫军查禁。另一路由内务部委员与英员,经过齐河县、长清县、茌平县、峰县、临城、兰山县、郯城县、莒县、沂水县、蒙阴县、九汝关、费县、邹县、泗水县、曲阜县、滋阳县各境。只在长清县内查出烟苗 4 分,亦正在拔除。英员对办理烟禁情形甚为满意。②

皖湘鲁三省烟苗查勘后,外交部以三省烟苗已经禁绝,决定三省内禁运印药入境。英国政府亦同意禁运,拟由 1913 年 6 月 15 日禁止印药入境。③

2. 浙江、福建、湖北三省的会勘及印药禁运

外交部于 1913 年 7 月,提出浙江、福建、江西、湖北四省已经禁绝鸦片,要求禁运印药。但英国驻华使馆不允将上述四省作为禁绝省份,原因是中国报请时已在各省收获烟土之后,为时太迟,年内无可勘查。④ 乃至 1915 年才陆续会勘禁运。

浙江省的会勘及禁运颇费周折。由于民初浙江因禁烟问题与英方产生

---

① 《湖南查烟委员报告查烟情形致外交部呈》(1913 年 5 月 30 日),第二历史档案馆藏件,马模贞主编:《中国禁毒史资料:1729 年—1949 年》,天津人民出版社 1998 年版,第 610—611 页;亦可见 Report on Journey in Hunan, May 25, 1913, The Opium Trade, 1910—1941, Vol. 3, Part Ⅶ, London: Scholarly Resources, Inc. 1974, pp. 147-152。

② 《赴山东查烟员报告查烟情形致外交部函》(1913 年 6 月 2 日),第二历史档案馆藏件,马模贞主编:《中国禁毒史资料:1729 年—1949 年》,天津人民出版社 1998 年版,第 611—613 页。

③ 《外交部关于安徽等三省禁运印药入境致英使馆节略》(1913 年 5 月 30 日),第二历史档案馆藏件,马模贞主编:《中国禁毒史资料:1729 年—1949 年》,天津人民出版社 1998 年版,第 609 页。

④ 《驻英使馆转送英外部关于禁烟复文致外交部函》(1913 年 9 月 26 日),第二历史档案馆藏件,马模贞主编:《中国禁毒史资料:1729 年—1949 年》,天津人民出版社 1998 年版,第 621 页。

过外交纠纷,其又毗邻上海,禁运实施必将极大影响沪上鸦片之运销,故英方自然不会轻易同意浙省禁运。浙江禁政较为严厉、彻底,早在 1913 年 5 月,浙江省民政司以浙省私种已净,分电外交、内务两部,请依据条约停止印药入口。① 但英使朱尔典认为浙省未禁止他省土药运入,其提议应先禁他省土药运入后方能禁印药运入。其实如前文所述,浙省之禁烟十分严厉,早已禁运外省土药之入境。至 6 月,民政司再次电外交部,请磋商英使,速派员来浙履勘。英方即以此时烟土已经收割后为由,拒绝会勘。朱尔典还声称杭州和宁波的领事正在就浙江省鸦片的情况向英政府报告,建议等待报告结果出来后再同中国政府交涉浙江的鸦片禁运问题。② 而浙江方面却认为,浙省罂粟的播种季节一般在九月和十月,春末夏初正是罂粟花开放的时候。中国外交部亦指出,以往有部分省份在会勘开始之前就已经列入禁运名单,此次浙省似乎亦可援引前例,先列入禁运名单,再进行烟苗会勘。③ 但英国政府辩称,以前将未检查的省份先列入禁运名单,乃因有确实的证据证实鸦片在该省份已被禁绝。而现在浙江省声称禁绝鸦片只是地方政府的一面之词,不足为信。况且英国政府已经收到英国驻上海领事的报告,称浙江的烟苗在今年三月就已经开花,故此时会勘已经太晚了。④ 7 月,中国外交部致电英国驻华公使艾斯顿,在协商福建省鸦片禁运的同时再次提议将浙江省列入禁运名单。但艾斯顿仍旧以浙省鸦片禁绝的证据不足为由而加以拒绝。⑤ 显然,英国政府在浙江省会勘烟苗及禁运事件方面有故意刁难之嫌。

一直延至 1914 年 4 月,英使才派员赴浙江会勘。由外交部秘书、内务部及浙江省代表、英方代表史密斯组成会勘组,择省中著名出浆之象山、温州、

---

① Memorandum Communicated to Sir J. Jordan by Wai-chiao Pu, May 26, 1913, The Opium Trade, 1910—1941, Vol. 3, Part Ⅷ, London: Scholarly Resource, Inc. 1974, pp. 159 – 160.

② Memorandum Communicated to Wai-chiao Pu by Sir J. Jordan, May 29, 1913, The Opium Trade, 1910—1941, Vol. 3, Part Ⅷ, London: Scholarly Resources, Inc. 1974, p. 160.

③ Memorandum Communicated to Mr. Alston by Wai-chiao Pu, June 7, 1913, The Opium Trade, 1910—1941, Vol. 3, Part Ⅷ, London: Scholarly Resources, Inc. 1974, pp. 173 – 174.

④ Memorandum Communicated to Wai-chiao Pu by Mr. Alston, June 17, 1913, The Opium Trade, 1910—1941, Vol. 3, Part Ⅷ, London: Scholarly Resources, Inc. 1974, p. 174; Mr. Alston to Sir Edward Grey, June 27, 1913, The Opium Trade, 1910—1941, Vol. 3, Part Ⅷ, London: Scholarly Resources, Inc. 1974, p. 173.

⑤ Mr. Alston to Wai-chiao Pu, July 28, 1913, The Opium Trade, 1910—1941, Vol. 3, Part Ⅷ, London: Scholarly Resources, Inc. 1974, p. 195.

台州、处州所属各处，及区县内偏僻冷落之地，会同详勘。所由之路，均由英员临时指定，或且中道变更，且注意巉岩幽壑间。经定海、象山、宁海、临海、黄岩、乐清、永嘉、玉环、瑞安、平阳、泰顺、景宁、云和、丽水、缙云、永康、东阳、诸暨，历6府18县，为时达一月，所过地方并无烟苗发现。浙省军政当局亦向中央政府发电，"英员会勘浙省烟苗告竣，寸株片卉未发现，百年沉疴，一日涤除"①。而史密斯在给英国政府的报告中亦承认浙江省的鸦片种植、运输、吸食等现象在政府的严厉禁政之下已经得到控制，鸦片在浙江省已经禁绝。② 经外交部与英使商定，自1914年6月17日起，印药禁止入浙。③

福建省提出印药禁运的申请也是比较早的。1913年6月6日，中国外交部照会英驻华公使朱尔典，称福建都督已经向中央政府递交了报告，据该报告，福建已经将鸦片种植全部禁绝，故请英国遵照禁烟条件，将福建列入鸦片禁运的名单。外交部在照会中指出，福建省早在1911年时就已经禁绝了鸦片的种植。而且当时许多国家的在闽传教士均参与了调查，并共同签署了一个声明承认这一事实，故1911年6月，福建海关就禁止印土从其他省份流入福建了。由于辛亥革命的爆发，政局混乱，闽南一度出现了罂粟的复种现象，但经过民国福建地方政府的禁烟努力，鸦片种植在福建复告禁绝，故应按照禁烟条件的规定进行印土禁运。而英国对此的回应基本与浙江一致，艾斯顿复电中国外交部，其指出，由于福建省鸦片种植收获的季节已经结束，所以1913年不能将福建省列入印土禁运名单，此外，英国驻福州和厦门的领事正在起草报告，等报告结果出来后，英政府再同中国政府商讨福建的禁运问题。④ 由于英方在照会中提到厦门领事的报告，7月7日，外交部就福建禁烟问题再次致电英方，指出福建禁绝鸦片的事实已得到英国驻厦门领事的承认，并将英驻厦门领事回复的信件同时附上，希望英国政府尽快解决福建的

---

① 《浙省烟苗肃清电》，《通问报》，1914年，第600期，第15页。
② Report on Opium Inspection Journey in Chekiang during April and May 1914, The Opium Trade, 1910—1941, Vol. 3, Part Ⅷ, pp. 99 - 103.
③ 辜孝宽：《浙江省二十年禁烟史略》，《浙江民政》，1931年第39期。
④ Memorandum Communicated to Wai-chiao Pu by Mr. Alston, June 10, 1913, The Opium Trade, 1910—1941, Vol. 3, Part Ⅷ, London: Scholarly Resources, Inc. 1974, pp. 166 - 167.

印土禁运问题。① 但艾斯顿先是电复称未收到福州和厦门领事的报告②,后又照会中国外交部,称英国政府已经收到福州和厦门领事的报告,但报告与中方所提供的信息不符,即厦门领事并未有所谓的福建鸦片已经禁绝之说,其承认自己在没有对福建鸦片种植进行大范围了解之前是不知道这个省的禁烟是成功还是失败的。此外,报告中还提及外省土药流入福建省的情况。为此,艾斯顿坚持不将福建列入禁运名单,称一切留待明年查勘后再作商讨。③ 虽然福建省在1913年未能如愿禁运印土,但1914年3月的中英联合会勘还是较为顺利的,经过英国代表Blackburn及中国内务部与福建省代的调查,确认福建省已经禁绝鸦片。④ 因此,英方同意从1914年5月1日起,印度鸦片不再运入福建省。⑤

1913年7月,中国外交部根据湖北省当局的报告,以湖北鸦片已经禁绝,向英方提请禁运印药。⑥ 英使艾斯顿的复电与前述省份相同,即鸦片种植期已过,无法查勘烟苗,且英国驻汉口、宜昌诸地领事正在就湖北禁烟的情况准备材料,艾斯顿要等待几位领事的报告结果出来后再同外交部协商湖北烟苗查勘的事项。⑦ 此后,艾斯顿以汉口、宜昌领事报告中称湖北省鸦片并未禁绝为由,拒绝了中国外交部请将湖北列入禁运名单的照会,坚持待1914年春,中英联合会勘后再作决定。⑧

1914年5月,中英对湖北省的联合会勘开始。查勘组由外交部佥事、内

---

① Wai-chiao Pu to Mr. Alston, July 7, 1913, The Opium Trade, 1910—1941, Vol. 3, Part Ⅶ, London:Scholarly Resources, Inc. 1974, pp. 194 - 195.
② Mr. Alston to Wai-chiao Pu, July 28, 1913, The Opium Trade, 1910—1941, Vol. 3, Part Ⅶ, London:Scholarly Resources, Inc. 1974, p. 195.
③ Memorandum Communicated to Wai-chiao Pu, August 20, 1913, The Opium Trade, 1910—1941, Vol. 3, Part Ⅶ, London:Scholarly Resources, Inc. 1974, p. 200.
④ Mr. Blackburn to Sir J. Jordan, March 21, 1914, The Opium Trade, 1910—1941, Vol. 3, Part Ⅷ, London:Scholarly Resources, Inc. 1974, pp. 66 - 68.
⑤ Sir J. Jordan to Chinese Minister for Foreign Affairs, April 18, 1914, The Opium Trade, 1910—1941, Vol. 3, Part Ⅷ, London:Scholarly Resources, Inc. 1974, p. 74.
⑥ Wai-chiao Pu to Mr. Alston, July 3, 1913, The Opium Trade, 1910—1941, Vol. 3, Part Ⅶ, London:Scholarly Resources, Inc. 1974, pp. 188 - 189.
⑦ Mr. Alston to Wai-chiao Pu, July 16, 1913, The Opium Trade, 1910—1941, Vol. 3, Part Ⅶ, London:Scholarly Resources, Inc. 1974, p. 189.
⑧ Memorandum, Communicated to Wai-chiao Pu, August 20, 1913, The Opium Trade, 1910—1941, Vol. 3, Part Ⅶ, London:Scholarly Resources, Inc. 1974, p. 200.

务部主事、英国驻宜昌领事 Darry 组成,于 5 月 11 日自宜昌出发,行经宜昌、宜都、长阳、五峰、鹤峰、建始、巴东、秭归八县,并无发现烟苗。此次查勘,均为著名产烟之区。查勘前,各县由宣传员分头演讲,晓谕厉害,并责成各该乡区长、团长、保正、甲长等亲赴各乡调查,并令各具切结,如部员与英员会查时,各该管境内查出烟苗,该区团长等俱负连带责任。无论何人查获烟苗准予揭发,并能得到相当之报酬。但英员对中方不信任,查勘前对查勘地方及行经道路,英员欲秘而不宣,经争辩、协商,始先宣布两县。对于违禁的标准,双方亦有争论,英方先是坚持只要查出有烟苗种植,即不能作为禁绝依据。中方提议如查出烟苗极少,以一亩为度,若零星十数枝,只能认为出自遗子,非违禁播种。其理由为乡民既冒死种烟希图获利,若为数甚少,无利可图,断无以身试法之理。此提议得到英方认可。① 经过三周的调查,并未有烟苗发现。湖北省都督段芝贵、民政长吕调元通电全国,"会查鄂省烟苗现已告竣,会勘全境,未见寸株,毒种肃清,民国幸福"②。而英代表 Darry 亦向英政府递交了会勘报告。其承认在宜昌南北山区及湖北省边境地区,均未发现有烟苗种植的痕迹,且其在检查路线的选择方面没有给中国官员任何准备的机会。③ 根据 Darry 的报告,英国政府认可湖北省鸦片禁绝的事实,5 月 16 日,英使馆照会外交部,"鄂省所至之处,均无种烟情形,英方拟自 6 月 1 日起,禁止印药运入鄂省"④。

江西省的禁运亦颇费周折,虽然 1913 年 7 月中国外交部将江西与湖北一并作为鸦片禁绝省份,提请英方同意印药禁运,但江西省的印药禁运却与江苏、广东等省一起,成为一个与印药存土相关的问题,直到存土问题解决后方才解决(详见下文)。1914 年,除上述浙江、福建、湖北三省实现印药禁运外,河南省亦列入禁止印药单内,禁止日期为 1914 年 6 月 16 日。⑤ 但由于资

---

① 《外交部金事报告会查湖北种烟情形呈》(1914 年 5 月 25 日),第二历史档案馆藏件,马模贞主编:《中国禁毒史资料:1729 年—1949 年》,天津人民出版社 1998 年版,第 629—630 页。

② 《鄂省通告烟苗肃清电》,《通问报》,1914 年,第 600 期,第 15 页。

③ Report on the Investigation of the Cultivation of Poppy in Hupeh, May 4, 1914, The Opium Trade, 1910—1941, Vol. 3, Part Ⅷ, London: Scholarly Resources, Inc. 1974, pp. 91 - 94.

④ 《英使馆关于禁运印药入鄂日期致外交部照会》(1914 年 5 月 16 日),第二历史档案馆藏件,马模贞主编:《中国禁毒史资料:1729 年—1949 年》,天津人民出版社 1998 年版,第 628 页。

⑤ 《政府公报》,1914 年 7 月 2 日,第 774 号。

料缺乏的原因,河南省的查勘情形不详。

3. 江西、江苏、广东三省的会勘及印药禁运

根据《中英禁烟条约》,上海和广州是最后两个停止印药运入的口岸,在全国争取印药禁运的大形势下,江苏、广东成为印药仅存的出路而积有大量的存土。而江西省对于洋药商而言,又是运输印度鸦片的一条秘密通道。利益相关方甚至设想在江苏实行印药禁运后,能在九江建立一个向长江流域省份走私鸦片的中心。因此,与全国其他省份不同,江西、江苏、广东就印药禁运而言,是极为特殊的地区。

如前文所述,1913年7月,中国外交部提请英方将江西省列入印药禁运省份,但同样因鸦片的种植时间问题,遭到英方拒绝。此后,英国驻九江领事给英使艾斯顿的报告亦建议暂不能将江西列入禁运名单,要待1914年春的中英会勘结果再作决定。① 1914年,英方从江西省获得的报告并未有鸦片种植的证据,但此时江西省内政局混乱,省政府对是否禁绝鸦片却没有了信心,因而请求展限会勘。② 而此时,英国政府却已经开始关注江苏、江西、广东等省份的印药禁运对上海、广州两处口岸所积存的鸦片销售的影响问题。根据1914年11月朱尔典在一封信件中引述英国外交部的说法,当时江苏、江西和广东再加上上海的国际移民地和法租界,已经成了存药仅存的出路。③ 在此背景之下,就不难理解,当1914年4月,中国外交部再次根据江西都督的报告,提请英国将江西省列入印药禁运名单时,英国仍旧以检查提出太晚为由而拒绝会勘。④ 几乎与此同时,江苏巡按使报告,苏省烟苗已经禁绝,省长齐耀林以苏省烟苗肃清电请外交部知照英使定期会勘。4月底,外交部、内政部、江苏省及英方均已派员准备查勘,却基于上述之同样原因,本年停止会勘,由中方自行赴各地查勘,以为明年会勘的预备。此后,外交部派员会同江

---

① Mr. Alston to Chinese Minister for Foreign Affairs, November 10, 1913, The Opium Trade, 1910—1941, Vol. 3, Part Ⅶ, London: Scholarly Resources, Inc. 1974, p. 226.

② Sir J. Jordan to Sir Edward Grey, March 23, 1914, The Opium Trade, 1910—1941, Vol. 3, Part Ⅷ, London:Scholarly Resources, Inc. 1974, pp. 50 - 51.

③ Sir J. Jordan to Sir Edward Grey, November 13, 1914, The Opium Trade, 1910—1941, Vol. 3, Part Ⅷ, London:Scholarly Resources, Inc. 1974, p. 148.

④ Wai-chiao Pu to Sir J. Jordan, April 14, 1915, Sir J. Jordan to Wai-chiao Pu, April 16, 1915, The Opium Trade, 1910—1941, Vol. 3, Part Ⅸ, London: Scholarly Resources, Inc. 1974, pp. 16 - 17.

苏省特派员分路查勘,由 5 月 10 日从镇江启程,共查丹阳、武进、无锡、宜兴、溧阳、高淳、溧水、句容、吴县、常熟、昆山、太仓、嘉定、宝山、上海、松江、金山、奉贤、南汇、川沙、崇明、江阴、江宁、南通、海门、六合、江浦 27 县,均无烟苗发现。查烟委员认为,如果坚持不懈,明年会勘当可无碍。① 虽然查勘结果十分理想,但英国方面未参加履勘,故其不承认此为江苏鸦片肃清之证据。②

1915 年,大总统袁世凯以蔡乃煌为苏、赣、粤三省禁烟特派员,与沪港烟土联社于 5 月 1 日在上海签订《苏赣粤三省禁卖土烟合同》,按照合同规定,已经运入中国的全部积存印药要在江苏、江西、广东三省销售完成,除积存印药外,其他印药不再运入该三省。且为了方便印药销售起见,中国政府亦不再向英方提起对三省进行鸦片种植联合会勘之事。③ 此事对该三省之禁政影响极大。江西省自沪上烟土专卖核准以来,人心大惑。民情最激烈者,当以乐平县为最,因赣省铲烟苗之数以该县为最多。乐平被铲烟苗近万余亩,以最低价格计算,不下 200 余万元,生计上之影响不问可知。各乡种户纷纷至县知事处呈诉,谓烟土是违禁物则官不应卖,非违禁物则苗不应铲。今者官土既已开办,则烟非违禁物可知,而此前被铲烟苗所损失之 200 余万,无故牺牲,心有不甘,不得不要求照低价赔偿,以稍苏小民之痛苦。该县知事只得以铲苗卖土皆政府所为,对于政令只有奉行回应。而上海方面自行销印花以来,一般业土者以为严禁已弛,更纷纷赴沪购运,以图获利。④ 需要指出的是,若中方严格履行合同,江西、江苏、广东三省的印药禁运当然要待印药存土问题最终解决之后。但上述合同遭到举国反对,几经波折后,沪上所存印土由中国政府于 1917 年付费焚毁(详见下文)。故实际上,1917 年存土焚毁后,该合约的履约条件已不复存在,江苏、江西、广东自然实现了印土之禁运,其时间亦在《中英禁烟条约》期限之内。江西、广东会勘情形,限于资料原因,不得其详。而江苏的联合会勘是于 1917 年 4 月 26 日开始的,英国派员陶乐

---

① 《外交部查烟委员致外交部报告会勘江苏烟苗情形》(1915 年 6 月 30 日),第二历史档案馆藏件,马模贞主编:《中国禁毒史资料:1729 年—1949 年》,天津人民出版社 1998 年版,第 656—657 页。
② 《政府公报》,1917 年 12 月 21 日。
③ 王铁涯编:《中外旧约章汇编》(第二册),生活·读书·新知三联书店 1959 年版,第 1092—1094 页。
④ 《烟毒波及浙属》,天津《大公报》,1915 年 6 月 23 日。

尔会同中国外交部专员会勘。在江苏特派专员的陪同下,会勘历时一月有余,水陆路程两千数百余里,勘察十分仔细,特别是省内著名产烟区徐海淮扬一带,尤为注意。至5月28日,全省勘竣,英员承认一律肃清。①

4. 甘肃、新疆、云南、贵州等省份的会勘及印药禁运

西南及西北是中国的主要产烟区,烟土除自吸外,多数销往其他中东部省份,故西部地区在民初禁政中主要着力于禁种。由于印药在西南、西北产烟区几乎没有销路,这些地区的印药禁运对英方利益亦无直接影响,因此西部省份的会勘及印药禁运均较为顺利,英方并未有刻意刁难之举。除四川、山西在清末就已经禁运外,甘肃、新疆于1915年列入印药禁运名单,云南、贵州于1917年列入印药禁运名单。

1915年3月,甘肃、新疆分别电请中央政府按照条约会同英方代表查勘。因路途较远,外交部照会英使馆,如何派员会查应提前商办。② 对于新疆省,英国政府决定不经实地会勘,而直接将之列入印药禁运名单。4月29日,英使朱尔典在回复中国外交部的照会中声称:"对于新疆一省,本大臣愿将该省按照1911年禁烟条件第3条,自本年六月初一日起,列入禁止印药进入之省份。"③而对于甘肃省,英国方面决定派员往赴会查。1915年8月,外交部照会英使,谓甘肃经会查,烟苗已经肃清,应即定期禁止印药运入。④

至1916年下半年,《中英禁烟条约》即期满,内务部派员赴各地督促限期,并规定如下:产烟省份以1916年年底为肃清之期;租界贩卖烟土以1916年11月为完结之期;吸烟之人逾年内有犯者,按律严办;1916年12月为省派委员清查之期;1917年2月为部派委员复查之期;各产烟地方情形或有不同,不能依照期限时,得用特别法律督促之;1917年4月为"中英条约"履行之期;1917年6月为英国大使查勘之期。⑤ 全国禁烟联合会亦于1916年12月10日开全国禁烟联合大会,该会以中英烟约届满,未经禁种净尽之云南、

---

① 《政府公报》,1917年12月21日。
② 《外交部关于商办会查甘肃新疆种烟事致英驻使照会》(1915年3月8日),第二历史档案馆藏件,马模贞主编:《中国禁毒史资料:1729年—1949年》,天津人民出版社1998年版,第648页。
③ 《英朱使关于新疆省禁运印药日期复外交部照会》,中国第二历史档案馆藏,档号:1001-568。
④ 《外交部关于甘肃省禁止印药运入致英使照会》(1915年8月30日),第二历史档案馆藏件,马模贞主编:《中国禁毒史资料:1729年—1949年》,天津人民出版社1998年版,第660页。
⑤ 《内务部厉行烟禁期》,天津《大公报》,1916年9月30日。

贵州、陕西、江西、广东、江苏六省,应从速禁绝。经各省代表议决,呈请大总统明令该六省长官,设立禁烟督察处,分途铲除。① 随着1917年条约最后期限的临近,中央政府更是三令五申,要求尚未禁绝罂粟栽种的省份,尤其是边远种烟省份加紧查禁,务必按期完成禁种。云贵等省在中央政府的严切督责之下也加强了对烟苗种植的查禁力度及举措。

1917年4月,贵州省宣布鸦片禁绝,并提请中外联合会勘及印药禁入。驻北京英使馆派驻宜昌领事会勘贵州禁烟事宜。该领事一面分托在黔教会中人密往各处查探,一面亲自经桐梓、遵义、黔西、织金、普定、安顺、镇宁、关领、南笼、兴义等处查勘,后宣言查勘全黔鸦片不特根株净绝,吸运亦无发现,并将结果电告英使馆。②

1917年5月,中英两国代表分两路联合会勘云南的鸦片种植情况。一路查勘云南中部及南部地区,即滇中、蒙自两道;一路查勘云南西部及南部地区,及腾越、思茅两道。查勘滇中、蒙自两道的英国委员由英国驻宜昌领事窦尔恭担任,其沿途明察暗访,并多次改变查勘路线,从罗平南下师宗、弥勒、泸西、邱北,经开远、广南到河口,由此出云南地界。窦尔恭欲出其不意查获罂粟,但究无所获,最终出具所查地区禁绝鸦片之证明。查勘腾越、思茅两道之英国委员为驻腾越领事义思德,由中方代表陪同,从腾冲出发,沿途查勘了龙陵、镇康、耿马、双江、澜沧、思茅、普洱、镇沅、景东、巍山、弥渡、祥云、凤仪、大理、永平、保山等地,然后返回腾冲,经数千里地未发现任何烟苗,便出具证明,并电告英国驻北京公使,云南已经肃清鸦片种植。③

1917年8月,经英员会勘,陕西省亦宣布全省烟苗一律肃清,印药禁止入陕。④ 至此,民初政府延续了清末的禁烟成绩,成功履约。由于全国各省的鸦片种植及印药消费的情形各不相同,中英之间围绕会勘而产生的矛盾与博弈情形亦有很大区别。东南各省是印药的传统消费区域,这些地区的鸦片种植及外省土药的输入对印药的售卖影响极大,因而浙江、福建、江苏、广东

---

① 《禁烟大会纪事》,天津《大公报》,1916年12月15日。
② 《贵州省长呈报英员会勘贵州禁烟事宜致国务院等电》(1917年5月5日),第二历史档案馆藏件,马模贞主编:《中国禁毒史资料:1729年—1949年》,天津人民出版社1998年版,第680页。
③ 秦和平:《云南鸦片问题与禁烟运动(1840—1940)》,四川民族出版社1998年版,第31页。
④ 《政府公报》,1917年9月6日。

等东南沿海省份,乃至安徽、江西、湖北等中部省份的中英会勘及印药禁入的过程均不顺利。英方总以各种借口拖延会勘的时间,但迫于条约及地方政府完成土药禁种、禁运的事实,最终还是配合中国政府实现了这些省份印药禁入的目标。这为民国初期禁烟的最终完成创造了良好的环境。而西南、西北地区的省份,自产鸦片的数量极大,印药几乎没有消费市场,所谓的印药禁运与英方并无直接的利益冲突,因而英国对这些地区的会勘及禁运并不刻意刁难。但由于这些地区的鸦片种植广泛,禁种的难度极大,虽然地方政府均出台于严厉的查禁措施,但还是到 1917 年夏秋之交才最终完成禁种,如期履约。而对于地方政府的禁烟成绩,中央亦给予相应奖励。如 1917 年 9 月,据湖南省省长兼督军谭延闿之呈请,给予湖南省会警察厅查缉处主任易庆彬五等嘉禾章①;12 月,大总统据国务总理呈请,给予贵州省省长请奖会勘禁烟完结在事处理人员 72 人从八等嘉禾奖章至五等嘉禾奖章之奖②;1918 年 1 月,据江苏省省长齐耀林之呈请,中央政府给予江苏 18 名肃清烟苗出力人员从七等嘉禾勋章至五等嘉禾勋章的奖励③。

总而言之,民初政府由于在禁烟特别是禁种方面的努力,虽然中英间的联合会勘波折不断,印药禁运亦并不顺利,但最终还是宣布在全境完成禁种,其成果亦得到英方的承认,英国公使派出的特派员亦宣布中国已经停止栽种罂粟。经过中英间的联合查勘,按照《中英禁烟条约》的规定,印度鸦片完全禁止输入中国。这是民国初年禁烟最显著的成就。这一成就不仅使国人受到鼓舞,亦赢得了国际舆论的称赞,更大大改变了中国的国家形象。

二、存土焚毁之始末

1. 存土之来源

自清末禁烟以来,所查获烟土往往采取公开焚毁的方式以宣示禁烟的决心与成果,此一做法亦延续到民国时期。但从相关资料看,民初烟土之焚毁并无统一的规定。在焚毁数量上,有将查获烟土全部焚毁的情况,亦有仅焚毁部分,其余留作他用的情况。如在第一次世界大战期间,军用麻醉药品国

---

① 《政府公报》,1917 年 9 月 24 日。
② 《政府公报》,1917 年 12 月 13 日。
③ 《政府公报》,1918 年 1 月 26 日。

际上采购困难,故多数要中国自行生产。这导致陆军部所辖卫生材料厂部分原料告急。1915 年,陆军部曾要求司法部将每年没收烟土之五六百磅拨付卫生材料厂使用。但京师检察厅其时烟案逐渐减少,自 1914 年 11 月至 1915 年 3 月底,厅内现存各案烟土只 300 余两,若尽数拨用,亦属不敷,而以后不能实行焚毁,恐引起外界之误会。故司法部决定嗣后没收烟土以一半拨厂制药,一半留厅焚毁。① 在烟土焚毁的时间上,既存在查获烟土立即销毁的现象,也有数年后方才销毁的现象。据步军统领王怀庆 1919 年 10 月呈报,步军衙门自 1915 年 6 月至 1919 年 8 月底,所有查获烟土烟具等,除移送法庭外尚有烟土 7283 两余,烟膏、烟泡、烟灰等 554 小封,吗啡、针药 731 份,烟具大小 3202 件,于 9 月 28 日焚毁。②

本章所指之存土并非查获之烟土,是指因中国禁烟导致印药滞销而积存在上海、香港两处的印度鸦片。根据 1911 年清政府与英国政府签订的《中英禁烟条约》,中国各省的罂粟栽种及土药贩运确已禁绝,则印度洋药亦不输入该地。自该条约签订后,印药来华的数量逐渐减少,其在华销售市场亦日渐萎缩。但其价格却飞涨,1914 年 2 月,上海印土价格由每箱 4000 元涨至近 7000 元。③ 这亦使得从事大宗印土贸易之烟土商行未能准确把握印度洋药的在华市场前景,当 1913 年印度政府议决核准运销中国之鸦片于是年全行停运的时候,上海、香港两处所积存的印土已经很多了。而条约届满,印土失去在中国销售的法律依据,如何处理积存印土,成为举国上下关注的焦点,也是当时中国对英交涉中的大事件。但其过程却并不顺利,对外交涉亦一波三折。在此过程中,中国政治之总统选举、议会质询、舆论监督亦掺杂其间。存土问题之解决,从专卖到焚毁,其曲折过程亦折射出民初政治的独特面相。

2. 苏、赣、粤三省之专卖风波

1913 年 1 月 30 日,中国外交总长陆徵祥曾表示,若英国政府允许将来不准将鸦片烟运入中国,则中国政府应自将上海、香港所积存之洋药全行收买,而设专卖办法,以期渐次禁绝。这是中国政府第一次对存土问题发表看法,也是第一次提出出价购买并实行政府专卖的建议,英国政府对此当然表

---

① 《司法公报》,1915 年,第 32 期。
② 《政府公报》,1919 年,第 1323 期。
③ 《本年二月间上海之鸦片》,《中华实业界》,1914 年,第 8 期。

示很满意。中方的让步亦是有条件的。5月7日,中国外交部致函英使馆,要求转请英国政府将中英前定禁烟条件酌量删改。但很快中国政府就考虑到将存土全部购买而行专卖会面临政治、外交、舆论、财政等方面的巨大压力,因而7月1日中国外交部再次致函英使馆,将购买积存之议作罢,请将存土移运海外,中国承担运费。对中国而言,这是成本最小的解决方法。半年之内,中国外交部对存土问题的解决方案数变,且反差极大,引起英方极度不满。英方认为中国推其所担责任,其理由是上海及他处所积存之印土,乃全在中国政府所允最优待条件时而积存,故中国应负早日完全将所存印土消除之责,如此则英国政府欲允将禁烟条件删改。①

由于当时距条约满期还有两年时间,中英双方交涉的结果是:在两年内扩大存土的销售范围及加快其速度。1915年,袁世凯特派其亲信蔡乃煌为苏、赣、粤三省禁烟特派员,负责交涉具体事务。蔡乃煌在前清即以善交涉而闻名,且作为中国代表参加了万国禁烟会,对禁烟事务亦极为熟悉。5月1日,蔡乃煌在上海与沪港烟土联社各商行、公司签订三省禁卖土烟合同。合同所解释的签订原因为三省土烟不能禁绝,有碍印烟销售,以至于沪港所存印度鸦片未能销尽,并致延缓全国鸦片之禁绝。现有印度鸦片6000箱,积存于沪港两地。联社为消除三省印烟销售的障碍,愿意向中国政府缴纳捐款,以为补偿。其合同的主要内容为:印度鸦片由沪港联社交运,每箱由联社交付中国政府3500元,至1917年4月1日合同期内,交付的鸦片将在6000箱以上。补偿三省查禁土烟违法售卖的费用。此后,印烟由特派员给予特别印花,可以在三省通行无碍。② 如前文所述,该条约签订后,误以为烟禁复开者不计其数,对三省之禁政影响甚大。

该事件引起举国反对,民间舆论普遍认为,"蔡乃煌名为禁烟特派员,实为运销烟土特派员。政府此举奇荒巨谬、流毒无穷、大拂国情、不恤民隐,仅瞩目前2000万元税款的收入,而不计政府人民各方面十百倍于此的损失,此种理财政策,无异于自杀政策。此例一开,吸者自必日多,种者必缘之而起,

---

① 《英使馆就禁烟条件酌量删改事致外交部照会》(1913年11月3日),第二历史档案馆藏件,马模贞主编:《中国禁毒史资料:1729年—1949年》,天津人民出版社1998年版,第623—624页。
② 王铁崖编:《中外旧约章汇编》(第二册),生活·读书·新知三联书店1959年版,第1092—1094页。

印烟遂无废止之望矣。沙堤一决,泛滥而不可收拾,全国烟禁受绝大影响,国家之法律亦从此扫地"①。万国改良会的丁义良认为,"此举隳政府之威信,启人民之惊异,陷自身于矛盾,被他界以影响②。其分别函询税务处、财政部,二部门皆答复此事的主旨系厉行禁烟,并无所谓开禁"。丁义华后来说,蔡乃煌以办理禁烟为名,为搜刮巨金之计,而袁世凯从中得款有十兆之巨。③若所说属实,该合同的酝酿可能并非英方的压力,而是来自袁世凯称帝的筹款动力。

此事件还极大地消耗了民国政府的政权合法性,舆论认为,"政府始而严禁于先,继而废弛于后。号令不实,朝三暮四,滥用权威,颠倒法令。此等专卖,不准贩运本国的烟土,专准贩运外国的烟土,不准吸食本国的烟土,专准吸食外国的烟土。病国殃民的事情,官府从而提倡之,而且不为本国提倡,为外国提倡而侵害本国,权利外溢在所不计。又必使那三省饮鸩食毒,倾其家而败其产,杀其身而灭其种,政府从而征收,官吏从而剥削,有国如此,焉得不亡"④。国民党众议院议员邹鲁亦谓,"特派蔡乃煌为苏、粤、赣三省禁烟督办,借禁烟之名,行外烟之事。是开三省之烟禁,实决全国之大防也"⑤。可见,舆论汹汹,专卖难行。

3. 展限之流产与烟土收购合同的签订

中国驻英使馆亦致电外交部、税务处等机关,谓英国禁烟会闻中国政府不禁苏、赣、粤三省种烟,且展印药入口的期限,复闻湘、鄂、蜀三省烟土官卖,愈觉痛惜,望电复以释其疑。⑥ 外交部复电解释,谓苏、赣、粤三省未经中英派员会查,照约不能禁运,并无展限之说。至湘、鄂、蜀官办烟业专利,经电询各该省,据复实无此事。⑦ 而税务处的解释是:政府因禁烟条件将近满期,恐印药运来过多,期满难销,致滋争论。经派员与印药商人约定进口箱数,并将

---

① 《作法自弊之严禁》,天津《大公报》,1915年6月17日。
② 《欺人乎?欺己乎?》,天津《大公报》,1915年6月12日、6月16日。
③ 《申报》,1917年2月14日。
④ 《中国之禁烟前途观》,天津《大公报》,1915年8月3日。
⑤ 《众议院议员邹鲁提出禁烟建议案》,天津《大公报》,1916年12月9日。
⑥ 《驻英使馆致外交部等电》(1915年11月3日),第二历史档案馆藏件,马模贞主编:《中国禁毒史资料:1729年—1949年》,天津人民出版社1998年版,第662页。
⑦ 《外交部致驻英使馆电》(1915年11月9日),第二历史档案馆藏件,马模贞主编:《中国禁毒史资料:1729年—1949年》,天津人民出版社1998年版,第662页。

限期只准分销于尚未到期禁止入口之苏、赣、粤三省,为医药之用。仍一面严禁各省种烟,实力履行。至湘、鄂、蜀官办专利各节,系属误传。①

无论政府如何辩解,事实上此合同的履行,使得沪、港存土得以快速销售,中央政府亦得到巨额的经济补偿。眼看即将到 1917 年 3 月底的期限日,存土却并不能如期售完,届时将作何处理,成为中、英政府,洋药公所及中外舆论界所关心的焦点问题。而洋药商人自然是希望展限,继续销售存土,其理由是三省尚有私土及帝制发生后各省纷扰,遂致销路梗滞。据报载,洋商要求江西展至 1917 年 11 月 1 日,江苏展至 11 月底。1916 年 3 月,洋商的努力几乎成功,后因袁世凯称帝失败,其议遂寝。②

坊间关于此事亦众说纷纭。禁烟联合会据上海的调查报告,谓上海的洋药公所向外交部磋商展限 9 个月,已蒙允许。联合会致函外交部询问,外交部答复此事系洋药公所直接与财政部提议,外交部业经咨请财政部慎重办理。禁烟联合会遂致函财政部:此次上海洋药公所磋商展限之请,是否应上海烟案为展限之口实,抑或别具理由,带有相互的条件。财政部答复:洋商要求展限,系因帝制发生,洋药滞销,以补偿时日损失为词,申请展限。本部以案关烟禁,迭经严词拒驳,并遴派专员赴沪接洽在案。联合会再致函内政内务拟请内务部再行通咨已停运之 16 省,一体认真查禁,以免此 16 省届时报告肃清,万一彼 16 省中或有一二省复见烟苗,转令外人有所借口。③

1916 年 9 月 12 日,丁义华为此事会晤国务院秘书长徐树铮。徐树铮谓确曾接英商两电,云政府若允许展期,该商即愿多加税银 1600 万等语,如不允许展期,不但加税毫无,即现纳之税亦当停止,迹近要挟,政府绝对以限满为止。徐树铮认为从前准予三省售土之约,本欠斟酌,今英商如不纳税,即自己取消条约,则三省售土当然禁止矣。④ 丁义华得政府态度后,万国改良会立即致电各省,请各省同心力争,万勿展限,仍应以明年 3 月 31 日为止。⑤ 万

---

① 《税务处致驻英使馆电》(1915 年 11 月 11 日),第二历史档案馆藏件,马模贞主编:《中国禁毒史资料:1729 年—1949 年》,天津人民出版社 1998 年版,第 662 页。
② 《申报》,1917 年 2 月 24 日。
③ 《北京全国禁烟联合会总会与各方面往来函件》,天津《大公报》,1916 年 10 月 2 日、1917 年 1 月 5 日。
④ 《丁义华与徐树铮关于中国禁烟事项之谈话》,天津《大公报》,1916 年 9 月 14 日。
⑤ 《万国改良会致各省电》,天津《大公报》,1916 年 9 月 14 日。

国改良会通电各省督军、省长及察哈尔、热河都统：禁绝限期只有数月，顷得英国报告，本月即派员来华，调查各省对于禁绝光景如何。是此数月，与中国将来威信上有绝大关系，倘不幸查有一二处种运，则中国十数年来全国人士奔走号乎之功，付诸流水，弛禁赔款，辱国丧权。①

洋药公所虽然不惜以重金派人入京运动当局，但中央政府恐被舆论攻击，还是拒绝了洋商的展限要求。于是洋药公所就开始另寻道路，游说副总统冯国璋。据报载，1916 年 8 月，副总统冯国璋兼任江苏督军②，其曾派员到沪密查，洋商对冯的代表表示内地私土充斥，至限满之日，所余印土之商人不甘受此亏耗。9 月，老沙逊洋行商人协同洋药联合公所人，到南京谒见冯代表。谈判中形成三种方案：其一，未售之土豁免报效（即蔡合同中所定每箱 3500 元），售至 1917 年 3 月期限为止，此方案洋商坚决不肯。其二，期满之日，所有余土由政府收受经售，以余利归还洋商。此方案洋商为所希冀，但中国政府拒不答应。其三，即收受余土以公债票抵还，摊作十年，严定售药办法。③ 冯国璋倾向于第三种办法，10 月 22 日，其致电大总统黎元洪及国务院，谓"收买存土售药办法比较可行，仍祈中央裁酌"。25 日，黎元洪将此办法交国务院核议，国务院又交由财政部核议。12 月 19 日，财政部复电冯国璋：收买存土作为药品业经国务院会议议决。此项印土向系销售江苏境内为多，将来究竟存余若干，如何杜绝售吸、制造药品，拨给债券、已经收买价值，均需妥为规划。兹特由部电令禁烟特派员王之瑞专任此事，一切商承钧处暨齐省长（指江苏省省长齐耀琳）随时会筹办法，以策进行云云。可见，财政部只是原则同意该方案，但并未就具体方法给出意见。

冯国璋派人到沪与王云五接洽。王云五曾任孙中山临时大总统府秘书，后又在北京政府教育部任事，1916 年 7 月，任苏、粤、赣三省禁烟特派员。1917 年 1 月，经王云五等各员与洋商协商条件，21 日，谈判条件由国务院会议通过。④ 对于冯国璋在收买存土事件中与中央的关系，媒体亦洞若观火，据报载，"闻河间向政府建议之处，齐震岩省长颇露反对意思。中央以宁沪接

---

① 《万国改良会关于禁烟之通电》，天津《大公报》，1916 年 10 月 21 日。
② 刘寿林等编：《民国职官年表》，中华书局 1995 年版，第 9 页、245 页。
③ 《副总统宣布收买存土始末》，长沙《大公报》，1917 年 3 月 5 日。
④ 《申报》，1917 年 2 月 24 日。

近,以全权畀于河间,乃河间又转以全权畀于某会办。某会办遂往来于沪宁车中,无或间日,人莫知其衔有何项使命,其实即为收买土之事也"①。

1917年1月28日,上海烟土联社与江苏督军、省长、苏赣粤三省禁烟特派员(代表中央政府)在上海签订收购存烟合同:1917年3月31日联社尚存之全部剩余印度鸦片,由联社售给中国政府,中国政府予以收购。每箱上海纹银8200两或按该1917年3月31日换价之鹰元若干元。联社估计1917年1月1日所存余烟为2100箱;中国政府收购该烟土以供医治之用,并无盈利之意;1917年3月31日之前,联社应按上述约定,在上海每交出印度鸦片一箱,即交付中国政府捐款鹰元3500元;中国政府以中国政府债券收购本合同所称烟土。第二日,即1月29日,双方又签订补充合同,规定债券为中华民国6厘债券,该债券为民国二年(1913)2月19日经国会通过。②

4. 收购合同遭抵制及存土焚毁

合同签订后,遭到各方反对。舆论谓"政府以巨额公债收买此辱国殃民之存土,使十年禁烟之功,毁于一旦。阳以修合药丸为名,阴以贩卖烟土为利,是使刑律鸦片烟罪完全失其效力,鸦片烟禁根本受其打消,违法罔民莫此为甚"。并质问"国家官吏买卖烟土,尚复成何国家,国家公债收买烟土,又复成何政体"。为此,各界民众组织成立中华国民禁烟大会,其宗旨为:请愿国会敦促政府取消收买存土之约,务使烟禁如约禁绝。③

国民禁烟大会连日开会,请各团体通电政府、议院,取消合同。④ 福州各社团联名通电,表示反对,去毒社上参众两院请愿书,以各公团名义请愿国会反对收买存土之契约。⑤ 1917年2月13日,万国改良会丁义华在上海开禁烟大会,各界代表莅会者数百人,反对收买存土,并电请国会否认。⑥ 全国禁烟联合会亦致电冯国璋劝阻,并公推柏文蔚来宁,向冯痛陈一切弊端。国会众议院议长吴景濂、参议院副议长王正廷亦赴南京,为收买存土一事与冯讨

---

① 《申报》,1917年2月15日。
② 王铁崖编:《中外旧约章汇编》(第二册),生活·读书·新知三联书店1959年版,第1253—1254页。
③ 《中华国民禁烟大会宣言书》,长沙《大公报》,1917年3月29日。
④ 《申报》,1917年3月6日。
⑤ 《申报》,1917年3月22日。
⑥ 《申报》,1917年2月14日。

论利害。改良会丁义华亦南下，向冯国璋质问。① 面对丁义华的质问，冯国璋给出其收买存土的理由：一是以作药品；二是禁吸极难；三是英政府强迫。冯国璋还指出，此事全由上海国民党员唐绍仪、温宗尧所主张。丁义华又赴沪质问唐绍仪，还托英商李德立电询北京英使对于此事之态度，得知英政府并无强迫之事。而唐绍仪后来在 2 月 13 日上海的禁烟大会上亦为自己辩白，称自己 13 年前就主张禁烟，还曾致电冯国璋表示反对，而自己前往南京是因其他事情在下关商埠与温宗尧会商，并非为收买存土事与冯国璋会商。② 显然，兹事体大，各方政客均不愿担此污名。

细察之，冯国璋在此次存土收购中所扮演的积极角色，亦完全是出于经济利益的考虑，即通过售卖存土，为自己竞选总统筹集经费。自收买存土的消息发布后，各党派之代表纷纷痛斥政府，致使该条约在议会被搁置。有记者探悉：总统与总理及政府内多数要员皆不以买土为然，唯副总统冯国璋极力主张此事，国务院出于不得已遂予批准。而且买土款拟用民国元年南京临时政府所批准的第一次爱国债券，其意显欲避免将买土合同送交国会核议。③ 此后，全体议员通过要求总理出席披露本案文件之动议，众议院则提出要求取消合同之议案。参议院议员卢信首先向政府提出疑问：一是此项存土政府是否有收买之必要；二是当此财政困难之时，为何以如此巨款收买有害无利之存土；三是既由国库支出，为何不交国会议决；四是收买后专供药用，是否需要如此之多，为何年来各地查获烟土均行销毁，而此次耗巨款获得就要供药用。④

在国会的压力下，1917 年 2 月 17 日，内务总长范源濂、财政总长陈锦涛出席参议院，以答复收买烟土之质询。质询主要在议员丁世峄与财政总长陈锦涛间进行，择其大意如下：

> 丁世峄：收买烟土是否冯副总统自动还是政府授意？
> 陈锦涛：政府接冯来电，并非授意。

---

① 《申报》，1917 年 2 月 15 日。
② 《申报》，1917 年 2 月 14 日。
③ 《申报》，1917 年 2 月 25 日。
④ 《申报》，1917 年 2 月 23 日。

丁世峄：收买公债票补交国会核议，是否列入预算？

陈锦涛：自3月底以后，将所用公债票列入预算，且另列一表。

丁世峄：收买烟土价格为何如此之昂？

陈锦涛：以五六成公债票折算，不算昂。

可见，政府并不愿为冯国璋全盘"背锅"，但亦不愿承认得其授意，以失政府颜面。考虑到议员丁世峄尚有总统府秘书长一职，此事尤显耐人寻味，亦可见总统黎元洪对此事件之态度。质询会上又有议员张我华、吕志伊、汤漪等就存土的用途、收买目的等问题质询内务总长范源濂，范源濂答复用以制药。而对于为何用如此多的鸦片制药，何时用完的问题，范源濂未能答复。此次质询会的焦点问题，其实是国会要求废约，而政府的答复是，"约已签字，恐不能废"①。

此后，国会接到万国改良会来电，要求两院一致反对收买事宜。2月22日，丁世峄再次要求国务院出席议会回答质疑。前次政府派2位总长出席质询会，形同受审，体面尽失，故此次仅派各部委员四五人出席答复质问。议员丁世峄等认为根据院法13条请国务院出席，不想派委员答复，对政府态度极为不满。故此次质询会的气氛极不融洽。尽管财政部委员尽力解释当时财政部因公债为人民负担，当请国会通过，后接到冯副总统来电，以为系属暂行挪用性质，一转移间即为补还。恰有旧存6厘公债券，非新募者可比，故未交议。但该解释并未得到国会认可，丁世峄等认为不得要领，并请议长通知政府将冯副总统来电及所定合同一并送院阅看，并请国务院定期出席答复质问。②

3月27日，国务院等数人再次出席参议院，报告政府收买存土之事，但关于价格一事的纷争较大，议员李自芬、章士钊等25人再次提出质问书，其重点有二：其一，由于1915年洋商每箱鸦片报效3500元，故而鸦片的价格才会大涨，而报效和价格停止后，鸦片的价格不应有那么高；其二，即使政府的收买为正当，如此巨大之贸易提用巨额公债票，自应明白宣布普告国人，并咨交国会详细讨论方为合法。③

---

① 《申报》，1917年3月20日。
② 《申报》，1917年2月25日。
③ 《申报》，1917年3月30日。

可见,国会质询问题的关键在于议员们认为此事乃政府违法,而副总统为侵权。政府以增加国库负担之债票不经国会议决擅自发行,是违背约法之规定。至副总统本人无对外之职权,且于政治上本不负责任,以无此职权且不负责任之副总统竟与土商签约,不论有损尊严致伤国体,即侵越职权之咎已属百喙难辞,其所定合同在法律上当然不生效力。① 由于舆论颇加攻击,事涉副总统,副总统秘书厅还专门编辑刊物,向社会宣布,为冯国璋澄清,谓冯国璋曾密电国务院,极力反对洋商的展限之情,遂使得此议不得行。②

此事至此已陷入僵局,合同虽已经政府签字确认,但议会搁置,全国民众反对。这使得合同的条款在实际中迟迟未能履行洋药公所的态度却十分明确:此项存土今已视为未曾付价之政府所有物矣,无论政府售去用以制药或准其运销边省以供吸食皆与洋药公司无关。③ 因此,冯国璋只得一直努力促成条约的最后履行。1917年7月30日,冯国璋以副总统继任大总统。11月22日段祺瑞内阁倒台,11月30日冯派王士珍组阁④,乃欲使改约成立。但事尚未成,1918年2月2日,王内阁亦倒台。⑤ 其后,对于收买存土之事,以财政总长王克敏出力最多,王曾亲自往沪上调查。传言早在1917年年底,王克敏初掌财政,其欲依仗日人助冯国璋当选总统,其时王为中法实业银行的买办,不便与日银行直接交涉,后物色与日关系密切之周家彦与日接触。其时周家彦在上海,外界疑其为签字之人,并传言500万元之垫款及其需用之他种款项,又须取之于日本新借款。⑥

但王克敏任内并没有将此问题解决,1918年6月15日,其继任者曹汝霖在原来合同的基础上与洋药公所重新签订了一份合同,与1917年1月合同的内容大致相同,但将收买存土的价格从每箱8200两降为6200两。⑦ 显然,每箱价银的降低是为了减少合同履行的阻力,但舆论的攻击反而大增。

消息来源纷杂,当时政府有将指定江苏、浙江、湖北、江西作为收买存土

---

① 《申报》,1917年3月27日。
② 《申报》,1917年2月24日。
③ 《申报》,1818年6月12日。
④ 刘寿林等编:《民国职官年表》,中华书局1995年版,第10页。
⑤ 刘寿林等编:《民国职官年表》,中华书局1995年版,第10页。
⑥ 《收买存土合同之签字》,长沙《大公报》,1918年6月22日。
⑦ 《申报》,1918年9月3日。

销售的四个省份。收买存土一事登载报纸,已为不可掩之事实。舆论认为政府此举表面虽为旧事重提,而实际不啻另起炉灶。其中主持之人物、合同之内容皆与1917年1月之合同纯然为两事。1917年1月,尚在烟禁期限将满未满之际,今则已在烟禁届满之后也。今日主持收买者,表面虽为财政部,而黑幕中人不过曹陆等一二人而已。①

伦敦各界对政府此举亦众说纷纭,1918年7月2日,驻英使馆致电外交部:此间各界深恐我再弛禁,议论纷纷,词颇酷烈,务请注意。并祈宣布我之始终严禁鸦片政策,以释群疑。② 外交部称,收买存土系财政部主持,政府收买后,自当将照合同将存土预备制药之用。而政府一面仍严禁私土,以期肃清烟患,绝无弛禁之意。③ 此时北京传闻政府收买存土1576箱,每箱价银6200两,而后转售于某公司,每箱得价银8000两,并由该公司借与巨款500万元之说昨已在沪证实。有消息谓,去年合同在国会搁置后,张一鹏南来调查,据其报告,政府出价银8200两,而洋药公所的索价才5700两,显然是有人从中渔利。今年花样翻新另有合同,政府及与冯有关系的公司从此大获其利。闻所得之款将用作总统选举的运动费。据说,此次合同表面上为每箱6200两,暗中则由回扣归于高级官僚,回扣之数高达每箱1100两,冯国璋与段祺瑞皆在其列。④ 关于回扣的分配还有较大的争执,由于回扣数量巨大,土商始终不允出费,倒是洋商害怕夜长梦多,答应照给。⑤ 另据报载,政府以专卖权予某公司,该公司营业总部设于南京,北京官员及前广州鸦片专卖局之要员数人皆在公司股东之列。⑥ 又有传闻,财政部已经派员来沪与洋药公所接洽一切,存土收买后,将由潮州帮各土行组织机关向政府购买,转销各地,或者由政府自组专卖局向各土商转包,指定地点设分局销售。⑦

舆论纷纷,政府极感狼狈。迫于压力,禁烟特派员亦于报上刊登启事,谓

---

① 《收买烟土之大黑幕》,长沙《大公报》,1918年9月2日。
② 《驻英使馆致外交部电》(1918年7月2日),第二历史档案馆藏件,马模贞主编:《中国禁毒史资料:1729年—1949年》,天津人民出版社1998年版,第684页。
③ 《外交部致驻英使馆电》(1918年7月5日),第二历史档案馆藏件,马模贞主编:《中国禁毒史资料:1729年—1949年》,天津人民出版社1998年版,第684页。
④ 《申报》,1918年6月13日。
⑤ 《申报》,1918年6月14日。
⑥ 《申报》,1918年6月15日、6月16日。
⑦ 《申报》,1918年6月20日。

外商巨本攸关，自立合同后，叠申前请，催促履行。此案一日不了，沪上存土一日不尽，即国中烟毒一日不能廓清。此时不收买，日后外商终有要求履行合同之一日。盖今日不履行，明日亦必履行，今年不履行，明年亦必履行，迁延愈久，结束愈难。政府岂不欲以巨款收买付之一炬，为我中国除一大害；民间亦岂不欲以巨款收买付之一炬，为我百姓除一大害。假使政府财政充裕，民间财力有余，筹此千百万巨款，收买之后，尽付一炬，岂不大快人心？无如国家经济困难达于极点，外债累累，实无此财力作此豪举。况各处私土充斥，供人吸食，无可讳言。每年暗中运销，耗我资财不知凡几。政府迫不得已，始与协济公司订立条件，加价承购，只准配置合法药料，为戒烟疗疾之用，并由政府颁发特种印花，既与禁烟宗旨不相违背，而于私土运销亦可查禁。此药全数销完，永无余土发现，禁烟前途始有归束之地，作为完全终结之期。而各界热心公正之士，于政府委曲求全之苦衷，恐难深悉，遂视为弛禁买土，杯蛇市虎，互相讹传。① 该启示虽然有为政府辩护之立场，但也道出政府财政短缺之苦衷。

舆论及社会各团体的反对之声仍然不断，且力度加大。宝山县教育会会长、农会会长、商会会长致电江苏督军李纯、省长齐耀琳，反对将存土在苏、浙、鄂、赣四省销售。② 禁烟联合会上总统总理书，力陈销售存土流毒无穷，应请废约，仍按原价收买焚毁。③ 旅沪江西绅商会电请江西督军、省长及总商会竭力抵制，得到督军陈秀峰及商会的复函，一致表示坚拒。④ 沪上各团体迭电北京，要求取消，并且明确表示，若上海地区有商人请办售卖烟土，将群起而攻，为地方除害。⑤ 1918年9月7日，中华民国建设会联合江苏省教育会、环球中国学生会、上海总商会、青年会、妇女青年会、华东教育会、浙江旅沪学会、中华职业教育社、银行公会、美国大学同学会、留美学生会、精武体育会、万国改良会、中华续行委办会、基督教文学会、亚洲协会、美国协会、上海基督教联合会等团体，在上海宁波路为拒绝烟土事开筹备会。会上谓若政府收买烟土，则名为制药，实则大开烟禁也，是弃九仞之功于一篑也，是实有

---

① 《禁烟特派员冯国勋启事》，长沙《大公报》，1918年9月22日。
② 《申报》，1918年9月3日。
③ 《申报》，1918年9月5日。
④ 《申报》，1918年9月6日。
⑤ 《申报》，1918年9月7日。

丧中国之信任而贻笑于万邦也。① 张謇亦电诘政府,谓如其有之,遂即取消,如其无之,则望表白。②

处于舆论风口浪尖的北京政府终于抵不住压力,而此时冯国璋卸任总统一职,由徐世昌继任。③ 1918年11月19日,阁议将所有存土尽行烧毁。④ 第二日,外交部致电驻英使馆:上海存土1200箱,经国务会议议决,将其定期会同地方官绅监视销毁,明令不日颁发,希告英政府。此举我政府牺牲在1400万元以上,足以表示铲除大害之决心。⑤ 值得注意的是,政府决定将所购之土尽数焚毁的决定,并没有得到舆论的赞誉,而巷语街谈及报纸喧腾,却谓官吏调换存土,以伪乱真。有所谓中华国民焚土监视团上北京政府电,请饬令部派专员,会同地方长官及各国领事、中外拒土各团体,逐一开箱,尽数检验,一体监视,分日焚毁。⑥ 政府为完成禁烟之举,牺牲巨大,却不为舆论之同情及信任。

可见,自民国政府成立以来,由于政治上各种荒谬悖逆之举,乃至袁世凯帝制自为,其公信力已经丧失殆尽。更有意思的是,政府决定烧土,又有人开始主张不烧。有的认为烟土值钱,平白无故烧了,不符合经济原则,应该将之送给欧美红十字会,作欧战养恤伤病的费用,也算稍尽参战的义务,持此观点的代表者为公共卫生专家伍连德。⑦ 伍连德表达意见后,《字林西报》(*North China Daily News*)立即发社论,劝告中国政府重新研究处置烟土之问题,谓中国政府何必暴殄天物毁此医药上所视为必需且极其珍贵之品,此诚中国政府以耶稣圣诞礼物赠予各协约国而得世界感谢之机会。⑧ 还有的人认为各省烟苗和存土多得很,单烧这点土没用处。康有为还致电政府,谓验土恐辗转株连,将别成巨案,主张将存土分送罗斯福的家属和红十字会,其余的用作

---

① 《上海十九团体开拒土筹备会之详情》,长沙《大公报》,1918年9月15日。
② 《申报》,1918年9月8日。
③ 刘寿林等编:《民国职官年表》,中华书局1995年版,第10页。
④ 《申报》,1918年11月23日。
⑤ 《外交部致驻英使馆电》(1918年11月20日),第二历史档案馆藏件,马模贞主编:《中国禁毒史资料:1729年—1949年》,天津人民出版社1998年版,第684页。
⑥ 《焚土监视团请政府焚土电》,长沙《大公报》,1918年12月30日。
⑦ 《申报》,1918年12月26日。
⑧ 《申报》,1918年12月26日。

赈济川湘难民,立大学、开马路。①

此项存土,1918 年 8 月 27 日由江海关移交禁烟特派员接管,适逢税务司奉令收回,即于 12 月 6 日就存土栈门加上一锁,自移交之后及加锁之前,不在海关范围之内。按禁烟特派员交阅洋商洋药公所单开此项烟土,计大土 1022 箱,此外尚有未查明货主的大土 4 箱,查无货主,已充公的 1 箱。故 8 月间税务司移交禁烟特派员时,大土共 1027 箱,据禁烟特派员称,已于此数内售出 14 箱,实存 1013 箱。小土原 550 箱半,禁烟特派员称因其重量不足,将其改装为 475 箱,已经于此数内售出 281 箱,实存 194 箱。但计算下来,小土的总重量少了 79 担 26 斤,禁烟特派员称,在改箱前,查出煤 1 箱,故实际只有 549 箱半。9 月 5 日,又有由香港运进小土 5 箱半,经江海关放行,亦均存入该站存储。禁烟特派员接收后,租赁黄埔滩路老沙逊及四川路怡和两洋栈存放烟土。12 月 6 日,税务司即于两栈原锁之外各加一锁,至于焚毁时,原锁加锁均未除去。怡和栈房存土,自 1919 年 1 月 8 日开验,验至 1 月 15 日。1 月 17 日至 20 日,逐一运至浦东焚毁。老沙逊栈内存土,自 1 月 20 日悉数移入怡和洋栈,自 1 月 21 日至 24 日验毕,25 日至 27 日,陆续运往浦东焚毁。

上海存土的焚毁,尽管离奇曲折,亦费巨款,此事的象征意义却极大。正如朱执信所言,中国人民虽无端担负此千余万两之重罚,以为鸦片战争以来久未偿清之债,尚须于账簿上加此一笔,但作为文明国一种商业之欢送,未尝不值。② 海关报告也指出,"值得称道的是中国人民的那股坚韧不拔的决心,他们一旦确立禁止外国鸦片进口的目标,就不达目的决不罢休"。这样,"在华鸦片合法贸易史的可资纪念的最后一页"③,在民国政府的努力下终于翻了过去。

---

① 《烧烟土》,《每周评论》第 6 号,1919 年 1 月 26 日。
② 朱执信:《吗啡之毒》,《朱执信集》(上),中华书局 1979 年版,第 420 页。
③ 徐雪筠等译编:《上海近代社会经济发展概况(1882—1931):〈海关十年报告〉译编》,上海社会科学院出版社 1985 年版,第 185—186 页。

# 第九章　军阀时代烟禁的废弛

民初中央政权虽然软弱,但上承清末禁烟之势,兼以《中英禁烟条约》和国际禁烟形势的约束,故禁烟局面在总体上仍得以维持,且取得了中外一致认可的成绩。但好景不长,1916年袁世凯死后,军事力量地方化的倾向失去了最后的控制。野心勃勃的军阀们争抢扮演强大的政治角色,纷纷卷入政治斗争的漩涡,他们截夺中央税款、聚敛地方财富、扩充军事力量,不断发动争夺土地和资源的战争,形成了军阀割据的局面。对于军阀政权而言,军队是其生存的基本条件,然而,维持和扩充军队、补充战争消耗和损失以至收买或瓦解敌对力量,都需要充裕的财政为后盾,财源是军阀政权赖以生存的根本保证。随着中央政权的式微,各地军阀为开辟财源,无不垂涎于鸦片的厚利,竞相在统辖地区开放烟禁,诱迫农民种烟,借以抽收烟税或从事鸦片经营。于是乎,不仅民初经全国努力而得之禁烟成绩迅速葬送,且人民又一次堕入毒品泛滥之深渊。

## 第一节　烟禁废弛之原因

### 一、政局动荡

自辛亥革命以来,民初政局风云迭起,始终处于动荡之中。民国中央政府虽在名义上统治着中国,但中央对各省的控制力极为有限,共和政体虽已建立,但各项制度尚未走上轨道,尤其是袁世凯就任大总统后一再破坏共和政体,恢复帝制,这种背离时代潮流的倒行逆施,大大降低了民国北洋政府的合法性。这些因素对于民国初年的禁烟有着重要的影响。

以禁种而言,并未做到彻底根绝。如前所述,新疆省在杨增新统治时期,施行严厉的禁烟政策,取得显著的禁烟成效,英方甚至未经查勘即于 1915 年将新疆省列入印药禁运名单。但即便如此,新疆省西部的哈尔湖附近、川康边境的黑水、那娃一带的烟苗始终未禁绝。另外,云南、贵州的偏远地区种植烟苗亦很严重,如贵州的郎岱、水城、威宁、兴义、归化、安南(今晴隆)、息烽等地,云南的迤西、迤南,尤其是土司统治的腾越县王子树及澜沧县卡瓦山区,种烟一直是人们主要的生计来源。直到 1916 年秋,云南省、贵州省为应付翌年的中英会勘才开始突击禁种,并厉行查铲。但不少偏远地区查铲工作并不彻底,云南澜沧县查铲卡瓦山区,还遭到种烟土人的武装抗拒,一营的查铲士兵大部被歼,统领也被打死,此处查铲工作只得作罢。据 1914 年报告,湖北仍有陕甘烟土不断走私输入,可见,陕西、甘肃的禁种工作也不彻底。

印药禁运后,英方依然十分关注中国的鸦片种植情况,驻各地领事及传教士等经常向英使汇报各省的偷种情形。英公使接各省报告后,多次向内务部提出抗议。内务部每接一次抗议,即派一次部员,前往所指省份调查。而部员所到之省,其军民长官必异常优待。若云往查则以地方不靖,须待酌拨军队保护为辞,其实则待将所种之烟收割清楚,方允派人查看。而烟苗繁盛之地,又阻之不往。故部员目中所见,确无烟苗,只好回京复命。内务部明知而莫可如何,徒多费一宗调查公费。然据部员禀复以回答英公使,当然外交团不认为满意,继续又来质责,弄得内务部无法可想,欲将禁烟一事,划出部外。① 由此可见,民初中央政权之软弱,实无能力对地方禁政进行有效的指导及控制。

罂粟种植既然存在,鸦片的非法运售、吸食便无法避免。如新疆省所产烟土即由回族马客运到哈密,再由陕甘商人以安西、酒泉为枢纽向内地秘密贩运。当时,甘新道上往来的镖局,有不少就是为商人护运烟土的。黑水、那娃一带烟土则多由甘肃临夏地区一些冒险商人走私运往河州销售。此外,因迅速履约、禁止印药进口是民初时期全国之大事件,又由于政权屡弱、行政资源有限,地方政府对社会的控制力不足,故多数地区均是禁种极为严厉,但对

---

① 《北廷明令禁烟之由来》,长沙《大公报》,1921 年 6 月 7 日。

待贩运、售卖、吸食三项则不够重视,甚至在《中英禁烟条约》期限之内,即有极大之运烟丑闻爆出。1916年,司法总长张耀曾涉入贩烟案,其仆人被工部局警察查出私运烟土40箱,此外在上海道尹公署还查出鸦片20箱。涉入此案者还有唐继尧部之团长,滇督代表、议员等人。① 由此,可见中国贩运烟土情形之一斑。1920年,万国拒土会就曾质疑国务院,中国禁政仅是禁种不禁吸售。② 正是因为禁售、禁吸方面的成效不明显,故虽然大多数地方的鸦片种植受到极大抑制,但大批烟民仍嗷嗷待哺,潜在的鸦片市场仍然十分巨大,因而一朝弛禁,鸦片烟毒马上便重新泛滥开来。

综上,因政局动荡、中央政权软弱等,导致民初禁政并不彻底。应该说,各产烟省份虽经英方查勘,承认禁运,实际上各省的罂粟种植并未完全禁绝。而贩运、吸食的现象在各省更是大量存在,只是形式更隐蔽罢了。

二、麻醉类毒品使用的增加

麻醉类毒品使用的增加乃至泛滥有两方面的原因。一是由于普遍的禁种,鸦片来源大为减少,因此价格大幅度上升,这刺激了国内吗啡等毒品的使用。禁政期间,印度烟土销售市场逐渐萎缩,来华数量亦日渐减少,但在沙逊洋行等集团的操纵下,印土价格飞升,1908年年初进口印度鸦片每箱价格在700两左右,1913年升至每箱5950两,到1915年11月达到每箱9012两。③ 印土全面停运后,走私进入者尚有,价格依然昂贵。香港、澳门之圆头公烟,每两价值十二三元。④ 而国产土烟之价格同样水涨船高,"在鸦片贸易停止之前,其官价已经是同等重量白银的7倍。鸦片交易转入地下之后,价格更高到令人难以置信的地步,中国有些地方的鸦片价格有时比同等重的黄金还要贵"⑤。诸如甘肃、四川等省,鸦片的黑市价格都高达每两值银10余两。

---

① 《张总长带烟案之嫌疑》《上海烟土案破获后之有关人犯》,天津《大公报》1916年8月11日、16日。
② 《国务院就万国拒土会疑禁种不禁售吸致内务部函》(1920年5月12日),马模贞主编:《中国禁毒史资料:1729年—1949年》,天津人民出版社1998年版,第712页。
③ 《北华捷报》,1916年9月2日。
④ 钟公选:《禁烟实施与我国之将来》,《民钟季刊》,1935年第1卷第3期。
⑤ 徐雪筠等译编:《上海近代社会经济发展概况(1882—1931):〈海关十年报告〉译编》,上海社会科学院出版社1985年版,第183页。

据一些民国老人的回忆，许多未成瘾或瘾癖未深的人因烟价高昂而撇下了烟枪。

二是"一战"结束后，列强往中国输入之吗啡、海洛因数量巨大。第一次世界大战期间，常时伤兵数目每达百万，对安眠止痛药物的需求极大，于是鸦片又成应时佳剂。需求增加导致出产增加，印度、波斯、土耳其等国大种烟苗，英、法、德、日本、瑞士等国纷纷设立吗啡、海洛因制造厂，经营之商人获利甚巨。欧战结束后，毒品销路自绝，经销商开始将鸦片、吗啡、海洛因及其他麻醉类毒品转而私运至中国。

表 9-1　上海海关 1916—1921 年查获的毒品走私情况①　　（单位：盎司）

| 种类 | 年份 | | | | | |
| --- | --- | --- | --- | --- | --- | --- |
| | 1916 | 1917 | 1918 | 1919 | 1920 | 1921 |
| 吗啡 | 2403 | 116 | 3876 | 3392 | 1986 | 702 |
| 海洛因 | | 1 | 364 | 2333 | 2721 | 5537 |
| 可卡因 | 102 | 20 | 926 | 452 | 156 | 1049 |
| 其他毒品 | 668 | 163 | 421 | 214 | 948 | 1621 |

上表所反映的仅是海关查获情形，据万国拒土会之调查，"一战"结束后，每年偷运入中国之吗啡与麻醉品不下百万两，百倍于国内医药之用。由于当时中国尚不具备提制吗啡、海洛因的能力，这项生意主要操纵在外国在华侨民的手中，毒品来源则由外国贩毒组织提供，而按照输入中国之多少，毒品来源国可依序列之为日本、德国、英国、法国。②

鸦片来源少，价格昂贵，而其他毒品的供给增大了，且价格便宜，故当时中国非法使用吗啡、海洛因等毒品的现象非常普遍。据海关报告，"富有的人买了吗啡，自备针头注射；贫民交三两个铜元注射一次。好多药丸和专卖药品都是伪装了的毒品"③。

---

① 徐雪筠等译编：《上海近代社会经济发展概况(1882—1931)：〈海关十年报告〉译编》，上海社会科学出版社 1985 年版，第 187 页。
② 《中华全国基督教协进会关于中国鸦片实况之披露》，《民国日报》，1923 年 5 月 24 日、25 日。
③ 徐雪筠等译编：《上海近代社会经济发展概况(1882—1931)：〈海关十年报告〉译编》，上海社会科学院出版社 1985 年版，第 187 页。

### 三、财政短缺

民初政府,无论中央或地方,在财政上均极度匮乏。由于鸦片能提供持久且稳定之财源,故需财孔亟之政府自然难抵其诱惑。就中央政府而言,早在1915年,就有苏、粤、赣三省售卖印花烟土之事,该事件的起因与袁世凯帝制相关,有相当之财政背景。1917年12月,据财政部呈请,原在广东禁烟督察局任职的姚梓芳,因创办保证金制度,额外征收巨款至80余万,竟被授予六等嘉禾勋章。① 可见,《中英禁烟条约》刚刚限满,政府禁政便有经济上之诉求。至20世纪20年代,财政极为困难之中央政府,甚至筹划放弃禁烟政策,弛禁鸦片,在全国范围内实行专卖,为此闹出不小之风波,因举国反对,该计划胎死腹中。

1923年1月,总税务司英国人安格联(Francis Arthur Aglen)在万国拒土会演说,称中国政府宜实行鸦片专卖。其原因大致谓今日政府财政困难,鸦片尤无根本廓清之望。与其私种私运,为军阀之专利,不如化私为公,国家可得巨大之收入。② 此议一出,舆论大哗,报界谓安格联但知为财政计,不知鸦片之害。我国积弱之源皆此鸦片为之。若政府竟照准施行,何以杜外人之口,一旦开禁,腾笑列国。③ 前总理颜惠庆及万国拒土会等纷纷反对。且民间传闻政府已有赞成之意,故报界纷纷电询国际禁烟会中国代表并代办驻英使事朱兆莘。为此,朱兆莘于1月25日电询外交部"究竟政府对于此事之态度若何,应否遇有攻击时设法更正以祛误会"。外交部于30日电复明确表示"鸦片专卖违反禁烟前约,政府并无此议"④。4月10日,外交部再次电复朱兆莘,安格联专卖之议系私人言论,并未向政府条陈,且英国驻京公使朱尔典力言专卖不可,政府并无此意。

但此时英国《泰晤士报》亦揭露中国政府即将实行鸦片专卖一事,称某贩运鸦片之大连日商即将缴纳1000万元承办,此事已经国务会议同意,并由财政部与之接洽。该报认为中国政府穷极无聊,出此下策。该消息为国外各大

---

① 《政府公报》,1917年,12月21日。
② 萧裕生:《辟鸦片公卖》,《钱业月报》,1923年第3卷第5号。
③ 《辟鸦片公卖》,《钱业月报》,1923年第3卷第5期。
④ 《外交公报》,1923年第22期。

报转载。朱兆莘于 4 月 18 日电询外交部该如何答复,是否如外交部 10 日电否认安格联专卖提议与政府无关之论再向各方解释?若政府有意实行专卖,亦请密告自己。显然,朱兆莘认为此事并非空穴来风。而外交部对此亦不太有底气,为此于 4 月 21 日致函财政部,谓"外报纷纷登载,殊与吾国信用有关,究竟此事有无影响,请贵部查照,迅予见复"。财政部于 25 日复称,"本部并未据有日商条陈,安总税务司亦未向本部提议。事关禁约,自应由朱代办声明更正,以免误会"。30 日外交部电朱兆莘,"鸦片专卖并无其事,希向各方声明更正"①。显然,在舆论追讨之下,没有部门敢于公开承认弛禁。

虽然财政部明确否定有专卖之事,但据《东方杂志》载,财政部向来有鸦片专卖之计划,只是囿于中外阻力而未能成为事实。现在又有死灰复燃之势,前述之大连日商名为丸尾千代郎,其向财政部提议,将以前所拟的"鸦片公卖局"改名为"检查违禁药品事务所"实行变相公卖。丸尾千代郎称中国每年由外洋秘密进口之鸦片总额达 10000 万余元,其余有关秘密买卖、吸食等项的总额有 30000 万元。若采取专卖政策,可以将此项收入抵押大借款,且日本愿先垫付 1000 万元。据传,处在山穷水尽的财政当局预备阁议,秘密通过,立刻实行。但被国会方面探得消息,议员王文璞等提出疑问。万国拒土会、商界联合会等亦发电反对。中国旅日长崎华侨联合通电反对专卖,谓:"倘此案而果实行,必将 20 年之禁烟苦心,付诸东流,四万万之同胞尽赴万劫不复之地,国际信用完全扫地。对内对外,信用人格,尚有丝毫存在乎。想政府虽愚,绝不敢贸然出此龌龊政策,必一二政蠹思图私饱,不顾国家者所为。望全国同胞一致反对,促其根本打消,以保国民,国民幸甚。"②此后,英国公使声明,鸦片公卖妨碍国家信义,自列于国际行动之外。而日本使馆亦发表声明,谓日本政府对于丸尾千代郎的身份履历概不明了,对于他的计划并无予以援助之意。即使中国政府承受他的建议,日本政府亦不欲参加借款云云。在这种形势之下,专卖政策自然短期内不可能实现了,因此财政总长刘恩源才称并未受到日人之说帖。③

虽然中央政府鸦片专卖政策未能实施,但各地之割据政权,尤其是产烟

---

① 《外交公报》,1924 年第 24 期。
② 《华侨反对鸦片公卖之电文》,《民国日报》,1923 年 5 月 5 日。
③ 朴之:《鸦片公卖》,《东方杂志》,1923 年第 2 卷第 6 号。

省份之军阀,在其辖区内大肆弛禁,借鸦片以牟利。一般来说,在中央政权领导之下,省级政权是由中央政权任命或认可的,它的存在靠的是中央政府的权力及合法性。但民初中央政府对地方的控制力极弱,仅名义上维持了统一局面。省级政权蜕变成为地方性的军阀政权,它的存在靠的是武力,打胜仗成为对统治权的最终检验。因此,大力发展武装力量便成为军阀政权赖以生存的根本保证。发展武装力量离不开充裕的财源为后盾,然而,频繁的战争、军费支出的急剧增长、军阀之间变幻不定的敌友关系,使得大多数军阀不可能在其占领的地盘上进行合理的经济建设和资源开发。那种长期性的经济措施不仅要投入大量资金,而且短期内难见成效,对于军阀政权加强军事实力的迫切需要而言,自然是远水不解近渴。即使他们这样做也未必真正受益,也许在一次突发的军事行动之后,耗资费时的建设成就便毁于一旦,或成为敌手的战利品。因此,为了迅速增强军事实力,军阀政权只能在其占据的地盘上采取刮地皮式的经济政策,以尽可能短的时间进行最大限度的财富掠夺,尤其在经济落后的省份和地区更是如此。因此,在各地军阀政权急欲扩充军事实力、需款孔急、财力困乏的情况下,鸦片自然而然地成为各地军阀紧抓不放的摇钱树。

西南、西北等地长期靠大量生产、输出鸦片充裕地方财政,满足民众生计所需,这种状况抑制了地方经济的发展,以致对鸦片烟产生越来越深的依赖,一旦鸦片生产遭到禁绝,短期内很难另觅相当的财源以资抵补。署名龙云所著的《云南行政纪实》第二编也指出:"在前清时,云南鸦片出产为农民最佳之收入。禁烟以后,农村骤形贫乏。同时,云南1200万人所需之棉纱、棉布年值国币1500余万元,又须仰给外来。既不种烟,即无他物可资抵补。"这种情况,在内地种烟省份具有相当的普遍性。在中央政权尚能维持的时期,还可以根据各省财政的贫富情况在全国范围内进行适当的调剂,如贵州省将近一半的财政依靠四川和湖南两省的"协济"。但1918年之后,中央政权名存实亡,省与省的调剂及中央对贫困省份的拨补都不存在了。统治这些种烟省份的军阀为了实现财政自给,在没有相当财源可资抵补的情况下,只能把弛禁鸦片当作现实的办法。同时,内地民众因为禁种罂粟生活也陷于艰窘,又受到鸦片黑市高价的影响,故一经煽惑便迫不及待地种起烟来。

## 四、租界庇护与外人贩毒

另外一个影响民国初期禁政的因素是租界及外侨的治外法权。这是一个长期存在的问题,有必要略做展开。

1. 租界毒窟

租界的存在对近代中国的影响是多方面的,租界的"国中之国"性质,成为中国政府行使国家主权的障碍,因而不少租界从其存在的那一天起,便借助这种法律之外的特权,充当烟毒业的保护伞。早期充斥租界的官员和领事,多是以聚财为目的的冒险家或不法商人,亦官亦商,一身二任。由于上海为全国鸦片运输之总枢纽,而租界尤为策源地,故 1906 年清政府实行禁烟,谕令上海道与租界方面交涉,敦促租界予以合作。1907 年 6 月,清政府下令关闭上海烟馆。1908 年 1 月,中英签订的《试办禁烟协约》第 5 条规定:"中国各通商口岸之烟馆与卖烟具者,悉禁止闭锁。租界官吏须遵中国之禁烟令施行。"①迫于舆论和协约的规定,上海公共租界 1908 年 3 月决定,租界内的 1436 个鸦片烟馆按抽签方式分批停业,每次抽签停业的烟馆数为 359 家,即四分之一,至 1909 年年底前全部停止营业。② 法租界也采取同样办法,令租界内烟馆分批停业。实际上,这些允诺并未得到认真执行,许多被抽签停业的烟馆仅仅是摘去了烟馆的招牌而已,营业活动依然照常进行。而且租界当局一面查禁烟馆,一面又允许申领新的鸦片烟馆及土行的营业执照。因此,烟馆、土行的数量在查禁却中有所增加。据丁义华致莫里循的信函,1911 年,上海公共租界工部局共发出 316 张烟馆执照,1912 年领照鸦片烟馆增加到 374 家,1913 年已经有 499 家,而 1914 年还在继续增加。③ 此外,1912 年,公共租界有 4488 家土行领取执照,1913 年有 4380 家土行领取执照,1914 年为 7428 家,1915 年为 6456 家。④

租界里大宗的鸦片交易操纵在沙逊、哈同等外国洋行手中,这些数以千

---

① 刘彦:《中国近时外交史》,商务印书馆 1921 年版,第 508 页。
② 《北华捷报》,1908 年 10 月 10 日。
③ [澳]骆惠敏编:《清末民初政情内幕——〈泰晤士报〉驻北京记者袁世凯政治顾问乔·厄·莫理循书信集》(下),陈泽宪等译,知识出版社 1986 年版,第 334 页。
④ 根据《海关 1912—1921 年十年报告》中关于租界每月领照土行数计算。

计的鸦片土行其实并没有多少烟土批发业务,实质上多数仍是变相的烟馆。工部局的报告显示,1913年全年的执照费的增收数目达40489两。该报告指出,公共租界内的鸦片贸易非常兴旺,每箱鸦片的价格上涨了一倍多,高达6830两。丁义华收到的一张中文报纸,公开刊登着27家烟馆的广告。大批有烟瘾的人纷纷从苏州、杭州和其他城市涌入上海。① 沙逊洋行1914年发往印度的函件也承认:"由于上海租界现在是中国人唯一能买到并吸用鸦片的地方,许多有钱的中国人都从各地迁来这里居住了。"② 显然,由于租界当局一再拖延禁断期限,在全国严禁鸦片的情势下,租界的鸦片经营反而是一片兴旺景象。沙逊、哈同等洋行也乘机垄断鸦片市场,哄抬价格,牟取暴利。在1911至1912年间,英国《泰晤士报》驻华记者莫里逊在发给伦敦的函件中即多次提及以沙逊集团为首的鸦片商继续在进行鸦片投机买卖。③ 因沙逊等集团的操纵,鸦片价格飞升。有学者估算,仅1907至1914年,沙逊集团在对华贩卖鸦片中所得利润即在2000万两以上。④ 在舆论压力及民初政府的一再催促之下,直到1915年公共租界才宣布开始查禁土行,法租界也采取同样步骤,到1917年3月宣布全部禁绝,合法的烟土交易已全部取缔。

1917年禁烟期限届满之后,租界内表面上不再有合法之鸦片贸易,实际上此贸易仍在暗中进行。1920年,上海租界售卖烟土竟假借制药公司名义散发传单。⑤ 而沙逊集团依然不肯放弃这项高利润的毒品贸易。1922年,新沙逊洋行仍发函孟买,要求将最上等的烟土200箱发往上海。可以说,没有租界的保护,这样大规模贩销鸦片的活动是不可能进行的。中国政局动荡,当各处军阀大肆弛禁鸦片后,租界内的毒品交易更是肆无忌惮,几乎处于公开状态。1926年4月,中华国民拒毒会会长李登辉致函外交部,称法租界大自鸣钟一带土号林立,公然营业,捕房当局无取缔表示。李登辉要求外交部提出抗议,郑重交涉。中华国民拒毒会还将报告制成详表,函请法国工部局设法取缔。而外交部江苏特派员与法工部局交涉后,工部局却谓中华国民拒

---

① [澳]骆惠敏编:《清末民初政情内幕——〈泰晤士报〉驻北京记者袁世凯政治顾问乔·厄·莫理循书信集》(下),陈泽宪等译,知识出版社1986年版,第335页。
② 张仲礼、陈曾年:《沙逊集团在旧中国》,人民出版社1985年版,第27页。
③ 蒋秋明、朱庆葆:《中国禁毒历程》,天津教育出版社1996年版,第219页。
④ 蓝以琼:《揭开帝国主义在旧中国投资的黑幕》,上海人民出版社1962年版,第69页。
⑤ 《上海租界卖烟土亦敢发传单》,《民国日报》,1920年11月25日。

毒会之报告殊多失实,本租界内恪遵中国法律,但大宗烟土均由租界无权管辖之道路输入。① 法国人达尔维在巴黎《民呼周刊》发表题为《上海何以有半官式之鸦片售卖》,将上海法租界包庇烟棍情形痛论无遗,谓"鸦片一业,在上海法界颇有神秘莫测之历史,即没收之鸦片,皆售于法国之安南,政府售款所得不知何往。烟商与警察联手,凡界内有一土案发生,则必闻有牵涉……民国十四年烟土案调查之结果,不闻有一毫法律制裁……有所谓俄法地者,即指白俄所最喜居之法界,在此可与法人共营鸦片业之名称也,又有所谓法界华商者,即专指营运鸦片之商人也……界内对于鸦片商人,允许居住,且纵而宠待之。对于鸦片售卖,以半官式允准之……有开张烟间者……其价目每筒售洋四角……营业之外,兼以营赌,总收入月计1200万法郎(约洋一百万元)"②。英人伍德海则云:"在华界与英法租界购买烟土,均不甚难,惟在华界与英租界卖烟事,不如法租界之公开。法租界售烟膏之烟盒上,多印有准售者之地址与店号,当地华人称法租界之售烟为'官卖',其他二区售烟为'私卖'。在法租界烟土店均聚于一隅,而在其他之烟,则分散各地。"③

以上仅就上海租界毒况作一简述,而在全国其他地区之租界,如天津法租界、日租界的毒化情况亦有过之而无不及。且租界内除了鸦片经营外,吗啡、海洛因等麻醉毒品亦可以随便买到并不受任何阻碍。由于租界内烟毒泛滥过于严重,常受国内外正义人士之严厉指责。租界当局为了搪塞国际国内舆论对其庇护烟毒行为的指责,竟使出种种伎俩,百般遮掩。在上海英租界,租界当局与烟商、黑道流氓联手,大演双簧。由烟商雇请黑道流氓,故意携藏假劣烟土以供巡捕"缉获",然后作为烟犯送交租界公廨审讯处刑。这些被捕"烟犯"坐牢的酬金由烟商按天数支付,租界当局则在报纸上大肆渲染租界禁烟的成绩,借以掩人耳目,庇护烟土经营。

2. 外人贩毒之情形

就在华的外国侨民来说,由于拥有治外法权,不受中国官厅的管辖和处罚,因而贩售烟毒也就有了外交上的庇护。正是借此外交特权的庇护,早期

---

① 《外交公报》,1926年第60期。
② 译自1927年9月6日巴黎《民呼周刊》,见陈鸿鑫:《上海何以有半官式之鸦片售卖》,《拒毒月刊》,1929年第27期。
③ 周以仕:《鸦片毒祸与救灾》,《平等杂志》,1931年第1卷,第9—10期合订。

的在华外侨中有许多人参与贩售烟毒活动。按照清政府与列强诸国签订的条约,在中国口岸拥有领事裁判权的国家为英、法、美、意、日等19国,其他国家在华侨民仍应受中国法律的约束。但事实上买卖具有领事裁判权国家的护照,是久已公开的秘密。在上海,这些护照的价格从20至60银圆不等。买到这19国中任何一国的护照,便等于买到了外交庇护,摆脱了中国法律的管辖。因此,领事裁判权实际上成了一切不法外侨的护身符,尤其在中国政府实行禁烟时期,不法外侨倚仗外交庇护进行的贩毒活动,更是对中国禁烟法令的直接破坏。

民国时期,英国作为曾经输华毒品之最大国,在《中英禁烟条约》期满之后,便不再直接参与对华毒品贸易,其毒品利益主要体现在对华的麻醉品生产及远东殖民地的鸦片专卖政策上。当时,对华贩毒的参与性最强、规模最大的已经是日本侨民。而日人之鸦片及吗啡贸易亦为其对华贸易中最有利者。

早在1912年,民初禁政之始,据吉林都督咨称,大连一带,日人公然租地种烟,盈阡累陌,弥望数十里,既有产地,又有销场。此外,金州貔子窝各租界等处,日人私行栽种贩运者亦不少。故吉林省禁烟困难重重,但日方认为吉林方面是将自己管理不严之责嫁祸于他人,属于诬妄。①

1913年,日人从事的鸦片贸易仅大连一处即达六又四分之一吨。② 在中英商定的禁烟期限的后期,外国鸦片的合法输入数量由于按年递减而越来越少,但非法的鸦片走私因价格的高昂而变本加厉。日本烟贩不甘心英国商人在对华输入鸦片上近乎独占的优势,从伊朗运来大批波斯烟土(在上海被称作"红土"),以低于印度烟土10倍的价格进行倾销。波斯烟土虽然质量较次,但在鸦片价格暴涨的情况下,其低廉的价格吸引了众多的下层烟民,因而很快在东北和华北地区确立了销售优势,并逐渐向长江流域各省渗透。禁烟期满之后,英国已不能合法输入印度鸦片,日人就直接赴印度加尔各答购买。加尔各答出售之鸦片,日人为最大主顾。先由日政府向印度政府领取执照,购买大宗鸦片。一部分供台湾地区之用,一部分经日本神户转运青岛。日

---

① 《外交部请饬日人种烟与日本使者往来文件》(1912年12月—1913年1月),见马模贞主编:《中国禁毒史资料:1729年—1949年》,天津人民出版社1998年版,第597页。
② 《日人之吗啡鸦片两贸易》,《东方杂志》第16卷,第1号,1919年1月15日,第201页。

有多家商人参与此事,青岛为日本占有优势之处,济南铁路又为日人所管理,鸦片经山东再运至上海及长江流域。1917 年海关报告,是年输入青岛之熟土共 45 担,至其确数,则当 50 倍之。输入之土,皆假用军用品为名,用巨箱运装。此项粘贴军用品之巨箱,沿山东铁路一带各日本药房中,无不在在可见。1919 年 1 月 19 日至 9 月 30 日,日人运青岛之鸦片不下 2000 箱。日人官方每箱征税 2000 两。按当时汇价,2000 箱印土可征 200 万英镑之税。①

进入 20 年代,中国烟禁废弛,日人贩运鸦片则更为猖獗。1924 年 1 月,英国外交部致函国联秘书厅,据其驻日本使馆报告,日本商人经海参崴(今符拉迪沃斯托克)将大量烟土运入东北及中国内地。与此同时,荷兰驻瑞士使馆的一份报告函亦显示,运烟船只经过荷属南洋改运前赴海参崴。② 对于这些更改路线之"走私"烟土,日本政府亦会查缉没收。1925 年,日本政府在关东将没收的鸦片拍卖,获利甚巨。③ 虽然日本官方参与关东贩运鸦片牟利之事在其国内议会上亦遭质问④,但这对日人鸦片之贩运未有任何改变。

除了贩运鸦片外,日本烟贩还受欧美烟贩之启发,也转而大量走私贩销吗啡、海洛因,同时又用吗啡、糖精之类制成红丸、白丸、金丹之类,在东北和华北大量推销。20 世纪 20 年代之前,日人贩运进入中国之吗啡、海洛因均由英国生产。"一战"前后,英国有三个制造吗啡的大公司,两个在爱丁堡、一个在伦敦。日本所需吗啡多数由爱丁堡工厂生产。据英国议会文件所载"1917 年议员哥林斯质问吗啡贸易"一案,英国非见日本内务省执照或关东日官执照,则不准吗啡出口。虽然日本亦为日内瓦签约之国,但大利所在,且有日本银行之经济补助,故日本政府鼓励经营。世界各国除日本外,未闻有此种禁品之大宗贸易。据英人记载,由英国制造、经日本人之手私运入中国的吗啡为 1911 年 5.5 吨,1912 年 7.5 吨,1913 年 11.25 吨,1914 年 14 吨。⑤ 另外,又有数据显示,自 1913 至 1916 年 4 年内,输入日本之吗啡达 50 吨,此数据与上述英人之记载大体是吻合的。必须指出,50 吨吗啡可供 26 亿次注

---

① 《日人之吗啡鸦片两贸易》,《东方杂志》第 16 卷,第 1 号,1919 年 1 月 15 日,第 202—203 页。
② 《外交公报》,1925 年,第 45 期。
③ 菊池酉治:《中国鸦片问题和日本人的责任》,《东方杂志》,1928 年第 25 卷第 4 号。
④ 《日本议会揭穿南满日吏贩烟之丑闻》,长沙《大公报》,1921 年 2 月 23 日。
⑤ 戈绍龙:《鸦片与中国》,天津《大公报》,1930 年 3 月 14 日。

射之用,而日本当时才 5000 万人。1917 年,在旅顺、大连租借地输入声言作为医药用者之吗啡,约 2.5 吨,可供 1 亿 3000 万次注射。除旅大之外,全国进口作医用之吗啡才 40 盎司,约 22.7 两。

无论何处,只要日人一占优势,吗啡业必然发达。东北及附近各省,吗啡由大连运入,每年从大连、安东铁路桥、海参崴输入东三省之吗啡 10 余吨。山东、安徽等省的吗啡则由青岛运入。福建、广东等省则由台湾运入。1919 年总计全年全国输入之吗啡、海洛因等达 20 余吨,日本借此从中国获得金钱之输出不下数千万日元。但按照伍连德之估算,这或许还不包括中国南方口岸进口的吗啡数量,另据《亚细亚》杂志上的一篇文章,1919 年日本人运入中国之吗啡达到 25 吨。更严峻的是,日本吗啡等毒品的输入还有逐年增加之趋势。据中国官方统计数据,至 1926 年,私运入中国的吗啡及其他麻醉物已经超过 40 吨,金额计有 3500 万元,大多是经过日本人的手运入的。①

日本对华输送吗啡的最大机关为其在华所设之邮政局,该局不准中国海关检查包裹,海关仅得一通告,贩运行为皆由日人以治外法权之保护而行。山东省警察查获吗啡铺,被日本宪兵干涉,反而被罚款。据美国人士调查,曾有堂堂县官因此被迫受罚。中国南方一带,经营吗啡之华人均有护照,证明其为台湾籍人,受日本保护。日人在中国开设之药方,无一不售卖吗啡。日本娼妓所到之处,即吗啡所到之处,从云南至库伦,无不有之。②

随着世界禁毒形势的严峻,欧美各国逐渐加强了对麻醉品生产的管制。虽然中国的吗啡贸易仍极发达,但日本此时已不能从欧洲购买到大宗吗啡,故日本只得开始自己制造吗啡,生产地为中国台湾及日本本土。20 世纪 20 年代初,中国市场上所售波斯红土之大半,均为日人买入,以供制造吗啡之用。高丽所种之鸦片,其种子由日官发给,满洲等处所种之鸦片,由日人所保护,均为制造吗啡之大宗供给品。③

除了生产及贩运吗啡,日人还在中国直接开设吗啡烟馆,供人施打吗啡。或对华人开设之吗啡烟馆提供保护,从而分享利润。由于吉林省侨居日人甚多,该省成为日人毒祸最严重的地区。1916 年,吉林省宁安县侨居日商河

---

① 菊池酉治:《中国鸦片问题和日本人的责任》,《东方杂志》,1928 年第 25 卷第 4 号。
② 琴生:《吗啡之毒》,《建设》,1919 年第 1 卷第 2 号。
③ 《日人之吗啡鸦片两贸易》,《东方杂志》第 16 卷,第 1 号,1919 年 1 月 15 日,第 203 页。

野、小栗不仅贩卖吗啡,还公开设立吗啡疗养所一间,每日在所疗养人数达数十名以上。虽然中国官方对所谓"疗养者"科之以罪,但旋打旋释。究其原因,乃每查获贩卖吗啡之犯,均供称贩自日商。① 1918 年,据吉林省警务处呈报,德惠县查获烟犯、吗啡犯越来越多,究其原因,均为由日人租给华人房屋开设烟馆、吗啡铺,并竭力保护。这些出租房屋,每间价需千吊之多,彼日人负保护责任。中国警察前去查拿,不云丢失钱物,即说前去抢劫,而交涉多半失败,以致警察不敢擅专往捕。1920 年,吉林县五镇共日行 12 间,经县警察所便衣调查,共购得吗啡 15 包,在各处华人私打吗啡者 100 余人。②

表 9-2　吉林省德惠县日人租给华人房屋,开设烟馆吗啡铺姓名家数量表③

| 烟馆名称 | 日人姓名 | 华人姓名 |
| --- | --- | --- |
| 宽仁堂烟馆 | 大金牙 | 李三 |
| 福寿堂烟馆 | 首藤 | 美升 |
| 五福堂烟馆 | 立川 | 于云波 |
| 顺天堂烟馆 | 井口 | 董兰亭 |
| 大丰当烟馆 | 首藤 | 李子林 |
| 松本洋行烟馆 | 松本 | 赵子培 |
| 大世药方烟馆 | 大野 | 褚兴九 |
| 开进楼烟馆 | 松尾 | 刘姓 |
| 大兴号烟馆 | 粕洛清吉 | 孟广福 |
| 柴田洋行吗啡铺 | 柴田 | |
| 长生堂吗啡铺 | 柏谷 | |

根据国联禁烟委员会决议,各国缉获私土应互相知照。1923 年 1 月,中国政府内务部将上年缉获外人私运烟土数据咨送外交部,外交部转致中国国联全权代表、驻意公使唐在复,由唐在复在国联禁烟会上将数据公开。由此

---

① 《延吉道公署为日商贩卖吗啡一案详文》(1916 年 7 月),见马模贞主编:《中国禁毒史资料:1729 年—1949 年》,天津人民出版社 1998 年版,第 663 页。
② 《吉林全省警务处为吉林县警察所查明各镇日商私卖吗啡家数请饬交涉文》(1920 年 1 月 25 日),见马模贞主编:《中国禁毒史资料:1729 年—1949 年》,天津人民出版社 1998 年版,第 706 页。
③ 《吉林省长公署关于调查日人庇纵烟馆训令》(1918 年 8 月),见马模贞主编:《中国禁毒史资料》,天津人民出版社 1998 年版,第 685 页。

数据,亦可见日人在外人对华贩毒活动中之特殊地位。

表 9-3 1922 年中国海关缉获外人私运烟土吗啡等禁品数量表。[1]

| 关名 | 日期 | 地点 | 国籍 | 姓名 | 名目 | 数量 | 私运办法 |
|---|---|---|---|---|---|---|---|
| 东海关 | 1922年5月26日 | 日本邮政局 | 日本 | 三宅堂 | 皮肤注射剂 | 10枚 | 邮寄包裹 |
| 江汉关 | 1922年3月12日 | 原文模糊 | 俄国 | 色杜问 | 土药 | 33斤4两 | 藏于皮箱 |
| 胶海关 | 1922年1月13日 | 无税区 | 日本 | 蛭子组 | ××丸 | 值关平银38两4分 | 藏于货内进口 |
| 胶海关 | 1922年1月13日 | 无税区 | 日本 | 蛭子组 | ××丸 | 值关平银21两6钱 | 藏于货内进口 |
| 胶海关 | 1922年3月7日 | 无税区口 | 日本 | 三本×一郎 | 吗啡 | 165两 | 藏于行李内进口 |
| 胶海关 | 1922年6月6日 | 无税区口 | 日本 | 鸟木×盛 | 吗啡 | 165两 | 藏于行李内进口 |
| 胶海关 | 1922年6月6日 | 无税区口 | 日本 | 西村×一郎 | 吗啡 | 20两 | 藏于行李内进口 |
| 津海关 | 1922年2月21日 | 日本长沙丸轮船 | 日本 | 不详 | 安洛因 | 54两 | 藏于身上 |
| 津海关 | 1922年3月2日 | 日本河南丸轮船 | 日本 | 不详 | 安洛因 | 384两 | 藏于行李内 |
| 津海关 | 1922年3月11日 | 日本长沙丸轮船 | 日本 | 不详 | 安洛因 | 18两 | 藏于身上 |
| 津海关 | 1922年3月13日 | 日本××轮船 | 日本 | 不详 | 安洛因 | 37两5钱 | 藏于行李内 |
| 津海关 | 1922年6月16日 | 日本济通丸轮船 | 日本 | 不详 | 安洛因 | 18两7钱5分 | 藏于身上 |
| 大连关 | 1922年3月13日 | 火车站 | 日本 | 不详 | 吗啡 | 96两 | 藏于行李内 |
| 大连关 | 1922年6月20日 | 第一验货厂 | 日本 | 细井万治郎 | 吗啡 | 36两 | 假报违禁货物进口 |

[1] 《外交公报》,1923年,第21期。

(续表)

| 关名 | 日期 | 地点 | 国籍 | 姓名 | 名目 | 数量 | 私运办法 |
| --- | --- | --- | --- | --- | --- | --- | --- |
| 瑷珲关 | 1922年4月14日 | ××检查处 | 俄国 | 多博来鲁斯克 | 土药 | 38两 | 藏匿身上 |
| 哈尔滨关 | 1922年2月18日 | 哈尔滨火车站 | 俄国 | 帕拉奇兹 | 东土 | 2048两 | 藏于车厢小铺地板内 |
| 哈尔滨关 | 1922年4月16日 | 哈尔滨火车站 | 日本 | 不详 | 东土 | 121两 | 在该日人身旁 |
| 哈尔滨关 | 1922年4月21日 | 哈尔滨火车站 | 不详 | 不详 | 东土 | 291两 | 藏匿身边旅客 |
| 哈尔滨关 | 1922年4月24日 | 满洲里验货厂 | 俄商 | 西比利亚国外贸易公司 | 高根、吗啡 | 各1钱3分 | 夹在货物内 |
| 哈尔滨关 | 1922年5月18日 | 绥芬河火车站 | 韩人 | 金平库其 | 东土 | 92两 | 该韩人身边 |
| 哈尔滨关 | 1922年5月27日 | 绥芬河火车站 | 俄人 | 萨鲁似开牙（女） | 东土 | 27两 | 行李内 |
| 安东关 | 1922年1月10日 | 安东火车站 | 朝鲜 | 方孝天 | 生洋药 | 65两 | 藏在身边 |
| 安东关 | 1922年1月19日 | 安东火车站 | 日本 | 不详 | 吗啡 | 72两 | 藏于行李内 |
| 安东关 | 1922年5月6日 | 南满铁路公司栈房 | 日本 | 井上诚昌堂 | 注射器 | 1127个 | 藏于轮船货物类 |
| 安东关 | 1922年6月2日 | 安东火车站 | 日本 | 茨本 | 吗啡 | 96两 | 藏于行李内 |
| 安东关 | 1922年6月19日 | 安东火车站 | 日本 | 神田为吉 | 吗啡 | 6两 | 藏于手提包内 |

上表中虽有部分俄人贩运烟土之案，但民初俄人对中国禁政之影响主要在于其纵容中俄边境的罂粟种植。据1919年6月吉林省督军孟恩远、省长郭宗熙呈报，东北一带，山林严密、户口星稀，与俄境毗连或于中东铁路附近种烟、运烟之民均借外人为护符。① 1922年，黑龙江议员多次报告外交部，苏

---

① 《政府公报》，1919年6月19日。

俄境江东十八屯地方有俄人广种烟苗,运输华境。苏俄不拉果威臣斯克省公署与俄民霍得列夫订约,许霍得列夫专卖鸦片,缴纳厘税。而霍得列夫又与华人合伙对华贩运鸦片。经中方总领事程福庆迭次向俄方官员抗议,并与阿省革命委员会交涉,俄方虽然承认根据国际条约将设法禁止罂粟种植及输入中国,但中国必须在沿边50里内禁止斯皮尔特酒的输入及营业,还要取缔沿边白党,勿令侵扰俄境。中方认为鸦片烟禁载在国际公约,禁酒与取缔白党乃另一问题,且俄方公开抽收鸦片厘税,并借禁酒及白党两事牵连抵制,破坏中国禁烟大局。经中国舌敝唇焦之再四交涉,至1923年6月,俄革命委员会复称,播种罂粟是因为俄人喜欢吃用罂粟籽制造的各种食物,罂粟籽可制成各种味甘之点心。7月,全俄中央行政委员会及国务会议陆续颁布限制种植罂粟条例及取缔吸食鸦片命令,边境为华人所开设之烟馆亦一律关闭。① 虽然交涉略有进步,但短期内中俄边境的罂粟种植及鸦片输华情况并未有明显好转。

自晚清以来,美国烟贩相对于英国烟贩而言,其在对华鸦片贩运上并没有抓住先手之利。于是,民初时美国烟贩则更多地把毒性更大的吗啡、海洛因等毒品输入中国,且销售颇为畅旺。美国人 La Matte 在其《鸦片专卖》一文中,谓英、美、日三国之商人均参加私运吗啡入中国之营利。据英国人 Mo Donal 的统计,1919年1月至5月,由美国运至日本的吗啡数量为113000盎司,约3.5吨,由神户直接转运至中国。可见,由美国输入中国的吗啡量亦相当可观。② 除了吗啡之外,美国人亦并未放弃传统的鸦片毒品。邬·华德(Tracey Wood Ward)是一个在民初中国政府禁烟时期来到上海的美国人。其先在上海产业有限公司任董事,经过对形势的"仔细考察"之后,认为贩毒仍是最好的发财途径,因而先后贩运了数百万两鸦片到沪,为此大发横财。

法国烟贩也不甘落后,以安南(越南)为基地,将鸦片运至广州湾、香港和上海法租界,辗转运销内地。

总之,各国不法烟贩在对华输入烟毒的事宜上争先恐后,这种状况对民初的禁烟具有极大的破坏作用,然而,在治外法权的庇护下,中国主管官厅对

---

① 《外交公报》,1923年,第27期。
② 戈绍龙:《鸦片与中国》,天津《大公报》,1930年3月14日。

此却无可奈何。而且,值得注意的是,一些华人亦借洋行之背景掩护其所从事的烟土贸易。1922年4月,湖北省宜昌县查获海默洋行19248两烟土,据悉该洋行为华人刘恭良在比利时驻汉口领事署注册。当时烟禁废弛,宜昌为川鄂转运之枢,不少奸商都借洋行的掩护从事鸦片贸易。而宜昌只有英、日两国设有领事,中方交涉方便直接,故很多洋行均悬挂美、法、意、比国等旗。这些国家领事署设于汉口,宜昌方面交涉要通过外交部,颇为不便。上述海默洋行藏有大宗烟土案经外交部照会比利时驻京公使,要求比方取消该行之注册。但比方回复,该行与比利时无任何关系。虽然1921年春,比利时驻汉口领事曾关照交涉员对于海默洋行稍加注意,但那是由于比利时人高通时在该行任行员,现已辞去。比人认为,该行完全是华人商店,自可按中国法律处罚贩运鸦片之行为。① 虽然该商行最终遭到中国官方之处罚,但由此案可见外人之治外法权对中国禁政约束之一斑。

## 第二节　全国烟毒泛滥之情形

1918年之后,尽管中央政府仍然多次严申禁令,但这些禁烟法令事实上已形同虚设,对于各地军阀政府已经无多大作用。从1918年开始,陕西、贵州、甘肃等省已恢复罂粟种植,至于20年代罂粟种植在全国成为普遍的现象。由于各地军阀政府都将鸦片利税作为一项重要的财政来源,故对鸦片业的发展极为重视。当时除了吉林和山西二省之外,各地军阀如山东张宗昌,陕西刘镇华、陈树藩、吴新田,安徽倪嗣冲、马联甲,湖北萧耀南,青海马麟、马步芳,甘肃陆洪涛、刘郁芬,宁夏马鸿逵,热河汤玉麟,四川刘成勋、刘湘、刘文辉、邓锡侯、刘存厚、杨森,贵州袁祖铭、刘显世、周西成,湖南赵恒惕,云南唐继尧、龙云,广东陆荣廷,广西李宗仁、黄绍竑,浙江卢永祥等,无不把鸦片烟作为财源,或公然弛禁,或明禁暗弛,借以抽收烟税。军队成为鸦片弛禁的最有力的推行者,凡有军队驻扎的地方,即有罂粟种植,这种状况一直持续到30年代初尚未有根本的改变。

---

① 《外交公报》,1922年,第13期。

鸦片对于各地军阀的经济意义却并非一致,西南、西北等产烟地区,鸦片产量占全国80%,故占有此地的军阀有"得天独厚"的条件,迫种强征是他们普遍采取的手段。一方面,长江中游地区虽然并非产烟区,但交通位置重要,是西部鸦片销往全国之枢纽,此处军阀均重点经营鸦片的运销税,湖北省是其典型。东部省份经济较发达,既非鸦片产区,又非运销枢纽,却是鸦片消费大省,军阀可以获得巨额的鸦片消费税,如江苏省等。利益分润,这亦是鸦片得以再次泛滥全国的条件之一。另一方面,虽然各地军阀能分润利益,但对于不同防区的军阀而言,鸦片利益肯定是存在梯度的。而军阀间时而兵戎相见、时而握手言和,其背后都不难寻见鸦片利益在不同地区的分布差异。故军阀之战,常被时人戏称为"鸦片战争"。

## 一、禁烟法令的存续与影响

袁世凯死后,中央政府近乎崩溃,但只要一息尚存,其原有之法令和机构仍将在一定范围内运行。继续存在的禁烟法令对全国禁烟形势仍有部分微弱的影响,主要体现在四个方面。

一是内务部仍在名义上对全国禁烟事务负有最高责任。如1919年11月,内务部拟定"特派各省区禁烟查勘员简章七条"①,试图对全国罂粟复种的情形加以控制。12月,因陕西全省及与陕西毗连之河南内乡县种烟严重,内务部将陕西与河南化为一查勘区,并派出陆军少将张仁出任陕西、河南禁烟查勘员。这是内务部颁定上述章程后,向全国派出的第一个查勘员。②1920年春,正值烟苗放花之际,内务部又根据章程,先后向江苏、安徽、湖南、福建等省派出查勘员。③但内务部试图通过查勘员来控制地方种烟的举措是完全失败的。就目前资料所见,此事从1920年后便无下文,多数省份之查勘员并未派出,且已经派赴之查勘员对地方种烟情形似乎并无大的影响力。当时据外人函称及报纸所载,陕西省偷种罂粟几于遍地,该省公民亦呈控当局有收受烟税一事。而河南内乡、浙川两县亦经绅民迭次呈电有种烟收税情事。但两省查勘员张仁却并未将偷种情形上报内务部。内务部认为此时烟

---

① 《政府公报》,1919年11月23日。
② 《政府公报》,1919年12月8日。
③ 《内务公报》,1920年,第20期。

苗放花之际,有无偷种一望而知,张仁显然有失职之嫌,故内务部电令张仁,"仰即亲身严切履勘,随时据实报部,务须认真办理,勿稍徇隐"①。从此事例可见,内务部除了发电文之外,对地方烟苗种植并无多大的控制力度,而查勘员在地方的威逼利诱之下,其立场亦显然发生变化。当然,内务部作为中央政府之部门,对中央政府能够控制的京畿地区似乎仍有一定权威。如1920年7月,宜昌关税务司从邮包内查出上海大生制药公司制售之戒烟药粉含有鸦片精毒质,请内务部转饬查禁。内务部对于京兆尹及京师警察厅等则立即用训令转饬查禁任务,而对于地方,则只能咨行各省长、都统饬令所属认真查禁。② 显然,内务部对于地方之禁烟的影响力是极其微弱的。

二是大理院对于全国各级审判机构仍在名义上存在业务指导及隶属关系。这种名义上的关系亦会成为中央与地方在禁烟事务方面的博弈工具。如1918年5月,绥远审判庭电函大理院,若行政长官派员赴各县,名为查烟苗,实则按亩收捐,又有吞款情形,是否以收受贿赂论。而大理院的回复谓行政长官如先有得财之意,阳为禁烟,实则收取捐款,应以诈财论。③ 虽然对于地方长官及军队的收捐行为,司法机构毫无办法,但对于一般案件,各省法院的办理还是颇有力度的。如1926年,各省法院办理鸦片案件3668件,查获烟土数量148.529万两。1927年办理鸦片案件3119件,查获烟土数量168.5433万两。④

三是中央军事部门名义上仍有对全国军官的任用与罢黜之权,如1919年,热河陆军中尉吴永桂因贩卖鸦片被处以徒刑5年,罚金30元,褫夺公权8年,随案褫夺原补实官。⑤ 山西石楼县警佐兼巡缉稽查队长、陆军步兵上尉徐庆祥因贩卖鸦片被处以徒刑2年又4个月,并科罚金40元,褫夺公权5年,所补陆军上尉实官随案褫夺。⑥ 当然,这仅仅是针对尉官以下的低级军官,对各省军阀的迫种强征之举,中央并无办法。

四是全国海关控制在由英人担任的总税务司手中,名义上仍对中央政府

---

① 《内务公报》,1920年,第80期。
② 《内务公报》,1920年,第83期。
③ 《司法公报》,1918年,第91期。
④ 俞宁颇:《中国鸦片流祸的概况》,《时事月报》,1931年第5卷。
⑤ 《政府公报》,1919年5月3日。
⑥ 《政府公报》,1919年6月19日。

负责,关余亦解交中央政府。故各海关对烟土缉私仍有一定的作用。如1921年12月,财政部、内务部、税务督办呈请奖励天津海关、常关缉获烟土吗啡等项出力华洋人员。①

**表 9-4 全国 35 海关缉获私运烟土、吗啡等禁品一览表(单位:两)②**

(1922 年 7 月 1 日—9 月 30 日)

| 关名 | 禁品 | | | | | | | | |
|---|---|---|---|---|---|---|---|---|---|
| | 土药 | 土膏 | 洋药 | 洋膏 | 吗啡 | 高根 | 安洛因 | 烟灰 | 罂粟种子 |
| 腾越关 | 378 | | | | | | | | |
| 瑷珲关 | 4673 | 14 | 1410 | | | | | 2 | |
| 哈尔滨关 | 22459.8 | 38.7 | | | | | | | 160 |
| 安东关 | 51.75 | | 60 | | 30 | | | 25 | |
| 大连关 | 39 | | 33 | | 72 | | | | |
| 津海关 | 5910 | | | | 25.5 | 72 | 542.6 | | |
| 天津常关 | 1384 | | 2404 | | | 20 | | | |
| 东海关 | 1481 | | 1172 | | | | | | |
| 胶海关 | | | 416 | | 185 | | | | |
| 重庆关 | 26388 | | | | | | | | |
| 万县分关 | 15908 | | | | | | | | |
| 宜昌关 | 26752 | 48 | | | | | | | |
| 沙市关 | 7148 | | | | | | | | |
| 长沙关 | 2032 | 138 | | | | | | | |
| 岳州关 | 2544 | 7.5 | | | | | | | |
| 江汉关 | 24939 | 20 | | | | | | | |
| 九江关 | 3530 | | | | | | | | |
| 芜湖关 | 64 | | | | | | | | |
| 金陵关 | 12414 | | | | 0.04 | | | | 15.5 |
| 镇江关 | 3352 | | | | | | | | 375 |

---

① 《内务公报》,1921 年,第 88 期。
② 《外交公报》,1923 年,第 21 期。

(续表)

| 关名 | 禁品 | | | | | | | | |
|---|---|---|---|---|---|---|---|---|---|
| | 土药 | 土膏 | 洋药 | 洋膏 | 吗啡 | 高根 | 安洛因 | 烟灰 | 罂粟种子 |
| 江海关 | 37342 | 1234 | 49920 | 57 | 300 | 39 | | 39 | |
| 苏州关 | 71 | 52.7 | 65.5 | | | | | | |
| 浙海关 | 613 | 135 | 22 | | | | | | |
| 闽海关 | 10 | | | | | | | | |
| 福海关 | 40.5 | | | | | | | | |
| 厦门关 | 438 | 671.5 | | | | 16.5 | | | 15680 |
| 潮海关 | 2197 | | | | | | | | |
| 粤海关 | 190.5 | | | 348.3 | | | | 54 | |
| 九龙关 | | | | 9.4 | | | | | |
| 拱北关 | 26 | | | 155.6 | | | | | |
| 三水关 | 99 | | | | | | | | |
| 梧州关 | 480 | | | | | | | | |
| 南宁关 | 4694 | 17.5 | | | | | | | |
| 琼海关 | 48 | | | | | | | | |
| 蒙自关 | 216 | 177 | | | | | | | |
| 合 计 | 207912.6 | 2553.9 | 55502.5 | 570.34 | 612.5 | 147.5 | 542.6 | 120.0 | 16230.5 |

表9-5 1917—1927年全国江海各关查获烟土数量表(单位:磅)①

| 时间 | 数量 |
|---|---|
| 1917年 | 20468 |
| 1918年 | 26676 |
| 1919年 | 48375 |
| 1920年 | 96627 |
| 1921年 | 150104 |
| 1922年 | 68500 |
| 1923年 | 51601 |

---

① 俞宁颇:《中国鸦片流祸的概况》,《时事月报》,1931年第5卷。

(续表)

| 时间 | 数量 |
| --- | --- |
| 1924年 | 85804 |
| 1925年 | 48918 |
| 1926年 | 82916 |
| 1927年 | 54679 |
| 总计 | 734668 |

需要指出的是,上述禁烟法令虽然存在,且在一定范围内发挥作用,从缉私总量而言为数亦不算少,但在军阀当政的背景之下,1924年之后,中央政府几乎没有再颁布禁烟文件,亦未对地方下达禁烟命令,连表面文章都不做了。各地司法部门越来越成为地方军阀的附庸。海关虽然仍有缉私,但对地方当局的鸦片政策并无管理权限,何况海关华洋各员亦常有走私贪腐之情事。因此,禁烟法令及禁烟机构的存续并未能改变全国烟禁废弛、烟毒泛滥的大趋势。

## 二、军阀获取鸦片利益之一般概况

### 1. 迫种强征

军阀政府弛禁鸦片,以鸦片为财源,其主要的敛财方式,一是强征鸦片税款,二是从事鸦片经营活动。其中以征收鸦片税款最为重要。按照军阀政府的逻辑,认为鸦片戕害民生,为害最烈,理应加以禁绝。但当时地瘠民贫,农民端赖种烟以维生计,若骤然禁绝,又非政府体恤人民之意。因此,权且以征代禁,寓禁于征,以期逐步禁绝。当时所有的军阀政府都强调要搞好"禁烟",他们所说的禁烟实际上只是征税的同义语,在这个招牌之下,军阀政府于鸦片的种、贩、售、吸各个环节上巧立名目,抽收烟税。从一般趋势上看,军阀政府征收鸦片税捐,也经历了一个逐步完备的过程,其间税捐种类不断增多,税率不断提高,征税对象不断扩大,征税的方式也逐步趋于制度化。由于鸦片税捐名目繁多、五花八门,各省税捐名目又不尽相同,只能择其主要者略做介绍。

(1) 鸦片种植税

种植税是鸦片税捐中的大宗,对于产烟省份而言,种植税更是主要的税种。晚清时期所征鸦片税，重点是运销税，对鸦片种植税不大重视，种植税的滥征实始于民初的军阀。其名目大致有亩捐、窝捐、烟苗税（捐）、烟亩税、产场税、种烟牌照税、烟亩罚金、烟亩罚款等。亩捐是按种烟面积计税征收的，窝捐是按种烟窝数点算的，实际性质相同，但有些地区则是亩捐与窝捐并收，或在亩捐之外另征青苗款，即按烟苗长势，分上、中、下三等科派捐款。

在开放烟禁初期，多数省份征收鸦片种植税，均采取按种烟面积、产量或窝数计税，对于不听诱劝拒绝种烟的农民，军阀则采取种种方法，强迫其种烟。此后为扩大栽种面积，直接摊派种烟亩数。由于这些征税办法都难以保证税款收入的稳定性，摊派烟亩的办法越来越多地被摊派定额烟款的办法所取代。各地五花八门的种植税，实质上都逐步向罚金的办法过渡。一般来说，先由军阀政府定下当年摊派总数，然后按统辖地区各县乡耕地多少、土壤肥瘠等情况层层分摊下去，直到各家各户。一方面，不论农户是否种烟，也不问种烟多少及年成好坏，都必须缴足定额的摊款，这就保证了税收的稳定性，便于军阀政府的财政预算及军政事务的安排。然而对于农民来说，若拒不种烟，则会被科以懒捐、白地款等费用。另一方面，烟税远高于粮税，靠种粮根本无法承担烟税，因此农民为完纳烟税只能弃粮种烟。追到翌年，摊派基数又有增加，农民只能进一步缩减粮食作物，扩大罂粟种植。年复一年，烟款越摊越多，鸦片越种越广，在盛种罂粟的地区，有的农户最后竟成了种烟专业户，连自家口粮也需要靠卖烟的钱来购买了。此外，由于各级官吏在征收环节中又层层中饱，对于农民来说格外苛酷，在极端的情况下，农民嫁妻鬻子、卖房典地也不足以缴清烟亩罚款。

（2）鸦片运销税

鸦片在省内销售，有内销税。运出本省则有出口税或通关税、外运罚金、禁运罚金等名目，有的还要加征启运税。运入某省则有进口税，在该省销售则征收落地税，仅是经过该省则有过境税。运销烟土一般还有印花税。

运销税亦是鸦片税捐中的大宗。在税率确定的前提下，自然是运销数量越大，税收也越多。尤其是产烟不多的省份，如湖南、广西，对过境烟土征税更是主要的烟税收入。一般来说因商人逐利的本性，总会不辞劳苦地将烟土由过剩地区运销到不足地区，军阀政府只需在烟土运输要道设卡查缉走私便可保证运销税的征收，但实际情况也不尽然。军阀统治时期，中国的交通状况还十分落后,陆路大多不通汽车,尤其鸦片主产地区多属山地,向外运烟主要靠马驮人挑,极不方便。而当时战乱频仍、遍地匪患,主要的烟土运输路线上更是匪巢林立。烟土是体轻价昂之物,远途贩销风险很大,大宗烟土尤属烟商血本所系,安全没有保障,烟商便不敢轻冒风险进行远途贩销,如此便影响军阀对烟土运销税的征收。为了保证烟商贩销的安全,扩大烟土运销,无论是产烟省份,还是烟土过境省份,军阀政府都派出部队为烟土运销商提供保护。军队护商既可扩大烟土运销、增加税收,又可向烟商收取护商费,同时护商的军人还可以乘此机会自带烟土前往销售,一举多得。一般情况下,军队护商只需派出少许象征性的武装,但有些路途匪患严重,护商便需要派出足以应付事变的兵力。为鼓励烟商运销烟土,在运销税的征收上也常常采取一定的通融办法,采办大宗烟土需要巨额的款项,但烟土运销税必须在烟土出省之前即行缴清,取得印花贴于烟土之上,经关卡查验无误方可放行,因此缴纳运销税又需一笔巨款,这就影响了烟商的资金周转,以致烟商在采办烟土时要将税款预留下来,采办烟土的数量便受到限制。军阀政府为刺激运销、增加税收,对采办大宗烟土的烟土特商一般都予以通融,在报税时允许其先交一小部分现款,其余出具期票,以便能聚集更多的现金,采办运销更多的烟上,然后用赚回的钱补齐税款。

(3) 鸦片消费税

开设鸦片土行要缴牌照费和营业税,开办烟馆要缴登记费、牌照费、营业税(销售税)、灯捐或烟枪捐。有的地方对烟馆熬制烟膏也要征收锅炉捐、膏捐或熟膏罚款。瘾民吸烟也要交灯捐、瘾民捐或吸烟执照费。

鸦片消费税虽然显得较为零碎,但烟民群体数量大、征税环节多、税率高,税款的征收也相当可观。如膏捐或熟膏罚款,即鸦片行店将生烟土煮成熟烟膏卖给烟民所需交纳的税捐,一般都要比生烟销售的税率高出一倍,因为一两熟膏大致折合二两生烟土。又如灯捐,有按月征收的,也有按日计征的,税率随军阀政府而定。烟馆越多,征收的灯捐也越多。

(4) 附加税捐

附加税捐的名目更是五花八门,举凡地方市政开支、建设、教育、慈善事业、县团办公费用以及多项临时性的开支,统统被纳入"附加"。有些地方,名

## 第九章 军阀时代烟禁的废弛

目繁多的"附加"甚至高达正税的 1/3 以上。①

(5) 军阀征收烟税之统计

军阀政府究竟在鸦片烟上榨取了多少财富,由于缺乏翔实可靠的资料,现已很难确知。各省军阀虽然借禁抽税,但怵于公众舆论的谴责,自然也不会向社会公开鸦片税捐的真实数目。如 1928 年陕南军阀吴新田离开陕南时,便将各县烟款卷册付之一炬。不过,当时一些学者和禁烟人士所作的调查和估计,仍有助于我们对军阀政府的烟税收入情况有一个大致的了解。以下是 13 个省份的烟税收入情况,可资参考。

表 9-6 各地军阀政府年征收烟税统计表②

| 省份 | 烟税收入(万元) |
| --- | --- |
| 陕西 | 1000—2400 |
| 甘肃 | 2000 |
| 湖北 | 1500—2000 |
| 湖南 | 1000 |
| 福建 | 2000 |
| 安徽 | 300 |
| 四川 | 1000—3000 |
| 云南 | 5000 |
| 贵州 | 2000 |
| 广东 | 1200 |
| 广西 | 1000 |
| 河南 | 300 |
| 江西 | 300 |

---

① 关于军阀征收鸦片税部分参见蒋秋明、朱庆葆:《中国禁毒历程》,天津教育出版社 1996 年版,第 234—239 页。
② 参见周宪文:《中国之烟祸及其救济策》,《东方杂志》第 23 卷 20 号,1926 年 1 月;章有义:《中国近代农业史资料:1912—1927》(第二辑),生活·读书·新知三联书店 1957 年版,第 622 页,第 49 页;[美]齐锡生:《中国的军阀政治(1916—1928)》,中国人民大学出版社 1991 年版,第 157 页。

应当指出的是,这些烟税收入并非精确的统计数字,也不是同一年份中各省烟税的收入情况,而且有的省份如云南,烟税收入能否达到5000万元之巨,如河南烟税收入是否只有300万元,均有待于进一步收集资料加以论证。不过,通过该表所列数字可以看出,烟税收入在军阀政府财政中所占比重是很大的。在许多省份的财政中,烟税收入都高居各项税收之首。比如,土地税原本是中国这个农业大国最主要的税收来源,各省军阀都牢牢地将其抓在手中,拒绝上缴中央政府。但像四川、云南、贵州、湖北、福建、广西、甘肃、陕西等省,烟税收入至少占其财政收入的1/3,甚至一半以上。从这个角度来看,鸦片税收是军阀政权赖以维持统治、进行军政建设的经济基础,不少军阀都能借助烟税收入而壮大,可见鸦片烟与军阀政权的紧密联系。

2. 鸦片经营

除了勒收烟税,军阀还通过种种方式进行鸦片经营,借以牟利。利用军队贩运烟土是当时最普遍的现象,这种方式不仅便捷,而且收益比护商费更大。早在1916年护国运动中,云南护国军开进四川就随军携带烟土百万两,沿途解卖充饷。军阀统治形成后,军队运销烟土的情况更加普遍,这几乎成为军人的专利。当时四川和两湖的大小军阀都利用长江水运之便,向长江下游大批运贩烟土,然后购买枪械带回。

军阀贩运的烟土,主要来自烟农为抵交烟税而交纳的烟土。每年新烟收获季节,烟价最低,在许多产烟区新烟上市价格每两仅两三角钱,收购季节过后便涨至每两1元左右,而距产烟地区较远的城市或其他地区,每两烟土售价便达三四元甚至更高。所以军阀一般都要求烟农在收烟时交清烟税,交不出钱款即以烟土抵税或直接以烟折税,待烟土涨价之后再由军队运往外地高价出售。这样通过低价征收烟土,军阀得到的烟款实际上远高于既定的税额。大军阀公然贩运鸦片,小军阀当然也争相效法,而且常常是毫无顾忌。一旦认真查禁,这些运烟军人便会武力相向。

军队调防是贩烟的好机会,许多小军阀都会充分利用这一机会,携带大批烟土沿途销售或到新的驻防地销售,尤其是产烟地区的军队调防别处,这种情况更是司空见惯。有的时候,军阀还直接采办烟土进行销售,有些军队甚至向当地民众强行派销,不论吸与不吸,都得购买。除贩销烟土外,军阀也利用鸦片烟土进行商业投机和剥削,如开办商号进行鸦片贸易。至于向商号投资搭股,参与分红或利用权力地位在商号中搭股分红的现象更多。军阀把烟商视为敛财的工具,烟商则把军阀当作保护伞,双方互相利用,许多资本雄厚的鸦片商人都将交结官僚和军阀视为经营窍门,千方百计地将其拉作靠山,借以巩固和扩大鸦片经营。

设立钱庄或与钱庄互相勾结经营鸦片的现象也不少见,在鸦片烟泛滥的年月里,钱铺钱庄很少有不兼营烟土生意的,尤其是为军阀代收烟款的钱庄,更少有例外。但是军阀借助钱庄进行鸦片经营,比一般钱庄有利得多。军阀可以将军饷存放于钱庄,由钱庄出面经营,由于军饷是按月支拨,这笔巨额的款项便可用作鸦片经营。在军阀的保护之下,钱庄的鸦片经营一般是没有什么风险的,转手便获厚利。这样的大笔军饷通过钱庄便转化为经营鸦片的资金,在不影响军饷发放的情况下即可大赚钱财,并且这笔巨款还可以通过钱庄开展押款、借贷等业务以增加收入。这种情况在亦军亦商的四川军阀中很常见,而且越办越大,到 20 世纪 30 年代初,各防区的军阀几乎都竞相建立了自己的鸦片银行,进行鸦片经营。即使没有足够的资金开办银行的军阀,也常常与私人钱庄相勾结,把军饷挪作鸦片经营之用,共同分肥。在 20 年代,除云南唐继尧外,各地军阀制造吗啡、海洛因等毒品的事例很少,主要是因为缺乏制毒的技术。到 30 年代初国民政府时期,制毒技术已被国内毒贩所掌握,各地军人尤其是产烟大省四川,各防区的军人滥制毒品的现象急剧增多。总之,鸦片经营不仅为军阀政权创造了可观的收入,也为军阀个人聚敛了私财,参与鸦片经营的军阀很快便成了巨富。除挥霍之外,他们或置办家产,或投资商业,有的则将资财存入外国银行,比较土气的西北军阀则往往把钱钞兑成银两,"铸成巨方,藏诸地窖,时出摩玩,以资消遣,绝不用以营业或存银行生息"①。

3. 鸦片与军阀间的关系

鸦片烟对于军阀政权既然如此重要,禁政自然成为军阀政府的要政之一,几乎每一个军阀都反复强调要搞好禁烟。军阀政府的禁烟,当然不是要禁断烟毒,而是纳税放行,尽其可能地攫取鸦片利益,易言之,就是要让纳税后的烟毒自由合法地行销全国。不过,由于各个军阀政权所据的地理位置不

---

① 中华国民拒毒会编:《中国烟祸年鉴》,1928 年印,第 9 页。

同,其禁政所赖以维持的条件也各不相同,所以能否搞好"禁政"也不是一厢情愿的事。大致说来,攫取鸦片利益的方式主要有二:一是控制和占据鸦片产地,通过扩大鸦片栽种、提高罚金税额来提取财源,还可以对销往外地的烟土征收出境税;二是控制鸦片运输通道,对鸦片运销征收过境税。这两种方式在实际中常常相互制约。虽然占据鸦片产地,但如果外销通道被阻,本地自销有限,势必造成大批烟土积压,不能转化为钱财。反过来,虽然控制着交通要道,但产烟地区烟土外销另择他途,过境税也无从征收。最有保障的方式当然是既据有鸦片产地,又控制运输要道,然而能兼具这两种条件的情况很少,因此军阀政府在禁政上,彼此之间便不可避免地存在这种相互依赖又相互冲突的关系。对鸦片利益的争夺,一直是影响军阀之间相互关系的重要因素之一。在军阀之间时而兵戎相见、时而握手言欢的背后,鸦片利益起着巨大的作用。一般情况下,为了分沾鸦片利益,军阀们不能不根据自己的现实条件来处理彼此的关系。

就西南地区而言,这种情形表现得最明显。云南和贵州是鸦片的主产地,量多质优,本省消费有限,大多需要销往外省。而周围地区,如广西、广东、湖南却产烟很少。云贵烟土外销方向大致有三:一是由黔东南运往湖南洪江,转运汉口销往长江中下游地区;二是运往梧州和百色,销往两广、港澳地区和东南亚;三是运往川东重庆,然后出宜昌沿江东下,或至汉口后沿汉江销往陕甘等地。云贵烟土经过湖南、四川和广西三省,军阀都在烟土入境的要道上设关卡征税,如湖南洪江、四川重庆、广西百色,烟商一到便须通关报税。这笔过境税对三省军阀而言,都是一笔巨额的财政收入,但由于三省情况不同,在鸦片利益上与云贵的关系也有所不同。四川本身便是最大的鸦片主产地,产量高居全国之冠,且川省财政相对充裕,虽然云贵烟土过境可以抽取一笔可观收入,但在财政中所占比重很小,因此在财政上,四川并不依赖云贵烟土。湖南、广西则不同,鸦片过境税在两省财政中占很大比重。湘西虽然也产烟土,但毕竟产量太少,且质量低劣,无法销出省外,种植又过于分散,税收微乎其微,而每年征收贵州烟土的过境税,则高于本省烟土税收的数十倍,因而在财政上严重依赖云贵的过境烟土。广西财政对云贵烟土依赖更大,每年抽收的烟土过境税都要达到其财政总收入的一半左右,云贵烟土一旦改道,便会使广西财政立刻陷于困境,云贵烟土可以说是广西财政的生命线,因此,在广西鸦片烟税不仅是社会经济活动的主导力量,也是政治上影响最大的力量。广东也依赖云贵烟土,但广东与云贵之间隔着广西,只能依赖广西从云贵多输入烟土,然后转输广东。云贵烟土外销路线不止一条,可在湖南、四川和广西之间加以选择,因而在鸦片利益上便形成了云贵操有主动权,而湖南、广西处于被动地位的局面,烟土不经湘、粤,两省便无烟可禁,自然也无"禁政"可言。尽管云贵军阀为了扩大烟土销路,占据更多的鸦片利益,都曾出兵侵入川桂,黔军还经常侵入湖南,占据黔土运湘的要道洪江,但战事结束后,湘桂军阀对滇黔军阀总要采取主动交好的态度。湖南每次把入侵的黔军击退后,总要先做出和解的姿态,直至国民政府时期何键主湘时仍采取主动交好的态度。按何键的话说:"湘黔唇齿相依,需要互相支持。"①广西更是如此,正如新桂系首领黄绍竑所说:"不论新桂系与旧桂系,对于云南贵州从来是不肯得罪的,尽管滇军两次进兵广西,但事后总是广西方面先派代表到云南去修好。"②

鸦片烟不仅是军阀政府的财源,也是军阀之间政治交易的手段。袁祖铭被滇军逐出贵州,在武昌组织定黔军时,即得到直系军阀吴佩孚的帮助。当时南方云贵两广都附和南方军政府,与北洋政府对峙,吴佩孚支持袁祖铭回黔夺取政权,用意在于分化南方军政府的力量,将自己的势力伸入西南地区。而袁祖铭夺回黔政后,很快便将贵州烟土大量运往汉口,由吴佩孚设在汉口的"禁烟督察处"抽税,以报答北洋军阀。

当然,在鸦片利益的分配上,军阀之间并不总能做到各得所求,未得到鸦片利益的要求分沾鸦片利益,分沾鸦片利益的又垂涎于更多的利益,围绕着鸦片利益,军阀之间不断进行争夺和火并,上演国内一幕又一幕的"鸦片战争"。以云南为例,民国初年,唐继尧占据滇黔两省,烟土外销大增,北路销往长江中下游,南路销往珠江流域和海外,由此获得了巨额的财政收入。云南本是个经济相对落后的省份,唐继尧能够连年用兵争战,主要得力于鸦片烟土。护国运动中唐继尧消极观望,不肯援助入川作战的蔡锷,袁世凯帝制失

---

① 王家烈:《我驻军湘西时和主黔政后与何键的关系》,《湖南文史资料选辑》第7辑,中国人民政治协商会议湖南省委员会文史资料研究会1978年印,第133—134页。
② 黄绍竑:《新桂系与鸦片烟》,中国人民政治协商会议全国委员会文史资料研究委员会编《文史资料选辑》第34辑,文史资料出版社1980年版,第160页。

败后,唐继尧却进兵四川,企图全面控制西南地区,垄断烟土的产销。然而,1917年之后,随着烟禁的废弛,四川军阀诱迫农民遍地种烟,产量很快便超过了滇黔烟土,川土增多,自然要排斥入川的滇黔烟土,且随着川土的增多,四川军阀也逐渐强大起来,对唐继尧把持川东、控制烟土出川的要道愈益不满。1920年经过川、滇、黔混战,唐继尧被四川军阀逐出川省。而长期屯兵四川的滇军第一军军长顾品珍又乘机回军夺取滇政,把唐继尧赶到香港。当时有人把川、滇、黔之战说成是川土与云土之争,这个比喻是很形象的。滇军经过此战退回云南后,烟土销路大减,贫瘠的云南一旦丧失巨额的鸦片利益,自然养不了那么多军队,而且有限的烟土产销又被夺了滇政的顾品珍把持,拥戴唐继尧的军队在云南无法立足,只得去广西依附孙中山以图生存。1921年,唐继尧背叛孙中山,回军云南重夺滇政,杀死顾品珍,于是拥戴顾品珍的军队如杨希闵、杨如轩、范石生等又南走广西依附孙中山,跟随孙中山讨伐陈炯明。这种变幻不定的云南政坛风云以及滇军的进进出出,重要原因之一在于烟土没有出路,军队无法生存,只能谋求向外发展。

　　唐继尧重主滇政后,要壮大实力仍然面临着打开烟土销路的问题,但此时四川军阀力量已经壮大,唐已无力问津四川,便派兵入黔赶走袁祖铭,控制贵州,但两年后又被袁祖铭夺了回来。这一时期正值广西时局纷乱,旧桂系军阀已经瓦解,新桂系势力尚未壮大,唐继尧认为这正是向南打开烟土销路、恢复霸业的好时机,因此1924年冬率滇军6万三路进兵广西,到1925年6月底,滇桂战争以新桂系的胜利而告结束。唐继尧既无法将烟土销路伸进四川,又不能向南打开销路,转运湖南又不如贵州便利,他的霸业便成了泡影。

　　贵州军阀与邻省也时常发生对鸦片利益的争夺。袁祖铭被唐继虞赶出贵州,驻军川东,1923年在重庆设立禁烟查缉处,抽收烟税每担60元。四川军阀刘湘也驻军重庆,袁不能独占烟利,便从每担60元烟税中分十几元给刘湘,刘对袁祖铭这种"不公平的分赃"很不满,索性自己成立一个"禁运总处",与袁祖铭争夺烟税收入。① 后刘湘联合杨森,于1926年把袁祖铭赶出川东。袁祖铭退出川东后,又以北伐为名进兵湘西,占据了湖南洪江,并控制了湖南

---

①　周介眉:《刘湘、蒋介石在四川的鸦片禁政》,中国人民政治协商会议四川省委员会文史资料研究会编《四川文史资料选辑》第19辑,《四川文史资料》,四川人民出版社1979年版,第93—95页。

沅陵、麻阳、芷江、黔阳等地。湖南洪江是黔土运湘的总入口,贵州军阀长期以来一直垂涎于这块"宝地",洪江一地的鸦片税收即占湖南全部鸦片税收的45％以上,这还是因为黔土进入湖南,在洪江只征收税额的一半,另一半在湖南宝庆补足,如果入湘黔土全部在洪江完税,则洪江一地的鸦片税收便占湖南全部鸦片税收的90％以上。袁祖铭占据洪江,独吞洪江的烟税,等于切断了湖南军阀的烟税来源,使湖南军阀陷入无烟可禁、无税可征的窘境,因此引起湖南军阀的极大不满,加上一些其他的政治原因,到第二年,湖南方面便屡次敦请袁祖铭移师鄂西,离开洪江。袁置之不理,于是湖南唐生智乃令其部将周斓将袁祖铭诱杀。不久,周西成又出兵湘西,意在控制洪江,也被湖南军队击退。

再看四川和湖南,1920年的川滇黔之战,直接原因是军人反对四川督军熊克武,进行武力"倒熊"。而"倒熊"的原因则在于熊克武坚决查办1919年由军队勒令种烟,贪官土劣大肆中饱,酿成惨状百出、震惊全国的川东烟案。因为许多川滇黔军的将领卷入此案,对熊克武查办烟案自然持抵制态度,而滇军主帅唐继尧意在控制四川,借机大做文章以分化川军,结果情势推演,以"倒熊"为开端的纷争终于酿成川滇黔军阀混战,最后,熊克武联合川军将滇黔军队逐出四川。经过这次混战,四川各军划地为界,形成省内割据的防区制,各军阀在自己的防区内公然劝种鸦片抽收税捐,进行鸦片经营,川省烟祸由此迅速蔓延开来。1923年湖南省赵恒惕与谭延闿之战,也是以谭的部将、湘西镇守使蔡钜猷截夺烟税为导火索的。中华国民拒毒会会长罗运炎曾指出:"湖南数年来的战事,完全是为了鸦片问题。湖南的收税地区,要算湘西为最好,大家要想驻扎湘西,于是便火并起来。"①

军阀之间在鸦片利益上的争夺,并不仅是西南地区的特有现象,而是整个军阀时期的普遍现象。北京《银行月刊》第四卷第八号登载了一篇署名叶景莘的文章,指出:"这几年各省许多次的战争,固然说不到因为主义,而且还不配说是争兵权,实在是争鸦片税与包卖鸦片烟。如某地方鸦片收成富足,有军人占据,他处军人要去抢他的,就可以说讨伐救民。又如鸦片出产多的

---

① 罗运炎:《中国鸦片问题》,中华国民拒毒会1929年刊印,第191页。

省份,割据的军人收了鸦片烟,派兵保护到别省去卖,就可号称南征北伐。"①1926年1月,唐绍仪在上海中华国民拒毒会做讲演时也感慨地说,民国十四年(1925)来,数次战争,均为鸦片,真可称之为鸦片战争。不仅西南军阀战争如此,北洋军阀内部派系之间,同样存在着鸦片利益的争夺。1924年的江浙战争、1925年的浙奉战争,均与争夺上海的鸦片利益有关。罗运炎指出:"江浙两次战争,尽人皆知,无非欲夺烟土收入最大之上海,以填其欲望也。"②当时的人们即把这两次战争称为"国内鸦片战争"。

### 三、各地烟禁废弛之具体情形

#### 1. 云南省

云南省是中国主要产烟区之一,以质优而闻名。由于毗连法属安南、英属缅甸,受各该殖民地影响,禁烟非常困难。自清末禁烟以来,云南省的罂粟种植受到极大抑制,而民初禁政时期中英联合会勘的结果亦显示该省的禁烟成绩,当时鸦片种植几乎在该省绝迹。

云南省因清朝的鸦片弛禁政策,导致人们的经济生活及政府财政对鸦片的依赖性极大。自清末禁烟以来,鸦片的种植逐渐减少,全省人民失去了生活之路,政府失去了财源。一方面,虽然政府奖励种植棉花、玉米、大豆、小麦等一般农作物,以替代鸦片的种植,但显然难以弥补经济上的重大损失。另一方面,弛禁既久,土产日盛,全省人民普遍染上吸烟之恶习,滇省东北部吸烟者,男子占98%,女子吸烟者占40%,对鸦片的需要与米麦相同。故禁政时期,民众的吸烟需求通过省内零星的偷种根本无法得到满足。即便如此,云南省在中英会勘之前,在省内均厉行禁种。虽然在1916年护国运动中,云南护国军开进四川曾随军携带烟土百万两,沿途解卖充饷,但此烟土大多是禁政时期没收之烟土,并非政府鼓励种植所得,甚至会勘后都督唐继尧仍想保持这种禁烟局面。因此,不少人提出弛禁的建议都被唐继尧拒绝。

然而,邻近省份贵州弛禁之后,烟土大量入滇,且川康边境、滇缅边境的鸦片也大量流入。云南这个产土大省,竟然成了鸦片的输入地区,此一现象

---

① 周宪文:《中国之烟祸及其救济策》,《东方杂志》第23卷20号,1926年10月。
② 罗运炎:《中国鸦片问题》,中华国民拒毒会1929年刊印,第42页。

被云南地方官绅称为"邻烟倒灌"。随着邻烟源源入滇,滇省的银圆也不断外流。据日方调查,从 1913 年到 1917 年的时间内,云南省每年均从英属缅甸经片马地区走私进口鸦片。片马是当时走私进口鸦片的集散地,位于今云南省怒江傈僳族自治州泸水市。在片马,每百两烟土的价格为 3.5 元上下,而至省城昆明,则可卖到 5 元左右。1917 年,云南省从缅甸走私进口鸦片约 200 万两,价格达 600 万元以上,云南的银币源源不断地外流到缅甸。① 滇省银行因银圆外流被挤兑现金弄得岌岌可危,有的甚至倒闭。市场物价节节上涨,民众生活更加艰窘,社会陷于动荡,于是许多地方原本就存在的零星偷种现象开始扩大起来。云南省政府亦难以容忍长期的财政枯竭,故对各地偷种行为予以默许并暗中征收税金。

此后,政府的默许使得种植范围迅速扩大。产地集中在腾越道一带,也就是顺宁县、云县、邓川县、蒙化县、腾越县等地,该地区出产的鸦片以品质优良著称。其次则是蒙自道的广南县、开化县、嶍峨县、临安县、元江县等地,该处的品质亦属上乘。再次则是滇中道,出产的鸦片品质较上述各地略差。据统计,该道陆良县年产能达 400 万两,寻甸、宣威、马龙、曲靖等地方也有 200 万两的年产。② 1920 年,滇军顾品珍部从四川败回云南,导致云南本已不堪支撑的财政又需新增 70 万元军饷的庞大支出,早已名存实亡的禁烟政策即使在表面上也无法维持了。于是省议会制定了《云南禁烟处罚暂行章程》,开始寓禁于征,名为处罚,实为鼓励,当年秋天罂粟栽种便蔓延了云南全境。

根据当时日本驻云南领事馆的调查,云南省 1922—1924 年鸦片种植情况如表 9-7 所示(产额以亩产 50 两计算):

---

① 谷光隆编:《東亜同文書院阿片調査報告書》,愛知大学東亜同文書院大学記念センター 2007 印,第 6 頁。

② 谷光隆编:《東亜同文書院阿片調査報告書》,愛知大学東亜同文書院大学記念センター 2007 印,第 8 頁。

表 9-7　云南省罂粟种植地亩及鸦片产额表(1922—1924年)①

| 地区 | | 年份 | | | | | |
|---|---|---|---|---|---|---|---|
| 道名 | 县名 | 1922年 | | 1923年 | | 1924年 | |
| | | 亩数 | 产额(两) | 亩数 | 产额(两) | 亩数 | 产额(两) |
| 滇中道 | 昆明县 | 5000 | 250000 | 8650 | 432500 | 12000 | 600000 |
| | 富民县 | 3000 | 150000 | 6500 | 325000 | 9600 | 480000 |
| | 宜良县 | 5000 | 250000 | 6780 | 339000 | 9630 | 481500 |
| | 呈贡县 | 3000 | 150000 | 6670 | 333500 | 8880 | 444000 |
| | 罗次县 | 3300 | 165000 | 6000 | 300000 | 8560 | 428000 |
| | 禄丰县 | 2950 | 147500 | 6710 | 335500 | 8790 | 439500 |
| | 易门县 | 2850 | 142500 | 5300 | 265000 | 7500 | 375000 |
| | 嵩明县 | 3200 | 160000 | 6540 | 327000 | 8580 | 429000 |
| | 晋宁县 | 3500 | 175000 | 6400 | 320000 | 8570 | 428500 |
| | 安宁县 | 2650 | 132500 | 5660 | 283000 | 8230 | 411500 |
| | 昆阳县 | 2300 | 115000 | 5470 | 273500 | 7890 | 394500 |
| | 武定县 | 2450 | 122500 | 5000 | 250000 | 7860 | 393000 |
| | 元谋县 | 2000 | 100000 | 4500 | 225000 | 7870 | 393500 |
| | 禄劝县 | 3240 | 162000 | 6780 | 339000 | 8470 | 423500 |
| | 曲靖县 | 4500 | 225000 | 8500 | 425000 | 14500 | 725000 |
| | 平彝县 | 3330 | 166500 | 5130 | 256500 | 8670 | 433500 |
| | 宣威县 | 5000 | 250000 | 7280 | 364000 | 1240 | 62000 |
| | 沾益县 | 2300 | 115000 | 4960 | 248000 | 5320 | 266000 |
| | 马龙县 | 1850 | 92500 | 4000 | 200000 | 6300 | 315000 |
| | 陆良县 | 3800 | 190000 | 6850 | 342500 | 12800 | 640000 |
| | 罗平县 | 3270 | 163500 | 7240 | 362000 | 9250 | 462500 |
| | 寻甸县 | 3250 | 162500 | 6780 | 339000 | 8560 | 428000 |
| | 巧家县 | 3670 | 183500 | 7960 | 397500 | 15870 | 793500 |
| | 东川县 | 2650 | 132500 | 5000 | 250000 | 7000 | 350000 |

---

① 资料来源见《東亜同文書院阿片調査報告書》,愛知大学東亜同文書院大学記念センター 2007印,第343—349頁,笔者将亩产以50两计算。

(续表)

| 地区 | | 年份 | | | | | |
|---|---|---|---|---|---|---|---|
| 道名 | 县名 | 1922年 | | 1923年 | | 1924年 | |
| | | 亩数 | 产额（两） | 亩数 | 产额（两） | 亩数 | 产额（两） |
| 滇中道 | 昭通县 | 6200 | 310000 | 9400 | 470000 | 22000 | 1100000 |
| | 永善县 | 3900 | 195000 | 7860 | 393000 | 13400 | 670000 |
| | 绥江县 | 2700 | 135000 | 4850 | 242500 | 6750 | 337500 |
| | 鲁甸县 | 2000 | 100000 | 4390 | 219500 | 6540 | 327000 |
| | 大关县 | 2400 | 120000 | 4630 | 231500 | 6840 | 342000 |
| | 江县 | 1960 | 98000 | 4230 | 211500 | 6840 | 342000 |
| | 玉溪县 | 4800 | 240000 | 9730 | 486500 | 19670 | 983500 |
| | 路南县 | 2370 | 118500 | 5100 | 255000 | 7500 | 375000 |
| | 江川县 | 2800 | 140000 | 4880 | 244000 | 7580 | 379000 |
| | 镇雄县 | 10000 | 500000 | 25000 | 1250000 | 45000 | 2250000 |
| | 盐津县 | 1200 | 60000 | 3850 | 192500 | 4584 | 229200 |
| | 彝良县 | 2000 | 100000 | 3000 | 150000 | 7850 | 392500 |
| | 楚雄县 | 3500 | 175000 | 7400 | 370000 | 8790 | 439500 |
| | 广通县 | 2700 | 135000 | 3230 | 161500 | 7890 | 394500 |
| | 摩刍县 | 1870 | 93500 | 3450 | 172500 | 6840 | 342000 |
| | 牟定县 | 1950 | 97500 | 2870 | 143500 | 5760 | 288000 |
| | 盐兴县 | 1750 | 87500 | 3670 | 183500 | 7230 | 361500 |
| | 威信行政区域 | 2000 | 100000 | 2600 | 130000 | 5000 | 250000 |
| | 普思第一行政区 | 2000 | 100000 | 4230 | 211500 | 5960 | 298000 |
| | 普思第二行政区 | 1360 | 68000 | 2780 | 139000 | 4630 | 231500 |
| | 普思第三行政区 | 1470 | 73500 | 2890 | 144500 | 4530 | 226500 |
| | 普思第四行政区 | 1680 | 84000 | 3680 | 184000 | 4000 | 200000 |

(续表)

| 地区 | | 年份 | | | | | |
|---|---|---|---|---|---|---|---|
| 道名 | 县名 | 1922年 | | 1923年 | | 1924年 | |
| | | 亩数 | 产额（两） | 亩数 | 产额（两） | 亩数 | 产额（两） |
| 滇中道 | 普思第五行政区 | 1700 | 85000 | 2890 | 144500 | 4650 | 232500 |
| | 普思第六行政区 | 1380 | 69000 | 2000 | 100000 | 3280 | 164000 |
| | 普思第七行政区 | 1330 | 66500 | 1860 | 93000 | 2870 | 143500 |
| | 普思第八行政区 | 1200 | 60000 | 2000 | 100000 | 2500 | 125000 |
| | 小计 | 146280 | 7314000 | 283750 | 14187500 | 439114 | 21955700 |
| 蒙自道 | 建水县 | 5000 | 250000 | 8750 | 437500 | 8850 | 442500 |
| | 蒙自县 | 4000 | 200000 | 6780 | 339000 | 5230 | 261500 |
| | 通海县 | 4500 | 225000 | 8000 | 400000 | 8230 | 411500 |
| | 河西县 | 3800 | 190000 | 7870 | 393500 | 6540 | 327000 |
| | 嶍峨县 | 3500 | 175000 | 7890 | 394500 | 6870 | 343500 |
| | 石屏县 | 4230 | 211500 | 6930 | 346500 | 5430 | 271500 |
| | 阿迷县 | 3750 | 187500 | 7560 | 378000 | 5780 | 289000 |
| | 黎县 | 3960 | 198000 | 7960 | 398000 | 8230 | 411500 |
| | 箇旧县 | 3000 | 150000 | 3800 | 190000 | 4500 | 225000 |
| | 文山县 | 9000 | 450000 | 18070 | 903500 | 36700 | 1835000 |
| | 曲溪县 | 3200 | 160000 | 4960 | 248000 | 5860 | 293000 |
| | 西畴县 | 2800 | 140000 | 5960 | 298000 | 5000 | 250000 |
| | 马关县 | 7200 | 360000 | 128500 | 6425000 | 18960 | 948000 |
| | 广南县 | 4380 | 219000 | 7940 | 397000 | 6450 | 322500 |
| | 富县 | 4000 | 200000 | 8560 | 428000 | 8960 | 448000 |
| | 滇泸西县 | 8500 | 425000 | 15670 | 783500 | 20000 | 1000000 |
| | 弥勒县 | 3670 | 183500 | 7900 | 395000 | 8000 | 400000 |
| | 师宗县 | 2500 | 125000 | 4750 | 237500 | 5100 | 255000 |
| | 邱北县 | 3420 | 171000 | 8560 | 428000 | 13480 | 674000 |

(续表)

| 地区 | | 年份 | | | | | |
|---|---|---|---|---|---|---|---|
| 道名 | 县名 | 1922年 | | 1923年 | | 1924年 | |
| | | 亩数 | 产额（两） | 亩数 | 产额（两） | 亩数 | 产额（两） |
| 蒙自道 | 舍阿行政区域 | 1800 | 90000 | 3250 | 162500 | 2500 | 125000 |
| | 靖边行政区域 | 2360 | 118000 | 3000 | 150000 | 2000 | 100000 |
| | 小计 | 88570 | 4428500 | 167010 | 8350500 | 192670 | 9633500 |
| 普洱道 | 思茅县 | 2950 | 147500 | 4580 | 229000 | 5340 | 267000 |
| | 宁洱县 | 2600 | 130000 | 4860 | 243000 | 4000 | 200000 |
| | 他郎县 | 3000 | 150000 | 7250 | 362500 | 5200 | 260000 |
| | 景谷县 | 3700 | 185000 | 7250 | 362500 | 4500 | 225000 |
| | 元江县 | 5860 | 293000 | 8300 | 415000 | 9000 | 450000 |
| | 新平县 | 4000 | 200000 | 8830 | 441500 | 6400 | 320000 |
| | 澜沧县 | 3200 | 160000 | 7000 | 350000 | 3800 | 190000 |
| | 镇沅县 | 3000 | 150000 | 6500 | 325000 | 4430 | 221500 |
| | 景东县 | 3800 | 190000 | 7560 | 378000 | 4300 | 215000 |
| | 缅宁县 | 4300 | 215000 | 7250 | 362500 | 2450 | 122500 |
| | 猛丁行政区域 | 1600 | 80000 | 2500 | 125000 | 1200 | 60000 |
| | 猛烈行政区域 | 1200 | 60000 | 1850 | 92500 | 1000 | 50000 |
| | 小计 | 39210 | 1960500 | 73530 | 3676500 | 52620 | 2631000 |
| 腾越道 | 腾越县 | 4860 | 243000 | 5560 | 278000 | 8750 | 437500 |
| | 保山县 | 6850 | 342500 | 9780 | 489000 | 14700 | 735000 |
| | 永平县 | 3850 | 192500 | 5730 | 286500 | 7860 | 393000 |
| | 镇康县 | 3670 | 183500 | 6570 | 328500 | 9200 | 460000 |
| | 龙陵县 | 4000 | 200000 | 6850 | 342500 | 7530 | 376500 |
| | 大理县 | 4500 | 225000 | 6350 | 317500 | 9530 | 4765000 |
| | 祥云县 | 4230 | 211500 | 6850 | 342500 | 9500 | 475000 |
| | 洱源县 | 5670 | 283500 | 7280 | 364000 | 9480 | 474000 |

(续表)

| 地区 | | 年份 | | | | | |
|---|---|---|---|---|---|---|---|
| 道名 | 县名 | 1922年 | | 1923年 | | 1924年 | |
| | | 亩数 | 产额(两) | 亩数 | 产额(两) | 亩数 | 产额(两) |
| 腾越道 | 凤仪县 | 5480 | 274000 | 7230 | 361500 | 9800 | 490000 |
| | 邓川县 | 6830 | 341500 | 7860 | 393000 | 12300 | 615000 |
| | 云龙县 | 4320 | 216000 | 6470 | 323500 | 7640 | 382000 |
| | 弥渡县 | 6710 | 335500 | 7000 | 350000 | 8580 | 429000 |
| | 丽江县 | 5360 | 268000 | 6630 | 331500 | 7880 | 394000 |
| | 兰坪县 | 3235 | 161750 | 6000 | 300000 | 7500 | 375000 |
| | 鹤庆县 | 4750 | 237500 | 6500 | 325000 | 9300 | 465000 |
| | 剑川县 | 3440 | 172000 | 6450 | 322500 | 8640 | 432000 |
| | 维西县 | 2000 | 100000 | 3680 | 184000 | 4670 | 233500 |
| | 中甸县 | 1500 | 75000 | 3560 | 178000 | 3230 | 161500 |
| | 蒙化县 | 9870 | 493500 | 12300 | 615000 | 32000 | 1600000 |
| | 漾濞县 | 5630 | 281500 | 6450 | 322500 | 8430 | 421500 |
| | 永北县 | 6450 | 322500 | 8000 | 400000 | 12300 | 615000 |
| | 华坪县 | 3700 | 185000 | 6230 | 311500 | 8560 | 428000 |
| | 姚安县 | 3230 | 161500 | 5300 | 265000 | 7480 | 374000 |
| | 镇南县 | 3200 | 160000 | 6170 | 308500 | 8000 | 400000 |
| | 大姚县 | 3400 | 170000 | 5670 | 283500 | 6200 | 310000 |
| | 永仁县 | 2100 | 105000 | 4500 | 225000 | 5100 | 255000 |
| | 盐丰县 | 1800 | 90000 | 3080 | 154000 | 5000 | 250000 |
| | 顺宁县 | 4960 | 248000 | 7580 | 379000 | 9870 | 493500 |
| | 云县 | 2600 | 130000 | 3850 | 192500 | 7860 | 393000 |
| | 芒遮板行政区 | 1200 | 60000 | 1300 | 65000 | 1530 | 76500 |
| | 泸水行政区 | 1780 | 89000 | 2500 | 125000 | 2000 | 100000 |
| | 干崖行政区 | 1000 | 50000 | 1200 | 60000 | 1560 | 78000 |
| | 盏达行政区 | 800 | 40000 | 800 | 40000 | 800 | 40000 |
| | 陇川行政区 | 700 | 35000 | 850 | 42500 | 800 | 40000 |
| | 猛卯行政区 | 500 | 25000 | 600 | 30000 | 800 | 40000 |
| | 小计 | 134175 | 6708750 | 198690 | 9934500 | 283570 | 14178500 |
| 合计 | | 408235 | 20411750 | 722980 | 36149000 | 967974 | 48398700 |

由于唐继尧失败后内政紊乱,故 1924 年之后没有详细的统计数据。但是照上表之趋势,至 20 年代末,云南省年产烟超过 1 亿两还是可能的。云南省的鸦片种植是在政府的默许乃至鼓励之下发生的,其目的仍然是鸦片税收。1916 年,云南省成立的筹饷总局承担了处理与鸦片税厘相关的一切事宜。鸦片的种植税由各县县长以罚款的名义负责征收,而不愿种烟的农户则科以"懒烟捐",厘金税则以各地土特产的名义征税。为隐瞒征收鸦片税的事实,厘金局将生鸦片伪装成各地特产,账本按照土货收税并记账整理,冠以土特产名的生鸦片,各地名称迥异,总计达 200 余种。1918 年每 100 两鸦片征收厘金税 40 元,种植税每亩银币 7 元,其总额高达 100 余万元。其后,鸦片价格逐渐低落,征收率亦降低。1919 年和 1920 年的厘金税是每 100 两征收 7 元,种植税每亩 2 元。1919 年筹饷总局仅征收厘金约 20 万元,1920 年约 19 万 8 千元。① 1921 年云南省取缔了筹饷局,成立禁烟局负责鸦片税款的征收。1922 年又新设了军饷委员会,该委员会主管征收罚款,即厘金的收入。禁烟局则专门负责种植税的征收。此局面仅维持 1 年,1923 年唐继尧又废除军饷委员会,与禁烟局合并。此后种植税仍按照每亩 2 元征收,厘金税则降为每 100 两 6 元,由设在省内各处的 64 个厘金局代收。② 缴纳上述的种植税和厘金税,禁烟局方面会发放收据,其交易售卖无须征收任何税款。

表 9-8　1922—1924 年,云南省禁烟局总收入表③

|  | 1922 年 | 1923 年 | 1924 年 | 1925 年 | 1926 年 1 至 4 月 |
| --- | --- | --- | --- | --- | --- |
| 种植税 | 825160 元 | 1445960 元 | 1935948 元 |  |  |
| 厘金税 | 742644 元 | 1301364 元 | 1732353 元 |  |  |
| 总计 | 1567804 元 | 2747324 元 | 3668301 元 | 约 310 万元 | 约 393 万元 |

如同前述鸦片的种植亩数,税收在 1924 年之后亦无详尽的数据,但增加的趋势还是可见的。以老鸦滩厘金局(后改名盐津厘金局)为例,该厘金局主

---

① 谷光隆编:《東亜同文書院阿片調査報告書》,愛知大学東亜同文書院大学記念センター 2007 印,第 227 頁。

② 谷光隆编:《東亜同文書院阿片調査報告書》,愛知大学東亜同文書院大学記念センター 2007 印,第 228 頁。

③ 参见谷光隆编:《東亜同文書院阿片調査報告書》,愛知大学東亜同文書院大学記念センター 2007 印,第 352 頁、478 頁。

要负责云南与四川之间贸易的厘金征收。1926年,由此运出云南烟土500多万斤。据说仅此一项,收入就有300万元左右。① 当时云南省1年的财政收入亦不过1200万元左右,可见鸦片税收对于云南财政的意义。在军饷局或者军饷委员会存在时期,鸦片收入全被充作军费。而1923年由禁烟局统揽禁烟事务后,鸦片收入存入富滇银行,根据财政司的命令支付军费、政费。

云南省一旦放开罂粟的种植,不仅迅速满足了自给,还开始大量输出。一般品质优良的云土,多被运往广西、四川、贵州。由于贵州、四川亦是产土大省,故经由广西运往广东是云土的主要外销之路,且长盛不衰。鸦片外运多靠马驮,四五个乃至十二三名鸦片商人全副武装,组成一个商队。且沿途会受到军人的保护。据外人调查,1921年,在云贵交界之陆良及其他地方如寻甸、宣威、马龙、曲靖、平彝等,俱各有100万两或200万两之鸦片从此出境。由于土商预先准备大量资金准备购土,导致市上银币顿时减少。此外,临安、开化两处所产之鸦片一般贩至广西。广西省政局稳定时,在驻屯军队的保护下经过广西省陆运。若局势不稳、地方治安紊乱时,常常会被盗、被没收。此外,云南与广西军阀的关系也会制约鸦片的运输线路,如1921年两省督军龃龉,鸦片禁止入桂,故巨额鸦片堆积于鱼圻县,价格由每两2元跌至4角。② 出于此种原因,云南方面便通过与法国官兵秘密签约的滇越铁道,经由法属东京(越南北部)运输到广东省。后因此举引起英国和其他国家的注意,所以又利用云南省和法属东京国境间的红河运输,通过河口附近的蚂蟥携带到法属老开③。或通过陆路经由附近国境走私出口,可以免去河口海关检查,顺利通过法属地区。

据英国领事所言,过去云南鸦片是经由滇越线河口的临站南溪,通过陆运越过国界走私到老开;然而在20世纪20年代,则由陆运进入广西省,经由接近该省和法属的东兴,通过航运经过北海运至广东。还有的鸦片直接输往法属印度支那(今越南、老挝、柬埔寨)。1920年输往法属印度支那500吨鸦

---

① 谷光隆编:《東亞同文書院阿片調查報告書》,愛知大學東亞同文書院大學記念センター2007印,第221頁。
② 《各省今日之禁烟》,长沙《大公报》,1921年9月18日。
③ 谷光隆编:《東亞同文書院阿片調查報告書》,愛知大學東亞同文書院大學記念センター2007印,第350頁。

片,1921 年则达到 700 吨,1922 年 130 吨,1923 年 500 吨。其中运至东京(越南东京湾)者为数尤巨。每年东京政府和云南省政府密约出口鸦片数额巨大,成为双方的重要收入之一。对于出口鸦片,每 100 两云南省政府先以罚款名义征收 20 元,而海关又作为土货征收 12 元出口税。东京政府则对每 100 两鸦片课以 60% 的进口税后才允许通过该国境。当时云南省从事鸦片贸易的大公司有广云公司,由云南省政府和鸦片商人于 1922 年成立,资金 120 万元(政府声称出资 50 万,实际上出资人是唐继尧)。该公司所经营的鸦片主要向广东、东京出口。还有隆兴公司,资金 100 万元。表面上是杂货出口商,实由富滇银行副总经理刘若遗经营,投资者多为当地一流的官员、商人。① 值得注意的是,刘若遗乃贵州军阀袁祖铭之族人,据传隆兴公司为袁祖铭指使成立。

除正常纳税出口的鸦片外,还有大量鸦片通过水陆两路走私出口,极为隐蔽。陆路上它可能藏在被抽去多节竹竿的轿子中,也可能藏在肉眼看不到的饰品内部,还可能是把木材掏空放入鸦片再填上有空隙的木头。水路上经常靠民船把鸦片藏在抽去竹节的竹竿或者是帆杠中,或者是桐油笼和其他药材笼里。鸦片分量虽轻但价高,所以在行船时人们常常和船员勾结,导致走私出口盛行。如前述之东京地区,虽然合法进口的鸦片数额就已经很大了,但私运的数量亦十分巨大。中国海关及法国税关常获有此种违禁品。印度和中南半岛对边境走私鸦片满腹牢骚,运往缅甸的云南鸦片的数量远超过按中国政府的专卖规定卖出的数量,大量的鸦片还被走私到香港地区和马来群岛。据说中国的巡洋舰在回航途中曾带回 400 箱云南鸦片。②

云南省的鸦片弛禁,直接导致两个后果:一是耕地减少,稻谷歉收。20 世纪 20 年代中期,滇省常有饥荒,与此不无关系,但当局依然试图进一步扩大种烟面积。为了维持农民的种烟兴趣,1926 年胡若愚主持滇政时还以烟土印花税代替种植税,农民向当地团保购买印花,每百两 6 元,贴在烟土上方可出售,印花税款在售烟时一并计入价格,由烟商承担。这一办法的原意是

---

① 谷光隆编:《東亜同文書院阿片調査報告書》,愛知大学東亜同文書院大学記念センター 2007 印,第 8 頁、349 頁、350 頁。
② 谷光隆编:《東亜同文書院阿片調査報告書》,愛知大学東亜同文書院大学記念センター 2007 印,第 223 頁。

要把农民的烟税负担转嫁给商人,而滇土大部分是外销,烟税所负担的相当部分通过提高售价便转嫁到外省烟民头上。但事实上农民售烟时需款最急,烟商乘机勒挟,迫使农民降低烟价,自己承担印花税款。农民向当地团保购买印花时又遭受团保的重重勒索,或多摊印花,或变相提高印花税率。结果农民负担非但未减轻,反有加重,最后只得废除印花,恢复烟亩罚金。这也就意味着只要完成摊派的款额,对基层官绅的中饱分肥也只能听之任之。二是吸食鸦片的情形在云南更加严重和普遍。当时在云南,不论贫富与阶层出身,上至县知事、陆军军官,下至士兵、苦工几乎都有瘾君子,可以说云南的一半人口都是吸烟者也不为过。据当时旅滇之日人观察,云南省百姓夜里1时、2时都要起身吸食鸦片,早上连商人都会睡懒觉到10时左右。官府之人,实际上上午都不上班。省会人口50万,其中7成吸食鸦片,也有青年及年幼之人。上瘾的小学生达百分之二三,上瘾的中学生高达百分之六十。与此相比较,其他地方的吸食者较少,约占总人口的百分之四。在山间偏僻的茶馆里供有吸烟的设备,来此的军人、轿夫等络绎不绝,吸烟费1次100文。其他的公共吸烟所设在城市的旅馆,尽管那些场所表面上都禁止吸烟。省城昆明有222户烟茶杂货铺,鸦片销售主要在烟草铺进行,柜上的陶器里装着三四种鸦片。据说省城里十分之三左右的烟草商人都销售鸦片,实际则更多。此外,昭通、东川、大关、老鸦滩等地则在路边销售。①

20世纪20年代,只有云南省军阀曾参与制造麻醉类毒品。1923年,日本浪人鼓动唐继尧合作制毒,唐继尧被其说动,派禁烟总办李鸿纶与汉口的一家日本制毒机关磋商,议定由日本制毒机关派技师去云南制造吗啡、海洛因,制成品则须运至汉口由日本人代销。李鸿纶当时兼任富滇银行的行长,所以云南的制毒机关便设在该银行的货仓,名目为"化学工厂"。该制毒工厂用二万余两烟土制成吗啡三千余两,交与日本制毒机关化验鉴定,认为质量不合要求,日本制毒机关拒绝代销。唐继尧大为懊丧,只得关闭工厂,将这批吗啡封存起来。至1935年,这批吗啡才被龙云抛售给私商。②

---

① 谷光隆編:《東亜同文書院阿片調査報告書》,愛知大学東亜同文書院大学記念センター2007印,第226頁、351頁、488頁。
② 李子辉:《云南禁烟概况》,《云南文史资料选辑》第3辑,中国人民政治协商会议云南省委员会文史资料研究委员会1963年编印,第90页。

2. 贵州省

贵州省地瘠民贫,素有"贫瘠为各省冠"的称号。自明代建省以后,一直靠外省的"协饷"维持财政。至清末时,黔省财政收入只及军政费用的一半,依然靠四川和湖南协济方能维持。民国初期,中央政府在一定程度上还能统筹全国财政,因而贵州的"协济财政"尚能勉强维持。袁世凯死后,中央政权几乎崩溃,贵州省的协饷也骤然断绝。此后,军阀迭起、连年征战,更加重了贵州的财政负担。贵州1912年岁出为250万元,到1928年竟增至900万元,入不敷出在一半以上。① 而贵州自清朝以来就是中国的产烟大省,故历任贵州军阀,为了维护其有效统治,均将目光转向鸦片。

1918年,少壮派军官王文华以军队为扩充实力的根本,而鸦片则是军饷的重要保障,向主政者刘显世建议重种鸦片,公开征税。刘显世立刻同意该建议,并提交省议会和省行政会议讨论,双双获得通过。之后,"省政府派省议员分赴各县劝导种鸦片"②。正如方志记载:"至民七,迫于军阀,废弛烟禁,征厘助饷。"③但鸦片开禁之初,军阀政府对于公众的禁烟舆论仍有所忌惮,故刘显世采取了掩耳盗铃的方法。虽然派议员到各县传达弛禁密令劝民种烟,并向农民兜售烟种,但未敢公开行文饬令。议员每到一县便将密令交与县知事细阅,然后收回带走,晓谕农民种烟也是口头宣传,并不见诸文字。④ 这个办法虽然是"地下"进行的,但弛禁消息仍然传遍全省。当时正值厉禁之后,烟土稀缺,黑市价格高昂,农民贪图厚利,纷纷栽种罂粟。此后,在全国鸦片弛禁的形势之下,贵州的弛禁亦从"地下"走向公开,十年的禁政成绩顷刻毁于一旦。贵州省从1918年开禁到国民政府再次严禁的时间里,几乎全省种烟,产烟之地占据了三分之二的耕地,在镇远、施秉、思州(石阡)、黄平、清平、平越(福泉)、贵定、龙里、贵阳、清镇、安宁(平坝)、安顺、黔西及清溪(岑巩)等县,均有大量的鸦片种植,特别是贵州的西部地区,可说是无土不种。⑤ 贵州成为名副其实的鸦片王国。

---

① 谢本书、牛鸿宾:《蒋介石和西南地方实力派》,河南人民出版社1990年版,第26页。
② 佚名:《绥阳县志》卷9,大事表,1928年铅印本。
③ 李世祚:《桐梓县志》卷16,1929年铅印本。
④ 《文史精华》编辑部编:《近代中国烟毒写真》(上),河北人民出版社1997年版,第16页。
⑤ 西南军阀史研究会编:《西南军阀史研究丛刊》(第一辑),四川人民出版社1982年版,第231页。

军阀开弛禁令,自然是为了征收税款。故每一届军阀上台,都要对征收鸦片税做一番规定,并设立专门征收鸦片税捐的机构来具体办理。而事实上,贵州开放烟禁之后很快靠烟税实现了财政自给,到1926年周西成主黔时,财政上甚至可以做到略有盈余。下面就军阀时期的贵州鸦片税金略作概述。

1918年,刘显世第一次主黔时开放烟禁,只以运销商为征税对象。其在省财政厅下设立筹饷局,专门负责外运烟土的税收。每担鸦片征通关税80元,便可取得税票,向外运售。同时,刘显世在松坎设立护商事务所,为烟商办理武装护运事宜,此举预示着运烟的合法化。刘显世统治之时,贵州鸦片通关税收为50余万元,此后逐年增加,至20年代末达到三四百万元。① 当时鸦片尚未征收种植税,利润较高,故民众的种烟意愿较强。

1920年,黔省政局变动,卢焘接替刘显世管理黔政,筹饷局仍然正常运行。

1922年,军阀袁祖铭开始主政贵州。为了广开财源,提出"以烟盐为纲"的财政计划,将通关税增至每担120元,并新设了以鸦片种户为征税对象的产场税,折合每担烟土80元。② 根据资料记载,贵州此时年产鸦片5万担,其中外销3万担③,按照上述税率计算,袁政府1年仅靠通关税和产场税即可获得700万到800万的税款。由于产场税按产量计税(少数种植分散的地区按窝数估算产量,即窝捐税),地方官吏为了中饱,一般都尽可能少报产量,将匿报部分攫入私囊。袁祖铭还调整征税机构,将原隶属于财政厅的筹饷局改为直辖于省政府,以便更直接地控制。为牟取更大利益,袁祖铭从烟税中提拨20万元,与贵阳绸缎业老板张复初合股开办一个鸦片交易所。该交易所第一批加工成砖的烟土便由袁命令旅长许开凤率徒手兵两营,背负8万两至汉口出售,所得烟款就地在汉阳兵工厂购买步枪6000支。需要指出的是,贵州军队直接贩售烟土,袁并非首创,1921年黔军胡瑛旅由鸦片产地兴义移驻广西百色,便带去大量烟土前往销售。袁祖铭驻军湘西时又在常德开设"元

---

① 贵州省地方志编纂委员会编:《贵州省志·财政志》,贵州人民出版社1993年版,第77页。
② 《文史精华》编辑部编:《近代中国烟毒写真》(下),河北人民出版社1997年版,第269页。
③ 中国人民政治协商会议贵州省委员会文史资料研究委员会编:《贵州文史资料选辑》(第7辑),贵州人民出版社1981年版,第155—156页。

源记"和"泉昌记"烟土公司,从事鸦片贸易。袁祖铭还指使族人刘若愚出面,在昆明开办了一个规模颇大的隆兴公司,经营鸦片生意。但袁祖铭统治贵州不到一年时间,便被云南军阀唐继尧派其兄弟唐继虞出兵赶走。袁退至川东地区,这里是四川鸦片的主要产区,又有水运之便,袁祖铭靠鸦片经营很快壮大了力量,两年之后已拥有一支包括六个整编师、两个警卫旅及若干支队、纵队的庞大军队,准备打回贵州报仇。唐继虞自知不敌,只得请出贵州的绅士名流居间调解斡旋,主动交还黔政,撤回云南。但袁祖铭亦好景不长,随着刘显世回黔,袁祖铭被迫退出贵州的政治舞台,其所运营的鸦片交易也不了了之。

1923年4月,刘显世重主黔政后即取消产场税,代之以种烟牌照税。凡种烟农民在下种之前必须向所在县府缴纳每亩8元的定额税费,领取种烟牌照后方可栽种罂粟。未领牌照擅自种烟即属私种,依照种烟牌照税费加倍科罚。种烟牌照税是固定税额,只要种烟即须交纳,不受产量高低的影响,因而税收更加稳定可靠。

1925年冬,彭汉章接任贵州省省长,当时正值两广战事频繁、局势混乱、烟商裹足、烟土紧缺、价格飞涨,是运销黔土的好时机。但梧州以上柳江两岸,却遍地土匪。为了抓住这个机会,在烟商的请求下,彭汉章乃派出精锐部队为烟商护驾。运烟船队驶近匪巢时,由护商部队舍舟登岸,驱散匪众,保护船队通过。由于此时周西成占据贵州北部,不听省府命令。为了对付周西成,扩大鸦片税源,彭汉章又设立"烟灯捐",其征收对象包括开烟馆供人吸食鸦片者及在家吸食鸦片者。规定凡开烟馆供人吸食的,每罩灯收税3元。在家吸食鸦片的,每罩灯收税1元。①

1926年,周西成出任省长,进一步将通关税提高到每担200元,同时改种烟牌照税为禁烟罚金,罚金的征收是先确定当年的罚金总额,然后层层下摊至县、区、乡、保,直至农户。不管种烟与否或种烟多少、产量高低,一律按摊派的定额缴纳罚金。即所谓"以家为单位,无论种不种,都要纳捐"②。这样就把税收对象扩大到了所有农户,收入更有保证。20年代末期,一县每年

---

① 贵州军阀史研究会、贵州省社会科学院历史研究所:《贵州军阀史》,贵州人民出版社1987年版,第306页。

② 罗运炎:《中国鸦片问题》,中华国民拒毒会1929年印行,第205页。

须缴纳禁烟罚款 12 万元。但碍于保甲制度的弊端,规定从 1927 年开始"改征大洋,每两折征 4 角"①。据当时报载,某农民按照种麦完粮,只需要缴纳 5 角钱,但照种烟计算,要缴纳 20 元以上。该农民将烟田改种粮食,但到完税的时候依然被要求缴纳 20 元以上的税收,因为政府早已经将烟税摊派好了。该农民坐了 1 个月的监牢,后家人借了 20 元钱缴清烟税,才得以出来。②

征收鸦片税,呈现趋势是:从单项税向多项税过渡,税率越来越高,征税对象越来越广,而军阀政府的鸦片财政收入也随之越来越稳定、丰厚,甚至军政费用的开支全赖烟税。那么,贵州军阀政府征税数量有多少呢?据《烟祸年鉴》1921 年的报告,全国烟苗税款最多的是川滇黔三省,分别是四川 1000 万、云南 600 万、贵州 2000 万。可见,贵州的烟税远远超过四川及云南二省。且 1921 年,贵州省还只是对鸦片征收运销税,种植税尚未征收,经过数任军阀的经营,至 20 年代末,鸦片税收应该远超过 2000 万。

贵州军阀政府的弛禁使得全省遍种烟苗,侵占耕地,1925 年出现了大范围的饥荒。故 1926 年开始,各地罂粟种植有所减少,如东部铜仁地区,种植量不及前一年的四分之一。中部的贵阳、安平地区,种植量亦减少一半以上。③ 但是由于军阀政府对耕地进行大量征税,并强制要求栽种罂粟,故饥荒平息之后,罂粟栽种仍和以前一样盛行。此外,因烟土产量日益增加,贵州省吸烟人数亦越来越多。以遵义为中心的黔省北部地区,吸烟者人数占成年人总数的 96%。因此,仅贵州省北部地区烟馆数量就达到 2000 家。④ 黔省中部的贵阳城,吸烟者占总人数的 37%。黔东南地区,自周西成主黔并公开宣布"只准吸烟,不准嫖赌"后,烟馆遍地开设。仅有 400 余户人家的黄平县重安镇就有烟馆 80 多家,吸烟烟枪平均每户有 1 支以上。⑤

3. 四川省

四川省历来是中国烟土产量最大的省份。川东之鄮都、涪陵、梁山、垫

---

① 李世祚:《桐梓县志》卷 16,1929 铅印本。
② 李琛琦:《贵州鸦片问题的过去现在与今后》,《滇黔月刊》,1937 年第 2 卷第 2 期。
③ 谷光隆编:《東亜同文書院阿片調査報告書》,愛知大学東亜同文書院大学記念センター 2007 印,第 301—302 页。
④ 谷光隆编:《東亜同文書院阿片調査報告書》,愛知大学東亜同文書院大学記念センター 2007 印,第 301 页。
⑤ 《文史精华》编辑部编:《近代中国烟毒写真》(下),河北人民出版社 1997 年版,第 323 页。

江、开县、绥定、酉阳、秀山等县,川南之屏山、雷波、马边、西昌、雅州,川西之松潘、里番、灌县、邛崃,川北之通江、南江、巴中等处,皆属著名产区。在清末禁烟运动中,四川省禁政成效卓著,属于最早完成禁种的省份之一。

民初中央政府号令森严,川省地方政府亦厉行禁烟,禁烟成效得以延续。但如前文所述,清末民初之禁烟,多数地方重禁种而轻禁售卖及吸食,故川省的禁烟虽然禁种效果显著,但多数瘾民并未脱离烟籍。经过民初数年的禁种,川省烟土奇缺,黑市鸦片几与黄金等价,绝大多数烟民无从购吸。

1916 年,在反对袁世凯称帝的护国运动中,云南护国军开进四川与北洋军作战,由于缺乏军饷,便随军携带了烟土 500 驮,每驮两箱,共计有 100 万两,沿途解卖以充军饷,黔军入川也是如此。这些充饷的烟土在川东地区的批发价格仅及黑市价格的四分之一或三分之一,零售价也至多是黑市价的一半,因此,川东地区烟民大增,烟禁由此趋于废弛。此后,滇黔军驻扎川东地区,仍从滇黔运来大批烟土解卖充饷。川东地区受此影响,罂粟栽种很快又恢复起来。

1918 年,四川督军熊克武以"川人治川"的名义,率领川军驱逐滇黔军队。为便于统治、解决军阀间的矛盾,其采取划区驻守的方式,划分部队防区,并自筹军饷,解决供养,形成四川军阀的防区制度。但防区制并未解决军阀间的矛盾,据不完全统计,20 世纪二三十年代,四川共爆发大小内战 470 余次。在此背景之下,各军阀为巩固或掠夺防区需要扩张军队,军费就要膨胀,于是便从鸦片中榨取利益。而要从鸦片中不断榨取更多的资金,唯有鼓励种植、贩运、吸食鸦片,即发展生产、加快流通、促进消费。因此,尽管熊克武主政四川时曾推行禁烟,还派出委员数十人赴各地调查,认真铲禁,并将弛禁之涪陵、梁山、仁寿、冕宁、废源、盐边等县知事分别撤任、记过、罚俸等①,但由于军阀防区与鸦片之关系,熊克武并不能遏制川省的鸦片种植及军阀的抽捐助饷。此外,川省土匪盘踞、恣意掠夺,亦使得川省的烟祸愈加严重。

川省军阀扩大种烟的方式一般有三:一是劝谕鼓励。如 1923 年川军第四师杨春芳部驻防纳溪时,亲自派员下乡,令保甲长传锣晓谕,挨户开导,并向农户保证由军队保护种烟,凡种烟多者由县政府予以奖励。有些地方农民

---

① 《熊克武 杨庶堪禁烟通电》,北京《晨报》,1919 年 5 月 23 日。

缺乏烟种,军阀即从别处运来,散发给农民。农民缺乏种烟资金,军阀可以提供贷款,收烟时以烟土折还本利。农民怕种烟违禁不保险,军阀则许诺给予保护。通过种种方法诱劝农民种烟。二是强迫农户种烟。对于不听诱劝,拒绝种烟的农民,军阀则采取种种方法,强迫种烟。惯常采取的方式是对拒不种烟的农民加倍征收田赋,以迫使其种烟。农民如果种烟,则只需完纳当年的税。若只种粮而不种烟,第1年便需完纳3年粮税,第2年仍不种烟,便需完纳5年粮税,到第3年仍然拒种,则要完纳7年粮税。① 农民无力交纳如此苛重的粮税,除了种烟别无他法。1923年,川军第一师喻华炜部驻防三台县,便向拒不种烟的农民勒征了3年的粮税。除了加征田赋,四川军阀还向不种烟的农民科罚"懒捐",如1925年万县各甲的甲长拒种罂粟,都被罚了"懒捐"。② 在夔州,若农民不想栽种罂粟,则必须额外支付税金。在万县,1925年军队下令栽种罂粟,曾有民众抗拒,却被处以总额高达5万元的罚款。这些都是变相的"懒捐"。③ 还有的地方军阀则直接规定必须种植的罂粟亩数,如雅安地区,军阀下令每10亩土地必须种烟3亩,否则该田的所有者或承租者将被拘禁并科处罚金。川军第三军军长刘成勋1924年11月还建立了一种鸦片专利制度,由鸦片督察处、各县知事以及倡导种烟人士共同起草了一个严厉的章程,规定:所有土地一律按每亩5元纳赋,重庆县必须种罂粟10万亩,分摊于84个村庄。每村必须提出栽种罂粟亩数的报告,谎报须受处罚。种植罂粟由军警提供保护;所有应纳鸦片税款均于收割后20天内缴清,烟税的10%由收税者提成。④ 三是军队直接种烟。如1919年,四川督军刘存厚被川滇黔三省靖国联军逐出四川,退守汉中时,为筹饷充实军力,不仅劝民种烟,而且指派军队从农民那里租地种烟,以为号召。

由于军阀的弛禁迫种,川省自清末以来的禁烟成绩迅速葬送,罂粟种植

---

① 谢藻生:《苦忆四川烟祸》,中国人民政治协商会议四川省委员会四川省省志编辑委员会编:《四川文史资料选辑》第10辑,1979年印,第140页。
② 章有义编:《中国近代农业史资料:1912—1927》(第二辑),生活·读书·新知三联书店1957版,第624页。
③ 谷光隆编:《東亜同文書院阿片調査報告書》,愛知大学東亜同文書院大学記念センター2007印,第298页。
④ 章有义编:《中国近代农业史资料:1912—1927》(第二辑),生活·读书·新知三联书店1957版,第624页。

再度泛滥。据《字林西报》绵州通信录记载,成都至绵州一带的种烟状况,各县情形不甚相同。距离绵州 35 里之和宾场一带,十分之三的土地种烟。彰明县离大路稍远之地全部种烟。绵州当局称境内不种烟,故亦不征收烟税,但城内有开灯吸食之馆。成都不种烟,但广汉、金堂两县种烟,龙安县 1924 年烟田占土地三分之一。茂州北境,纵 300 里横 400 里之土地,十分之七为烟田。南境纵横八九十里,烟田占十分之二。东境纵横 200 里,烟田占十分之二。江油烟田占土地十分之一。种烟之处皆由军人强迫。① 川东、川南地区是川省产烟的主要产区,但 20 年代中期,川西之雅州栽种地却日益扩大,据说有的罂粟花田已紧挨学校。会理至云南一带,罂粟产量呈现连年增加的倾向。打箭炉(康定市,简称"炉城")在海拔 8500 尺的山地无法栽种罂粟,在平原地带却大量栽培。打箭炉对西藏的鸦片交易量极大。据说,当地人与西藏人采取的是物物交换的方式。西藏的吸食者也逐年增加,当地官员也没有颁发任何禁令。② 从川西鸦片之种植情形,亦可窥见全省烟祸之概况。

那么,川省罂粟的种植亩数及鸦片产量具体有多少呢?据 1925 年日本驻四川领事馆的调查,1924 年川省罂粟种植 200 余万亩。在弛禁之初,每年的产量有 2 万担,此后迅速增加,至 1924 年鸦片产量达到前所未有的 16 万担之多。

表 9-9　1924 年川省罂粟种植亩数表③

| 地区 | 亩数 |
| --- | --- |
| 西川道 | 6368 |
| 嘉陵道 | 534255 |
| 建昌道 | 19411 |
| 东川道 | 1528788 |
| 永宁道 | 76738 |
| 合计 | 2165560 |

① 《军队与鸦片》,《蜀评》,1925 年第 4 期。
② 谷光隆编:《東亜同文書院阿片調查報告書》,愛知大学東亜同文書院大学記念センター 2007 印,第 299 页。
③ 资料来源:《東亜同文書院阿片調查報告書》,愛知大学東亜同文書院大学記念センター 2007 印,第 299 页。

表 9-10　1924 年川省相关地区鸦片产量表①

| 县名 | 产额（担） |
| --- | --- |
| 巴县 | 500 |
| 巫县 | 1600 |
| 开县 | 2900 |
| 梁山 | 4500 |
| 江北 | 500 |
| 澄县 | 3500 |
| 纳溪 | 2700 |
| 酆都 | 3000 |
| 涪陵 | 6000 |
| 綦江 | 600 |
| 威远 | 3000 |
| 大宁 | 1400 |
| 秀山 | 1500 |
| 昭化 | 2800 |
| 雷波 | 4600 |
| 云阳 | 3000 |
| 黔江 | 1800 |
| 通江 | 3400 |
| 兴文 | 800 |
| 渠县 | 5600 |
| 永川 | 1400 |
| 古兰 | 4600 |
| 洪县 | 1500 |
| 忠州 | 3200 |
| 彭水 | 1800 |
| 长宁 | 1300 |

① 资料来源：《東亜同文書院阿片調査報告書》，愛知大学東亜同文書院大学記念センター 2007 印，第 240—241 頁。

(续表)

| 县名 | 产额（担） |
| --- | --- |
| 巫山 | 1000 |
| 巴中 | 2800 |
| 邻水 | 5800 |
| 南川 | 1000 |
| 屏山 | 8000 |
| 古宋 | 2000 |
| 峨边 | 6000 |
| 垫江 | 4500 |
| 江津 | 600 |
| 叙州 | 4500 |
| 泸州 | 5000 |
| 长寿 | 1800 |
| 合江 | 1500 |
| 广元 | 5400 |
| 大竹 | 5100 |
| 马边 | 5400 |
| 奉节 | 800 |
| 石柱 | 2200 |
| 南江 | 4300 |
| 铜梁 | 500 |
| 荣县 | 3000 |
| 筠连 | 2300 |
| 绥宁 | 2800 |
| 南溪 | 1800 |
| 万县 | 2400 |
| 西县 | 2000 |
| 剑州 | 2800 |
| 璧山 | 800 |

（续表）

| 县名 | 产额（担） |
| --- | --- |
| 城口 | 4800 |
| 高县 | 1600 |
| 总计：56 县 | 总计：160000 |

根据上面两个表格，20世纪20年代中期，鸦片年产量达2.5亿余两①。川省的鸦片弛禁，除了军阀迫种外，农户的自身积极性亦不可忽视。当时农户若种植小麦，每亩收入不超过12元。若同期种植罂粟，1924年收获即卖的最低市价是1两0.75元。三四个月之后，虽然重量会减少10%左右时，但价格通常会涨70%—80%，保守估计，亩产50两的话，每亩的收入仍有56元左右。去除每亩10余元的种植税，农户每亩能得到40余元的毛收入。这亦为日后军阀增加各类附加税提供了经济空间。

需要注意的是，虽然云、贵、川三省都是鸦片的输出地区，但三省之间始终有烟土输入输出之往来。就四川而言，外省输入川境者以云贵土为最多，滇土由叙府输入，在叙州鸦片运输是人们谋生的主要手段，是家庭收入的主要来源。② 黔土由涪陵输入，特别是川省厉行禁烟期间，鸦片产量极少，每年需要从贵州引进多达1万担的鸦片。此后川省开禁，且两省督军龃龉，至1924年滇省入川鸦片仍有4500担左右。③ 此外还有少量甘土由碧口输入，西康土由雅州输入。入川的云、贵鸦片及川省自产鸦片，除少部分满足地方需要外，大都通过中间商运往全国各地。鸦片的运输路线多是沿长江从上游、中游到下游。一般四川鸦片由重庆经川鄂交界之巴东地区运至湖北宜昌，再由宜昌运往汉口及上海。长江沿岸一带及豫冀鲁等省，均属川土畅销之地。四川从事鸦片投资贸易者，日渐增多，在全省商业上占雄厚势力，且组织完整，重庆、万县、宜昌各地均设立同业公会。途经万县运输的鸦片极多，这些鸦片来自内地都市和河港。运输队由50名苦工组成，每人搬运80斤鸦

---

① 一担100斤左右，1斤16两。
② 谷光隆编：《東亜同文書院阿片調査報告書》，愛知大学東亜同文書院大学記念センター2007印，第299頁。
③ 谷光隆编：《東亜同文書院阿片調査報告書》，愛知大学東亜同文書院大学記念センター2007印，第241頁。

片。这种队伍受到军队的保护，每周放行两次，因此除去蒸汽船运输的鸦片量，每年也有不少于 100 吨的鸦片被运至此地。① 宜昌是云、贵、川鸦片运往全国的中转站。1923 年，四川运往宜昌的鸦片就有 500 吨以上。1924 年又增加一倍，达到 1000 吨②，由此可见川省当时鸦片产量之大。宜昌的鸦片仅少部分用于当地消费，大部分被再运往汉口，再从汉口运往下游的上海地区。宜昌生鸦片的价格是每斤（约 16 两）16 元银钱，但由于各地军队会在进出口岸征税，所以产地为四川的鸦片价格最便宜，到下游地区的话常常会依次提高价格。

贩运鸦片具有一定的风险性，大多数商人会勾结轮船员工，并收买海关人员来进行大量走私贩卖。由于鸦片的巨大利润，再加上交易多是现银结算，引起军队和土匪的兴趣，各种势力都摩拳擦掌、费尽心思插手鸦片交易。这样鸦片商在进行大量交易时，或者是和外人合作，或者依托军队保护。由前文可知，很多在华外商均借治外法权的保护，从事非法的毒品贩卖。美国商人威德朗表面上经营着太平公司、进出口业务，实际上主要从事重庆至宜昌的鸦片业务。后来因其与国民党要人石青阳等的合作产生各种纠纷，于是美国驻渝领事责令其离开，公司也由此破产。另外，像法商吉利洋行是鸦片商中的巨擘，常常假装销售猪毛，实际上凭借鸦片交易获得巨大财富，传闻其有法国军舰在后方支援。当时，行驶在重庆到宜昌航线上的英、美、意、法各国轮船、军舰，均从事走私运输。故弛禁之初，不少鸦片商会让外船运输鸦片，并提供佣金。这种合作，外人要价极高，自己所获却寥寥，甚至有时还会血本无归。据传重庆几大富商曾共同出资购买鸦片，然后委托美国军舰舰长代为运输，约定支付 10 万银钱作为报酬，其中 5 万元由重庆城里同吉粮铺送往上海。但该舰船员在上海被更换，导致运送的鸦片也全部失踪。可是他们没有理由控诉美方，只能含恨作罢。所以鸦片商人会减少此类合作，至 20 年代中期，大部分商人都会委托军队来运输，这比和船员勾结更为安全。军阀护运，有的是派军人登船进行护卫，有的直接用军舰帮助货主运输，这样海关

---

① 谷光隆编：《東亜同文書院阿片調査報告書》，愛知大学東亜同文書院大学記念センター 2007 印，第 298 頁。

② 谷光隆编：《東亜同文書院阿片調査報告書》，愛知大学東亜同文書院大学記念センター 2007 印，第 233 頁。

就无法检查。鸦片船进港宜昌时,会先派人将常备小舟安置在距宜昌上游大约十里的一处叫龙王庙的地方,然后趁夜幕将船上鸦片转移到小舟上在宜昌进港,并在军人保护下搬到储存地。储存地就是在南门外码头上一个叫济宜公司的地方。经此途径运入宜昌的鸦片,军方会向货主征收每1000两烟土(鸦片饼)120元的税金,然后发放规定的印刷用纸作为纳税证明,再把它贴在鸦片货物上。据说该印刷纸由文字暗号组成,为避人耳目和防止他人伪造,暗号时有改变。从宜昌向下游运输鸦片时,会由另外两艘军人乘坐的军用小蒸汽船直接将其运往汉口。运输时会征收每1000两烟土(鸦片饼)50银钱的税金。值得注意的是,军队除了帮助商人护送鸦片外,还利用换防、移驻等机会亲自携带烟土贩卖。如川军郭汝栋部移驻黄安、郭勋祺部移驻沙市,都携带大宗烟土前往抛售。范绍曾师移驻江陵时,随军带来的烟土太多,以致市面烟土价格大跌,当地瘾民私相喜庆道:"范师长来得好,我们吸点便宜烟。"虽然税务局及总税务司对重庆和宜昌的鸦片走私情形是十分清楚的,且总税务司还常指责军队的不正当行为,但事实上从未对军队用军船走私鸦片采取任何措施。①

由于四川是全国产土最多的省份,川人自产自吸,清末时瘾民数量就极为庞大。民初实行禁令时,鸦片来源少、价格昂贵,故吸食人数受到限制,一年只有200担左右的消耗量。但鸦片弛禁后,价格逐渐降低。以成都市为例,1913年1两烟土价值7.5元,从1916年开始,由于政局动荡,云、贵烟土入川甚多,故价格开始下跌,此后川省亦开始弛禁,1918至1920年,1两烟土价格2元,而1921至1924年,1两烟土跌至1.2元。② 成都非烟土产区,是典型的消费型城市,其烟土价格应高于川东产区。如前所述,产区罂粟收割后即卖,只得0.75元。价格相对低廉,使到了20年代中期整个四川省就呈现出一种不论贫富贵贱都竞相吸食的状态,年消耗量达到四五万余担,全省吸烟之人占总人口65%至70%。当时四川烟馆林立,鸦片成为百姓的生活必需品,一天都不能离开。不管多么贫穷的村庄,即使缺粮缺水,也有烟馆。

---

① 谷光隆编:《東亜同文書院阿片調査報告書》,愛知大学東亜同文書院大学記念センター2007印,第233頁、第235—236頁、第242—243頁。
② 谷光隆编:《東亜同文書院阿片調査報告書》,愛知大学東亜同文書院大学記念センター2007印,第246頁。

据时人观察,重庆市内各街道都有鸦片烟馆。另外,一般家庭也未能幸免,城内十二三万户人家中约有十分之三备有鸦片灯,供自家或是接待客人使用。① 万县地区吸食鸦片风气十分盛行,经过登记并交付税金的烟馆不少于800家。开县地区鸦片吸食情况达到了令人惊异的程度,甚至在家和学校里,也有儿童吸食鸦片。据说,某村共计有172户,其中不吸烟的家庭仅有27户。泸州鸦片使用广泛,烟馆随处可见。叙州获得经营许可的烟馆数量达到300家。中江鸦片交易十分活跃,市内大约有500家烟馆。② 尽管这些资料是零散的,但亦足以反映出四川吸食鸦片的普遍状况。

军阀弛禁鸦片,是出于经济上的考量,故其对鸦片的种植、贩运、售卖、吸食的每一个环节,都征收各类税捐。据学者秦和平研究,四川二三十年代防区的军费开支、地方基层政权官吏的供养及市政建设资金,多数出于鸦片税捐。这些鸦片捐的种类有:按烟亩征收的亩捐(或按烟亩窝数征收的窝捐)、对不愿种植罂粟的农户征收的懒捐;征收烟馆的红灯捐(或白灯捐)、征收在家吸食鸦片瘾民的瘾民捐、熬制烟土的锅捐;鸦片的出口税、过境税、出口及过境的附加捐、过秤的烟秤费等。其中,亩捐、懒捐、鸦片出口税及过境税等项收入统归于防区军阀,用于军饷的开支和本人及家眷的挥霍使用。而红灯捐、瘾民捐、锅捐和各种附加捐,涉及城镇财政,用于地方开支,包括县府各部门、地方教育及市镇建设的开支。③ 虽然鸦片收入用于各地的军费或一部分市政费,但收入额和收入途经各地都有所不同。下面,就鸦片大型交易地区重庆、涪陵、成都来说明其税捐情况。

重庆市是长江上游的重要口岸,其鸦片大多来自涪州、垫江、梁山和万县,其中涪州的品质最好。重庆鸦片税捐机构有三个:一是重庆地方税捐总局,征收对象是途经重庆口岸的大宗外销商品,鸦片出口税占30%至50%。每担鸦片征收340元。二是重庆、巴县、江北等县府征收局,征收窝捐、内销、红灯捐、锅炉捐、土药印花等。其中,每1两鸦片烟征收6分银圆的印花税。

---

① 谷光隆编:《東亜同文書院阿片調查報告書》,爱知大学東亜同文書院大学記念センター2007印,第243页。
② 谷光隆编:《東亜同文書院阿片調查報告書》,爱知大学東亜同文書院大学記念センター2007印,第298—300页。
③ 秦和平:《四川鸦片问题与禁烟运动》,四川民族出版社2001年版,第189页。

每个烟灯每月征收1元5角的红灯捐,无论是在烟馆还是在家吸食。这两个机构征收的税捐均上交二十一军征务处,作为军费等项开支。三是重庆市政府,从过境的鸦片中征收相关附加费,作为市政建设的经费。如每担从重庆运出去的鸦片要征收江防费5元、印花税6元、禁烟缉查费60元等税金,合计140元。又如1926年重庆商埠督办署规定,每担过境烟土征收附加费10元,作为商埠的建设经费。针对烟馆开灯吸食的附加税称为点捐,所包含的明细有:禁烟缉查处1.5元、禁烟缉查总处1.6元、红十字会0.4元、城防总司令部0.4元、警局1.5元、其他2.1元,合计7.5元。①

涪陵处于长江与乌江的交汇处,是四川鸦片主产区之一,又是四川及贵州鸦片的主要集散地,故该地区既能征收大量的亩捐、窝捐,又能获得高额的鸦片出口税捐。但限于资料,涪陵具体税捐情况不详。

与重庆、涪陵不同的是,成都既非产区,又无口岸,作为典型的消费城市,缺乏各项出口附加税,故其鸦片税捐多数来源于交易税、红灯捐及瘾民捐。具体而言,虽然成都种植罂粟不多,但每亩仍征收12元种植税。入市鸦片,每1两征税0.06元、罚款0.04元、禁烟稽查费0.06元、印花税0.06元、城防费0.03元、警局罚款0.01元,合计0.26元。对于吸食税的征收,是给吸食鸦片者发放为期一个月的戒烟证,对满一月后还想继续抽烟者征税,然后更换旧戒烟证,发放新戒烟证。戒烟证有甲、乙、丙、丁四种。甲种收银6元,乙种收银4.5元,丙种收银3元,丁种收银1元。②

表9-11 1925年成都市鸦片税捐征收表③

| 税捐种类 | 金额(元) |
| --- | --- |
| 种植税 | 972000 |
| 入市印花 | 388800 |

---

① 秦和平:《四川鸦片问题与禁烟运动》,四川民族出版社2001年版,第194—197页;谷光隆编:《東亜同文書院阿片調査報告書》,愛知大学東亜同文書院大学記念センター2007印,第244—249頁。

② 谷光隆編:《東亜同文書院阿片調査報告書》,愛知大学東亜同文書院大学紀念中心2007年刊印,第244—245頁。

③ 参见谷光隆編:《東亜同文書院阿片調査報告書》,愛知大学東亜同文書院大学記念センター2007印,第245—246頁。

(续表)

| 税捐种类 | 金额（元） |
| --- | --- |
| 入市罚款 | 259200 |
| 市周围交易地点的税金及罚款 | 648000 |
| 烟灯税 | 324000 |
| 合计 | 2592000 |

其他地区的税收资料则较为零散。如 20 年代中期，四川宜宾一地每年所征的灯捐达 80 余万元。绵竹每亩烟税 9 元，烟灯每月每灯收税 2 元。在家吸烟者每月纳税 1 至 3 元。未纳税而吸烟者，查出罚款，稽查得罚款之 40%。① 中江烟馆里每盏烟灯每月必须纳税 2 元。家庭里的烟灯则须纳税 4 元。开县地区 1926 年征收烟税达到 50 万元。涪州一年内征收的鸦片税可达 60 万元。②

川省的鸦片税收对于省内财政的意义重大。据非精确统计，川省全年各种烟税烟款，其数额在 5000 万元上下。1925 年所征土地税不过 68.61 万元，1926 年，除征收当年土地税外，还预征了 1927 年的土地税，所得也不过 140 万元，与鸦片税相比微不足道。由于四川鸦片主产区和集散地在川东、川东北和川南，故杨森的二十军、刘文辉的二十四军、刘湘的二十一军均是依靠控制上述地区而得到大量的烟亩罚金及过境税收，借助鸦片税捐而壮大实力的。民国年间，川东、川南军阀实力强于川西，川北军阀的区域政治框架，实由鸦片的产运销而派生构建。总的来说，鸦片征收税捐数量多，市镇建设的投入也多，投入数量往往直接影响市镇建设与发展，对地方经济起着不可忽视的促进作用。在这方面，川东地区因其鸦片产量多、外销顺畅，各种附加税捐数量大、截留部分多，其城镇建设额投入亦相应较多，市镇建设往往成为地方经济的增长点，拉动地方经济发展，而川西地区则不具备这样的条件。故民国年间川东地区在四川的地位凸显，并牵动成都等川西地区东向发展，实与鸦片有重大之关系。③

---

① 佚名：《军队与鸦片》，《蜀评》，1925 年第 4 期。
② 谷光隆编：《東亜同文書院阿片調査報告書》，愛知大学東亜同文書院大学記念センター 2007 印，第 298—300 頁。
③ 秦和平：《四川鸦片问题与禁烟运动》，四川民族出版社 2001 年版，第 210 页。

### 4. 陕西省

陕西省种烟之多，久已著名，其西部的周至、涉县、兴平、武功等地是最适合鸦片生长的地方。民国初年，即便在全国厉行禁烟的形势之下，陕西省依然偷种不断，常有烟苗发现，为此屡遭外人诟病。这与陕西省军政当局的纵容、默许有很大关系。先后入驻陕西的军阀为增强实力、扩充地盘，纷纷把鸦片当作筹饷的主要来源。为此，他们强迫或诱使农民种植罂粟，借以抽取高额烟税。

自1914年秋陆建章督陕开始，就设有土药罚款局，又有戒烟药膏销售处。而稽核征收罚款总局函达各县知事，劝谕种烟，按亩抽税。于是，省西南各县烟苗复活。虽然中央派出特派员来省专司禁烟，各局处亦一律停止，但强有力者卖烟开灯犹昔，巡警亦不敢干涉也。①

1916年，陈树藩取代陆建章主政陕西后，陕西烟毒泛滥的情形更加严重。省府当局公开征收鸦片烟税每亩银6两。②全国禁烟联合会派人赴陕调查，陕北葭县所属各村无不种满鸦片，或则含苞，或则着花，俯拾即是。而榆林所属各县尤为繁多。沿途咨访，舆论多系拔苗改种，而种烟之名，倡言不讳，若有所恃。③1919年，陈树藩、刘镇华又强迫农民种烟，直接向所辖各县摊派种烟亩数，周至一县即被摊派2000顷，后又增至3000顷以上，几占全县耕地总面积的一半。④摊派烟田每亩纳捐10元至20元不等，而不愿种烟的农民则被科以"白地款""空土税"。当局更是"为民作则"，从事种烟，汉中宁羌的某建设局长和留坝某教育局局长都曾亲身不惜劳苦，赴田中割烟。为此，陕西公民会呈请中央政府褫夺陈刘官职。此后，陕西省公民请愿团范润生等588余人电大总统徐世昌，谓"陕省自南北军兴，烟禁复弛，当轴图利，勒种鸦片，广筹地亩之捐，重敛土药之税，甚至官吏引军队为援助，军队假查烟亩之名，鱼肉小民"。面对国务院的质问，省长刘镇华依然强调陕西坚持禁

---

① 《陕省烟毒匪患日烈》，天津《大公报》，1915年10月20日。
② 《陕省违禁种烟之外讯》，长沙《大公报》，1918年7月11日。
③ 《陕北弛禁种烟问题之近讯》，长沙《大公报》，1918年6月22日。
④ 周至县政协调查组：《刘镇华种烟敛财对周至人民的危害》，中国人民政治协商会议陕西省委员会文史资料研究委员会编：《陕西文史资料》第11辑，陕西人民出版社1981年版，第125页。

烟,且谓陕省并无公民团体名目,对范润生等电报内容表示怀疑。① 关于陕省烟禁问题,此后国务院又与陕西督军、省长,兴平、渭南、南郑等驻军长官多次函电往来,但收效甚微。

在中央电责之下,陈树藩、刘镇华不但未收敛迫种行为,还将每亩烟税增至 6 两 6,并向各县派出催税委员,其劝种告示甚至谓已经专电呈请中央实行寓禁于征。陕北镇守使井岳秀服从陈刘命令劝种,连续两次获利颇丰。据报载其"军队人数不多,大发财源,姨太太好几个,整日无所事事抽大烟"②。

需要指出的是,时值南北停战和议后,中央有所谓撤换湘闽陕兰等地督军为前提之说,陕西督军陈树藩恐位置不稳,对中央禁烟法令又开始奉命唯谨。于是百姓遭殃,催税员又成了禁烟委员,某县还因此枪毙了人。南郑一日之间铲烟八九百亩,足见此前烟苗种植之普遍。但四川督军刘存厚驻军陕边,陕西方面的铲烟激起了川军的抵抗。汉中道署派出的铲烟队,被川军便衣戕毙 30 余人,其中有禁烟委员 3 人。刘存厚却电国务院,称道署铲烟队在南郑附近逼死人命,激成互斗等语。③

当然,禁烟、铲烟仅是短期应付时局之举,开禁征税才是军阀赖以生存之道。1920 年,因陈树藩已允于右任 30 万欠饷无法支给,而从前报销安福会及联络李烈钧、刘存厚的款项又无法填补,且外省军队闹饷之风时有传达,于是其借富商银行招股的名义,要百姓认捐 200 万。但此举遭到省议员的一致反对,他们认为民生凋敝,不能再事搜刮。此时,陈树藩再次想起救命的鸦片烟,与省长刘镇华商议,令各县知事加大劝种力度。又恐怕县知事不尽力,由省署委派 40 余名劝种委员,分赴各县,务使必种植。种烟 1 亩,收大洋 30 元。④ 自此之后,关中各县全部种上了罂粟,每县少的种 800 亩,而多的超过 2000 亩。⑤ 全省有的地区罂粟种植面积甚至达到农田总面积的 90%。⑥ 据

---

① 《国务院就陕省公民电称该省烟禁复弛与陕西省长往来电》(1919 年 11 月 7 日、11 日),马模贞主编:《中国禁毒史资料:1729 年—1949 年》,天津人民出版社 1998 年版,第 695 页。
② 《呜呼!陕西之烟禁》,北京《晨报》,1920 年 3 月 7 日。
③ 《内务部等关于陕西南郑铲烟川军抗铲互斗事与国务院等往来函电》(1920 年 4 月 24 日—6 月 22 日),马模贞主编:《中国禁毒史资料:1729 年—1949 年》,天津人民出版社 1998 年版,第 710—711 页。
④ 《陈树藩命令种烟》,长沙《大公报》,1920 年 12 月 23 日。
⑤ 陈翰笙:《崩溃中的关中小农经济》(第 1 卷 6 号),申报月刊社,1932 年 10 月。
⑥ 中华国民拒毒会:《中国烟祸年鉴》第一辑,中华国民拒毒会 1927 年印,第 8 页。

徐正学的粗略估计,当时"陕西每县平均烟田 1400 亩,全省以 40 县计之,烟田当有 56000 亩之多"①。可见在陕西,各县都种鸦片,而且面积广大。有人称,在路经渡关、三原、耀州、富平、渭南等地时看到,"没有一处没有种植鸦片,尤其是耀县"。在延安,"距城墙几码以内的地方都种着鸦片"。据称那时"实际上在汉中城内都种着鸦片",在五六月间从汉中向任何方向作三天的旅行,人们会看见满眼都是鸦片。②又据日本同文书院 1925 年的旅行调查,自西安至兰州,除了岐山县未见有罂粟种植,其他地区罂粟无处不在,甚至几乎看不到其他农作物。③

全省烟苗遍地所造成的后果有三个:第一就是烟田代替粮田,粮食减产,极易发生饥荒。罂粟种植是极耗地力的,种过鸦片的土地几乎不能再复种粮食。当时就有不少人指出过这一点,他们认为:"若是把地亩的十分之六七种成麦、米等可食的东西,不特不患不足,而且有余。岂知近年以来,陕西中部、西部,人民惑于鸦片之利,又有陈树藩利诱劝种,把有用的地亩,十九种成毒苗了。"④"农民对于栽种烟苗一事,在过去却是用全副精神去惨淡经营,唯恐不胜。而对正当的农作,反以任其荒芜……大田地种了鸦片,主要的农作大见减色,民食不无发生重大问题。"⑤陕西礼泉县"1925 年所种的鸦片比民国以来任何一年都要多。往年人们只是把不适于种粮食的土地用作种鸦片,但是现在不是这样了。农民需要土地种植粮食,但是他们却种着鸦片"⑥。陕西"因为农田多种了鸦片,所以谷之出产反较稀少,面粉之价值,较之数年前,激增不已"⑦。值得注意的是,军阀迫种是烟毒泛滥的主因,但农户自身的内在动力亦不可忽视。曾经有人让当地农民比较种粮和种烟的收入,得到的回答是:"如有田 2 亩,用以种粮,每年可得 20 元,尚不足以完税,如种鸦片,可

---

① 徐正学:《农村问题》(下册),中国农村复兴研究会 1936 年刊印,第 13 页。
② 章有义编:《中国近代农业史资料》(第二辑),生活·读书·新知三联出版社 1957 年版,第 624 页。
③ 谷光隆编:《東亞同文書院阿片調查報告書》,愛知大学東亞同文書院大学記念センター 2007 印,第 91—92 頁。
④ 杨钟健:《北四省灾区视察记》(十七卷十九号),《东方杂志》,1920 年 1 月。
⑤ 仵建华:《西北农村经济之出路(续)》,《西北农学》,1936 年第 1 期。
⑥ 章有义编:《中国近代农业史资料》(第二辑),生活·读书·新知三联书店 1957 年版,第 214 页。
⑦ 罗运炎:《中国鸦片问题》,上海兴华报社 1929 年版,第 630 页。

得 100 元,即能盈余 50—60 元。"①可见,从经济利益的角度考虑,农户亦有种植罂粟的主观意愿。虽然农户放弃种粮食改种罂粟,是希望能够改善经济生活,但由于过度种植,导致 1924 至 1925 年间陕西省陷入鸦片供给过剩的状况,鸦片价格低至 1 两 0.7 元左右。据时人调查,1925 年西安的鸦片零售价为 1 两 0.7 元,而产烟最多之武功县 1 两仅得 0.65 元。② 第二个后果是鸦片如此充盈,自然要大量运往外省。陕省外销之省份主要为山西、河南、河北三省。各路官厅自然不肯放过运销环节的税收,陕省随地可见军人公然荷枪保护鸦片之转运,甚至鸦片在陕西省内转运,由甲县销往乙县,仍要交"分运费"或"运销罚款"。征税人员检核一下烟土和运销票据,又要收点验费,种种名目,不胜枚举。第三个后果是鸦片吸食之风蔓延全省。据时人观察,陕省各县公开之烟馆到处皆是,均由官厅收税保护,兴平一地,多至 900 余家。西安城吸鸦片之人,几达半数。

陕西省鸦片种植规模庞大,军政当局税收获利自然也十分巨大。如前文所述,每亩烟田纳税 10 元至 20 元不等,这种税率在全国范围内是最高的。关于陕西省军阀所征收税款的数量,目前还未见有详细、系统的统计数据。有资料记载,"平均陕西之烟税约多出田赋三四倍。刘镇华任省长时,直接管辖尚不过 10 数县,每年烟税总收入在 1500 万以上,这个数目已超过全陕田赋一倍有余了"③。另据内务部 1919 年文件,陕西都督陈树藩、省长刘镇华逼民种烟,勒收烟税,统计收税 2000 万元之多。④ 这两个数据相差不大。至 20 年代中后期,军阀当局的税收应该又有增加,因为 1924 年仅陕省西部兴平、武功等产烟最多数县,烟税收入就达 1000 万元。

庞大的鸦片税收对军阀的意义巨大。以北洋陆军第七师吴新田部为例,其 1921 年 11 月来到陕南,枪不满 6000,人不过 8000。辖区面积狭窄,得到养兵的军费很困难,因此作为军规公开准许种植鸦片。其制品不允许个人买

---

① 董成勋:《中国农村复兴问题》,世界书局 1935 版,第 48 页。
② 谷光隆编:《東亜同文書院阿片調査報告書》,愛知大学東亜同文書院大学記念センター 2007 印,第 291—296 页。
③ 章有义编:《中国近代农业史资料》(第二辑),生活・读书・新知三联出版社 1957 年版,第 628 页。
④ 《内务部就陕西公民会诉陕西督军省长逼民种烟咨呈》(1919 年 8 月 26 日),马模贞主编:《中国禁毒史资料:1729 年—1949 年》,天津人民出版社 1998 年版,第 695 页。

卖,全部由第 7 师征购,打着"陕南边防总司令部"的旗子,沿汉江把烟土运往汉口销售。湖北的老河口有一个贩卖部,师团副官以下有各自的部署,可随意贩卖。很快,吴新田部便拥枪 24000 余支,队伍也扩充到 30000。① 此外,1926 年因鸦片税和鸦片收入问题,第二国民军与甘肃军队甚至大动干戈。由此,亦可见军阀与鸦片税收关系之紧密。

5. 甘肃省②

甘肃省与陕西相似,是中国西北著名的鸦片产区,但开禁之后,其种植泛滥之情形尤烈于陕西。

如前文,张广建督甘时期禁烟颇有成效,但仅限于禁种方面,吸食、贩卖鸦片并未厉行禁止,而是课以重税。张广建设立"禁烟善后局",在各贩运地设卡,"由新疆运甘肃的烟土,先在安西按每百两收税银 20 两,以后沿途逢过关卡,都须交纳所谓验票税,否则仍不得通行"③。禁种不禁售吸的政策,使得甘肃省鸦片产量锐减,但价格倍涨。在兰州,"以白金易 1 两,须 10 倍其价,与 10 年前之金价同"。而在临夏,每两烟土甚至高达 14 两白银。④ 据英人伍海德记载,"张广建还直接贩卖鸦片,甚至以烟土馈送直、皖当道"⑤。其实,在张广建统治时期,甘肃的罂粟种植已经有部分恢复。虽然省府当局并未公开号召种烟,但对违禁行为采取默许的态度。1918 年,靖远知事张景星劝民种烟,"民知有干例禁,徘徊者久之。景星曰:尔等所畏者,省城派员之查勘尔,军队下乡之除产尔,此二者皆可无虞,倘烟苗出土有人干涉,本县亦愿负责赔偿。果何所恃而云然耶"。张景星甚至直接摊派烟亩,当时靖远县有地 3 万余亩,无论种与不种,每亩令民呈缴罚款 6 元,共收烟款 18 万元。⑥ 据

---

① 谷光隆编:《东亚同文书院阿片调查报告书》,爱知大学东亚同文书院大学记念センター 2007 印,第 93 页。

② 笔者注:青海、宁夏均于 1929 年才单独建省,故此处之甘肃乃包含青海、宁夏在内之大甘肃概念。

③ 聂丰年、薛寿山:《鸦片为祸甘肃的回忆》,中国人民政治协商会议甘肃省委员会文史资料研究委员会编《甘肃文史资料选辑》第 13 辑,甘肃人民出版社 1982 年版,第 72 页;《文史精华》编辑部编:《近代中国烟毒写真》,河北人民出版社 1997 年版,第 613 页。

④ 《甘肃解放前五十年大事记》,中国人民政治协商会议甘肃省委员会文史资料研究委员会编《甘肃文史资料选辑》第 10 辑,甘肃人民出版社 1981 年版,第 65 页。

⑤ [英]伍德海编:《中华年鉴》,1924 年版,中华年鉴社 1924 年发行,第 579 页。

⑥ 慕寿祺:《甘宁青史略正编》第 30 卷,俊华印书馆 1936 年版,第 26 页。

传,张景星之所以敢擅开烟禁,实因其姻亲与省长张广建有莫逆之交。另据万国拒土总会1920年报道,洮州官绅以岷县知事大收贿赂、纵种鸦片一事曾向省长告发,省长张广建竟置之不理。① 省府当局此种态度,不啻向各地传达弛禁之信息。此后陇南镇守使孔繁锦亦在属内劝导种烟,其甚至敢于率队抵抗省署之铲烟,以致武都各县烟苗遍地。②

在省府当局的默许和纵容之下,甘肃省各地都开始大面积种植罂粟。1921年年初,陈阆护理甘肃省省长,借金融困难为名,倡议全省种烟,在其召集的绅商会议上,其谓:"本省现银异常缺乏……为今之计,欲求金融活动,非仿照新疆、陕西、四川、绥远全省大种烟苗办法不可。如果照此办理,不须半年,即能获千余万两之现银到手……否则余无补救金融之方,军队难免变乱,后患何堪设想。"陈阆获得会议的多数支持,此后陈"电令各县知事,迅速召集几会人员,发给种籽,饬令四乡农民播种外,余则遴委员查勘员四人,东路杨漫云,南路张庆珍,西路袁巽,北路师道立,查勘各县种烟之多寡,定收款若干"。陈阆的做法,为日后陆洪涛公开废弛烟禁拉开了序幕。

1921年陆洪涛督甘,省府当局需财孔亟,陆曾向段祺瑞发电诉苦:"甘肃旧为受协省份,近年协铜断绝,承乏以来,财政已濒破产,虽经百计整理,金融略呈活动气象,然不敷之款,每岁尚在三四百万元左右。"③由此可见,甘肃省财政之一般状况。陆洪涛任内大开烟禁,勒民种烟、抽收烟税更加肆无忌惮。陆洪涛"每县另委一人,会同县知事收款,名曰'产烟罚款委员',其收款方法,则分上中下三等,每亩地收银10两、7两、4两不一,先缴半数,然后许种,余则待收烟后再缴"④。刚开始,农民对种烟仍存畏惧心理,陆洪涛派禁烟专员收取亩款时,见种烟者寥寥,于是商同各县知事,论已种、未种均按亩摊款,其不宜种烟之地勒令出款名曰"懒务"⑤。此风一开,甘肃八镇守使竞相抽收烟亩罚款及"懒捐"(不种烟的土地,出懒捐)。凉州镇守使马廷勷强迫辖区农民种植鸦片,届时派出军警、官吏,吊打勒索,高摊浮收,强征烟亩罚款。至

---

① 《甘肃省长纵令人民种烟》,北京《晨报》,1920年10月7日。
② 《甘肃省议会陈述陇南镇守使孔繁锦扰害地方罪状请求严惩电》(1920年10月),中国第二历史档案馆藏档案,档号:1001-1217。
③ 尚季芳:《民国时期甘肃毒品与禁毒问题研究》,四川大学博士学位论文2007年,第16页。
④ 《甘肃大种烟亩之骇闻》,《民国日报》,1921年3月13日。
⑤ 慕寿祺:《甘宁青史略正编》第28卷,俊华印书馆1936年版,第47页。

1925年,除上缴省政府部分外,就榨取烟亩罚款白银100万两。① 由于马廷勷所得烟税过多,陆洪涛派亲信军官李长清赴靖远、黄得贵赴陇西、岷县欲征烟亩罚款。而此时,马廷勷亦派军队分往各县守提烟亩罚款,"陆洪涛去电制止,杳无回音。复由省政府派干员驰往交涉,马廷勷愿包收凉州所属烟款,陆洪涛不许,谓军官不得侵越政权。廷勷闻而笑曰:收款系财政内事,督军何能代庖此区者,而不予畀,利益均沾之谓何。经人再四说和,终以50万元许凉州包办"②。此外,1925年陇东镇守使张兆钾向各县摊派烟亩罚款之数,依县大小,分摊3万、5万、6万不等。③ 宁夏镇守使马鸿宾成立"宁夏道署禁烟罚办处",每到罂粟开花即将收割时,由各镇、道两署会派复查委员于各县查勘烟亩数,以此作依据抽收罚款。因当时的烟亩罚款多由军队提取,导致很多兵士向烟农索取赋税时,随心所欲,"有的甚至3倍的赋税"④。而据当时报纸所载,部分驻防军队亦参与种植。⑤ 可以说在陆洪涛统治时期,甘肃省的罂粟种植完全普遍化,农民税赋亦进一步加重。

1925年以后,冯玉祥的国民军进入西北,军需浩繁,财政亦极端困难,只得继续借"烟亩罚款"弥补军饷。故"勒收烟捐,甚于往昔;种吸售运,一如从前",且"鸦片种子,由当局分给或贱价出售,凡属农民,均需播种"⑥。1926年,国民军将领刘郁芬督甘,以"涓滴归公"为由,废除以往按级分赃的做法,由督署统一征收鸦片税捐。刘郁芬通令全省种植罂粟,并将烟亩罚款正式列入政费预算之中。又在省城兰州成立财政督察处,直辖各县51个分所,以管理鸦片税收。根据烟土价格及销售情况的变化,每100两烟土征收10至45元的税收。⑦ 国民军在甘肃所征之鸦片税,大部分用于军队。故英人伍德海

---

① 马培青:《凉州事变与马廷勷》,《甘肃文史资料选辑》第2辑,中国人民政治协商会议甘肃省委员会文史资料委员会编:甘肃人民出版社1982年版,第78页。
② 慕寿祺:《甘宁青史略正编》第28卷,俊华印书馆1936年版,第478页。
③ 魏绍武:《张兆钾盘踞陇东》,《甘肃文史资料选辑》第4辑,中国人民政治协商会议甘肃省委员会文史资料委员会编:甘肃人民出版社1982年版,第35页。
④ [英]伍德海编:《中华年鉴》,1924年版,中华年鉴社1924年发行,第558页。
⑤ 《陕甘烟亩之蓬勃》,《民国日报》,1921年5月1日。
⑥ 《甘肃强迫种烟之惨闻》,《拒毒月刊》,1929年第31期,第52页。
⑦ 邵国秀编:《中国西北稀见方志》(第二册),卷37,中华全国图书馆文献缩微复制中心1997年版,第594页。

称,甘肃七八万军队完全靠鸦片税维持。① 日后中原大战期间,冯玉祥仍依靠甘肃烟土筹集军费。刘郁芬每月拨款 20 万元,交贺笑尘所经营的世裕号在兰州收购烟土,每月由国民军解交其潼关总部,转售河南的烟土四五十万两。

由于历任军阀的弛禁迫种,甘肃省的罂粟种植比起陕西有过之而无不及,当时中华国民拒毒会认为"甘肃种烟已堪与汉蜀黔诸省相匹"②,可见其泛滥情形令人震惊。另据资料记载,开禁后短短几年时间,甘肃"除了少数过于硗瘠的地方以外,每一县都种鸦片"③。又据 1923 年的报道,在甘肃省的东北部,通过该省中部直到平凉和省会兰州,遍及该省西北部,直到安西以外的戈壁边境,种鸦片的规模已大大地增加。④ 故当时旅行于甘肃的中外人士均有遍地罂粟的感观。如 1925 年 6 月,陈万里在张掖城见"罂粟种植颇多。作花浓艳,与南山积雪相映,遂成奇景,此非甘省不能有也"。在武威见"附近罂粟花均作白色,远望一片","九时出东关,罂粟花遍地皆是,有纯白者,有边缘作粉红或深红者,娇艳之色,令人望而心醉"。在永登看到"几无弃地,然麦田仅十之三四,而甘人所谓花花子者几占十之六七,红城驿附近尤多"。过兰州时见"田中罂粟盛开,风景至佳"⑤。而据日方人士的旅行调查,亦谓"同陕西的罂粟相比,甘肃的罂粟长势更好。花朵的颜色,以白色居多。而陇州附近的花色,除了白色以外,还有紫色、红色、黄色等各种各样的颜色,满眼的田地宛如一片花海。从白色罂粟最多的地方来看,令人感觉这一带最适合种植白罂粟。黄河河畔的罂粟以中卫为第一大产地。其下流由于土地欠富饶,除了进行放牧以外,几乎看不到农作物"⑥。

甘肃省的具体种烟亩数及烟土产量若何呢?这个问题直到现今亦不甚明了。当时中央之禁烟法令仍在,军阀迫种本属违禁,故各项统计数据均严

---

① [英]伍德海编:《中华年鉴》,1925 年版,中华年鉴社 1925 年发行,第 579 页。
② 中华国民拒毒会编:《中国烟祸年鉴》第 4 辑,中华国民拒毒会 1927 年版发行,第 48 页。
③ 章有义编:《中国近代农业史资料:1912—1927》(第二辑),生活·读书·新知三联出版社 1957 年版,第 625 页。
④ [英]伍德海编:《中华年鉴》,1925 年版,中华年鉴社 1925 年发行,第 579 页。
⑤ 陈万里著,杨晓斌点校:《西行日记》,甘肃人民出版社 2002 年版,第 93—98 页。
⑥ 谷光隆編:《東亜同文書院阿片調査報告書》,愛知大学東亜同文書院大学記念センター 2007 印,第 92 頁。(笔者注:中卫市,现隶属宁夏回族自治区。)

重"缩水"。此外,各基层官吏为中饱私囊,并减轻缴税压力,均瞒报烟亩数量。如靖远县种烟12万亩,但只上报了3万亩,即每4亩才报1亩。① 目前,我们只能通过一些零散的资料来判断甘肃省鸦片种植的整体情况。据记载,西宁所属7县,除湟源、大通、巴燕戎(今属化隆县)3县地处高寒,不适合种植外,西宁(包括今湟中、平安、互助)、碾伯(包括乐都、民和)等县水地,多种罂粟,少种谷类。据当时估计,每年产烟土700余万两,征收烟苗税银20万两以上。② 那时西宁道属7县人口,共计不过四五十万,耕地面积不到200万亩。又如上述之靖远县,种植面积达12万亩,年产烟土600万两。③ 洮沙县,罂粟种植几乎占到所有农作物的70%。④ 宁夏城附近的通贵堡,"农场作物,罂粟约占百分之三十五,麦及杂粮约占百分之三十。未种闲地约占百分之三十五"⑤。省城附近尚且如此,其他地方可想而知了。此外,时人对全省的鸦片种植亦有粗略的估计,有占耕地面积80%之说及75%之说。⑥ 罗运炎曾指出:"甘肃省的产烟额实际上已达全省一切农作物的90%,种烟田亩占全省田亩之四分之三。"⑦罗的说法影响较大,二三十年代的研究者均认可此数据。⑧ 虽然笔者认为四分之三的估计略有夸张,但亦可从侧面看出鸦片当时在甘肃的泛滥程度。据1924年甘肃实业厅统计,全省耕地面积为26938290亩,其中水地7546745亩,旱地19391545亩。⑨ 由于罂粟基本上只能在水田种植,若按照罗运炎四分之三的估算,则甘肃全省种植罂粟面积为566万余亩,若将此打一折扣,按50%计算,亦有283万余亩。无论如何,都是极为惊人的数据。

甘肃军阀迫民种烟的目的是为了征税。据资料记载,1915至1928年,

---

① 张慎微:《靖远的烟场》,《甘肃文史资料》第13辑,1982年版,第88页.
② 青海省志编纂委员会:《青海历史纪要》,青海人民出版社1987年版,第278页。
③ 《文史精华》编辑部编:《近代中国烟毒写真》,河北人民出版社1997年版,第536页。
④ 谷光隆編:《東亜同文書院阿片調査報告書》,愛知大学東亜同文書院大学記念センター 2007印,第93頁。
⑤ 陈庚雅:《西北视察记》,申报月刊社1936年版,第201页。
⑥ 章有义编:《中国近代农业史资料:1912—1927》(第二辑),生活·读书·新知三联出版社1957年版,第631页、49页。
⑦ 罗运炎:《中国鸦片问题》,中华民国拒毒会1929年刊印,第189页。
⑧ 徐正学:《农村问题》(下册),中国农村复兴研究会1936年刊印,第14页。
⑨ 丁焕章:《甘肃近现代史》,兰州大学出版社1989年版,第267页。

甘肃政府每年财政收入实数平均为 4234239 元,支出实数年均为 4661463 元,超额 427224 元,而仅年均陆军费就有 3130401 元,占年均支出的 67.2%。① 为筹措军费,军阀们在鸦片的种、贩、吸、售各环节上巧立名目,抽收烟税。如前所述之烟亩罚款、内销税、外销税、鸦片过境税等,其中尤以烟亩罚款为最大宗。关于甘肃省全省烟税收入,目前亦没有系统、权威的统计数据。有资料显示,在陆洪涛督甘时期,张掖一地每年上缴将近 20 万的烟亩罚款。② 在临夏地区,1923 年,征收罂粟地亩税 5.99 万元;1924 年征收 6 万余元;1926 年征收 14 万余元。③ 在岷县,1924 至 1925 年间,征得 16 万鸦片税。④ 又据当时报刊所载,甘肃全省每年收入一千二三百万,烟款占五百余万,总收入中用于军费者达七八百万。⑤ 但据中华国民拒毒会的调查,甘肃烟税收入则要高很多,1924 年因天气亢旱,产烟较少,统计烟税收入仍有 2000 万之巨。⑥ 据日本人的调查,1924 至 1925 年,甘肃省征收的鸦片税和罂粟种植税亦达到 2000 万元。⑦ 虽然各项资料有不小的差距,但无论是数百万元还是上千万元,相对于甘肃省的财政收入及军费支出而言,烟税都是一项十分巨大的款项。

巨额的鸦片税收用途十分广泛,除了行政费用、军政费用,还有其他杂项。如甘肃省曾在烟亩罚款项下拨款开煤矿,以补会宁县燃料之不足。还曾拨 10 余万元,重修五泉山寺宇,使五泉山麓以至山顶寺庙及西龙口各处楼阁亭台,均得焕然一新。据传,在甘英国传教士安献今曾威胁要将甘肃大种罂粟之情形向国际社会宣传,陆洪涛又从烟亩罚款中拨付 2 万元,捐助安献今所办的华英中学,此事方才作罢。⑧ 此外,烟税收入被军阀中饱私囊的数量

---

① 杨思等编撰:《甘肃通志稿》第四十一卷,甘肃省图书馆 1964 年发行,第 65—77 页。
② 范长江:《中国的西北角》,新华出版社 1980 年版,第 122 页。
③ 临夏州志编纂委员会编:《临夏回族自治州志》,甘肃人民出版社 1993 年版,第 551 页。
④ 谷光隆编:《東亜同文書院阿片調査報告書》,愛知大学東亜同文書院大学記念センター 2007 印,第 297 頁。
⑤ 田炯锦:《甘肃的禁烟问题》,《西北问题季刊》,1935 年第 1 卷第 3 期。
⑥ 周宪文:《中国之烟祸及其救济策》,《东方杂志》,1926 年第 23 卷 20 号,第 31—42 页。
⑦ 谷光隆编:《東亜同文書院阿片調査報告書》,愛知大学東亜同文書院大学記念センター 2007 印,第 297 頁。
⑧ 魏绍武:《陆洪涛督甘始末》,《甘肃文史资料选辑》(第 2 辑)甘肃人民出版社 1987 年版,第 65 页。

亦十分巨大。陆洪涛主政甘肃时,省议会、学校、军方等欠饷甚多,虽然烟亩款项甚巨,但并不拨入省库,而另行指定保管之人,省议会及财政厅均不能过问。据载,为解决欠饷问题,旅长黄某及参谋长等人曾谒陆,婉商将烟款暂借若干发饷,俟财政厅向省外提款后即行交还,最终不仅被陆斥责一番,黄某还被打一耳光。① 1925 年陆洪涛下野来到天津,他的家属、部下带来很多行李,大筐小笼,不计其数,里面所装的东西,几乎全是烟土。② 由此可见,鸦片税收不仅是军阀政权的支柱,亦是军阀个人奢侈生活的经济支柱。

鸦片弛禁,为军阀统治提供了财政支持,但给甘肃人民带来了深重的灾难。一是良田被侵占,粮食大量减产。鸦片之种植,需要水量充裕之土地,更需要丰富之肥料。而在甘宁青地区,"此种肥厚之田地,仅黄河两岸及渭水沿岸有之,为数亦无几"③。因此,当时甘肃省农村比较肥沃的水浇地几乎全种上了鸦片,而资金、肥料、劳力也都让位给了鸦片烟,烟田排挤粮田的情况变得越来越普遍。据当时旅甘调查者的观察,"陇西恃雪水灌田各属及陇南恃河流灌田各属遍种鸦片"④;宁夏"有二十几万亩最好的土地种着鸦片,只有不能种鸦片土地才种粮食"⑤;"甘肃之种鸦片,据吾所见较陕西为尤甚,凡属靠近黄河之田,几尽种是类毒品,其种麦之田,则多在水利不便之地"⑥。著名记者范长江沉痛地写道:"最可痛心者,是渭水两岸这样平坦富饶的川地,农民竟被政治经济种种力量,逼得遍种鸦片,沿途村镇,无不百业萧条,而我们在路上却常遇到三十五十成队而行的鸦片贩子!"⑦广种鸦片的直接后果就是粮食价格上涨,造成普遍恐慌。所以时人论曰:"陕甘粮食缺乏,该地农作物价格暴涨,系烟祸的影响。"⑧另外一个是鸦片价格持续降低,民众吸食极为普遍,毒祸弥漫全省。1918 年,兰州每两烟土价格高达白银 10 多两。

---

① 田炯锦:《甘肃的禁烟问题》,《西北问题季刊》,1935 年第 1 卷第 3 期。
② 中国人民政治协商会议全国委员会文史资料委员会编:《中华文史资料文库》第 20 卷,中国文史出版社 1996 年版,第 562 页。
③ 野马:《甘肃鸦片问题鸟瞰》,《西北言论》,1932 年第 1 卷,第 2、3 期合刊。
④ 刘文海:《西行见闻记》,中国国际广播出版社 2016 年版,第 41 页。
⑤ 高树榆:《昔日宁夏漫谈》,宁夏人民出版社 1979 年版,第 46 页。
⑥ 汪杨:《西行散记》,中国殖边社 1934 年版,第 58 页。
⑦ 范长江:《中国的西北角》,新华出版社 1980 年版,第 78 页。
⑧ 徐正学:《农村问题》(下册),中国农村复兴研究会 1936 年刊印,第 14 页。

弛禁后,烟土供大于求,烟价跌至每两五六元,甚至二三元。① 至 20 年代,新产烟土的价格低至七八角到 1 元。② 表 9-12 是 1925 年甘肃部分地区鸦片价格之比较。

表 9-12 1925 年甘肃部分地区鸦片价格表③

| 地区 | 每两价格(元) |
| --- | --- |
| 清水县 | 0.55 |
| 秦州 | 0.5—0.7 |
| 巩昌县 | 1.5 |
| 渭源县 | 1 |
| 兰州府 | 1 |
| 新敦(中卫外) | 0.5 |

价格持续低迷,导致民众吸食成本极低,故数年间,烟患遍地。据史料记载,甘肃不少地方"市上无一家卖食货的商店,公开零卖熟鸦片烟土的,倒有好几家,1 角钱可以买好几口烟土,真物美价廉"④。在兰州,1923 至 1924 年,烟毒弥漫,烟土店如雨后春笋,增至二十四五家。⑤ 城内入晚以后,甚至在城门洞内,月牙桥(今中山桥)下,或街面较僻静的廊下,均可见瘾民吸食。兰州附近的营盘水,"远望破屋数幢,疑无人居",却"忽有鸦片气味,隐约自村屋送来,进而察之,一妇蓬头垢面,正在吸烟作乐也"。出兰州城,"过雷坛桥,碑后隙地,有四乞丐,卧吸大烟,鸠形鹄面,情状丑陋"。在永登城,"街格下,男女乞丐,乱卧吸烟,古老衰退之空气,充溢全城"。在平凉,"烟土商号昔有数十家,今已增至二百数十家,独呈畸形之发展,而灯馆尚不在内,烟民约占百分之三十强"⑥。在肃州,据林竞考察,"肃州人口全县计 9 万余。10 人之中,足有 7 人吸鸦片","大约 7 人之中,妇女居其 3,男子居其 4,壮者居其 3,

---

① 田炯锦:《甘肃的禁烟问题》,《西北问题季刊》,1935 年第 1 卷第 3 期。
② 《文史精华》编辑部编:《近代中国烟毒写真》,河北人民出版社 1997 年版,第 553 页。
③ 参见谷光隆编:《東亜同文書院阿片調査報告書》,愛知大学東亜同文書院大学記念センター 2007 印,第 95 页。
④ 范长江:《中国的西北角》,新华出版社 1980 年版,第 35 页。
⑤ 聂丰年、薛寿山:《鸦片为祸甘肃的回忆》,《甘肃文史资料选辑》(第 13 辑),甘肃人民出版社 1982 年版,第 73 页。
⑥ 陈庚雅:《西北视察记》,申报月刊社 1936 年版,第 144 页、175 页、231 页、426 页。

弱者居其4"①。在武威,"汉人十九身体屡弱,衣服褴褛,鸦片烟残害后的苍黄瘦脸,挂在多半的汉人头上。凡是身体壮实,衣服整齐,骑高骡大马者,都是回回"②。在陇西,各县市面鸦片充斥,人民无论贫富,十九都抽鸦片。③ 在宁夏,除回民外,更是人人吸食成瘾,"其不抽鸦片者,实比较占最少部分"④,大坝虽然只有17户人家,但"男女多染烟癖。烟灯数达20余"⑤。"有烟癖的农夫,在田间监视水道之际,受阳光之蒸晒,身体疲不能支,往往倒地酣卧田中,任水自滋,状至可怜!"更严重的是,"常有嗜好而受孕之妇女,其胎儿在腹中即中烟毒,脱离母体之婴儿,往往必须用烟气喷面之后,始知啼哭"⑥。大坝上流传着这样的歌曲:"大烟一两值千斤,弟兄几个谁没瘾,烟葫芦挖的声淅淅,半明灯熬的夜沉沉!"⑦而叶升堡"烟毒深深涂于每个男女之面目间,见之使人对于西北汉人将来能否有力存在,发生重大之疑问"⑧。在青海互助县,尽管鸦片"价贵值昂,购求不易",却仍有"吸食成瘾者,约占全县人口总数百分之十二以上"⑨。总之,甘肃吸食鸦片陷入"种烟者多,吸者亦多,愈吸愈懒,愈懒愈贫"的恶性循环之中,特别是西北汉族深受其害。20年代林竞视察西北时,看到宁夏"汉民之惰,殊为他处所罕见,推其原因,完全系深中鸦片之毒"⑩。

吗啡、海洛因等毒品在此时也流入甘肃。早在张广建统治之时,由于禁种不禁吸、运、贩的政策,民间存土减少、烟价高昂,下层吸食者因经济所迫,无力购买烟土,以致吗啡等毒品乘虚而入,并由津、京等地辗转输入兰州市场。虽然省署于1920年6月饬令警务处和百货征收局认真稽查,"凡贩卖吗啡与扎吗啡针者,查出即行枪毙"⑪,但并未根绝。海洛因是由晋北经宁夏等

---

① 林竞:《西北丛编》,神州国光社1933年版,第98页、189页。
② 范长江:《中国的西北角》,新华出版社1980年版,第159页。
③ 张扬明:《到西北来》,商务印书馆1937年版,第164页。
④ 范长江:《中国的西北角》,新华出版社1980年版,第187页。
⑤ 陈庚雅:《西北视察记》,申报月刊社1936年版,第127页。
⑥ 范长江:《中国的西北角》,新华出版社1980年版,第188页、191页。
⑦ 陈庚雅:《西北视察记》,申报月刊社1936年版,第128页。
⑧ 范长江:《中国的西北角》,新华出版社1980年版,第191页。
⑨ 顾执中、陆诒:《到青海去》,商务印馆1935年版,第336页。
⑩ 林竞:《西北丛编》,神州国光社1933年版,第91页。
⑪ 慕寿祺:《甘宁青史略正编》第30卷,俊华印书馆1936年版,第16页。

地传入兰州的,时俗称"白丸",其形状与人丹大致相同,每两售价200元,大多嗜食于富贾之家,远非寻常烟民所能问津。当时的甘肃军阀也曾想过制造白丸,吴仁铭就曾上策督署:甘肃居西北上游区区一师不敷分配,宜练重兵,购新式枪以防边患,所需开办费者,省城宜设烟土统制处,宁夏、凉州、陇南各设分处,而凉州水浆宜制造白丸,以抵制外货。① 所幸陆洪涛未批准此建议。

6. 新疆省

民初杨增新督理新疆,极为重视禁烟工作,故新疆的禁烟成效显著,英国方面未经查勘即宣布1915年新疆禁种,印药停止输入新疆。但由于新疆面积辽阔,杨增新并未能做到在所有地区杜绝罂粟的种植,且其禁烟政策亦颇有不良之影响,为日后20年代中后期新疆再次弛禁留下隐患。

1915年是民初新疆禁烟最重要的一年,杨增新对全省进行了大规模的督查,主要还是针对城市及其交通要道周围的勘察。该时期禁种效果最好的是以迪化为中心的昌吉县、呼图壁县、玛纳斯县以及奇台县,这些地区基本实行禁种。而北疆许多偏远山区,特别是塔城、伊犁两地仍然可以找到大片罂粟田。有旅人于1916年游历新疆之时,曾惊叹新疆鸦片种植"百闻不如一见","从前烟膏之地,全行种植黑粟","山环水抱之区,仍复所在皆是"。"伊犁、塔城一带红白灿烂者,罂粟绽花也。子妇丁男,从事田亩者,罂粟收获也。而中国官吏,熟视若无睹矣"②。可见,即便在烟禁严厉时期,种植烟苗者要处以枪毙的极刑,仍有部分地区在种植罂粟,且规模较大。而在禁烟政策上,杨增新又重视禁种,忽视禁吸和禁贩运。③ 因此,新疆鸦片吸食和贩运的现象依旧严重。禁种不禁贩运,使得大量华民赴俄种烟,成为新疆的突出问题。

虽然新疆偷种不断,但禁烟政策持续得比较长久。全国多数省份在袁世凯帝制失败后,便陆续开始放弃禁烟政策,并逐步走向公开弛禁。但现有资料显示,直到1924年之前,新疆省还在坚持禁烟政策。如1919年3月,新疆省府当局警告各县,"现正值春融冻解,万勿播种,如有烟苗发现,烟犯固予以枪毙,其县知事、县佐等有奉行不力者应从严惩戒,决不姑宽"。4月,又"令

---

① 慕寿祺:《甘宁青史略正编》第31卷,俊华印书馆1936年版,第56页。
② 贾树模:《新疆杂记》,《地学杂志》,1917年第8卷第1期,第57—59页。
③ 中国人民政治协商会议新疆维吾尔自治区委员会文史资料研究委员会编:《新疆文史资料选辑》第3辑,新疆人民出版社1979年版,第67页。

北路及乌什疏勒附各县知事,禁阻华民赴俄种烟,致误大局"。省长杨增新还在昌吉、绥来、乌苏、塔城等处节节驻兵设卡,"凡系单人孤客未携带大宗货物者,无论有无护照,一律阻挡不准出境"。5月,杨增新训令"文武官员吸食鸦片者自行禁绝。谓官吏为人民之表率,表正者影必无邪。若官吏吸食鸦片而欲禁止人民之吸食,独邪其表而求正其影,胡可得哉"。并警告官员,"若阳奉阴违,一经调查明确,即行惩戒,绝不姑宽"。1921年5月,因英使照会外交部,谓新疆种烟严重,故杨增新电阿克苏、喀什两道,令饬各属认真查禁,并谓"甘肃遍地种烟,英人默无一言,独对于未种罂粟之新疆诬为遍种罂粟"。显然,其对英人之区别对待极为不满。1921年8月,喀什英副领事由喀什至阿克苏、库车、伊宁一线勘察,往返数千里,并未见有一烟苗发现。由此可见,至少在20年代初期,新疆的罂粟种植尚不严重。对于英人的指责,新疆方面亦有所回应。1922年7月,喀什噶尔道一英人所开店内,中方交涉员会同英领事搜查得烟土13包,计109斤。拿获烟贩英人及阿富汗人各一名。烟土公开焚毁,阿富汗人驱逐出境,英人由英领事带回处理。①

  1921年英国驻喀什副领事查勘烟苗后,新疆的禁政开始松懈,至迟在1924年,杨增新已经在一些地区鼓励甚至强迫农民种植罂粟了。当时一名曾赴新疆的英国记者写道:"督军杨增新到任以后,横征暴敛,强迫种鸦片。人民走投无路,只有屈服。""有些地区的农民,因为拒种鸦片曾与军队发生过冲突,被杀害多人。由枪杀引起的恐怖造成了强迫的接受。""在塔城、伊犁、阿善、阿基斯林等地区遍地都种植着鸦片","不论种鸦片与否,每亩土地一律征收赋税30元"②。鸦片问题研究专家罗运炎亦指出:"杨增新迫令农民种烟,农民拒种,结果遭到军队的镇压,塔城、伊犁、阿善等地的农民都被迫种上了罂粟。"③1925年有报纸记载,新疆"鸦片为出产大宗,各地皆有所产,尤以塔尔巴哈台方面为甚"④。至20年代末,新疆的鸦片产量已经达到惊人的地步。新疆人口稀少,大规模种植罂粟后,自然就要将所产鸦片大量输出。当

---

① 《外交公报》,1922年,第15期。
② 章有义编:《中国近代农业史资料:1912—1927》(第二辑),生活·读书·新知三联出版社1957年版,第625页。
③ 罗运炎:《中国鸦片问题》,中华国民拒毒会1929年印行,第205页。
④ 《新疆之经济再续》,《中外经济周刊》,1925年第105期,第13页。

时,从事这项贩运贸易的主要是内地客商。由于新疆币制紊乱,且省内发行的货币准备金不足,经常贬值,故无论从事何等贸易的客商都不愿接受新疆货币,鸦片竟然成了最受欢迎的一般等价物。

新疆开禁后,罂粟种植及鸦片贩运情形一直延续到中华人民共和国成立之前,此种情形使得新疆在国际场合屡遭英人诘责。新疆地域辽阔,虽然罂粟种植及鸦片私运固属事实,但英国往往肆意夸大,将新疆历年禁烟成绩及破获中外烟案一笔抹杀,且置英人、印人违禁贩烟的事实于不顾。此外,俄属、阿属种植罂粟,中国官厅无法管辖,且英国、俄国、阿富汗之人对于新疆禁令置若罔闻,可谓禁者自禁,种者自种,贩者自贩。1924 年年底,英国人戈比比亚满(音译)等伙同阿富汗烟贩百余人偷运大宗烟土由蒲犁边界入境,遭中国关卡查挡,戈比比亚满等竟将卡兵捆绑,闯卡而过。后在莎车县被截获,交由喀什道尹提向英领署交涉,此案至英国向国联提交报告书时尚未终结。① 必须指出的是,在中国近代史上,英帝国主义者始终试图染指新疆,其对新疆烟毒问题的过于关注,显然醉翁之意不在酒。

7. 山西省

山西省在清末民初的禁烟中,成绩之佳为中外人士所公认。1917 年后,烟毒在全国各地区均有死灰复燃并逐步严重的趋势,但山西省当局依然坚持严厉的禁烟政策。山西省督军兼省长阎锡山实行"保境安民"的政策,推行水利、蚕桑、种树、禁烟、女子天足、男子剪辫"六政",以及种棉、造林和畜牧"三事",合称"六政三事"。因此,毒品成为必除之弊,禁毒运动在全省范围内蓬勃开展。

在禁烟的机构设置及法令制定方面,1917 年 10 月 1 日阎锡山发表"六政宣言",将原"考核禁烟成绩处"改组为"六政考核处",作为省政府之内设组织。"六政考核处"下设五股,第一股则专司全省禁烟事项。② 各县设戒烟局,负责各地禁烟的具体事宜,省政府将禁烟成绩作为对各县知事的考核内容之一。禁烟成绩突出的县知事有记功、记大功、特保之奖励,反之则予以记过、记大过、撤任之处分。曾有平定县知事因办理禁吸方法严密周详,被考列

---

① 《外交公报》,1925 年第 46 期。
② 《民国阎伯川先生锡山年谱长编初稿》(一),台湾商务印书馆 1988 年发行,第 246 页。

特等。而介休、襄垣、壶关、乡宁、吉县、瞩县、阳高、繁峙、河曲、朔县、忻县等县知事则曾被记过处分。① 从 1917 年起，山西省陆续颁布了一系列禁烟规章条例，督责各县及乡村积极查禁烟毒。下表是 1917 至 1927 年山西省颁发的禁烟法规汇总，但若是加上有关禁烟的饬令、训令等文件，则有百余条。

表 9-13  1917—1927 年山西省政府禁烟法规汇总表②

| 法规名称 | 公布时间 |
| --- | --- |
| 《稽查队办事细则》 | 1918 年 7 月 6 日 |
| 《调验密报烟民规则》 | 1918 年 10 月 24 日 |
| 《修正稽查队条例》 | 1918 年 12 月 10 日 |
| 《各县戒烟局组织条例》 | 1919 年 1 月 15 日 |
| 《考核各县禁烟成绩规则》 | 1919 年 12 月 1 日 |
| 《各县区自治戒烟会章程》 | 1919 年 12 月 17 日 |
| 《禁烟检查委员会规则》 | 1920 年 2 月 27 日 |
| 《核准宪兵路警会同铁路弹压在各车站监视铁路机车及机器厂机车厂库房住屋等处偷运私藏禁物规则》 | 1920 年 12 月 8 日 |
| 《核准正太铁路巡警公所侦缉队规则》 | 1921 年 2 月 27 日 |
| 《区自治戒烟会内戒烟规则》 | 1921 年 8 月 8 日 |
| 《取缔商户运售金丹鸦片规则》 | 1922 年 1 月 25 日 |
| 《办理禁烟奖励条例》 | 1922 年 1 月 25 日 |
| 《查验包裹条例》 | 1922 年 2 月 16 日 |
| 《各县查获烟土金丹案发赏章程》 | 1922 年 3 月 21 日 |
| 《查禁贩吸烟民条例》 | 1922 年 9 月 8 日 |
| 《修订烟案给赏条例》 | 1922 年 11 月 4 日 |
| 《戒烟善后条例》 | 1923 年 2 月 13 日 |
| 《各县人民出省领照暂行章程》 | 1923 年 4 月 11 日 |
| 《各县查获烟土金丹案赏金期限及处分规则》 | 1927 年 3 月 5 日 |
| 《修正领用和平戒烟药丸戒烟章程》 | 1927 年 4 月 1 日 |
| 《规定各县领发各种和平戒烟药丸章程》 | 1927 年 8 月 11 日 |

① 山西村政处编：《山西六政三事汇编》（卷三），1929 年铅印，第 58 页。
② 山西村政处编：《山西村政汇编》（卷一），山西村政处 1928 年校印，第 1—6 页。

## 第九章 军阀时代烟禁的废弛

民初以来,山西省禁种罂粟从未间断,1918年在其他省份正是罂粟种植开禁甚至迫种的时候,山西省却颁布了《行知三道尹县知事严查种鸦片文》,该文指出,山西一直以来颁布告谕,严禁种烟、严密搜查,绝不使禁种功亏一篑。现正值春烟下种时节,为防止玩法奸民于穷乡僻壤偷种烟苗、破坏禁种,令各县知事"认真查禁,务期根株尽绝,倘经委员及派出军队发现偷种,多则立予惩撤,少则记过不贷"①。因此,在整个20年代,山西境内的罂粟种植基本得到控制,从外省输入的毒品是主要来源。故山西省的禁烟主要针对贩运及吸食。

在禁运方面。由于邻近省份皆种烟,故邻省毒品的流入较为严重。鸦片从甘肃、陕西两省途经山西西部的山路被秘密运进。吗啡、海洛因以及金丹、红白毒丸这些便于携藏吸食,不易查缉的毒品则从河南省遍布至汴洛铁路沿线,跨过黄河被频繁地运入省内。② 外来毒品的大量涌入,除了造成山西烟祸外,对山西的经济影响亦极大。阎锡山曾谓"山西自有外来鸦片及吗啡之消耗,现金输出,每年在1000万元以上。民国改建以来,社会经济,入不敷出,推其所以致此之由,鸦片吗啡之输入,实为一大原因。综上各情,不得不通盘筹划,另图禁烟方法,以扫除余毒,并为金融上根本之救济"③。可见,清除烟毒对于山西省而言,亦有经济上之考量。为此,山西省政府制定了不少稽查条例、规则,对"大宗贩运鸦片,或贩运吗啡及含有吗啡之药丸者,拟援照滇省禁种烟苗所定军法从事办法,尽法惩治,以绝来源,其小卖者,情节较轻,仍分别依刑律及吗啡治罪法办处"④。并在与绥远、陕西、河南、河北等省毗邻地区设立禁烟稽查队,在正太铁路所经地方设立军警严加盘查,以严防烟毒流入山西。稽查队覆盖省内27县,"注意出入境之人民及偏僻小路,尤须注意夜间偷渡者。破获贩卖鸦片匪徒,应迅将人犯姓名及鸦片量数,并通匪情形报告"。"其人犯,均应送交附近县署讯办。遇有持枪之犯,应即通知附

---

① 山西省公署:《治晋政务全书初编》(第8册),山西省公署1928年校印,第36页。
② 谷光隆编:《東亜同文書院阿片調查報告書》,愛知大学東亜同文書院大学記念センター2007,第95頁。
③ 阎伯川先生纪念会编:《民国阎伯川先生锡山年谱长编初稿》(一),台湾商务印书馆1988年发行,第252—253页。
④ 雒春普:《近代山西禁烟运动述略》,《晋阳学刊》,2000年021期。

近陆军,协同拿获。如附近无陆军,应派探跟至驻有陆军之地,请求协拿"①。

在黄河沿线,陆军所负责任更大。因黄河线延长,省府饬令沿河陆军与稽查队配合,务将陕土挡在黄河以西。为此,还特别规定:"凡赴陕之民必须由该县知事查明实不贩烟,给予赴陕执照,由沿河陆军验明放行赴陕。倘持执照之人,由陕回晋,带有鸦片,即将发执照之知事严加处分。"②对于省界各地所通过的货物的检查也是极为严格的。据日本旅行者1925年的观察记录,在潼关和茅津渡的过河场(与黄河相隔的河南省境地),一般商业货物自不待言,连普通通过者的随身行李都毫不遗漏地对里面的东西进行检查,甚至连小盒子、白糖、食盐等都一一查验。③ 对于查获烟土者的赏格极高,"无论何人抓获真正烟土一两者,赏洋二十元,二两者赏洋四十元,获数多者,依次递加"④。在严稽之下,山西的禁运效果显著。据统计,1918至1921年共破获烟毒案近5万余起,一些大量运售烟毒的罪犯被判处重刑或死刑。1922至1923年,逮捕专门从事进口鸦片走私者3000余人。1924年,逮捕各类鸦片经营者20000余人。⑤

在禁吸方面。1917年规定:"前次烟民,因戒犯病者,由省派员会同县知事,督率村长副,一律按户调查,非烟民者,令其五家出具户保切结,无互保者,以烟民论,分配药丸,限期治疗,期满后,再经发觉,依刑律及吗啡治罪法,从重处办;于治疗期间内,发觉吸食鸦片、施打吗啡及吞服含有吗啡之药丸者,仍依法分别治罪。"⑥此后,由于金丹、白丸肆虐山西,当时有舆论认为阎锡山禁烟不严,应对吸烟者处以死刑。但阎锡山却不认同以死刑治吸食,并谓:"山西禁烟,人多怪我办理不严,其实山西何尝没严厉办过。严字果万能,则全省烟丹之禁绝,绝不待于今日矣。献议者谓当严刑处分,一经拿获,枪毙几个,则后来者谁敢尝试。……此说何尝不持之有故,言之成理,枪毙人,一

---

① 《山西材政汇编》(卷一),山西村政处1928年校印,第19—20页。
② 山西省村政处:《山西六政三事汇编》(卷三),1929年铅印,第61页。
③ 谷光隆编:《東亜同文書院阿片調査報告書》,愛知大学東亜同文書院大学記念センター2007,第57页。
④ 山西省村政处:《山西六政三事汇编》(卷三),1929年铅印,第58页。
⑤ 谷光隆编:《東亜同文書院阿片調査報告書》,愛知大学東亜同文書院大学記念センター2007,第57页、58页。
⑥ 雒春普:《近代山西禁烟运动述略》,《晋阳学刊》,2000年021期。

举手之劳尔,吾岂不能者。……杀人而烟可禁净,吾何惮而不为。……此中尚有两层困难之问题:第一,吾人有所举动,当先合乎法律。现行暂行新刑律,吃烟者罪不至死,不当死而死之,岂非违法……既不能破坏中央统一有效之威信,复不愿使我山西 1100 余万同胞,骤失人身生命权利之保障。第二,则杀人以禁烟,全省烟民如是之多,能人人孰而杀之乎。"①因此,山西对吸食的治理依然在司法框架之内。

此后,山西省对机关行政人员吸食鸦片问题做了专门规定:"各机关各团体在事人员,有无烟瘾,应由各长官各领袖自行检查……如有吸烟嫌疑人员,立送省城禁烟调验局调验。其确无吸食鸦片及服食丸药抵瘾情事者,即取具本机关本团体同事三人互保甘结,签名盖章,汇送本署备案。自此次甘结以后,如有被人告发,调验属实,除将本人送交法庭依律惩办外,其具保人员,亦应受相当之行政处分。"②此后省署又陆续颁发相关文件,指出"厉行烟禁,首重在官人员","向来官场恶习,对于禁令之施行,于人民多注重,于官吏多松懈。山西烟害未清,亦坐此弊,此后官吏吸烟,凡有查报,均调省一律验究,以树正己正人之风"③。全省各县均以区为单位,设立自治戒烟会,负责检举烟民和发放戒烟药物。乡村间邻之间也成立戒烟会,以相互劝诫,发现烟民及时检举,并督促其自动戒绝。阎锡山还特别重视劝教工作,省内 150 个县区设有鸦片防止会,69 个县有万国拒土会的分会,专门致力于禁烟宣传,向村民和学生开展鸦片及麻醉药物相关主题演讲,或分发相关传单。④ 阎锡山还主持编订《家庭须知》《山西国民拒毒誓词》等小册子,劝诫百姓戒烟,并电令各基层官员,利用选举时机向民众多做禁烟宣传。手书劝谕各高等小学以上之学生,利用假期时间劝诫乡民戒烟。⑤ 各县镇把阎锡山的训令写在长宽 1.8 米以上的白墙上,特别将鸦片同缠足、赌博一起作为三大禁令告知民众,使大家知晓鸦片的毒害性,并提醒民众,一旦抓到吸食鸦片或吸食其他类似鸦片的人,就立刻将其送往戒烟所。规定收容的费用是向每人征收 30 元钱,

---

① 《阎锡山禁烟之宗旨》,长沙《大公报》,1922 年 7 月 28 日。
② 《山西六政三事汇编》(卷三),山西省村政处 1929 年铅印,第 55 页。
③ 《山西六政三事汇编》(卷三),山西省村政处 1929 年铅印,第 73—74 页。
④ 谷光隆编:《東亞同文書院阿片調査報告書》,愛知大学東亞同文書院大学記念センター 2007 印,第 56 頁、280 頁。
⑤ 山西省村政处:《山西六政三事汇编》(卷三),1929 年铅印,第 69—74 页。

若是能戒掉大烟的话,一年后才允许回家。① 山西省教育厅下令,在学校教育开展的课程中加入反麻醉药剂的教科书、插图、歌曲等,并动员学生上街游行,宣传禁烟,一时间各县学习纷起响应,禁烟声浪遍及山西城乡。② 山西省的禁吸效果也是十分显著的。

据统计,1918 至 1921 年,全省勒令戒绝的烟民有 11 万余人,劝戒和自戒者尚不包括在内。1922 年查获鸦片、吗啡等 40000 盎司,烟具 18000 余。1922 至 1923 年,因吸食鸦片而被逮捕者 15000 余人。1924 年,吸食鸦片被逮捕及收容者达 80000 余人。③ 至 1925 年,警察逮捕的走私犯 21000 余人。据日人的旅行调查,从山西南部的潼关对岸开始,北至大同,沿线一次都没有目击到吸食大烟的状况,而且连烟味都未曾闻到。该年,山西省万国拒土会的会员增加至 18900 人。戒毒所收容患者人数突破 10 万人,其中成年男性 93000 余人,成年女性 9000 余人,未成年人 400 余人。④ 当时山西省总人口为 1100 余万,吸毒者为 10 余万人,即吸毒者达到了总人口的 1%。当然统计数据肯定会小于实际数字,但与其他省份的数据相比,山西省的禁吸成效还是十分显著的。

上述禁烟成绩是当时其他省份无法相比的,由此,山西省也被北洋政府授予"模范省"的称号。但 20 年代后期,日本人在华北地区大肆推销毒品,吗啡、海洛因及金丹等毒丸,导致山西毒品再次泛滥,山西省甚至被人称作"金丹白面世界"。直至抗战爆发,山西沦陷,民初禁烟成绩丧失殆尽。

8. 绥远特别区

绥远在民初时,虽有禁烟,但种植始终未绝。土默川、河套、后山是绥远的三大鸦片种植区。据史料记载,萨拉齐县有 9000 余亩水地及 5083 亩旱地

---

① 谷光隆编:《東亜同文書院阿片調査報告書》,愛知大学東亜同文書院大学記念センター 2007 印,第 56 頁。
② 谷光隆编:《東亜同文書院阿片調査報告書》,愛知大学東亜同文書院大学記念センター 2007 印,第 280 頁。
③ 谷光隆编:《東亜同文書院阿片調査報告書》,愛知大学東亜同文書院大学記念センター 2007 印,第 57 頁、58 頁。
④ 谷光隆编:《東亜同文書院阿片調査報告書》,愛知大学東亜同文書院大学記念センター 2007 印,第 57 頁、279 頁。

用于鸦片种植。① 包头城外的水浇地三分之二都种上了罂粟。② 而1915年前后,仅托克托县种植鸦片即达五六百顷之多。③ 1917年,蔡成勋任绥远都统,虽然他多次颁布禁烟法令,但更讽刺的是,为了筹措军费,他又从陕西购买罂粟种子,发给各地区种植。④ 1919年,马福祥任绥远都统,其设立禁烟督察处和禁烟善后总局两个机构专司禁烟⑤,却以筹饷为名,大肆征收鸦片赋税。因此,马福祥统治时期,绥远的鸦片泛滥问题是最严重的,据当时报载:"近二年,绥远一带遍地种烟。"⑥1920年,仅归绥城即有30余家烟土店、烟馆相继开张营业。⑦ 当局对每烟馆月收税4元至12元不等,马福祥甚至将甘肃烟土运至绥远售卖。⑧ 由于当时从陕、甘一带走私进入绥远的鸦片数量较多,马福祥却因缉私,从而使自己接收了这项生意。被没收的烟土由政府售卖,每100盎司附加30元的税额。管辖这项事宜的机构称作"三镇",即所谓的镇压走私、镇压吸食和镇压种植。1923年,全年三镇的收入达50万元。虽然北京的参议员弹劾了马福祥的做法,但事情并未有任何改变。⑨

1924年后,冯玉祥的西北军控制绥远,由李鸣钟任绥远都统。李鸣钟厉行烟禁,种植者处以死刑,贩卖者与吸食者衣以奇服,缚之游街,一时收效显著。1925年夏天,据日本旅行者的观察记录,包头、归化城、丰镇等地沿街都悬挂着禁绝鸦片的训词。另外,大约有两周都没有看到吸食大烟的现状,也没有闻到烟味。由此可见,禁令已显示出其有效的一面。⑩ 为了加强禁烟,

---

① 韩绍祖等修撰:《萨拉齐县志》,卷八(产业),土默特右旗史志办公室2010年刊印(原书1941年铅印),第433页。
② 张贵:《阴山集》,内蒙古人民出版社2000年版,第151页。
③ 《内蒙古文史资料》,第31辑,政协内蒙古文史资料委员会1988年编印;《托克托县文史资料》,第3辑,政协托克托县文史资料编委会2000年编印,第254页。
④ 江口圭一:《資料日中戰爭期阿片政策——蒙疆政權資料を中心》,岩波書店1985年版,第82页。
⑤ 《内蒙古文史资料》,第31辑,政协内蒙古文史资料委员会1988年编印,第15页。
⑥ 《今日各省之禁烟》,长沙《大公报》,1921年9月18日。
⑦ 呼和浩特市地方志编修办公室:《呼和浩特市志》(下),内蒙古人民出版社1999年版,第653页。
⑧ 马模贞主编:《中国禁毒史资料:1729年—1949年》,天津人民出版社1998年版,第762页。
⑨ 谷光隆编:《東亞同文書院阿片調查報告書》,愛知大学東亞同文書院大学記念センター2007印,第58页。
⑩ 谷光隆编:《東亞同文書院阿片調查報告書》,愛知大学東亞同文書院大学記念センター2007印,第59页。

李鸣钟还亲自上街搜查,据传其经常"深夜外出查访,如遇到有形迹可疑,即逾墙而入,如果人赃并获,立即带走,判为监禁"。当时审判长于景文的烟具,就是李鸣钟亲自搜查并焚毁的。① 可见与前任都统相比,李鸣钟的禁烟是认真的。

然而军阀统治的本质,使得禁政努力注定是短效的。大局不定,军阀间战争的常态化,使得绥远当局终无暇顾及禁政,故各地种植纷起,烟禁再次废弛。1926 年,商震代理绥远都统。当时鸦片问题十分严重,政府为补充日益增长之军费,增加烟亩罚款,每亩地征收 20 元。至 20 年代后期,绥远当局干脆放弃禁令,鸦片贩卖与运输公然行事,用以吸食鸦片的烟枪、烟灯等工具直接摆放在街边的露天集市上交易。政府明派烟款,定为全省烟款 120 万元,分配数目:萨县 17 万元、归绥 16 万元、包头 14 万元、括县 10 万元,其余各县均在 10 万元以下,最少者为陶林县,为 5000 元。②

9. 热河特别区

民初时期,熊希龄任热河都统,严格奉行中央禁烟法令,效果显著。关于热河弛禁的时间,有档案资料显示,1919 年热河产烟逾 500 万两,其中私运进口者 300 余万两。③ 但据报纸记载,热河是 1921 年春才弛禁鸦片,且"毒苗遍于十五县"。时任都统姜桂题的毅军每亩烟田收费六七元。④ 研判资料,我们可以认为 20 年代之前,热河的烟土以外来为主,但肯定已经有私种,否则不可能在 1921 年一开禁就遍及各县。弛禁的原因当然不外乎财政与军费,据当时热河都统公署参谋李赞廷回忆,姜桂题种鸦片、收特捐,还有北京政府之默示。⑤ 此说真伪不得而知,热河种植罂粟亩数的具体数目亦难以细究。根据辽宁省档案馆的资料,1927 年热河各地区罂粟种植情况如表 9-14:

---

① 中国人民政治协商会议内蒙古自治区委员会文史资料研究委员会编:《内蒙古文史资料》(第 31 辑),政协内蒙古文史资料委员会 1988 年编印,第 9 页。
② 谷光隆编:《東亜同文書院阿片調査報告書》,愛知大学東亜同文書院大学記念センター 2007 印,第 305—306 頁。
③ 承德市档案馆档案,转自杨民:《热河鸦片问题研究(1912—1933)》,河北大学硕士论文 2011 年,第 21 页。
④ 轶尘:《平泉通信》,天津《益世报》,1921 年 10 月 3 号;《姜桂题借口筹饷勒令热属种烟》,《申报》,1921 年 4 月 27 日。
⑤ 中国人民政治协商会议全国委员会文史资料委员会编:《文史资料存稿选编》(晚清北洋卷),中国文史出版社 2002 年版,第 342 页。

表 9-14　1927 年热河各地区罂粟种植表①

| 地区 | 种植亩数 |
| --- | --- |
| 滦平 | 150 |
| 平泉 | 2000 |
| 围场 | 1500 |
| 赤峰 | 1000 |
| 绥东 | 120 |
| 经棚 | 150 |
| 林西 | 120 |
| 开鲁 | 150 |
| 总计 | 5190 |

应该说官方数据肯定是不完全统计，亦未将所有县区统计进去，实际数字远高于此。1926 年，热河开始征收特别印花税，每亩征收 3 元。该年热河特别印花税收总额在 46 万余元。按此数据，则热河征税烟亩数就达到 15 万余亩，显然上表中的统计是极低的。按照 1925 年日人之调查，热河种植面积最多的为平泉县，围场次之，赤峰及凌源位列第三，最少的是开鲁、绥东、阜新。② 这与上表中各地区的种植地位还是相符合的。总之，热河罂粟种植十分广泛是不争的事实，据日人观察，山间僻壤处与居民庭院内均有栽种罂粟，导致 1925 年人们的主食粟、充当马粮的粟秆的价格逐渐高涨，反而鸦片的价格日渐下降。③

热河所产烟土除了少部分自销外，大部分运往北京、天津、河北、东北，甚至远至南方的安徽、上海等处。④ 因其销售区域不同，热河鸦片有不同的名称，从长城各口进入华北地区的称之为"北口土"，向西进入察哈尔、绥远的称之为"东土"，流入东北地区的称之为"西土"。贩运路线大致为：从八里罕（喀

---

① 近代史资料编辑部编：《近代史资料》（第 87 号），中国社会科学出版社 1996 年版，第 263 页。
② 谷光隆编：《東亜同文書院阿片調査報告書》，愛知大学東亜同文書院大学記念センター 2007 印，第 557—558 頁。
③ 谷光隆编：《東亜同文書院阿片調査報告書》，愛知大学東亜同文書院大学記念センター 2007 印，第 557 頁。
④ 《北京禁烟委员会发表调查鸦片、吗啡贸易之结果》，《申报》，1919 年 1 月 20 日。

喇沁中旗境内)出发,经三十家子(凌源县境内)、青龙县进入河北;从隆化县起程,经兴隆进入河北;从围场县起程,经过丰宁、虎什哈(滦平县境内),由古北口或石匣镇(密云县境)入北京;从赤峰县经围场县到多伦诺尔的独石口进入察哈尔;从赤峰县出发,经过开鲁到兴安进入东北;由赤峰县经乌丹(赤峰境内)、大板(今赤峰市巴林右旗大板镇)、林东(今赤峰市巴林左旗)进入东北;由朝阳县经北票(今阜新北票县)、义县(今锦州市义县)进入东北;从承德、平泉、叶柏寿(今建平县)经朝阳进入东北。① 历任军阀都很重视热河鸦片的外运,从1921年开始,热河就由"热河兴业银行"专门负责有关鸦片的业务,包括对烟农贷款、烟土收购、烟土售卖,该银行在北京、天津设立分处,负责热河鸦片的分销。② 有时军阀还利用机会亲自参加鸦片的贩运。汲金纯任都统时,其长子汲叙五由锦州到奉天,携带热河烟土1箱,3000余两,藏于奉军军械内。阚朝玺任都统时,曾亲自率领卫队押运480驮烟土,从承德至奉天。汤玉麟统治热河后,成立保运局,专门负责烟土的武装押运。省公署将贴上封条的烟砖,整车运往京津地区。

热河军阀所征收的鸦片税,与其他地区类似,不外种植、运销、消费三大类及各种附加费。种植税在热河称为"烟地罚金"。民初,熊希龄任都统时,曾规定偷种罂粟者,每亩罚款5元。此时热河执行严格的烟禁,这是真正的罚款性质。而姜桂题统治时期,每亩烟田收六七元,虽然仍称罚金,但事实上已经称为一种税收。后来姜桂题又将地分等级,每亩按等级收取罚金,一等14元、二等12元、三等10元。③ 汲金纯任都统后,取消按等收取罚金制度,每亩烟田一律收取6元。此后,阚朝玺、汤玉麟又分别将每亩罚金提升至6.86元、7元。就数据而言,姜桂题时期,地亩分等级收费似乎是最高的。考虑到热河金融的混乱,汲金纯及其后任不一定是降低了烟地罚金。汤玉麟收税7元,怕烟农抵制,还承诺取消任何附加费用。④ 可见,7元已经是很高的

---

① 杨民:《热河鸦片问题研究(1912—1933)》,河北大学硕士论文2011年,第19—20页。
② 中国人民政治协商会议全国委员会文史资料委员会编:《文史资料存稿选编》(晚清北洋卷),中国文史出版社2002年版,第530页。
③ 中国社会科学院近代史研究所编:《中华民国史料丛稿·大事记》,第7辑,中华书局1987年版,第41页、132页。
④ 承德市档案馆档案,转自杨民:《热河鸦片问题研究(1912—1933)》,河北大学硕士论文2011年,第33页。

税收了。汤玉麟还规定,若烟农无现金,可以在收割时将烟土按照市场价折抵税款。烟土的消费税有"烟膏罚金""烟灯罚金""吸户罚金"等。热河民众吸烟亦十分普遍,当时热河有一句通行之歌谣:"骑好马,坐好车,不吸大烟不算阔。"据日人观察,在热河,除了小商人,很难看到不被鸦片侵蚀的脸庞。县公署、警察署、某某局、某某所、银行、商家、住宅都备有烟具。谈判、宴会、商谈都在蒙蒙烟雾中进行。① 吸户由禁烟局按季发给执照,每灯月收捐2元。此项执照无论吸烟与否,都必须承领。鸦片出口要缴纳"出境捐",大多数时候维持在每两大洋2角。一度还可以按比例兑换成兴业银行银圆票支付,但由于银圆票贬值,后废止。若将鸦片交由前述汤玉麟成立的保运局押运,则只要缴纳包运费,出境税就可免除。除了上述各类捐税外,还有前文所提及的从1926年开始照每亩3元征收的特别印花税。

至于热河军阀每年所征收的鸦片税捐总量,目前亦未见比较权威、可靠的数据。据日人1925年之调查,热河当局获得鸦片税捐七八百万元,仅赤峰的预定额就达一百四五十万元。② 此种估计可能过高,按照每亩收取9至10元的费用(烟地罚金加印花税),加上消费税、出境税等,要达到七八百万元,热河的烟亩数要超过100余万亩,而赤峰一地就要种植20余万亩,显然与事实不符。

10. 东三省

"九一八事变"之前,东三省均处于奉系军阀的统治之下,由于奉系在东北的统治相对稳定,故其考虑到统治的长效性,民初东北都施行比较严厉的禁烟政策。直到1927年,张作霖进一步扩军备战,财政匮乏,东北才全面走上弛禁鸦片的道路。东北地广人稀,所谓的奉系军阀统治,无非也就是一个大军阀依靠一批中小军阀在实施统治。虽然这些军阀并未像四川那样爆发战争,但对于禁烟各怀鬼胎,故禁烟政策在很多地区效果不显,鸦片的种植、贩运、吸食并未断绝。只能说部分地区在一段时间之内,禁政是比较得力的,如张作相统治下的吉林省。此外,东北的匪患始终很严重,加上拥有治外法

---

① 谷光隆编:《東亜同文書院阿片調査報告書》,愛知大学東亜同文書院大学記念センター2007印,第562頁。

② 谷光隆编:《東亜同文書院阿片調査報告書》,愛知大学東亜同文書院大学記念センター2007印,第557頁。

权的日韩籍人士的普遍走私、中俄边境的大规模种植，这些因素都加重了东北地区的烟祸。

(1) 禁烟机构与禁烟法令

1918年，张作霖任"东三省巡阅使"，标志着统治东北的开始，此后他陆续颁布《施药章程》《稽查简明条例》等禁烟条例。1922年，第一次直奉战争失败之后，奉系军阀退回关外，为图东山再起，张作霖决心对军队进行整顿，其中就包括军人的吸烟问题。规定"发现军人吸食鸦片者，不仅立即开除，而且要依法严惩"[①]。在张作霖的推动下，东三省陆续成立禁烟局，颁布禁烟法令。

奉天省成立全省禁烟总局，事务直接归省长办理，各县设立禁烟分局，分局长由各县长任命。奉天省禁烟章程规定，吸食人员必须交奉天元20元，领取戒烟证。30岁以下的吸食者一律强制戒除，30岁以上给予3个月限期，40岁以上给予4个月限期，50岁以上给予5个月限期。年老多病的人酌情放宽期限，按照期限交换许可证。没有戒烟证并私自吸烟的人，缴纳普通戒烟证费用的10倍以上、20倍以下的罚款。贩卖或私藏烟土者，限在一定期限内报所属禁烟局，获得销毁证后可将烟土作为禁烟药品售卖。从外省买入或运到外省储藏的烟土，及未粘贴销毁证的私有烟土，处以普通销毁费20倍以上、50倍以下的罚款。销售粘贴销毁证的鸦片给未持有戒烟证的人，按销售价格的5倍以上、20倍以下处以罚款。允许百姓开设禁烟药局，但要从所属禁烟局获得许可证。许可证的费用依据资产总额及销售额分为甲、乙两等，甲等每月600元，乙等每月400元。没有拿到许可证就私自开设禁烟药局的人，没收其全部药品。此外，按照没收物品原价的30倍以上、50倍以下罚款。各地禁烟局须在春分时期派遣官员去地方，与地方警员一起分赴各区做调查，如果发现种植烟苗的人，在一定期限内禁止其栽种，并将种植的花名、亩数悉数汇报。在立夏后则加派官员，严查此前报告的花名、亩数。如果超过限期仍未铲除，每亩缴罚款奉天洋30元，罚款金额、种植花名、亩数等以表格记录并汇报。凡是不汇报便种植罂粟，或者有植多报少、企图减少费用的行为，按普通税额的5倍以上、20倍以下处以罚款。如果各区村长包庇私

---

① [英]加文·麦考马克：《张作霖传》，毕万闻译，湖南人民出版社2014年版，第114页。

自种植者,不仅按章程处罚私自种植者,还按同等金额对村长罚款。①

　　黑龙江省禁烟总局章程与奉天省类似。全省成立禁烟总局,各县设立禁烟分局,分局局长由总局任命。在繁华、重要的市镇设立禁烟分所,由分局负责。规定吸食者要领取戒烟证件,缴纳大洋4元,30岁以下的吸食者一律强制戒除。30岁以上的吸食者自领取戒烟证起,有3个月吸烟期,在此期间内不追究责任。否则处以戒烟证10倍至20倍的罚款。如因体质虚弱或年老多病导致规定期间内无法戒除的话,须在截止日期的前三天向该分局所申请延期,待查明后发放戒烟证,以便日后检查。在售卖方面,亦是发放销毁证及允许开设禁烟药店,许可证费用为甲等每月大洋140元,乙等100元,丙等60元,丁等30元。没有获得许可证而私自开设禁烟药店者,将没收其全部药品,并按照没收药品原价的30倍以上、50倍以下罚款。在禁种方面,章程规定,每年清明节前后20日,各禁烟分局须派遣工作人员赴地方,协助警团奔赴各区与村长协商后对每家每户进行调查。若发现罂粟苗则规定禁止栽种的期限,并且每亩罚款大洋1.5元,发放"罚金收取证"。此外,调查花名、亩数并制成表格,向总局报告以备调查。夏至后20日以内,分局再次派遣工作人员,彻底查验之前报告过的花名、亩数。如有超过禁种期限而仍然栽种者,每亩罚款大洋2.5元,发放罚金收取证,引以为戒。此外,要把罚金金额和收取罚金的花名、罂粟栽种面积制成表格报告,禁止虚假汇报。对罂粟栽种者知情不报或者为减少罚金(种植税)故意少报者,按照罚金(税款)的5倍以上、10倍以下罚款。若各区村长知情不报或暗中相助,处以同等罚金。②

　　奉天省与黑龙江省从制定的政策而言,是显而易见的专卖政策。在二省之后,吉林省亦制定了相类似的《禁烟章程草案27条》。但吉林省当局几经商讨后,主张依照张作相之意进行实质性戒烟。由此,废除上述全部草案,制定了《吉林省禁烟章程》,命令全省刑所、省内各部门及各县知事衙门等严格执行。实行不同于奉天及黑龙江省的严禁政策,在省内的阻力并不小,但张作相力排众议,反对鸦片官营。据传张作相反对的原因,在于至今为止已有

---

　　① 谷光隆编:《東亜同文書院阿片調査報告書》,愛知大学東亜同文書院大学記念センター2007印,第305—319页。
　　② 谷光隆编:《東亜同文書院阿片調査報告書》,愛知大学東亜同文書院大学記念センター2007印,第319—324页。

近千人在严厉取缔鸦片的整治活动中被处死,若是突然解除禁令并鼓励种植,将会无颜面对那些死去的人。吉林省的禁烟章程规定:省内严禁种植、贩卖鸦片,违者严惩。允许通过省界向辽宁、黑龙江两省贩卖鸦片,但须提供本省的禁烟证、销毁证。允许通过贴有奉天、黑龙江两省销毁证的禁烟药材,吉林省各地设有检查所,上述二省药材经过吉省时,须提前到检查所登记领取通过证。但发放该证时,每两鸦片须缴纳 4 块大洋。将鸦片运输、贩卖至辽宁、黑龙江而途径本省时,禁止在本省内贩卖或长时间逗留,运输工具为铁路时逗留时限为 5 日,其他方式则为 10 日。单人携带量为 50 两以内,超过则处以 1 至 10 倍的罚款。① 由于吉林省的禁烟政策严厉,其成效自然好于奉天与黑龙江二省,特别是在禁种方面。

虽然各省均颁布了看似严厉的禁烟法令,且在每年的解冻期均要贴出告示加强警告,但实际上督察均应付了事,所谓的军队讨伐也只不过为了赚钱的目的。当时东三省的官吏俸禄微薄,且常遭拖欠,多靠鸦片相关的诸行维持生计,乃至敛财,这已是公开的秘密。如宁安县下的一个署长,曾以充作县警察费的名头,向县下五区长提出各征 100 两鸦片的命令。② 一般的官公吏都想与巡警、士兵等共同监察鸦片的种植、搬运、吸烟、贩卖等工作,想从中捞得好处。至 1927 年,政府当局甚至公开劝种。据奉天省长公署密令:"东风来后冰雪消融,转瞬到了耕作时间。若不早早令农家准备耕作,恐有误期之虞。去年播种大烟收成不佳,晚种是其因之一。若欲多收税款,关键在于向各地官绅多多宣传。"各知事接密令后,召集各区长分赴各乡村,劝令农户即时播种,当烟苗发芽时,各区长切实做好辨别耕作物的调查并报告县里。此外,复县政府文件显示,当时东三省临时筹备总局还向各县发布关于罂粟栽种新方法的密令,提醒农户种植时,首先作畦,播种时应加入三分之一的粟,再轻轻盖土,这样产量会更高。并要求各属最低耕作 1 万亩,将来制定奖惩规则可参考耕作亩数之多寡。③ 在当局如此政策之下,东三省的烟禁最终仍

---

① 谷光隆編:《東亜同文書院阿片調查報告書》,愛知大学東亜同文書院大学記念センター 2007 印,第 371—372 頁,第 414—416 頁。
② 谷光隆編:《東亜同文書院阿片調查報告書》,愛知大学東亜同文書院大学記念センター 2007 印,第 465 頁。
③ 谷光隆編:《東亜同文書院阿片調查報告書》,愛知大学東亜同文書院大学記念センター 2007 印,第 566—568 頁。

是废弛,吉林省的良好局势亦终不可久持。

(2) 种植情况

总体而言,东三省的鸦片和麻醉药剂交易量极大,罂粟栽种的主要区域在吉林和黑龙江两省的西伯利亚地区以及中朝交界处沿线一带。而零散的种植,东三省全境皆有。从事鸦片种植的,大多为流入的山东人或者朝鲜人,他们通过贿赂军队、政府、马贼的方式种植鸦片。

奉天省。1925年之前,全省罂粟种植规模都不算大。南部锦州、兴城、绥中、锦西、丰乐、义县诸地,虽然罂粟种植很少,但鸦片消费量十分巨大。此地的鸦片大多来自热河附近地区。北部以法库门为中心的地区同样罂粟栽种很少,但烟馆不少,多数由日本人经营。在省城奉天,虽然政府执法相当严格,但奉天城的确成为麻醉药物交易的一大中心。在关东州①租界内,日本政府实行鸦片专卖制度,州内鸦片种植量极少。日本政府专卖的鸦片多数是从伊朗进口的,1916至1925年,经大连港进口的鸦片平均每年为32000磅。② 1925年之后,奉天省的鸦片种植开始增多,至1927年全省58县已达两百万亩。奉天将各县的罂粟栽种地分作上等3万亩、中等3万亩。由于各县长奖励人民种植,辽阳、海城、铁岭、开原各县皆种植五六万亩以上。③

吉林省。鸦片产地靠近东部边境线,以东宁、穆棱、宁安为中心。④ 在这里,栽种罂粟比种植小麦和大豆更受重视,鸦片成长周期也比其他大多数地区短,因此即便是在偏寒土地也会长势良好,各种新兴产业、杂货店、餐馆、风月场所也看好这里的鸦片。20年代初期的鸦片种植面积与产量难以确知,但据说每年鸦片收入可达400万元左右。据日人调查,1923年,吉省种植罂粟大约为84550亩,1924年约43550亩,1925年约28400亩。⑤ 种植数量的减少,应该是张作相的严禁种植政策所起的效果。但1925年之后,吉林的罂

---

① 指山海关以东,包括旅顺和大连。
② 谷光隆编:《東亜同文書院阿片調査報告書》,愛知大学東亜同文書院大学記念センター2007印,第303—304页。
③ 谷光隆编:《東亜同文書院阿片調査報告書》,愛知大学東亜同文書院大学記念センター2007印,第460页。
④ 此三处地方今归属黑龙江省。
⑤ 谷光隆编:《東亜同文書院阿片調査報告書》,愛知大学東亜同文書院大学記念センター2007印,第304页。

粟种植亦逐渐增多。以边境宁安县为例,20年代初期,宁古塔附近被称作鸦片之乡,其山间各处鸦片遍地生长,花期时到处都是大花园的景象,美不胜收。陆军旅长李振声在宁安县上任后,极力取缔鸦片种植,及至1925年,几乎看不到种植的踪迹。然而,他调任后,鸦片种植再次出现。1927年,以西山地区、南湖头地区为中心,该县预计达到2000垧①地的种植量,各地都是美丽的花园。宁安县再度恢复为鸦片之乡。延边地方亦大范围种植鸦片,最繁盛的是与敦化县接壤的一带,和龙县相邻接的延吉地区、安图县、抚松县也较为繁盛,烟匪们自行烧毁森林、砍伐森林以栽种罂粟。额穆、敦化附近的鸦片种植非常密集,很多是烟匪所种。②

黑龙江。黑龙江省位于最北端的中俄边境,主要区域为东宁县三岔口、绥芬河及俄属尼科尔斯克附近,有大规模的鸦片种植,多数是由中国人经营的,也有少数由俄国人及朝鲜人经营。第一次世界大战的爆发更是助长了种植趋势。战争期间,鸦片价格飞涨,海参崴政府为缓和财政,容许无限制种植罂粟,并公开承认销售,自此鸦片以决堤之势传播开来。虽然此后经过中俄交涉,一度(1923)禁止在俄领土种植鸦片,然而黑龙江地区东北部鸦片种植尤甚,如中东铁路东半部,铁路沿线之处皆有种植。特别是绥芬河地区,张宗昌不仅允许种植,还公然命令军队种植,许多居民也在自家院内种植。然而1924年,中东铁路护路军总司令朱庆澜却严禁种植鸦片,并严令违者严惩处以死刑。铁道沿路附近各地种植方逐渐杜绝,同地区和沿海州的官宪、军队所管辖之地乃至内地也禁止种植鸦片。③

东北沿线地区的情况大体如此。根据某英国人的调查,仅1923年栽种的罂粟面积,东北沿线地区就达到了3万垧。不过,远离铁路的山间僻地并未计入。因此,不难想象若是进行总量合计,产量将会是何等的惊人。现将1923年度的主要栽种地区及其面积,列出如下:

---

① 旧时土地面积单位,各地不同,东北地区多数地方1垧合15亩。
② 谷光隆编:《東亜同文書院阿片調査報告書》,愛知大学東亜同文書院大学記念センター2007印,第365—366頁。
③ 谷光隆编:《東亜同文書院阿片調査報告書》,愛知大学東亜同文書院大学記念センター2007印,第358—359頁。

表 9-15　1923 年东北沿线部分地区罂粟种植面积统计表①

| 地名 | 种植面积（垧） |
|---|---|
| 绥芬河 | 约 10000 |
| 穆棱 | 2500 |
| 乌吉密 | 1400 |
| 横道河 | 1100 |
| 小绥芬 | 850 |
| 石头河子 | 800 |
| 芦沙河 | 700 |
| 细鳞河 | 500 |
| 阿什河 | 350 |
| 东宁县 | 约 5400 |
| 八站 | 1800 |
| 一面坡 | 1200 |
| 海林 | 950 |
| 站马 | 800 |
| 磨刀石 | 700 |
| 特月河 | 600 |
| 牙不力 | 350 |
| 唱儿山② | 180 |
| 合计 | （约）30180 |

但到了 1926 年，经统计，仅黑龙江一省的种植面积即达 6 万垧。③ 而一垧地的收入主要在雇主、雇工、军队、官吏、马贼间按势力分配。

---

① 谷光隆编：《東亜同文書院阿片調査報告書》，愛知大学東亜同文書院大学記念センター 2007 印，第 368 頁。
② 谷光隆编：《東亜同文書院阿片調査報告書》，愛知大学東亜同文書院大学記念センター 2007 印，第 368 頁。
③ 谷光隆编：《東亜同文書院阿片調査報告書》，愛知大学東亜同文書院大学記念センター 2007 印，第 418 頁。

表 9-16　单位种植面积成本表①

|  | 收成欠佳 | 收成中等 | 收成最佳 |
| --- | --- | --- | --- |
| 一垧地的收成 | 15 斤 | 22 斤 | 30 斤 |
| 地租及种植费 | 1 斤 2 两 | 1 斤半 | 2 斤 |
| 采摘者的工资 | 3 斤 | 5 斤 | 9 斤 |
| 各类税款 | 4 斤 | 4 斤 | 4 斤 |
| 相抵余额 | 7 斤 8 两 | 11 斤半 | 15 斤 |

从表 9-16 可以看出,假设鸦片的价格在每斤 20 至 30 元,那么在收成欠佳的情况下,种植者所得收入为 156 元或 234 元;在收成最佳的情况下,其收入为 300 元或 450 元(除上交外)。当然,种植者还要拿出部分收入贿赂军队、官吏,即所谓的官刀,此外还有贿赂马贼的费用。对于一垧地的收成,所在地方的主要官吏或军队要强制征收 18 两或者 20 两;下属的官吏强制征收 2 两或 3 两;沟头、保卫团等强制征收 1.5 两或者 2 两,共计 21 两或者 25 两。需要指出的是,当时使用的度量衡是由军队、官吏自制的,与普通的度量衡相比会出现一半以上的误差,因此理应只需要缴纳 20 两的官刀,实际却需要缴纳 30 两以上。官刀是很难瞒报的,因为官吏和军队会在开花时期派人偷偷调查鸦片的种植面积和生长情况等。一般分配情况是:假设总收获量是 100 斤,如果沿线附近军队势力强大,则按照雇主和劳工 40、军队(官吏)35、马贼 25 的比例分配;如果腹地马贼势力强大,则按照雇主和劳工 50、马贼 35、军队 15 的比例分配;而在军队势力完全波及不到之处,则按照雇主和劳工 70、马贼 30 的比例分配收入。此外,还有一种情况,如 1923 年,绥芬河附近的罂粟栽种费、佣金、鸦片税款以及其他的金额数目庞大,但其中一半被送到了保安总司令的手里,四分之一被当作护路军费,剩余的则被镇守官吏当作了私人财产。②

（3）贩运与售卖

在以绥芬河、东宁为中心的东满以及北满、沿海州一带,私自栽种罂粟

---

① 谷光隆编:《東亜同文書院阿片調查報告書》,愛知大学東亜同文書院大学記念センター 2007 印,第 379 页。
② 谷光隆编:《東亜同文書院阿片調查報告書》,愛知大学東亜同文書院大学記念センター 2007 印,第 379—380 页。

田的面积为 2 万至 6 万垧，产量为 36 万至 110 万斤，价格为 720 万至 2200 万大洋。其中，鸦片产量的五分之一用于当地消费，剩余的五分之四则被运往各地。

绥芬河一带收获的鸦片大部分被送至绥芬河、小绥芬地区，另一部分被送至中东铁路东部线的各个车站后，经中东铁路送往哈尔滨、长春、奉天、大连等地。在绥芬河地区，鸦片已俨然成为公开的秘密。在山区的道路上安置了马贼的监视岗，只要向他们支付若干的出口税，就可以在他们的保护下轻易地将鸦片从山区运送出来。如果想通过铁路将鸦片运往各地的话，就要受到官府严格的监视。事实上，官府并不会公然对其进行严格的管控。鸦片一旦送到绥芬河地区，就会混入其他物品当中，之后再运至其他地区。从密山经穆棱、宁古塔、额穆到达吉林的道路比较规整，这是因为鸦片的大多运送要经过此处。

绥芬河以外地区的鸦片运送路线和地点大致相同，一般是海参崴、吉林、哈尔滨、长春，还有经停的奉天、营口、大连、安东县、朝鲜、天津、北京、山东、上海等地。据调查，经长春运送的鸦片收入每月约 30 万元，一般送至长春，则价格翻倍，送至山东、上海等地，则价格翻 3 倍。所以，就算运三回被没收一回也不亏，这种生意可谓一本万利。

从事鸦片走私运输的人大多是居住在绥芬河的俄国人、中国人、朝鲜人，可以说，北满地区的朝鲜富豪都是靠鸦片发家致富的。偷运大量鸦片则需要与列车司机合作，比如在运送煤炭的车辆底部偷偷放入鸦片运送，但必须在车站内骗过检察人员。而检举鸦片则成为海关、军队、巡警等赚外快的方法。若是发现目标，通常是没收或者协商解决，即分配现货或是收钱放人。偷运鸦片除本人外，还有不少委托代理人运送。当然，有军方背景的代理人肯定是最为可靠的。1921 年夏，华东线的太平岭站附近的列车遭到马贼袭击，之后便通过旅客列车与装甲列车相连的方法来保护列车的安全。据传在 1922 年 8 至 9 月，该装甲车看起来就像鸦片走私运送车一样，从绥芬河至哈尔滨一段的运费为每斤 4 块大洋，从绥芬河至长春一段则为每斤 7 块大洋。另外，相传在绥芬河其他列车的乘务人员中，也有不少从事鸦片运输工作的。据俄国报纸报道，跨国卧铺列车的乘务员不仅经常从海参崴偷运鸦片，还在卧铺车内设置了秘密的搬运所。① 需要指出的是,鸦片经豪商及军队之手得以大规模地密运、密售。与此相反,吗啡、可卡因等麻醉药倾向于由小商贩密售。但无论是鸦片还是麻醉毒品的交易,通常都使用现金,而不使用交易契约书、发票等容易留下凭证的方法。

从国外进口的鸦片分为两种:一是从大连海关合法运进的。主要有伊朗、土耳其产鸦片,还有西伯利亚出产的"边土"。② 二是从俄国走私进口的鸦片,由于俄国沿海州与中国黑龙江省接壤地区的鸦片种植比较繁荣,进而走私至中国的鸦片数量也相当庞大。1923年,苏俄工农政府虽然下达命令禁止在国界处栽种罂粟,但是鸦片走私依然屡禁不止。张作霖方面认为,俄界罂粟种植及向中国走私鸦片是有政治背景的,即"中国官吏对白俄流亡人员态度宽容,故工农俄国大肆鼓励民众栽种罂粟,以此达到政策上的复辟及盈利的目的。在此利益的驱动下,他们开始在沿海县及黑龙江省栽种罂粟"。为此,张作霖向东三省的官吏及军警发出命令,严禁他们从工农苏俄进口鸦片。如果警察长官及军人违反了该命令,应予以附加军事野战的处罚。然而命令很快沦为一纸空文,走私进口鸦片的行为依旧猖獗,甚至部分走私的鸦片被镇守国境的中国军人私吞。③

鸦片贩运至消费地区就要售卖。售卖有批发、零售、烟馆消费等方式。必须提及的是日本售卖者,以大连市为例,以慈善机构面目出现的宏济善堂是日方经营的鸦片批发机构,此外还有公开从事零售业务的日商29家。仅1926年,大连日商就售卖伊朗鸦片2400斤,土耳其鸦片6193斤。④ 据日方机构调查,奉天经营着大型商店、大绸缎店、大药店的日商,均可以视为鸦片走私者。他们自命为满洲大商人,就连日方调查人员亦承认"显然是鸦片给

---

① 谷光隆编:《東亜同文書院阿片調査報告書》,愛知大学東亜同文書院大学記念センター2007印,第381—386頁。
② 谷光隆编:《東亜同文書院阿片調査報告書》,愛知大学東亜同文書院大学記念センター2007印,第388頁。
③ 谷光隆编:《東亜同文書院阿片調査報告書》,愛知大学東亜同文書院大学記念センター2007印,第387頁。
④ 谷光隆编:《東亜同文書院阿片調査報告書》,愛知大学東亜同文書院大学記念センター2007印,第391頁。

了他们实业家的体面,造就了现在的他们"①。关东厅在所辖区实行鸦片专卖,其没收的鸦片并不烧毁,而是转手卖给有执照的商人。如此一来,从商人到有吸烟许可的所有者,再到没有许可的中国人,从日本政府到关东厅形成循环,他们所得利益巨大。

(4) 烟馆与吸食

与中国其他地区一样,东三省吸食鸦片的现象亦十分普遍。吸食人口总数难以精确统计,据日人在部分地区的调查,大概吸烟人数占成年人口数的10%。这 10% 是可以认定为长期吸烟的瘾君子,如营口的人口数约 66000人,成年人约 30000 人,吸烟者 3300 余人。但有些地区的统计数据显示吸烟比例低于 10%,如新民府的住户总数约 30000 人,成年的男女共计 10000 人左右,吸烟者 350 多名。② 由于鸦片种植几乎被默许乃至鼓励,故吸食鸦片的场所——烟馆也相应被默许。中东铁路沿线各处的市区,均有大量烟馆存在,只要与当地军队、政府达成妥协条件之后便可安稳营业。烟馆收费,各地也不统一。有的根据烟枪的数量来决定,有的则根据烟馆的大小决定。全部烟馆的数量自然也是难以统计的,只能根据某些地区的资料及这些地区的人口来观察烟馆的密集程度。如奉天省城的烟馆中拥有许可证的达 545 间,并且兼营鸦片销售的旅馆、妓院、饭店等另有 545 间。③ 哈尔滨傅家甸有烟馆 80 多家,远近闻名。延吉市局子街有人口 8000,1100 户,各类烟馆总计约 63户。珲春地区共有 4552 人口、846 户,而烟馆数量达到 37 家。④ 表 9-17、表 9-18 是延吉市局子街及珲春部分烟馆的详情统计,可见当时烟馆运作情形之一斑。

---

① 谷光隆编:《東亜同文書院阿片調査報告書》,愛知大学東亜同文書院大学記念センター 2007 印,第 392 頁。
② 谷光隆编:《東亜同文書院阿片調査報告書》,愛知大学東亜同文書院大学記念センター 2007 印,第 507—508 頁。
③ 谷光隆编:《東亜同文書院阿片調査報告書》,愛知大学東亜同文書院大学記念センター 2007 印,第 460 頁。
④ 谷光隆编:《東亜同文書院阿片調査報告書》,愛知大学東亜同文書院大学記念センター 2007 印,第 394 頁、400 頁、402 頁。

表 9-17　局子街部分烟馆情形一览表①

| 开馆者或馆名 | 开馆者身份 | 吸烟者身份 |
| --- | --- | --- |
| 吴学青 | 曾是警察（其伯父是延吉县内的权势之人，任乡长代表法人之职，因其权势而收买了官署） | 下层阶级、地方有志之士 |
| 刘与同 | 县署书记（在延吉县署书记室内卖烟） | 县署官员 |
| 李某 | 地痞流氓（与镇守使赵某共同经营） | 军人 |
| 杨富贵 | 曾是军人（由第九团团长朱云福出资共同经营） | 排长以下之士卒 |
| 朱某 | 曾是军人 | 地方人（下层阶级） |
| 董某 | 曾为军队排长（由第九团三营某连连长资助共同经营） | 将校 |
| 王芝扬 | 曾为商务会会长 | 官公署干部 |
| 胡金声 | 曾为缉私队排长（由高等警察某科长出资共同经营） | 地方人 |
| 王某 | 监狱所长 | 服役中的囚犯 |
| 宫时允 | 曾为军人（由缉私队排长刘致山出资，共同经营） | 将校、各机关要职人员 |
| 杨某 | 地痞流氓 | 士兵、工人 |
| 李凤祥 | 曾为保卫团队长 | 将校、地方有权势之人 |
| 外二十七所（小馆） | 地方下层阶级之人 | 地方下层人士 |

表 9-18　珲春部分烟馆情形一览表②

| 开馆者 | 开馆者身份 | 吸烟者身份 |
| --- | --- | --- |
| 汪清林 | 曾为军人（与第二十团团部书记共同经营） | 将校、地方人 |
| 金寡妇 | 某连长母亲（与珲春警察所书记共同经营） | 士兵、巡警、劳动者 |
| 赵某 | 洗衣行业（曾为军人） | 劳动者 |
| 孙某 | 地痞流氓（与第一营某下士共同经营） | 士兵、劳动者 |

---

① 谷光隆编：《東亞同文書院阿片調査報告書》，愛知大学東亞同文書院大学記念センター 2007 印，第 399 页。
② 谷光隆编：《東亞同文書院阿片調査報告書》，愛知大学東亞同文書院大学記念センター 2007 印，第 401 页。

（续表）

| 开馆者 | 开馆者身份 | 吸烟者身份 |
|---|---|---|
| 杨老人 | 修鞋匠（与第二十九团团长共同经营） | 士兵、地方人 |
| 某女性 | 国兵部骑兵长妻子 | 将校、地方有权者 |
| 王寡妇 | 邮递员母亲 | 地方人 |
| 史书客 | 曾为司务长（与某排长共同经营） | 将校、公官署干部 |
| 何某 | 曾为巡警（与珲春警察署杨科长共同经营） | 巡警、地方人 |
| 某 | 在中国乐器店售卖 | 劳动者 |
| 外二十户 | 店铺规模极小 | 劳动者 |

需要说明的是，上两表仅是当地部分烟馆的统计。如局子街还有十二三所烟馆情况不明，有十二三所妓院同时兼做烟馆，另外许多年糕铺兼向下层士兵及地方人士售卖鸦片烟。珲春亦有四五所烟馆情况不明，另有十家妓院兼做烟馆。① 但从上表中我们可见开设鸦片烟馆者一般均有地方势力之背景，且吸烟者与开馆者亦有某种类似身份之关联。

表9-17、表9-18中还可见军人吸食鸦片似乎为普遍之现象，1925年日人对此问题做了重点调查。据调查，东三省军队中吸烟人数占到部队总人数的八成左右，有近六成人上瘾。大尉以上的军官几乎人人都指染鸦片。只有极少数素质较高的青年将校中有不吸烟之人。总之，相比普通中国百姓，军队中抽鸦片的比例非常之高，甚至在志愿从军及马贼入伍的人当中，有不少是为了借军人特权方便吸烟才去的。这些人与老兵中的瘾君子一起强迫、诱惑新兵吸食鸦片，因此入营后开始吸烟的人约占部队吸烟人数的一半。居住在营内的将校一般都会在各自的房间内配备吸烟工具，若是营地之外的人则会向营内人借用工具，下班之后便在将校或者是友人开设的烟馆内吸食鸦片，这与上两表中所反映的现象是相符合的。此外，驻扎在偏僻地区的军营中，有一成军营甚至配备了烟馆。虽然抽烟时间并不固定，但大多在上午10点至11点半、下午4点至6点这两个时间段内。士兵几乎无须训练，即便因为一些要事或是骚乱需要出勤或是工作，依旧可以非常容易地抽出时间来吸

---

① 谷光隆编：《東亜同文書院阿片調査報告書》，愛知大学東亜同文書院大学記念センター2007印，第400頁、402頁。

食鸦片。① 在日方调查报告中,有这样一段文字:"那么对于目前中国军队的现状,我等之辈究竟应该做出怎样的考虑?鸦片中毒者每天需要饮用大量的饮用水,易感到寒冷,另外烟效保持的时间也与他们的体能有着很大关系。因此在中国军队中,根本没有富余时间来为行军或是交战做调整准备。强行让他们连续行军或是交战数小时则最为痛苦。薄暮及拂晓之际鸦片药效散尽,此时易受他人攻击。另外,他们讨厌早春及晚秋等天气微寒时节,再加之饮用水不足,也可谓是最为痛苦。吾等日本人在与中国军队合作或是交战之时,需要重点关注对方鸦片补给情况等烟习问题。"② 可见,日方在"九一八"之前,在中国进行了从经济、社会、文化等诸多方面的调查,极为翔实,但均是为侵略中国的目的所服务。

还需要指出的是,因日人往东三省大量贩运麻醉品,哈尔滨甚至成为欧洲麻醉药交易中心,在哈尔滨的日本人药店比在日本的还多,他们中除了拥有大资本的三家商铺,其余都是秘密销售。据说这种密售中鸦片比较少,吗啡占了大部分。故东三省内施打吗啡、可卡因等麻醉品的现象亦较关内诸省为多。销售吗啡的一般都会被称作吗啡铺、注射屋或是白屋,面向下层士卒及地方人的卖烟馆,同时也兼卖吗啡。无论多么大量吸食鸦片的人,只要在注射吗啡的初期,每天一包十钱左右的吗啡也能充分得以满足,可以获得和抽鸦片一样的快感。但注射吗啡同喝酒以及抽鸦片一样,剂量必须逐渐加大才有效果。因此,原本每天只需要少量注射一次便能满足需求,但随着注射次数的增加,药效发挥的时间也相应减短。因此,注射吗啡的最终结局亦是家破人亡。

11. 直隶省

直隶是京师所在地,作为消费大省,烟土始终由山西等邻省供应。至20年代,直隶的鸦片吸食及其他毒品滥用之风已经极盛,但罂粟种植始终不成规模。据1924年的调查,京汉铁道和山西省界之间,即北至灵寿、行唐,南至

---

① 谷光隆编:《東亜同文書院阿片調査報告書》,愛知大学東亜同文書院大学記念センター 2007印,第430—431页。

② 谷光隆编:《東亜同文書院阿片調査報告書》,愛知大学東亜同文書院大学記念センター 2007印,第438页。

临城、平山区域并无罂粟栽种。① 直至 20 年代末,直隶北部的都山一带才大种烟苗,官定膏捐。直隶的毒品吸食及贩运,即便是在京都地区,都是较为严重的。吸食鸦片的陋习在城乡各阶层中蔓延,吸食鸦片的妇女数量也在增加。

直隶的鸦片来源主要是西边和南边两个方面。由于山西在阎锡山统治下烟禁极严,故从西部输入的鸦片主要来自甘肃和陕西。如 1925 年,北京西直门停车场内发生过一起著名的鸦片缴获案件。当时,部队剑拔弩张,包围停车场,没收了八百包鸦片。这些鸦片均产自甘肃和陕西,重达 46000 盎司。南部输入的鸦片,比较零散,规模不大,主要是从山东、河南来直隶的商人运至的。至 1926 年,经由孙岳所统领之国民军第三军之手运入大量鸦片,这导致当时鸦片的价格从每盎司 3 元跌至 2 元,吸食鸦片之风更加盛行。② 此外,直隶省的麻醉品,主要是吗啡的滥用也是十分严重的。1924 年,全省 57 个吗啡制造、贩卖者上交的罚金即达到 69 万银圆。尽管如此,巨额罚金却并未抑制吗啡买卖。1925 年,吗啡走私量并未减少,反而有所增加,这些麻醉毒品多来自日本。1925 年,天津海关收缴麻醉药剂案件数量为 18 件,其中海洛因 2586 盎司、可卡因 300 盎司、吗啡 30 盎司,这些全部都是从日本蒸汽船上缴获的日本进口麻醉药物。③ 毫无疑问的是,更多未被查获的毒品,仍顺利地流入市场。至 20 年代末,津埠一隅,每月销售吗啡、海洛因等毒品达 300 万元。

直隶并未出台地方性的禁烟法令,各类案件均适用于中央政府的禁烟法规。在北京火车站,为杜绝走私,火车出发与到达时,均有税务官员和军警例行检查乘客及货物,并且军警督察处派将校和两三名兵卒登上列车对嫌疑者进行检查。此外,对于市内的非法销售者,亦由便装巡警、密探进行检查举报,当时日均检举数约达 20 件。1925 年,北京当局为了防止鸦片流入市场曾做出不懈努力,如前述西直门车站的案件。此外,1925 年 3 月,在西直门

---

① 谷光隆編:《東亜同文書院阿片調査報告書》,愛知大学東亜同文書院大学記念センター 2007 印,第 275 頁。
② 谷光隆編:《東亜同文書院阿片調査報告書》,愛知大学東亜同文書院大学記念センター 2007 印,第 275—276 頁。
③ 谷光隆編:《東亜同文書院阿片調査報告書》,愛知大学東亜同文書院大学記念センター 2007 印,第 277 頁。

车站又查获了鸦片 20000 盎司、纯吗啡 148 盎司、吗啡混合物 413 盎司。11月,查获鸦片 22100 盎司、吗啡、海洛因 1800 盎司、吗啡混合物 1280 盎司、袋装及小包装吗啡药丸 880 万粒、吸食器具(烟枪、烟灯等)约 10000 件。[①] 这些被缴获的违禁品均公开焚毁。但因内乱导致社会动荡,禁烟政策未得以持续实行。在多数时期内,除了被海关、警察收缴的少量鸦片外,政府对鸦片走私缺乏警惕。只要保证秘密行事,吸食鸦片和少量买卖的行为都是自由的。若需要进行大量交易,只要勾结官员,上缴罚金援助财政,亦可保安全。如前述生产贩运吗啡者,只要缴纳罚金即可。而且,因特权势力而徇私枉法的现象亦较为普遍。如 1926 年,在北京东车站,一辆直达奉天省的列车内,警察发现一个装着有鸦片的木箱便打开检查,一名高官随从声称箱子属于自己,结果军警一言不发,只是背着手,面面相觑,无奈让他带走箱子。目击者愤慨至极,纷纷谩骂军警而去。[②]

12. 山东省

山东各属向来种植鸦片不多,光绪三十四年(1908),据海关数据,山东省鸦片产量是 12000 担,这应是山东省产量最高的时期。经过民初禁烟及中英会勘,山东省一度禁绝了种植。1917 年之后,山东省与其他省份一样,烟毒开始复炽,但种植并不甚多,至 20 年代初期,唯胶县、蒙阴、德平、泗水等县略有烟苗,大都为农民自种,官厅虽未迫种,但也无有效之取缔措施。据 1924 年日方旅行调查,从徐州经曲阜、泰山、济南,再返回济南,从济南又前往天津,在这期间的铁路沿线,连一棵罂粟都没能看到。[③] 这些地区无罂粟种植的原因,大概是距离中央政府近,交通发达,来来往往的外国人、官员很多,难以避人耳目。而且黄河地带每年发生水灾,并不适合普遍种植。此外,青岛、烟台等开放港口,鸦片及各类毒品的走私进口非常盛行,完全能满足省内的消费需求。在上述提及的德平、泗水等内陆县份及济宁道东北部的内陆山区是种植着罂粟的,但规模不大。这些地区交通不便,少有监视,且为土匪、马

---

① 谷光隆編:《東亜同文書院阿片調査報告書》,愛知大学東亜同文書院大学記念センター 2007 印,第 276 頁。
② 谷光隆編:《東亜同文書院阿片調査報告書》,愛知大学東亜同文書院大学記念センター 2007 印,第 327 頁。
③ 谷光隆編:《東亜同文書院阿片調査報告書》,愛知大学東亜同文書院大学記念センター 2007 印,第 79 頁。

贼的巢穴,他们在这个不收获谷物的山区内陆扎根,唯一较大的收入来源就是栽种罂粟。

　　山东毒品最大的问题在于外来毒品多,每年由津浦及陇海两路输入的毒品甚多。此外,由青岛、烟台海路走私进口的毒品亦甚为巨大。必须提及的是,日本乘"一战"之机,于1914年侵占青岛后,有计划地实施了毒品犯罪。日本在青岛成立"大日本鸦片局",下设7个分局负责鸦片批发业务。鸦片局除向军政署交纳20万元的保证金外,其销售利润由鸦片局和军政署三七分成。① 在日军的鸦片政策之下,青岛进口鸦片量迅速扩大。1916年是输入量最多的一年,达到11700余斤②,而这仅仅是公开的输入量。日军在占领青岛期间,又出兵西伯利亚,控制了中俄边境的著名鸦片产地——沿海州,此后以"军用物资"为遮掩,秘密地将大量鸦片输入青岛,这些数量是公开输入的3倍。③ 除了"合法"的毒品输入外,青岛走私输入的毒品量亦不少。仅1921年,海关查获走私鸦片500余斤,吗啡1975盎司。从各医院搜出的吗啡、可卡因也有3519盎司。④ 为了垄断青岛的鸦片专卖,1921年,日军规定:"未经正式批准,任何人不准出口、配制和出售鸦片。"而进口鸦片则"必须申请和得到当局的许可,详述品种、数量、价格、产地和卖主"。当时在青岛,鸦片买卖是最兴旺的生意,1921年,有中国商人与日商勾结从事鸦片生意,一年时间获利100万两。⑤ 日军在将巨额鸦片输入青岛后,利用其控制的胶济铁路将鸦片运到山东各地、上海及长江流域各省市。当时"在胶济线几乎每一小站附近都有一两座小房子,门口挂着什么洋行招牌,里面住着日本浪人,白天黑夜地销售鸦片和其他毒品"⑥。

　　1922年,日军从青岛撤兵后,青岛军阀当局延续了鸦片专卖政策,收入却不如日本统治时期高。1924年,高恩洪任胶澳商埠督办,其每月鸦片所得

---

① 王明星:《日本侵略者对山东的鸦片毒化政策》,《抗日战争研究》,1998年03期。
② 胡汶本等编著:《帝国主义与青岛港》,山东人民出版社1983年版,第62页。
③ 中共青岛铁路地区工作委员会、中国科学院山东分院历史研究所、山东大学历史系编著:《胶济铁路史》(内部发行),山东人民出版社1961年版,第48页。
④ 胡汶本等编著:《帝国主义与青岛港》,山东人民出版社1983年版,第62页。
⑤ 胡汶本等编著:《帝国主义与青岛港》,山东人民出版社1983年版,第62—63页。
⑥ 中共青岛铁路地区工作委员会、中国科学院山东分院历史研究所、山东大学历史系编著:《胶济铁路史》(内部发行),山东人民出版社1961年版,第48页。

税收仅 10 余万元。此外,日本亦并未停止对青岛以及山东的毒化行动。日本关东厅事务官藤原铁太郎在 1923 年的《鸦片制度调查报告》中写道:"在济南的总共 2000 名日本人中,一半以上为违禁品持有者。"日本作家黑岛传治在《武装市街》中写道:"人们把从事武器买卖的人称作'硬派'商人,而把从事鸦片、吗啡、可卡因、海洛因等毒品买卖的人称作'软派'商人……(在济南的)国人大都是从事'软派'生意的。那些包子铺、土产店、钟表店、古董店等店名不过是表面招牌而已。在这些招牌的掩护下,从事鸦片贸易的人不下于 1000 人。"① 而 1926 年,青岛输入的鸦片熟膏 6300 余斤、波斯土 2660 斤、台湾土 2740 余斤。②

大量毒品输入山东,使得山东吸毒现象十分普遍。以黄河为界,南至博山,东至青岛,西至省城济南的这一带地区,吸食鸦片之风十分盛行。平原、滕县等地还是进行大量吗啡买卖的交易中心。但对具体吸食人数的统计,各类资料却相差较大。1921 年,青岛市领取吸烟执照之人数为 3114 人。③ 据民国时期出版的《青岛指南》记载,1922 年,日军撤出青岛,中方接收政权,做第一次人口调查,人口数为 289411 人。④ 则青岛吸毒人数占人口数的 1.08%。考虑到还有数量庞大、未领执照的私吸者,这一数字当不低于 2%。1925 年,旅居河南郑州的日本人小林德观察,当时山东省的吸食者比河南省多,为总人口的 30%。⑤ 据 1930 年山东民政厅秘书处统计,当时山东人口数为 3650 万余人。⑥ 若吸毒人口为总人口之 30%,则达 1095 万余人。显然这一比例太高,可能不符合实际。有的资料记载,至 30 年代山东全省 4000 万人口,吸毒者达 80 万人以上。⑦ 如此吸毒人数占总人口的 2%,与前述东三省的数据及青岛市的数据均较接近,似乎比较符合事实。需要指出的是,20年代,除了青岛施行鸦片专卖政策外,山东省政府并未设立与鸦片许可制度

---

① 王明星:《日本侵略者对山东的鸦片毒化政策》,《抗日战争研究》,1998 年 03 期。
② 中共青岛铁路地区工作委员会、中国科学院山东分院历史研究所、山东大学历史系编著:《胶济铁路史》(内部发行),山东人民出版社 1961 年版,第 47 页。
③ 胡汶本等编著:《帝国主义与青岛港》,山东人民出版社 1983 年版,第 62 页。
④ 魏镜:《青岛指南》,平原书店 1933 年发行,第 10 页。
⑤ 谷光隆编:《東亜同文書院阿片調査報告書》,愛知大学東亜同文書院大学記念センター 2007 印,第 87 页。
⑥ 车吉心、梁自絜、任孚先主编:《齐鲁文化大辞典》,山东教育出版社 1989 年版,第 453 页。
⑦ 吕伟俊主编:《民国山东史》,山东人民出版社 1995 年版,第 429 页。

相关的税收项目,亦未对鸦片交易采取任何限制措施。形成这种局面,或许是因为山东省当局素来重课税,政府财政状况并不似其他省份那样窘迫,当时并无通过加征鸦片课税来补充财政的必要。①

13. 河南省

20年代之前,河南省尚能勉强维持禁令。如内乡县为豫省种烟大县,1919年12月,省禁烟委员萧振泰于内乡县严厉查禁,拔毁烟苗多处。但后来萧被士绅贿赂,收受烟土3181两。而被拔毁烟苗之户积怨较深,遂传出内乡县按亩收捐之谣言。萧振泰畏罪潜逃,并遭通缉。② 同时,内乡县知事何奇阳因境内发现烟苗,以禁烟不力被褫职。③

20年代后,河南省政治混乱、财政疲敝、土匪横行,禁烟命令和法律自然难以执行。在京汉铁路、陇海铁路沿线及黄河流域并没有罂粟的种植。这些地区距离中央政府很近,交通发达,常有外国人及中央官员经过,在表面禁种罂粟的政策之下,无法公开种植。而在河南省西南部,陕西与湖北交界处的山岳地方、嵩山内陆地区,则大量种植鸦片。如洛宁、罗山等县,这些地方是山区,交通不便,禁烟政策很难执行。且土质贫瘠,不适合栽种一般的谷物,有利于种植鸦片。山区多为土匪的巢穴,种植鸦片获益是土匪与马贼的财政来源。此外,河南南部地区亦有罂粟种植,主要是泌阳和南阳,20年代中期,鸦片产量最大的四川省居然还每年从南阳收购200至300担鸦片。④ 南阳所属之内乡县产土向为豫省第一。1922年冯玉祥抵开封后,急欲筹饷,乃委派专员,按亩纳税。内乡一县,即收洋34万5000余元,种烟之多可以想见。1922年,内乡纳烟税之地不过十分之二,但夏收后,内乡人民皆言业已弛禁,故1923年,满坑满谷,到处皆为烟苗,全州地亩种烟占十分之九。据南阳禁烟专员报告,内乡人民既已开禁,对于铲拔一节,极为反对,甚至纳税亦不肯承认。新任内乡县知事王瑞征因为允保护收割,现尚逗留于内乡交界地点,未能到任。并闻西陕口山内之匪,亦有一二千人,保护烟苗,如果委员前往,

---

① 谷光隆编:《東亜同文書院阿片調査報告書》,愛知大学東亜同文書院大学記念センター2007印,第91页。
② 《政府公报》,1919年,12月29日。
③ 《政府公报》,1919年,12月16日。
④ 谷光隆编:《東亜同文書院阿片調査報告書》,愛知大学東亜同文書院大学記念センター2007印,第158页。

即有性命之虞。① 河南省东部以沈邱县、淮阳县（陈州）、项城县罂粟种植为多。淮阳县战乱和匪祸不断发生，但罂粟收成较好，农民须向当局支付每亩8元的赋税。沈邱县鸦片种植逐年增长，然而与大量种植鸦片的淮阳县相比，仅为其1/5左右。② 中部的开封、郑州地区，鸦片消费量大，但种植很少。河南省北部地区亦是消费多、种植少。唯涉县③紧邻直隶省和山西省，人烟稀少，罂粟种植普遍，只要每亩纳税10元，人们就能够随意栽种。为此，山西督军阎锡山曾发公文给河南省质问。④

河南省在吴佩孚统治时期，由于表面上禁烟，故民众的吸食行为是隐秘而普遍的，虽然不会肆无忌惮地公开吸食，但家中待客必定会把茶和鸦片一起端出来，而吴佩孚是绝对禁止军队中吸食的。1925年3月，取代吴佩孚进入河南省的国民军，不仅没有对鸦片进行任何取缔活动，甚至可以说国民军本身就是一支鸦片军队。驻在郑州的岳维俊国民军第2军，发放相当于工资额度的鸦片，以取代工资。士兵不但公开吸食鸦片，还将其出售给商人或普通民众。孙岳率领的国民军第3军驻扎洛阳，士兵亦公开吸食鸦片。据第3军航空部队教官、日本人安冈所言，第3军以师、团长为首的将校，每晚的生活都跟酒、女人和鸦片在一起。⑤ 如此情形之下，一般民众公开吸食鸦片更是理所当然的事了。在开封市，售卖鸦片广告无数，如一家销售陕西鸦片的店铺，其招牌标为："本店提供陕西原产鸦片，供您选购。"在周家口，烟馆的数量极多，每个村落均设有烟馆，鸦片交易自由，吸烟者占总人口的10%。⑥ 又如舞阳县、方城县、桐柏县、汝阳县等并非罂粟种植区，但百姓家里几乎都变成了大烟屋，供任意吸食鸦片。⑦ 据郑州的旅居日人小林德观察，河南总人

---

① 《烟匪世界之河南》，《民国日报》，1923年4月22日。
② 谷光隆编：《東亜同文書院阿片調査報告書》，愛知大学東亜同文書院大学記念センター2007印，第159—160頁。
③ 今属河北省。
④ The China Year Book 1926, Chapter Ⅵ & Ⅶ: cf. pp. 623-628.［英］伍德海：《中华年鉴》，中华年鉴社1926年发行，第623—628页。
⑤ 谷光隆编：《東亜同文書院阿片調査報告書》，愛知大学東亜同文書院大学記念センター2007印，第83—85頁。
⑥ 谷光隆编：《東亜同文書院阿片調査報告書》，愛知大学東亜同文書院大学記念センター2007印，第280—281頁。
⑦ 谷光隆编：《東亜同文書院阿片調査報告書》，愛知大学東亜同文書院大学記念センター2007印，第159頁。

口的 25% 是吸食鸦片者。① 如果把河南的人口视为 3000 万人的话②,则吸食者多达 750 万人,这就意味着 20 岁以上的男子几乎都是鸦片吸食者。笔者认为,这一数据可能偏高。但在国民军统治时期,河南省的吸食人数大为增加,当为不争的事实。

20 年代,河南有全省毒品管理局,为公开抽收烟税机关。③ 一般来说,种植税每亩 5 元,部分地区也有高达 8 元至 10 元的。由于河南省外来鸦片以陕西为多,甘肃次之。而灵陕一带,为陕甘两省烟土出口之通道,又为河南白丸入晋、陕、甘、新四省之总汇。故陕州的厘金局是河南省最重要的厘金局之一,其收入主要就是鸦片税。④ 此外,河南督理张福来设立豫西稽查处及转运处,派人驻观音堂及陕州,名为稽查,实系抽收毒品之捐。所谓转运者,乃为商人提供烟土白丸往各处之保险也。其税额,豫西各县销售者,烟土每包收落地税洋 10 元、保险费 10 元,白丸每包落地税及保险各 5 元。如将烟土、白丸转运本省内地,则加收税费 1 倍,运完外省加收 2 倍。由陕西保送烟土至观音堂之保险费,归陕西驻军 20 师保送收捐,其余归豫省机关办理。每月烟丸两项,收受税费总额多至十二三万元,少则三五万元,罚款与充公各种消费在外。⑤ 川省鸦片入豫,则通过南阳,运输额一般高达 1000 盎司左右,当局对每盎司鸦片课税 2 角。⑥

在河南省,除了专门的烟馆外,市内旅馆、客栈、妓院若购买执照即可经营鸦片,执照价格根据一等、二等、三等三个等级决定。禁烟局下令要求有关鸦片的一切罚金和课税必须逐月交付。此外,如果鸦片贩卖者支付 1000 至 5000 元,便能获得为期 3 个月的地方鸦片专卖权。⑦ 1924 年,河南省库收入

---

① 谷光隆编:《東亜同文書院阿片調査報告書》,愛知大学東亜同文書院大学記念センター 2007 印,第 84 页。
② 民国时期,河南省人口统计数字质量较差,常常号称"三千万"。
③ 该机关于南京国民政府成立之初取消,1930 年又复成立,抽收烟苗亩捐,每亩 8 元至 15 元。
④ 谷光隆编:《東亜同文書院阿片調査報告書》,愛知大学東亜同文書院大学記念センター 2007 印,第 83 页。
⑤ 《豫省公然征收烟税》,《民国日报》,1923 年 10 月 9 日。
⑥ 谷光隆编:《東亜同文書院阿片調査報告書》,愛知大学東亜同文書院大学記念センター 2007 印,第 280 页。
⑦ 谷光隆编:《東亜同文書院阿片調査報告書》,愛知大学東亜同文書院大学記念センター 2007 印,第 163 页。

中,杂项收入为 2608794 元,其中 200 万元是鸦片收入。①

14. 湖北省

由于湖北特殊的地域优势,军阀多关注烟土之运销,而忽略种烟,故湖北省的罂粟种植始终不多。在 1921 年至 1923 年间尚不多见,仅房县、均州、太平镇间有种植。虽然当局每亩收税 4 元,但种烟多为农民自发,少有官方鼓动强迫。1924 年后,种植渐多,清江上游的施南县位居首位,罂粟占当地农作物的三四成。第二位是汉水上游的郧阳县及清江、长江交汇点的宜都。② 此外,枣阳、随州、樊城、宜城、南漳、荆门、荆州、潜江、老河口等地区的偏远处亦有少量鸦片种植。③

除了少量自产的鸦片外,湖北省是云、贵、川及陕、甘鸦片运往全国的中转站,也是中国鸦片产区到消费区的中间地带。宜昌、汉口是两大交易市场。其运入的方法是靠宜昌—重庆航线上的中外轮船秘密运入,大规模的运入要凭借援川军及四川军等军队的力量来进行。杨森、袁祖铭等使唤他们的部下,商定保护贩卖者,当时每两征收印花税 5 毛。一般年景,宜昌过境的鸦片有 6 万担左右,最多的一年竟高达 18 万担以上。④ 仅 1923 年,运往宜昌的川土就达到 500 吨。1924 年又增加一倍,达到 1000 吨。⑤ 宜昌一埠,每月收入达 40 万元,可见宜昌在西南鸦片运销中的重要地位。关于西南鸦片往宜昌的运输情况在前文四川省部分已经介绍,此不赘述。汇聚于宜昌的鸦片,部分用于当地消费,大部分会被军队以济宜公司的名义运往长江中下游,并征收每 1000 两 120 元银钱的税金,运往下游时等量鸦片再加征 50 元的运输税。假设一年有 500 吨鸦片运往宜昌,那么税金就有 162 万元,再加上运往

---

① 谷光隆编:《東亜同文書院阿片調査報告書》,愛知大学東亜同文書院大学記念センター 2007 印,第 86 頁。
② 谷光隆编:《東亜同文書院阿片調査報告書》,愛知大学東亜同文書院大学記念センター 2007 印,第 49 頁。
③ 谷光隆编:《東亜同文書院阿片調査報告書》,愛知大学東亜同文書院大学記念センター 2007 印,第 294 頁。
④ 冯锦卿:《旧中国宜昌鸦片市场的点滴》,《湖北文史资料》第六辑,中国人民政治协商会议湖北省委员会文史资料研究委员会 1982 年编印,第 182 頁。
⑤ 谷光隆编:《東亜同文書院阿片調査報告書》,愛知大学東亜同文書院大学記念センター 2007 印,第 234 頁。

下游的运输税,金额可达 200 万元以上。①

从宜昌运出的鸦片有两个方向:一是往沙市,税率是每 1000 盎司 100 元。据说,20 年代鸦片是沙市最便宜的商品之一,可见运往沙市之鸦片数量是十分巨大的。一是往汉口,税率是每 1000 盎司 250 元。虽然在汉口港部分鸦片会被没收,但更多的鸦片是在军队的保护下运输进来,因为这处于海关机构的势力范围之外。1926 年在宜昌被没收的鸦片仅有不超过 3000 磅。② 汉口作为全国最大的鸦片集散中心之一,历年输入的鸦片在 2 万担以上,最盛时达 19 万担以上,仅大烟商曾俊臣一家运入的鸦片即达 1 万担左右。集中在汉口的鸦片占汇集在湖北省鸦片的七成。其中,四川、云南、贵州(经过宜昌)产地的鸦片占四成,从贵州经过常德的占两成,湖北、河南、山西产地的占一成。汉口鸦片的市场范围也极广,除本省南部与汉水以东各地外,北至河南、山东均来汉口进货。为掩人耳目,在鄂西军需采办处、鄂西军警督察处等招牌下均设置了鸦片运输的办事处。装有鸦片的箱子上写着"某军某处军需品之封条封固"字样,公然化作军器、军需品。③ 此外,汉口当局还不满足于鸦片专卖带来的利益,成立麻醉药物专卖局,借此控制吗啡经营攫取利益。④

1922 年,萧耀南任湖北督军时,公开宣布开禁征税,并美其名曰为"化私为公"。随后的黔军贩毒案,则极具讽刺性。1923 年 10 月,驻汉黔军筹饷处被军警包围,搜出烟土 50 箱。因贩土首领杨副官平日曾言"我贩运烟土,吴巡阅使(吴佩孚)及萧督军(萧耀南)都知道,只需拿张片子去要回就是了",故萧耀南大为震怒,令所属官厅务必依法惩办。但此次烟土系袁祖铭所运,袁、萧同属吴佩孚肘下,萧耀南碍于情面,居然将 1278 斤烟土发还。但黔军驻汉

---

① 谷光隆编:《東亜同文書院阿片調査報告書》,愛知大学東亜同文書院大学記念センター 2007 印,第 237 頁。
② 谷光隆编:《東亜同文書院阿片調査報告書》,愛知大学東亜同文書院大学記念センター 2007 印,第 294 頁。
③ 谷光隆编:《東亜同文書院阿片調査報告書》,愛知大学東亜同文書院大学記念センター 2007 印,第 50—51 頁。
④ 谷光隆编:《東亜同文書院阿片調査報告書》,愛知大学東亜同文書院大学記念センター 2007 印,第 292 頁。

代表刘少南犹言土虽发还,尚失去万余两。① 此种黑幕难究矣。

　　大量的鸦片从湖北转口,导致湖北鸦片价格相对低廉。质量上乘之云土,在晚清价格达 1 两 4.5 元,经过清末民初的禁烟,至 1917 年,价格上涨为 1 两 9 元。此后烟禁废弛,鸦片汇集宜昌,至 1924 年,价格跌至 1 两 2.7 元。川土价格晚清时 1 两 3 元,1917 年涨至 6 元,1924 年跌至 1.6 元。② 鸦片价格低廉,使得湖北省吸烟行为十分盛行。对于瘾君子,政府没有任何措施和取缔方法。据调查,湖北居民吸食鸦片者占总人口的 4 成,平均每人每天的吸食量有 7.5 克。大多数人会自己购买生鸦片制作烟膏,然后在家里吸食。部分贫困的底层劳动者和其他顾忌在家吸食的烟民,常常在烟馆吸食。③ 据当时报载,武汉全市米行 536 所,而土行竟达 764 家之多。鸦片价格则低于北京和上海。鸦片被装入小盒子内,盒子外印上地方政府的官印。鸦片甚至被陈列在商铺的橱窗内,商铺门口挂起"店内出售优质鸦片"的招牌,不少沿街商铺还会煮制鸦片。④ 1926 年,国民党中央决定迁都武汉,继续实行鸦片专卖,武汉的烟毒"今胜于昔,一游市衢,烟馆林立,均悬招牌,公开吸卖"⑤。在宜昌市区,烟馆有 200 余家。即便是在不种罂粟,亦非鸦片交易中心的地区,吸食之风也非常盛行。如武穴、广济、蕲州等县,并无鸦片栽培,但是烟枪烟灯等工具均陈列于大型商店的货架上,在蒸汽船上、旅馆内、茶馆里,鸦片吸食十分常见。⑥

　　为了维持军队开支,军阀在全省范围内征收鸦片税,并在各个县都安置了一个禁烟稽查处。由于湖北省种植极少,故税收主要是运销税及消费税。关于运销税前文已经说明,消费税则是针对"土栈"⑦和烟馆征收的。土栈每

---

　　① 《汉口破获黔军贩土》《萧耀南放走大批烟土》,《民国日报》,1923 年 10 月 12 日、10 月 27 日。
　　② 谷光隆编:《東亜同文書院阿片調査報告書》,愛知大学東亜同文書院大学記念センター 2007 印,第 51 頁。
　　③ 谷光隆编:《東亜同文書院阿片調査報告書》,愛知大学東亜同文書院大学記念センター 2007 印,第 237 頁。
　　④ 谷光隆编:《東亜同文書院阿片調査報告書》,愛知大学東亜同文書院大学記念センター 2007 印,第 293 頁。
　　⑤ 中华国民拒毒会编:《拒毒月刊》,1927 年第 17 期,第 21 页。
　　⑥ 谷光隆编:《東亜同文書院阿片調査報告書》,愛知大学東亜同文書院大学記念センター 2007 印,第 51 頁、293 頁。
　　⑦ 指贩运、囤积鸦片的商行。

月缴纳税金 200 元,方可贩卖鸦片。烟馆有的是按月一次性缴纳 160 元,也有的烟馆是按照每组吸烟器具(以灯为主)纳税的,特别是规模较大的烟馆。按灯纳税,有每月 3 元,也有每月 5 元。宜昌 200 多家烟馆,均以灯缴税,每月每灯纳税 3 元。1000 余烟灯,基本税一年要有三四万元。为了扩大税收,有些地区连在家吸食也要交税。一是烟馆零售烟土,每盎司交 3 角税金。一是按照烟枪征收,如德安县,每月征收 4 角钱的烟枪税,所有的征收事宜都由军队司令掌管,从上到下组织有序,征收的巨额税金按照一定比例分配给各个军队。据说,由湖北省军队征收的鸦片税金一年间高达 2000 万元,这些税金被分配给包括上至督办下至下级将领在内的所有军官。①

15. 湖南省

湖南省邻近川黔,夙为鸦片第一销场。袁世凯死后至南京国民政府统一之前,湘省政权先后被皖、直、桂、粤等军阀把持。虽然省当局表面上亦继续颁布禁烟法令,但实际上各派军阀竞相操纵鸦片产业、征收烟税,民初禁政之成绩荡然无存。可以说北洋军阀时期,是湖南省烟毒泛滥最为严重的时期。

民初湘省在谭延闿治下,禁烟成效显著。但护国战争期间,滇、黔军队随军携带大量烟土入湘境,一时间烟毒有复炽之势。1916 年 8 月,谭延闿再次督湘,恰逢《中英禁烟条约》期即将至,其仍然主张厉行禁烟,并谓"非持严厉主义,不足以尽绝根株"②。此后,省府制定《各县拿烟解省办法》,并向拱江、沅陵、湘阴等 10 余县派出禁烟专员,在地方组织查缉局和禁烟所。③ 此举效果明显,如沅江县禁烟专员裴苏 1917 年上任后于琼湖镇设戒烟所,对瘾君子强行勒戒,断瘾者达 90%。在谭延闿的严禁之下,1916 年 8 月至 1917 年 7 月,仅长沙就查获烟案 858 件。④ 然而省府禁烟政策并不能在全省各地普遍施行,特别是湘西地区。湘西与贵州交界处的山区是湖南主要种烟区。自 1917 年,湘西地方实力派人物陈渠珍就在其统治区迫种征税,凤凰、永顺、龙

---

① 谷光隆编:《東亜同文書院阿片調查報告書》,愛知大学東亜同文書院大学記念センター 2007 印,第 50—51 頁、238 頁、293 頁。
② 《谭省长对于烟禁之严厉》,长沙《大公报》,1917 年 5 月 16 日。
③ 《各县拿烟解省办法》,长沙《大公报》,1917 年 5 月 16 日。
④ 《禁烟查缉处交代三志》,长沙《大公报》,1917 年 10 月 24 日。

山各县都普遍种植罂粟。① 陈渠珍在湘西的特殊地位及湘西相对于省府的独立地位直到30年代中期才改变。

1918年,皖系张敬尧任湖南督军兼省长,表面上其并未对禁烟政策有所放松。其在警察厅内设立全省禁烟清查处(后改称全省禁烟清查总局),负责禁烟事宜,并向各处派出查缉员。② 1919年11月,张敬尧还曾训令各县知事,谓"现值罂粟秋冬播种之期,务各严行勘察,如遇有私种情况,立即铲除究办"③。1920年1月,省禁烟清查总局还委派专员到湘西办理禁烟事宜。当然,此举象征性意义大于实际意义。据资料记载,张敬尧自己嗜烟成癖,日需陈膏三两。其督署人员,上自参谋、秘书、顾问、咨议、副官,下迄兵士、仆妾,皆烟瘾甚深,合署烟枪达百杆。所部士兵及警察亦均吸食鸦片,所发粮饷不敷用,竟相参与贩毒。④ 张敬尧在禁烟政策的遮掩下,却行勒种烟苗之事。其召各县团总发放罂粟种子,并下令"每田400亩,种烟40亩,每亩抽税20元"⑤,仅长沙一县,就发烟种4万包。张敬尧所发罂粟种子多由奉天经京汉路至湘。1920年年初,45麻袋的种子在武昌鲶鱼套车站被查获,每袋200余斤,包上标明"交第二路总指挥司令部查收"。第二路司令为驻湘第六混成旅旅长张宗昌。⑥ 此案影响极大,万国拒土会、武汉学生联合会、旅鄂湘学生会等纷纷通电要求中央严惩,甚至派出代表谒见国务总理靳云鹏。最终张敬尧派出辎重队数十人,持护照一纸,谓"此项烟种系作军医制药用品",并以手枪强迫车站将45袋鸦片种子运往湖南。而驻车站之宪兵,奉有湖北督军王占元命令而放行。⑦ 在张敬尧的勒种之下,湖南省的罂粟种植有所扩大,湘西地区自不需提,湘中的种植亦有不少。如新化县,在驻军旅长刘振玉的严令之下,"人民相率播种,几乎遍地皆是,吃者亦同于万家烟火,运者则相属于

---

① 凤凰县志编纂委员会编:《凤凰县志》,湖南人民出版社1988年版,第331页;永顺县志编纂委员会编:《永顺县志》,湖南人民出版社1995年版,第588页;龙山修志办公室编:《龙山县志》,1985年版,第603页。
② 《警厅重申烟案》,长沙《大公报》,1919年1月17日。
③ 《省长严禁种烟》,长沙《大公报》,1919年11月17日。
④ 章伯锋、李宗一主编:《北洋军阀(1912—1928)》(第三卷),武汉出版社1990年版,第395页。
⑤ 《湘人控张敬尧十大罪》,《民国日报》,1920年1月23日。
⑥ 《武昌破获私运烟种详情》,《晨报》,1920年1月6日。
⑦ 《鲶鱼套烟种竟强运入湘》,《晨报》,1920年1月11日。

途,络绎不绝"①。

1920年6月"驱张运动"胜利后,谭延闿第三次督湘。其仍旧延续了严禁的政策,将重点放在戒吸食方面,在重新修订的禁烟章程中,决定限期戒绝烟祸。规定分三期处理:第一期准备,为烟民自行戒绝。由各县如实造具烟民清册,呈报省署备查。第二期由各县知事逐级查验,戒断者取保开释,未戒断者提所勒戒,并科以苦工。第三期苦工后仍犯烟禁者,处以死刑。②谭延闿的禁烟措施是得力的,当年英国著名女画家 E. G. Kemp 到达常德时,她对常德的评价是"相当的干净",在她的印象中,常德所有的赌场、烟馆和窑子都被关闭,对烟贩处以重罚,士兵被发现贩卖鸦片就要杀头,而对普通市民,除了交罚金外,还要当众鞭打,然后脖戴木枷游街,边走边喊自己的罪行。③

谭延闿第三次督湘的时间极短,1920年11月,其便被迫下台,湖南开始进入赵恒惕统治时代。赵恒惕于1921年4月发布禁令:"凡贩卖烟土及设馆零卖或藏匿烟膏烟具栽种烟苗者……处以死刑。"④同月又颁布《犯烟没产之变更办法》,规定没收烟犯之一半家产,若无家产者,罚做苦工,再犯者一律处死。⑤在赵恒惕统治初期,全省还常有枪毙烟犯及焚毁烟土等事发生,但从其督湘期间湖南省烟毒恶化的情形看,其禁烟只不过是欺骗民众的幌子。此外,据学者研究,赵恒惕发动湘军援鄂之战,其理由之一就是"调走客军和杂牌队伍,重新掌握鸦片税收"⑥。由此,可见赵恒惕对待鸦片利益之态度。

在赵恒惕统治时期,湘西地区的种植在陈渠珍的经营之下继续繁盛,而湘中的种烟区有所扩大,原先许多生产谷米的田地,转而生产鸦片。宝庆各属罂粟遍地,年胜一年。新化农户没有一家不种烟,少则五六分,多则二三亩,也有五六亩者,全县种烟的土地估计达一万六千亩。⑦东北部的湘阴县及西北部的石门县,迫民种烟,手段极其严厉,倘有不遵从的,除罚洋以外,竟

---

① 肖栋梁:《湖南百年禁毒记》,《湖南文史》1999年02期,第74页。
② 肖栋梁:《湖南百年禁毒记》,《湖南文史》1999年02期,第71页。
③ [美]马丁·布思:《鸦片史》,任华梨译,海南出版社1999年版,第182页。
④ 《严申犯烟处死布告》,(长沙)《大公报》,1921年4月15日。
⑤ 《犯烟没产之变通办法》,(长沙)《大公报》,1921年4月20日。
⑥ 陈志让:《军绅政权——近代中国的军阀时期》,生活·读书·新知三联书店1980年版,第86页。
⑦ 宋斐夫主编:《湖南通史 现代卷》,湖南出版社1994年版,第654页。

有处以死刑者。本来农民因为税重不愿种烟,然而在这样的暴力压制下,他们就不得不种烟了。① 此外,湘南永桂一带,种植十分普遍。而北部的慈利、大庸,东部的茶陵等县亦有不少地亩种烟。② 湖南省的鸦片年产值不得而知,据时人估计约在2000担。种植的税金各地略不同,大体在每亩10至16元。③ 也有按株征收的,每株10文,长势不良者每株5文。④ 由于湖南省罂粟种植本就不多,每年税收不过10万元。且所产烟土质量差,价格低廉。按照当地行市,每两印土或云土的价格为2至3元,每两贵州烟土价格为1.8元,而每年湘土的价格仅1.4元。⑤ 故湖南省所产鸦片仅能满足当地的少部分需要,并不能为军阀牟取足够的利益。但湖南是西南烟土运销长江中下游地区的要道,湘省的鸦片税更多地是来自烟土的过境税。

从湖南过境的烟土有云土、川土、黔土等,但大部分是黔土。鸦片多经沅江上流和洪江运入湘省,在洪江要向叶开鑫、贺耀组所部的征税机关缴纳印花税,接到印花税贴后,便乘民船顺沅江而下,来到常德,再经牛皮滩、临茝口运入长沙。另外,在洪江到长沙的途中,有数个稽查处。稽查人员检查过往的鸦片,对没有缴纳印花税的货物征收印花税,或者没收该货物。对印花税缴纳完毕的货物,再征收通关税。在稽查处所征收的各种税的税率并不明确,据说每担印花税为22元乃至31.2元,通关税每担3元。⑥ 自"谭赵之战"后,湘省的军队太多,赵恒惕划分防区,允许各区自行收税。通关税是湖南鸦片税中的大项,从宝庆至长沙的通关税每年达100万元以上,成为军阀们角逐的首选目标。对资金雄厚、经常采办大宗烟土的特商,交税时一般只收三分之一现金。其余出具期票,有时完全以期票充抵税款,且期票的时限长达

---

① 章有义编:《中国近代农业史资料:1912—1927》(第二辑),生活·读书·新知三联书店1957年版,第623页。
② 谷光隆编:《東亜同文書院阿片調査報告書》,愛知大学東亜同文書院大学記念センター 2007印,第295頁。
③ 谷光隆编:《東亜同文書院阿片調査報告書》,愛知大学東亜同文書院大学記念センター 2007印,第16—17頁。
④ 谷光隆编:《東亜同文書院阿片調査報告書》,愛知大学東亜同文書院大学記念センター 2007印,第24頁。
⑤ 谷光隆编:《東亜同文書院阿片調査報告書》,愛知大学東亜同文書院大学記念センター 2007印,第17頁。
⑥ 谷光隆编:《東亜同文書院阿片調査報告書》,愛知大学東亜同文書院大学記念センター 2007印,第46頁。

两个月或更长。到期之后特商不来缴纳现金,税局便将期票拿到银行拆现,这就大大便利了烟商资金的周转。

烟商们除照章纳税外,为了运输完全,往往还请兵护送。运送费为每担10至15元(士兵的伙食费由货主承担)。当货物的数量不多时,则由五六名武装军人一路保护。多的时候,就在营长的指挥下,由五六十名武装军人伴随左右加以护送。据说,一次运送额多则高达五六十担。长沙海关及常德海关经常力图抢夺鸦片,但如果有武装军人护卫,是很难靠近他们的。① 而湖南洪江至宝庆一段400余里,层峦叠嶂,匪患十分猖獗,军队护送烟土常须派出数百人的兵力,每次护运的烟土也多达数百担乃至上千担。行进时常以一连兵力在前开路,一连殿后,其余士兵则夹杂在挑夫之中,与挑夫同行同歇,经过路口关隘或餐宿之时,军队都要事先布岗放哨,对过往行人进行盘查,以备不测。据驻宝庆、武冈的某军官透露,湘省军队包运烟土的政策始于1920年,不实行此政策的军队简直没有饭吃。这项政策比征收赋税要好得多,烟商获利,出钱很慷慨。该防地每年经过烟土10万担左右,但税收不及湘西的十分之一。且包运利源为各级长官所有,士兵只能获得一些茶税费,故护送士兵常常携枪劫土为匪。②

过境湖南的鸦片,除了少部分在当地消费,大部分被运往江西省及湖北省。运入江西省有三条路径:一是经长株铁路到醴陵,从那里再到达安源。二是取浏阳路至万载县。三是从茶陵到永新县。从洪江—宝庆方面来的货物大体都是走这几条路线。另外,到湖北省一带的货物则是经粤汉铁路运送到汉口。③

除了鸦片外,也有部分麻醉药物进入湖南。据日人调查,1922至1923年,长沙麻醉品的进口情况如下:

---

① 谷光隆编:《東亜同文書院阿片調査報告書》,愛知大学東亜同文書院大学記念センター2007印,第18—19页。
② 《湖南军阀包运烟土的写真》,《民国日报》,1922年12月28日。
③ 谷光隆编:《東亜同文書院阿片調査報告書》,愛知大学東亜同文書院大学記念センター2007印,第19页。

表 9-19　1922 年长沙麻醉品输入表①

| 品名 | 数量(两) | 引进者 | 引进数量(两) | 输出地 |
| --- | --- | --- | --- | --- |
| 吗啡 | 19 | 英国宣教士、医师 | 12 | 汉口 |
| | | 日本人药店 | 4 | 日本 |
| | | 美国宣教士、医师 | 3 | 武汉 |
| 可卡因 | 1 | 日本人药店 | 1 | 日本 |
| 海洛因 | 1 | 日本人药店 | 1 | 日本 |
| 可待因 | 16 | 美国宣教士、医师 | 15 | 美国 |
| | | 日本人药店 | 1 | 日本 |
| 总计 | 37 | | | |

表 9-20　1923 年长沙麻醉品输入表②

| 品名 | 数量(两) | 引进者 | 引进数量(两) | 输出地 |
| --- | --- | --- | --- | --- |
| 吗啡 | 12 | 美国宣教士、医师 | 9 | 美国 |
| | | 日本人药店 | 2 | 日本 |
| | | 挪威宣教士、医师 | 1 | 上海 |
| 可卡因 | 13 | 美国宣教士、医师 | 6 | 上海 |
| | | 日本人药店 | 6 | 日本 |
| | | 挪威宣教士、医师 | 1 | 上海 |
| 海洛因 | 5 | 美国宣教士、医师 | 5 | 上海 |
| Cannabis indica | 6 | 美国宣教士、医师 | 6 | 上海 |
| 可待因 | 25 | 美国宣教士、医师 | 25 | 上海、美国 |
| 总计 | 61 | | | |

在上述被进口到长沙的麻药中，各国宣教士、医师让进口的都是在他们经营的医院里用于医疗方面的药物。有关中国人药店进口的是作为医药用卖给有资格的中国医生。但这些药物都是合法输入的，是否有滥用的麻醉品

---

① 谷光隆编：《東亜同文書院阿片調査報告書》，爱知大学東亜同文書院大学記念センター 2007 印，第 22 页。

② 谷光隆编：《東亜同文書院阿片調査報告書》，爱知大学東亜同文書院大学記念センター 2007 印，第 23 页。

通过走私途径进入湘省尚不得而知。从当地鸦片交易公开且价格低廉的角度而言,似乎吗啡、可卡因、海洛因、可待因等其他麻药无须替代鸦片。

湖南省的鸦片吸食与他省一样普遍,如长沙市鸦片贩卖所约有500家。浏阳县几乎处处集镇有烟馆,各个村落有烟灯,如沉潭江一条小街上就有6个烟馆。攸县县城有土膏店10家,烟馆20多个。① 长沙烟馆约半数是利用伤兵进行小规模贩卖活动的所谓"伤兵住宅",在门口贴一张长1尺5寸、宽3寸左右的红纸,上面用黑笔写着"伤兵住宅"四个字。这种鸦片的交易者根本无处缴纳税金,因此担当取缔之任的军警往往会进行检查。在这种情况下,这些伤兵就会诉说负伤致残后的悲惨境况,或请求救助抚恤,或逼迫支付空头票据的薪金。军警也无从下手,几乎都加以默许。所以,"伤兵住宅"成了长沙鸦片馆的代名词。② 但是对多数烟馆,军阀还是要征税的。禁烟清查处根据鸦片馆售卖鸦片的数量或使用的灯数进行征税。如辰州就是根据售卖数量征税的,烟馆每售出1两鸦片,征收1角税钱。而常德是根据烟灯征税的,每个灯每月3角钱。还有发行吸烟灯券的,即吸食者为避免上缴每次吸食的价钱之不便,只要缴纳规定金额就可以获得套票似的吸食1个月,交付本券即可。常德的吸烟灯券分甲、乙、丙、丁4种,分别为每月4.8元、2.4元、1.2元、0.6元。③ 规模较大的烟馆,在开业之前,要先同军警稽查处、警察厅、政府衙门、各师旅团等协商,除普通税金以外,根据其使用灯数的多少上缴运动费。一旦开馆,任何时候都会受到军宪及警察一方的保护,可以安全地进行营业。旅馆或小杂货店里也开设吸烟室,满足一般吸食者的需要。这些旅馆主人及杂货店主,都会向那些取缔官吏行贿,从而获得他们的默认。④

1926年3月,唐生智取代赵恒惕主政湖南,其并未采取任何措施去减除

---

① 肖栋梁:《湖南百年禁毒记》,《湖南文史》,1999年02期,第70页。
② 谷光隆编:《東亜同文書院阿片調査報告書》,愛知大学東亜同文書院大学記念センター2007印,第21頁。
③ 谷光隆编:《東亜同文書院阿片調査報告書》,愛知大学東亜同文書院大学記念センター2007印,第24頁。
④ 谷光隆编:《東亜同文書院阿片調査報告書》,愛知大学東亜同文書院大学記念センター2007印,第49頁。

湖南的严重烟祸,至 1927 年夏仅长沙一地烟馆就发展到 7000 余家。① 唐生智对于鸦片利益亦是十分在意的。1926 至 1927 年,袁祖铭以北伐为名长期驻湘西,不但占据了湘西重镇洪江(云贵鸦片进入湖南运往长江口岸的总入口),而且控制了沅陵、麻阳、晃县、芷江、通道、靖县、黔阳等县,独占了洪江入口的鸦片特税,严重地侵犯了湖南军阀的权益。唐生智几次敦请袁移驻鄂西均未成功,最后就命令所属师长周斓杀了袁祖铭,并查封了袁在常德所设的"元源记""泉昌记"两家烟土公司,没收了袁祖铭所囤积的鸦片数千担。② 袁祖铭之死的重要原因,就是他侵犯了湖南军阀鸦片方面的利益。

关于军阀所征收的鸦片税总量,据资料记载,公开的达 1000 万元,为私的则不计其数。③ 不过,鸦片的收入与省政府财政部门的收入没有任何关系,全部归军人所得。其中一部分用于军费,大部分都进入各级军官的私囊。

16. 江西省

江西省虽然地广土肥,但并非产烟区。由于自云南购买鸦片较为容易,所以鸦片种植少有人关注,尤其在赣江流域几乎见不到罂粟。江西的少量鸦片种植主要集中在与福建省、浙江省及湖南省交界处的山林内。尽管有军阀迫种,但由于烟苗占地既广,且收税极苛,故农民多不愿种烟。据 1928 年的调查,全省仅龙南、云都县有烟苗发现,可见赣省产烟极少。

江西省的烟禁废弛,主要体现在外来烟土销路极为旺盛和军阀包卖烟土等方面。军阀所征之鸦片,输入的云贵土最多,每年运销吉安的云贵烟土达百万两以上,其他如乐平、景德镇、河口、万载、樟树、赣州等处,数量亦十分巨大。1922 年,蔡成勋任江西督军,先强迫民众种植,但效果不显,后实行专卖,将全省分为 14 个区,每年指定一名专卖承包。九江方面,首次由烟商提出有所谓包办烟土。赣北一带 17 县,每月报效 25000 元,每年可得 30 万元。而禁烟委员实为征收烟土捐局之总办。其包办计划,烟土每两加捐洋数角,烟馆烟灯每月收洋数元,售卖烟土之店家,每户勒领营业执照,捐洋 5 元至

---

① 于恩德:《中国禁烟法令变迁史》,河南人民出版社 2016 年版,第 180 页。
② 《查封袁祖铭遗产》,长沙《大公报》,1927 年 2 月 13 日。
③ 章有义编:《中国近代农业史资料:1912—1927》(第二辑),生活·读书·新知三联书店 1957 年版,第 622—623 页。

100元不等。禁烟委员派人往各县分头包办。① 据报载,出面承接专卖事宜的是神秘人物"蔡八爷",传说其为蔡成勋之八弟。蔡成勋通过专卖,每年收入500万元。②

1924年1月,蔡成勋在南昌设立江西全省拒禁毒品总局,专司毒品查缉事宜,并在省界边境要口设立稽查所③,显然是为了进一步加强入赣烟土的统制。蔡成勋此举遭到江西民众之普遍而强烈的反对。旅沪赣人两次集会,宣布蔡成勋推销鸦片真相,并致函万国拒土会及各国公使,希望引起国际关注。④ 南昌学生会通电反对拒禁毒品总局,谓"该局乃一变相之公卖鸦片机关"⑤。旅京赣人亦集会反对蔡成勋纵毒。⑥ 江西民众驱蔡之举,使得洛阳吴佩孚、江苏齐燮元亦对蔡产生不满,并电请总统曹锟将蔡成勋解职。虽然为缓解舆论压力,蔡成勋暂时取消了拒禁毒品总局,但其不久仍去职⑦,江西督军的继任者是方本仁,其政策依旧,江西毒祸未得丝毫缓解。

虽然江西省罂粟种植不多,但由于鸦片进口量极大、吸食者众多,江西省各大城市均有众多烟馆,政府对烟灯和烟馆征税。据报载,兴国县县城开设烟榻,每户至少5灯,收税1元,全城设灯600盏。⑧ 外国使者的调查报告显示,江西人中10%至20%吸食鸦片。随着烟民人数扩大,鸦片进口也不断增加。⑨ 仅3个月时间,经军阀专卖运输、交易的鸦片就达到100万盎司,像吉安一个县每月的交易额就能达到20万盎司。

17. 安徽省

安徽省自晚清以来,就是中部地区著名产区,由于所产鸦片质量高,销路一直很好。经过清末民初的禁政,安徽烟毒得到极大遏制。但自1914年柏文蔚去任后,安徽省就开始进入烟禁废弛的时期,而终至于烟毒泛滥。当时

---

① 《浔禁烟委员包办烟土》,《民国日报》,1923年8月14日。
② 《赣省实行鸦片专卖之黑幕》,《民国日报》,1923年8月4日。
③ 《江西拒禁毒品总局内幕》,《民国日报》,1924年1月24日。
④ 《旅沪赣人痛斥蔡成勋推销鸦片》,《民国日报》,1924年1月28日。
⑤ 《南昌学生会拒毒之通电》,《民国日报》,1924年4月13日。
⑥ 《旅京赣人反对蔡成勋纵烟》,《民国日报》,1924年4月14日。
⑦ 《蔡成勋敷衍门面》,《民国日报》,1924年4月24日。
⑧ 《赣省大开烟禁》,《民国日报》,1923年3月18日。
⑨ 谷光隆编:《東亜同文書院阿片調査報告書》,愛知大学東亜同文書院大学記念センター2007印,第184页。

有报刊分析:"继任者不能如柏氏之雷厉风行,以致日久玩生,禁令渐趋废弛,私种私运,时有所闻,至私售私吸,则更无足论矣。"①

柏文蔚之后任安徽督军的是倪嗣冲,虽然其任内亦颁布《禁烟单行条例》,甚至有栽种罂粟者处死刑的规定②,但大利所在,军队迫种包运之事时有发生。

安徽省之烟毒蔓延至大江南北是在马联甲督皖时期。1922年,仅阜阳一地,产烟525万两,到1926年,增至1080万两。于恩德指出,安徽成为复种最盛省份之一,1923年时全省五分之一均种鸦片。③ 虽然安徽省鸦片之流毒各处皆有,但以皖北各县居多,宿、蒙、涡、亳等县夙为皖省产烟最著之区,每年输出不下数百万两。1923年5月,据安徽省自治研究会的一份电文,"皖省烟禁废弛,阜阳、涡蒙、亳州、合肥等县烟苗遍地"。④ 据报载:"皖省布种烟苗,无地不有,亳县、合肥为最,桐城、舒城次之,潜山、当涂又次之。"⑤1923年6月,有记者自亳县起,经涡阳而至阜阳,行程290里,所过皆见烟苗,其大半且在收获中矣,抵亳,沿途弥望几皆烟地。⑥ 时有合肥赴沪之某君言:"道经合肥西乡,亲见该处田地遍种烟苗,嗣查得合肥全县田亩,种烟者约占十分之六七。"⑦另据记者观察,合肥附近烟苗遍植,有些地方烟田占全区之四分之一,甚至李鸿章之墓亦出于烟田之中。而禁烟委员始终不敢出城,有谓其已得数千元之款,故不愿出城稽查。而督理(督军改名)马联甲要求县知事征税款2万元,知事邀县董商议,竟无一人与会,以至于知事请假离城。⑧由此材料,可见合肥烟税难征之情形。又据合肥旅省公团通电,袁斗枢勾结军阀,包庇种烟,自己承包20万烟税,其召集20区团长,勒令出具切结,照数分摊。有不愿乐捐之团长,则遭逮捕,直至认捐释放。⑨ 可见军阀强征之凶

---

① 《皖省特设全省禁烟处》,《申报》,1922年10月1日。
② 《皖省禁烟单行条例》,天津《大公报》,1916年11月18日。
③ 于恩德:《中国禁烟法令变迁史》,河南人民出版社2016年版,第178页。
④ 《外交公报》,1923年第25期。
⑤ 《罂粟花中之安徽》,《民国日报》,1923年6月8日。
⑥ 《旅沪七县同乡会派员查烟报告书》,《民国日报》,1923年6月23日、25日。
⑦ 《合肥归客谈合肥种烟近况》,《申报》,1923年7月11日。
⑧ 《皖省大开烟禁》,《民国日报》,1923年5月26日。
⑨ 《合肥逼征烟税之呼吁》,《民国日报》,1923年7月9日。(笔者注:袁斗枢为前清合肥总团练。辛亥时,曾响应革命。民初,北京政府授其陆军少将。)

狠。显然,军阀政府是不可能容忍无税收之鸦片产业存在的。

1923年年底,皖省烟祸引起全国普遍关注,特别是遭到万国拒土会及农政协会的激烈反对。迫于内外压力,马联甲不得不采取措施应对舆论。其派出大批查烟员,赴各县份查勘。① 后又召集各县知事及地方士绅,在蚌埠召开禁烟会议,订禁烟规则八条,决定分三期禁种。② 1924年,马联甲去职后,王揖唐继任,亦下禁烟令。从马联甲开始的为应付舆论而采取的禁烟措施,使得1924年皖省的鸦片产量大幅减产。据万国拒土会的调查,1924年安徽省的罂粟产量大约减少了80%。③ 此调查的准确性无法判断,据报载,当时"各县凡靠近大路以及附郭地方,已不甚多见,而偏僻区域,暨有恶势力可靠者,仍一株未去"④。

1925年禁令便再次废弛。农民公开种植,各县官绅实行登记,征收苗税,其中仍以皖北种植最多,如宿县全县计180余集,每集所种烟苗约有数十顷,毒卉占全县田地三分之二。据说安徽省中部地区罂粟田也很多,和小麦、大豆等其他作物仅有一畦之隔。这是为了在鸦片种植禁令颁布时,立即除掉罂粟只留下其余作物,而在没有禁令的时候又拔掉一定量的小麦等作物来保证鸦片成熟。根据庐州的报告,栽种量是前一年度的几倍。在滁州,1%的耕地用来栽种罂粟。从公路到村落入口均可见罂粟田。⑤ 但是,1925年安徽省大旱,导致鸦片收成极差,价格竟比1924年翻了一番。虽然亳州、蒙城、太和以及阜阳地区的鸦片税达到480万元,但这比1923年和1924年的数额还是减少的。⑥

皖北所产鸦片一般循两个方向运销。一是从北往南,提供皖南城市的吸食消费。据于恩德言,"安徽北部甚多种植,南部则多贩吸。蚌埠南、宿州、芜湖为贩土最盛之区。就芜湖一埠而论,有十大贩土公司,禁烟机关派员从中

---

① 《皖省之禁烟谈》,《申报》,1923年12月10日。
② 《马联甲召集禁烟会议》,《申报》,1923年12月15日。
③ 谷光隆编:《東亜同文書院阿片調査報告書》,愛知大学東亜同文書院大学記念センター2007印,第286頁。
④ 《中国烟毒之近况》,《申报》,1924年2月24日。
⑤ 谷光隆编:《東亜同文書院阿片調査報告書》,愛知大学東亜同文書院大学記念センター2007印,第286—288頁。
⑥ 谷光隆编:《東亜同文書院阿片調査報告書》,愛知大学東亜同文書院大学記念センター2007印,第155—156頁。

收税"①。1926年,陈调元成立"安芜禁烟局",对外宣称办理芜湖、大通、安庆一带禁烟事宜,实际上是变相的鸦片专卖机关②,被媒体称为"全皖鸦片公卖之先锋"③。另外一条运销路线,则是经津浦线北上至济南和青岛等地。曾有济南高等法院书记萧某暗中将价值约8万元的鸦片装入8个大箱,箱体封印高等法院的红色封条运上火车。巡警未仔细搜查贴有公用品标记的箱子,致使鸦片轻而易举运至青岛。后来被人告发,当事者立即遭到逮捕。④

在安徽省当局持续十余年的弛禁政策下,皖省民众吸食鸦片现象十分普遍。鸦片生意无处不在,道边的商店公开销售鸦片烟灯和烟管。人力车夫等苦工人群中有一半吸食鸦片,往返于长江的轮船船舱和大厅里也有人堂而皇之地吸食鸦片。⑤ 至20年代末期,吸食鸦片的风气蔓延到各个社会阶层,教师、商人甚至乞丐均有鸦片成瘾者。每年由芜湖、大通、汉口、樊平、景德等地输入鸦片为数甚巨,而业此者背景均有军警保护。⑥

皖省军阀征收的烟税涉及种植、运输、消费等几个环节,以马联甲统治时期为例,皖省鸦片的年生产额(含国内贸易贩卖税)约达720万元。⑦ 而马联甲每年的烟税烟捐收入达300万元以上。种植税主要来自皖北,各县不等。蚌埠每亩烟田交税6元至8元。凤阳县被分为18个区,每个区征收7200元至14400元的鸦片地税。亳州管辖区内每亩征收12元税,总额为48万元。宿县每亩由官方抽税10余元至70元不等。颍州管辖区内总额高达96万元。⑧ 运销税为马氏发行的烟土印花,印花较邮票略大,红色中印一火车机头,无发行机关字样,只印有发行日期。但凡烟土贴有该印花者,便可公然行

---

① 于恩德:《中国禁烟法令变迁史》,河南人民出版社2016年版,第181页。
② 《皖省设立禁烟局》,《申报》,1926年4月28日。
③ 《皖当局开放烟禁之近闻》,《申报》,1926年5月2日。
④ 谷光隆編:《東亜同文書院阿片調査報告書》,愛知大学東亜同文書院大学記念センター2007印,第157頁。
⑤ 谷光隆編:《東亜同文書院阿片調査報告書》,愛知大学東亜同文書院大学記念センター2007印,第155頁。
⑥ 谷光隆編:《東亜同文書院阿片調査報告書》,愛知大学東亜同文書院大学記念センター2007印,第288頁。
⑦ 谷光隆編:《東亜同文書院阿片調査報告書》,愛知大学東亜同文書院大学記念センター2007印,第154頁。
⑧ 谷光隆編:《東亜同文書院阿片調査報告書》,愛知大学東亜同文書院大学記念センター2007印,第154頁、286頁。

销,每土 1 两,贴转运费 1 角,若各税一并交纳。① 消费税是针对烟馆征收的售卖税及烟灯税。以消费区芜湖为例,鸦片烟馆取得经营许可需要缴纳 2000 元,且开业后每月需要缴纳 200 元。此外,当局还针对烟馆购进的鸦片每盎司征收 1 角 5 钱,烟灯每月征收 3 元,征收的税金总额高达 70 万元。② 由此可见运营烟馆的利润之巨大。

18. 江苏省

江苏省向来产烟不多,唯苏北徐州、海州、淮阴一带,间有种植。这些地区所产鸦片质量上乘,备受市场追捧。中南部的南京、无锡、江阴、镇江等河港城市,包括扬州、泰州、宝应、兴化、东台、高邮等城县,鸦片仅在城镇近郊有少量栽培。③

江苏省是东部最大的鸦片消费区,鸦片的贩运及吸烟之风,随处可见。虽然省政府的报告显示采取了积极的手段严禁鸦片交易,然而中华国民拒毒会的调查却显示,1925 年江苏省鸦片交易总额达到 4000 万元,其中 1500 万元是鸦片专卖制度设立后由军阀所得。④ 大多数的鸦片及麻醉药剂的运输均掌握在军阀手中。孙传芳掌苏后,运输规模愈发膨胀,军队吸食鸦片靡然成风。据日人调查,省中南部人口较为密集的城市,吸食鸦片者的数量不断增加,达到总人口的四成,以商人和平民阶层最多,这是由于鸦片价格低廉(每盎司 2 元),以及鸦片禁令的松懈所造成的。南京的鸦片交易量巨大,这些鸦片主要产自安徽和四川。无锡、江阴虽然设置了毒瘾患者收容所强制收容患者,但是鸦片贩卖和吸食行为仍随处可见。镇江表面上警察严格执法,故吸食行为较为隐秘。南通市场上用于交易的鸦片来自四川、广州、青岛和海外。据报载孙传芳为了得到 1000 万元的收入,允许张謇包卖鸦片。⑤ 鸦片被运至南通的外港后卸货,在军队的护送下由汽车运输进入。根据江苏省

---

① 《皖督马联甲奖励种烟》,《民国日报》,1923 年 8 月 4 日。
② 谷光隆编:《東亜同文書院阿片調査報告書》,爱知大学東亜同文書院大学記念センター 2007 印,第 288 页。
③ 谷光隆编:《東亜同文書院阿片調査報告書》,爱知大学東亜同文書院大学記念センター 2007 印,第 284 页。
④ 谷光隆编:《東亜同文書院阿片調査報告書》,爱知大学東亜同文書院大学記念センター 2007 印,第 283 页。
⑤ 述之:《军阀统治下之灾荒与米荒》,《向导周报》,第 164 期,1926 年 7 月 21 日,第 1627 页。

教育会调查委员推测，南通一年内鸦片销售总额达到 4 万箱，每箱可获利 1000 元，但这个推测的数据显然过多了一些。据日人调查，每次运输 500 箱以上，一次大约可获利 50 万元。①

值得一提的城市是上海，作为全球最大的鸦片交易中心之一，这里的鸦片来自全国各地及海外。于恩德指出，"江苏为贩吸最盛之区，故各地染瘾者不属少数，尤以该省范围内之上海为全国最大毒窟。南汇一地有烟馆 800 家，有吸烟者 6 万人"②。上海经营鸦片贸易者数百家，最大者财产达二三千万元。最著名的是黄金荣、杜月笙开办的三鑫公司，上海护军使何丰林亦在其中入股分红。据英人伍德海在《大美晚报》发表《上海烟业》一文，华界烟土店共有 31 处，法租界烟土店 67 处，公共租界烟土店 67 处。上海土商经营者以洋药居多，为印度、波斯、土耳其等国输入，仅 1923 年，沪上土商获利即达 680 万元之多。1925 年 5 月，中央政府委派委员到上海调查鸦片相关情况，却无任何收获。当年在上海发生的鸦片相关案件不胜枚举，收缴的鸦片多达数百万元。据称，这些资金正好可用于平定内乱、补充军费。此外，上海还是普通麻醉品交易的中心城市，麻醉品走私多与日人相关。1919 年，上海搜获日本吗啡约值 35 万元。1921 年最后一季，自日本船中搜获吗啡约值 13 万元。③ 对于上海的毒况，中国舆论常常指责政府特别是租界当局对外国人走私鸦片和贩卖麻醉药的监管过于宽容。租界方面却持反对意见。1926 年，应万国拒土会的要求，上海工部局发表公告，认为工部局警察署内部的鸦片取缔科采取了严格的手段管控鸦片及其他麻醉药品走私行为，他们的努力值得称赞。工部局报告指出："根据本警察署的调查，所有走私进入上海的鸦片，实际上都靠官员帮助或得到了默许，许多鸦片是由中国官吏、陆海军军人、食盐走私监察队或浙江省水上警察运送或在其护送下进行走私的，而且反对鸦片贸易的呼声不仅没有引起中国官员的重视，他们甚至还协助鸦片交易，实在遗憾。"④虽然该报告试图掩盖租界当局在上海烟祸中的不光彩角

---

① 谷光隆编：《東亜同文書院阿片調査報告書》，愛知大学東亜同文書院大学記念センター 2007 印，第 284—285 页。
② 于恩德：《中国禁烟法令变迁史》，河南人民出版社 2016 年版，第 181 页。
③ 于恩德：《中国禁烟法令变迁史》，河南人民出版社 2016 年版，第 182 页。
④ 谷光隆编：《東亜同文書院阿片調査報告書》，愛知大学東亜同文書院大学記念センター 2007 印，第 285—286 页。

色,但其指出中国政治腐败与烟毒之关系却是不争之事实。

1926 年,江苏省政府发表了布告,大意为:"中央政府禁烟之意坚决,但若按照中央政府的要求严格实施法令,那么鸦片吸食者群体将会遭受巨大痛苦,不如采用对鸦片吸食者征税的方法加以限制。以往我们只是对烟馆征税,如今我们应当对每个家庭里的吸烟者采取与之同等的态度征收税费。富商每月征收 3 元,一般民众征收 2 元,贫民征收 1 元。"由此,可见政府所谓禁烟之真正意图。与征税相适应的是,江苏方面加强缉私。1926 年 1 月,军警在南京逮捕了非法贩卖以躲避征税的某著名鸦片商人,缴获 8184 盎司鸦片及丸药。①

19. 浙江省

浙江省烟苗种植向以东部地区的绍兴、台州、温州及南部的处州各属居多。此外,金华的永康、严州的淳安,亦多有罂粟种植。

1914 年经中英会勘,印药停止入浙后,浙江各处的禁烟局、戒烟处等纷纷撤销。禁烟是一项日常且长期的工作,并非旦夕间所能奏效。一方面,罂粟种植并未能完全禁绝,时有死灰复燃之可能;另一方面,民初禁政注重禁种,运售吸三项始终未绝迹。1917 年后,浙省政局多变纷呈,烟禁再次败坏。至 20 年代,温、台、处各属的烟苗种植又逐渐兴盛起来。台州各县,每县少则数千亩,多则数十万亩。其中临海一县自 1923 到 1926 年,从几千亩增至万余亩,至 1928 年,种烟竟然达到 20 余万亩。此外,仙居种烟约有 3 万亩。1926 年,据日人观察,台州附近远离公路的峡谷内种植了不少鸦片。②临海、天台间的章安等偏僻的山野中,亦有大量的烟苗种植,并由该地土匪包庇,驻守海门的警队武力单薄,对此无能为力。直属省府之宁海县,种烟面积据当地人士称有 10 万余亩。温属仅永嘉一县,就有 10 万多亩。③

浙省因密连上海,私运颇多,故全省吸食之风极盛。贩运猖獗、吸食泛滥与军政当局有莫大之关系。由于中央政府允许与浙江毗邻的苏、赣、粤三省

---

① 谷光隆编:《東亜同文書院阿片調查報告書》,愛知大学東亜同文書院大学記念センター 2007 印,第 283 页。
② 谷光隆编:《東亜同文書院阿片調查報告書》,愛知大学東亜同文書院大学記念センター 2007 印,第 289 页。
③ 浙江省拒毒会编:《浙江省拒毒会第二届年报告》,1932 年刊印,第 14—17 页。

售卖印花烟土,致使临近的象山、德兴、开化等地也公然贩吸鸦片。而最大的鸦片贩卖者,则是盘踞浙江的各路军阀。浙江督军卢永祥驻军上海时,曾派人直接去印度采办烟土,在江浙地区销售。1921 年后,浙江宁台镇守使及炮台司令等军官公然贩烟,以为发财之捷径。浙东鸦片的输入,以宁波、海门、温州三口为最,次则为定海、镇海、象山、宁海等。鸦片来源为上海、厦门等地区,或由轮船,或由帆船、渔船输入。大宗鸦片贩卖必有特殊势力之保护,浙东即宁台镇守使及炮台司令等军官。1923 年,宁波警察厅长林映清因查获宁台镇守使保护的烟赌生意而去职。1924 年海关查获大宗鸦片,镇守使立即命令步兵一连上刺刀、跑步将鸦片抢回。① 另据日方情报,鸦片运输经由海门、上海、宁波之间航线到达浙省,运输工具靠的是蒸汽船。1924 年前后,曾有军队通过宁波北部某小港口将价值为 1000 万元至 2000 万元的云南鸦片运至浙省。②

在军政当局的贩卖政策之下,浙省吸食鸦片的风气在各阶层蔓延。据 1925 年的调查,杭州至少有 200 处鸦片吸卖场所,往返于宁波和上海的乘客会在轮船吸烟室吸食鸦片。据旅居日人观察记载,在绍兴举办的某富豪的葬礼上,为接待参加葬礼的宾客,消费鸦片价值高达 2000 元。③

除了吸食鸦片成风,浙省烟禁又面临更严重的问题,烈性毒品红丸蔓延,行销全省。红丸开始出现的时间在 1917 至 1918 年。最初是从江西、上海流入,当时烟禁严厉,红丸遂以戒烟丸之名义出现,并迅速受到烟民追捧。据当时浙江省、道、县各级文件可知,红丸"始尚略用吗啡,今乃改用高根、士的年、安洛因等品"④。显然,所谓戒烟之红丸属毒品无疑。1921 年,浙江省对替代鸦片的各种毒质、药丸等进行查禁,并且制定了《金华道属查禁各种毒质药丸章程》。此后,红丸价格开始昂贵,贩运无利可图,浙省境内便开始大量自制。兰溪等地秘密仿制的非常多,闸口江干一带亦为制造的重要场所。1923 年

---

① 平民:《浙东一带吸食鸦片及类似品之现状及其贩卖之方法》,《国闻周报》,1926 年第 3 卷第 25 期。
② 谷光隆编:《東亜同文書院阿片調查報告書》,愛知大学東亜同文書院大学記念センター 2007 印,第 289 页。
③ 谷光隆编:《東亜同文書院阿片調查報告書》,愛知大学東亜同文書院大学記念センター 2007 印,第 289 页。
④ 辜孝宽:《浙江省二十年禁烟史略》,《浙江民政》,1931 年第 39 期。

后,红丸逐渐蔓延,以金、衢、严、处四属红丸最为盛行。金、衢、严 19 县中,一年消耗在红丸上的金钱就有二百四十五万之多。"遂昌、龙游、衢县、松阳、宣平诸邑,都被红丸毒害","严州府属人民,嗜红丸者十在六七"①。红丸属于人造复合毒品,危害远远大于鸦片,这亦是国民政府成立后浙省当局下决心再次禁烟的原因之一。

20. 福建省

福建省的鸦片产地位于南部,特别是漳、泉地区,土地肥沃、气候温和,适宜种植罂粟,故产烟较多。此外,福宁府属之福安、福鼎、霞浦诸县亦为产烟之区。福建省多山地,粮食极为缺乏,百姓少有财源,鸦片往往成为他们唯一的经济来源。故在民初福建省的种烟问题就比较严重,为了履约会勘,地方政府曾动用军队铲烟。至军阀统治时期,闽省很快便烟禁废弛,军政当局公然迫种强征,有抗令者即派军队严办,故上下游各县无不遍地种烟。此外,福州、泉州一带土匪猖獗,且匪到之地,遍种罂粟,故呈匪祸烟祸相连之势。②

1916 至 1922 年,李厚基任福建督军兼省长。1919 年 4 月,中央据其之请,厦门道属禁烟总稽查陈大澍援荐任职例超给五等嘉禾章,汀漳道属禁烟总稽查援委任职超给八等嘉禾章。③ 但实际上,李厚基的策略是一面高举禁烟旗号,一面按亩收捐。日方领事馆的调查显示,1920 年左右,厦门、漳州之间的铁路沿线都栽种了罂粟。闽省罂粟的播种期在农历八月,收获期在农历次年的一月至四月上旬,其间大约 100 天。当局按播种期、生长期和收获期三期来征收税金。据福建拒毒会调查,1920 年,福建莆田、惠安、思明、金门、同安等县遍地烟苗,均由军人官吏保护,烟捐每亩上等 8 元、中等 5 元、下等 3 元。或有抗命不种、种而不缴者,一律以军法从事。④ 李厚基当局的军政费用主要以鸦片税为来源,其年收入额一般都在 700 万元至 800 万元。⑤ 1921 年 11 月,华侨富商陈嘉庚在厦门商务总局做了一场关于禁烟的演讲。其提及 1920 年仅同安县所征的鸦片税即达 150 万元以上,而当局的实际收入额

---

① 辜孝宽:《浙江省二十年禁烟史略》,《浙江民政》,1931 年第 39 期。
② 《闽省之土匪与烟》,《晨报》,1919 年 2 月 20 日。
③ 《政府公报》,1919 年 5 月 1 日。
④ 《禁烟声中之闽省种烟》,《晨报》,1920 年 4 月 25 日。
⑤ 谷光隆编:《東亜同文書院阿片調査報告書》,愛知大学東亜同文書院大学記念センター 2007 印,第 28 頁、335 頁。

仅仅是 15 万元,其余九成被处理征税事宜的大小官吏私吞。① 李厚基时代,鸦片生产是保密的,没有系统的统计数据,只能从一些从事禁烟事务的官员无意泄露的内容中推测出鸦片收入有 500 万元至 800 万元。由于没有统计数据,亦无法详细说明其用途。但大部分鸦片税收都充作了军政费一说,还是可信的。

表 9-21　20 年代初闽南 21 县鸦片生产数量表②

| 县名 | 年产额(两) | 备注 |
| --- | --- | --- |
| 同安 | 960 万 | 福建所产烟土中质量最上等的 |
| 晋江 | 960 万 | |
| 龙溪 | 320 万 | |
| 海澄 | 160 万 | |
| 南安 | 每个县 480 万—640 万 | 比上述 4 县所产品质略低,属中等偏上 |
| 惠安 | | |
| 仙游 | | |
| 德化 | | |
| 永泰 | | |
| 安溪 | 每个县 128 万—160 万 | 中等品质的烟土 |
| 长泰 | | |
| 平和 | | |
| 永定 | | |
| 诏安 | 每个县 128 万—160 万 | 中等品质的烟土 |
| 云霄 | | |
| 南靖 | | |
| 漳浦 | | |

---

① 谷光隆编:《東亜同文書院阿片調査報告書》,愛知大学東亜同文書院大学記念センター 2007 印,第 29 頁。

② 谷光隆编:《東亜同文書院阿片調査報告書》,愛知大学東亜同文書院大学記念センター 2007 印,第 30 頁。

(续表)

| 县名 | 年产额（两） | 备注 |
| --- | --- | --- |
| 龙岩 | 数量不详 | 仅满足本地消费，没有剩余烟土销往外地 |
| 金门 | | |
| 兴化 | | |
| 东山 | | |
| 总计 | 5824万—6880万 | |

表9-21中的数据是日方驻福建各地领事馆所做的调查，虽然难以确切知道福建全省53县的罂粟种植情况，但福建罂粟的主要种植地在南部，故由此表可见20年代初期闽省烟苗种植之盛。另外，还从两个数据中可见福建鸦片生产量的巨大。一个数据是根据厦门海关税务司的报告，当时福建鸦片向香港、上海两大集散地走私，一年被海关扣押的数量多达53担，约合22万元。[①] 另外一个数据，即福建当地习惯用豆饼做罂粟种植的肥料，故每次种植政策或松或紧的变化，都会直接对厦门的重要进口产品——豆饼和大豆产生很大影响。如1918年豆粕作为肥料进口，量超37万担，1920年后增加到近100万担。[②] 足见福建鸦片产量之大。

1922年10月，福建政局突变，李厚基被驱逐。所谓的闽军、自治军、护国军、讨贼军等在省内各地蜂起。这些军队有的力图割据，有的努力恢复李厚基的势力，有的在名义上由孙中山任命，一时间福建省纷乱如麻，民众饱受涂炭。各军为筹集军费，均奖励罂粟种植，并对此课以重税。可以说，只要是军队驻扎的地方，就盛行强迫种鸦片，由当地知县出布告，士兵强制执行。于是福建罂粟种植范围更为扩大，如福安50%至80%的耕地都用来栽种罂粟；兴化罂粟栽种地随处可见，其面积占耕地总面积的70%至90%，农田里白色罂粟花绵延数公里，就连空气中都漂浮着苦涩的香气；仙游罂粟田亦占到耕地的一半。[③] 一般来说，每亩平均课税15元，与李厚基时代不同的是，分农

---

① 谷光隆编：《東亜同文書院阿片調査報告書》，愛知大学東亜同文書院大学記念センター2007印，第336頁。
② 谷光隆编：《東亜同文書院阿片調査報告書》，愛知大学東亜同文書院大学記念センター2007印，第187頁、336頁。
③ 谷光隆编：《東亜同文書院阿片調査報告書》，愛知大学東亜同文書院大学記念センター2007印，第290—291頁。

历九月、十一月、十二月及翌年的一月、二月这五期征收税金,但在播种期、生长繁茂期和收获期这三期的征税额仍最多。对不缴纳者、滞纳者及私自种植者,基本上不判处刑罚,而是将地里正在种植的东西或踩得乱七八糟,或拔除扔掉,使其无法收获。① 上述为多数地区的征收办法,但亦有部分地区的税收并不完全相同。如驻闽东地区的海军为补助军饷,勒令乡民栽种罂粟,每亩仅抽收税捐 5 元。② 还有的则公开贴出告示晓谕农民,凡有田者如不以土地面积的几分之几种烟,收烟之时也须按已种烟者收税,有抗令者派遣军队严办。③ 例如仙游县,不论农民是否种植鸦片,每亩耕地都要上交课税 20 元。④

福建全省在军事强制下进行鸦片生产,其种植及加工量十分巨大,年生产额超过 1000 万元。⑤ 这对于军队维持的意义极大。在福建,需要靠鸦片税养活的有 5 个将军统帅的 7 万陆军,此外还有一定数量的海军和舰队。福建省省长萨镇冰在福州反鸦片协会上曾发表演讲:"福建省目前没有讨论禁烟问题的资格。如果想要铲除鸦片,首先必须要将军队驱逐出福建。而铲除军队这件事完全就是纸上谈兵。"⑥ 由此可见福建军队对鸦片税的依赖。1923 年 1 月,北京万国拒土会总会收到福建分会报告,据闻闽省军界中有一计划,须于种烟项下抽税收 1500 万元以充军饷。⑦ 但据中华国民拒毒会 1923 年的调查,福建省每年的军费约 2000 万元,几乎全部依赖鸦片烟税。⑧ 显然,实际征税超过了计划征收。另外,从部分零散的资料亦可见鸦片税源之重。如同安征收鸦片税的总额高达 200 万元,为福建省第一位。⑨ 而漳

---

① 谷光隆编:《東亜同文書院阿片調査報告書》,愛知大学東亜同文書院大学記念センター 2007 印,第 33 頁。
② 福州海关编:《近代福州及闽东地区社会经济概况》,华艺出版社 1992 年版,第 519 页。
③ 内政部禁烟委员会编:《民国成立后之禁令》,中国第二历史档案馆藏。
④ 谷光隆编:《東亜同文書院阿片調査報告書》,愛知大学東亜同文書院大学記念センター 2007 印,第 291 頁。
⑤ 谷光隆编:《東亜同文書院阿片調査報告書》,愛知大学東亜同文書院大学記念センター 2007 印,第 186 頁。
⑥ 谷光隆编:《東亜同文書院阿片調査報告書》,愛知大学東亜同文書院大学記念センター 2007 印,第 193—194 頁。
⑦ 《外交公报》,1923 年第 22 期。
⑧ 周宪文:《中国之烟祸及其救济策》,《东方杂志》,第 23 卷 20 号,1926 年 10 月,第 33 页。
⑨ 谷光隆编:《東亜同文書院阿片調査報告書》,愛知大学東亜同文書院大学記念センター 2007 印,第 291 頁。

州、泉州两地所负担之鸦片税即达 100 万元。① 1925 年,福建漳浦征收鸦片税额 62 万元,加上税收人员的中饱勒索,从人民身上搜刮 100 万元左右。② 由于烟税很重,且在迫种之下产量又常常过剩,如 1922—1923 年度,鸦片生产过剩,价格跌落每盎司不到 1 元③,农民种植罂粟并无利可图,故常常联合起来抵抗迫种,甚至还会发生暴动。对此,军阀会毫不犹豫地进行镇压,在一些地方有很多农民被枪杀,村庄被焚毁。据中华国民拒毒会调查,福建有限之田均被毒卉,无旷地可种粮谷,无余力从事他项工作。1925 年,烟苗失收,征税加重,穷无所之,自杀者有之,典田鬻子者有之。④ 该年漳浦县征税时,很多人离家逃亡。⑤ 正如万国拒土会的调查报告所言的那样,福建百姓敢怒而不敢言,无人敢反对鸦片种植。

福建省的鸦片产量大,但并不是主要的鸦片输出地区,大部分鸦片还是供给本地消费,少部分过剩鸦片会输出省外。现以厦门为例,分析闽省鸦片专卖制度的具体情况。

厦门华洋混居,是福建鸦片的消费及贩运中心,在厦门购烟吸食是十分容易的事情。⑥ 1922 年 11 月,李厚基被逐离闽后,原闽军第 2 军军长臧致平盘踞厦门,自称闽军总司令。臧致平为了增加税收,设立禁烟局,规定了鸦片的运输、售卖、吸食及烟馆的开设等一系列制度。此外,又设立禁烟稽查处,逮捕并处罚私运者。1924 年 2 月,厦门为福州海军所占领,成立了闽厦海军警备司令部,由训练舰司令杨树庄掌握实际权力。6 月,设置了厦门禁烟稽查处,在厦门及禾山设立办事分处,并颁布了禁烟章程,但多数内容仍按照臧致平时期制定的规范所执行。⑦

---

① 章有义编:《中国近代农业史资料:1912—1927》(第二辑),生活·读书·新知三联书店 1957 年版,第 622 页;于恩德:《中国禁烟法令变迁史》,河南人民出版社 2016 年版,第 178 页。
② 章有义编:《中国近代农业史资料:1912—1927》(第二辑),生活·读书·新知三联书店 1957 年版,第 625 页。
③ 章有义编:《中国近代农业史资料:1912—1927》(第二辑),生活·读书·新知三联书店 1957 年版,第 621 页。
④ 周宪文编:《中国之烟祸及其救济策》,《东方杂志》,第 23 卷 20 号,1926 年 10 月,第 33 页。
⑤ 章有义编:《中国近代农业史资料:1912—1927》(第二辑),生活·读书·新知三联书店 1957 年版,第 625 页。
⑥ 于恩德:《中国禁烟法令变迁史》,河南人民出版社 2016 年版,第 179 页。
⑦ 谷光隆编:《東亜同文書院阿片調査報告書》,愛知大学東亜同文書院大学記念センター 2007 印,第 33—34 页。

厦门禁烟章程规定，所有在厦门从事鸦片贩运、批发、零售、制造（含有鸦片的药丸）的商人必须向政府申请许可证，并缴纳印花税。从厦门输出的鸦片，烟膏1两纳税3分，烟饼（生土）1斤纳5角，不足数量均进位计算。输入厦门的鸦片，进口国外烟饼半斤纳1元，国内烟饼半斤纳7角5分，国内烟浆（鸦片汁）半斤纳5角，烟膏1两纳1角，料膏（掺有其他物质的烟膏）半斤纳2角，不足数量亦进位计算。从事批发及零售的烟商，本地烟浆半斤纳1角5分，本地烟饼半斤纳3角，进口烟饼半斤纳6角，料膏1斤纳1角，烟膏1两纳1角。所有贩运、批发、零售之货物所贴印花上必须有厦门禁烟稽查处及商号印章。① 供给厦门的主要是烟饼和烟浆，其中最多的是烟饼，它们产自同安县及晋江县内的安海一带。鸦片是高价物品，因此向来就有保险制度。垄断这项业务的主要是在厦门一带海上拥有霸权的吴姓宗族。保险费用为烟饼每1斤1元，烟膏每1钱5分。鸦片输送方法是利用帆船或沿海行路的小蒸汽船秘密运输。虽然不会被轻易发现，但有时也会被其他的两个海上家族（陈姓和纪姓）抢夺业务，甚至被官府围捕，因此持凶器对抗的事件多有发生。②

经营烟馆业者必须写明自己的住所、姓名、营业场所及国籍，并向禁烟稽查处提出申请，获得许可后方可开业。营业许可手续费为8至20元。③ 厦门烟商及烟馆情形如下表：

表9-22 厦门烟商及烟馆数量表④

| 经营类型 | 经营者属地 | 数量 |
| --- | --- | --- |
| 批发业 | 台湾籍 | 10余 |
| | 非台籍 | 100余 |

---

① 谷光隆编：《東亜同文書院阿片調査報告書》，愛知大学東亜同文書院大学記念センター2007印，第196—198頁。
② 谷光隆编：《東亜同文書院阿片調査報告書》，愛知大学東亜同文書院大学記念センター2007印，第41—42頁、第200頁。
③ 谷光隆编：《東亜同文書院阿片調査報告書》，愛知大学東亜同文書院大学記念センター2007印，第36—37頁。
④ 谷光隆编：《東亜同文書院阿片調査報告書》，愛知大学東亜同文書院大学記念センター2007印，第39頁。

(续表)

| 经营类型 | 经营者属地 | 数量 |
| --- | --- | --- |
| 零售 | 台湾籍 | 20余 |
| | 非台籍 | 60余 |
| 烟馆 | 台湾籍 | 150—200余 |
| | 非台籍 | 300余 |

20年代的厦门人口约为20万,烟馆500余家,可见吸烟之盛。由于恶棍及无赖之徒也多出入其中,故烟馆业的社会地位很低。上中流者不出入烟馆,这一结果必然导致这些人在家里吸食。由于吸食烟具用黄铜制作,导致厦门的黄铜进口数量大增。

表9-23 1918—1923年厦门黄铜进口表[①]

| 年份 | 数量(担) | 金额(关平两) |
| --- | --- | --- |
| 1918 | 240 | 9775 |
| 1919 | 644 | 17770 |
| 1920 | 2345 | 68936 |
| 1921 | 591 | 21177 |
| 1922 | 602 | 21406 |
| 1923 | 813 | 25174 |
| 总计 | 5235 | 164238 |

鸦片吸食者亦要申请许可证,且6个月内肃清吸食,吸食制度如下表:

表9-24 厦门市各类吸食许可证时间及权限表[②]

| 许可证类别 | 时限 | 费用 | 权限 |
| --- | --- | --- | --- |
| 特种 | 6个月 | 36元 | 不限场所,自由吸食 |
| 甲种 | 1个月 | 8元 | 不限场所,自由吸食 |
| 乙种 | 1个月 | 4元 | 限家里和烟馆吸食 |

---

① 谷光隆编:《東亜同文書院阿片調査報告書》,愛知大学東亜同文書院大学記念センター2007印,第44頁。
② 谷光隆编:《東亜同文書院阿片調査報告書》,愛知大学東亜同文書院大学記念センター2007印,第198—200頁。

(续表)

| 许可证类别 | 时限 | 费用 | 权限 |
|---|---|---|---|
| 丙种 | 1个月 | 2元 | 限家里和烟馆吸食(妇女专用) |
| 别种 | 1个月 | 2元 | 限笼宿①及烟馆吸食(轿夫专用) |
| 丁种 | 1个月 | 5角 | 限烟馆吸食 |
| 外省寄居人员 | 1个月 | 8元 | 寄居场所需申请获得客用许可证 |
| 旅馆寄宿人员 | 1个月 | 6元 | 旅馆需申请获得客用许可证 |
| 风月场所顾客 | 1个月 | 4元 | 风月场所需申请获得客用许可证 |
| 俱乐部及其他集会顾客 | 1个月 | 10元 | 俱乐部需申请获得客用许可证 |
| 临时许可证 | 3日 | 1元 | 到期后由保证人返还禁烟稽查处 |

戒烟药丸也可以销售，禁烟处亦是按等级收税。

表9-25 厦门戒烟药丸销售商等级表②

| 等级 | 月税额(元) |
|---|---|
| 甲 | 100 |
| 乙 | 60 |
| 丙 | 30 |

厦门海军警备司令部以月额 12500 元的银两让民间承包禁烟办事处的事务。司令部的年收入额为 15 万元，全部用于军费。由于其他收入不明，故无法将鸦片的收入与之相比较。③ 办事处的收入则全部归民间承包者。虽然预期月收入为 3 万元，但扣除每月缴纳的 12500 元，再扣除各种工资、津贴、办公费等，最终只有约 2000 元的纯收入，即年收入约 24000 元。办事处名义上被裕本公司所承包，这是一个由 150 名左右的台湾鸦片商所组成的股份公司，其中鼎美洋行的吴蕴甫和坤纪洋行的曾厚坤是势力较大的商人，其余多为三流小资本家。裕本公司的主要事务是向各种鸦片经营商和吸食者

---

① 日文中有马笼宿、妻笼宿等宿场町，结合文中含义，笼宿意指轿夫集体居住的场所。(笔者注)
② 谷光隆编:《東亜同文書院阿片調査報告書》，愛知大学東亜同文書院大学記念センター 2007 印，第 210 頁。
③ 谷光隆编:《東亜同文書院阿片調査報告書》，愛知大学東亜同文書院大学記念センター 2007 印，第 41 頁、206 頁。

征收手续费和发放许可证。这些人之间有各种体系,为了避免争执,他们会在以往的势力范围内限定各自负责事务的区域和种类,彼此互不干涉。尤其是缉查处,不仅是独立的政府机关,而且承包人中除少数大势力之外,也网罗了普通鸦片商,形成了一种独特的专卖制度。①

厦门实行鸦片专卖制度,自然在缉私方面要加强力度。海关和邮局在查验进口商品时,一般会进行特别检查。若有人揭发鸦片走私行为,海关先要收取一定的保证金(5—12元)。如果告发属实,海关会退还保证金并给予一定奖励;如果告发不实,将会没收保证金。此举一方面可鼓励举报,另一方面可以避免故意陷害他人。但实际上若违禁物品被发现,犯人会立即逃跑,海关方面很难将走私人员缉捕归案,故走私者的国籍身份等并不明确。进口走私多从缅甸、越南进入,出口多往南海诸岛。② 据日方驻厦门领事馆的调查,似乎台湾者从事走私者居多。

表 9-26 厦门部分从事走私鸦片商行表③

| 地址 | 名称 | 经营者 |
| --- | --- | --- |
| 磁街 46 号 | 长胜洋行 | 台湾人陈文田 |
| 同小史巷 2 号 | 相成洋行 | 不详 |
| 同卖圭巷 4 号 | 合兴洋行 | 台湾人 |

在以上洋行中,长胜洋行和相成洋行还常委托天草号和开城号船员将鸦片偷运到基隆,再委托交通号船员将鸦片偷运到高雄,还用戎克船走私至淡水、鹿港海滨、东石、安平等地。

走私数量问题,因限于资料,亦只能从海关零散的数据来观察。

---

① 谷光隆编:《東亜同文書院阿片調査報告書》,愛知大学東亜同文書院大学記念センター 2007 印,第 191 頁,202—233 頁。
② 谷光隆编:《東亜同文書院阿片調査報告書》,愛知大学東亜同文書院大学記念センター 2007 印,第 40 頁。
③ 谷光隆编:《東亜同文書院阿片調査報告書》,愛知大学東亜同文書院大学記念センター 2007 印,第 205 頁。

表 9-27 1922—1924 年部分时期厦门海关缴获鸦片数量表①

| 时间 | 生鸦片(两) | 熟膏(两) |
| --- | --- | --- |
| 1922(10月1日、12月31日) | 421 | 2559.5 |
| 1923(10月1日、12月31日) | 14760 | 1961 |
| 1924(1月1日、9月30日) | 3956 | 525.8 |

除了厦门外,省城福州的专卖制度也比较特别。1926年2月,鸦片工业公司在省城成立,此公司在全省范围内设有分公司,设立目的是为了收购所有鸦片并销售。一开始公司比较消极,以本金20万元、500股股票展开运营。此公司垄断了鸦片的收购和供给,与市场价格相比每盎司多收取2元进行销售,使个体鸦片商贩遭受巨大打击。吸食者必须通过此公司购入鸦片,据说这家公司在一个月内就获利大约10万元。② 此外,福州烟馆因多台湾人经理,内地官吏不得干涉。③

金门的专卖制度是由当地官员和士绅共同经营一家资本20万元的公司,由该公司垄断鸦片业务。④

21. 广东省

广东省是中国鸦片进口的嚆矢之地,直到20年代,依旧是中国鸦片吸食及走私最严重的地区之一,但广东省土质并不适宜种植烟土。1924年,除梅县、五华、海丰、陆丰、海南等处有种植现象,他处并不多见。20年代末期,广东省的罂粟种植仍不成规模,除了上述诸县外,仅英德、澄海、连县、花县、高明等处有少量种植。据说粤东北与闽南交界处地区所产烟土,土质优良,是全国有名的鸦片产地。⑤ 唯全省吸食鸦片之风极盛,需求极大,粤省中、西、南部的鸦片主要来自贵州,价格非常便宜,农民不乐意种植。东北部地区除

---

① 谷光隆编:《東亜同文書院阿片調査報告書》,爱知大学東亜同文書院大学記念センター2007印,第204页。
② 谷光隆编:《東亜同文書院阿片調査報告書》,爱知大学東亜同文書院大学記念センター2007印,第290页。
③ 于恩德:《中国禁烟法令变迁史》,河南人民出版社2016年版,第179页。
④ 谷光隆编:《東亜同文書院阿片調査報告書》,爱知大学東亜同文書院大学記念センター2007印,第291页。
⑤ 谷光隆编:《東亜同文書院阿片調査報告書》,爱知大学東亜同文書院大学記念センター2007印,第300页。

了有少部分种植外,鸦片大多来自福建。① 故官厅专注于外来鸦片之转运贩卖的收税,粤省烟捐收入为各项杂税之大宗。

1921年,孙中山在广州就任非常国会选举的"非常大总统",其发布文告:"鸦片一物,贻害人群,甚于洪水猛兽。查禁种、禁吸、禁运,载在条约,死之刑章,久已雷厉风行。各省烟苗,亦经早报肃清。诚恐无知之徒,日久玩生,于穷乡僻壤之间,有妄行偷种之事。本大总统为杜渐防微起见,兹特重申诰诫,着地方文武高级长官,督饬所属严密查禁,务使尽绝根株,毋得始勤终懈。人民亦当凛遵禁令,毋贪小利,自陷法网,用副本大总统廓清毒卉、保育人民之至意。"②

孙中山虽然以大总统名义向全国发布禁烟令,但在南北对立、军阀混战的形势之下,禁烟令亦仅在广东省范围内有效。广州市内对于禁烟一事,进行甚严,每月所查获烟案,总在八九百起,其中20%为私卖,余则为吸食。处分为1000元以下之罚金,或1000日以下之拘禁。卖烟者多处罚金,吸食者多处拘禁,如系累犯则第二次之惩罚尤为严厉。为严惩私贩,广州警察厅配有轮船及小汽船6只、大划船30只,每划船有警士6至8人,轮流驻守河面,主要任务就是查禁私贩,凡由香港及澳门方面来粤之本国船只,均加查验。③

1922年3月,广东成立万国禁烟会分会。④ 3月30日,广东省省长陈炯明颁布新订禁烟条例,规定凡将鸦片烟及吗啡等运入广州市内者,在市内制造贩卖,或意图贩卖鸦片烟、吗啡及器具者,在市内开设或私藏烟具,私自吸食,或为人施打吗啡者,一经发觉,即送法院严行究办。染有烟患者,自1922年4月1日至6月1日止,向该管警署报名志愿戒烟,可免送法院审判,并发给戒烟凭证,转送万国禁烟会所设之戒烟所,以期永远戒断,留医费用由公家支给。不欲赴戒烟留医所,而欲往各公私医院戒烟者,须由卫生局指定之医院,其费用由本人承担。凡经戒烟后再行吸食者,一经发觉,应解法院,从重

---

① 谷光隆编:《東亜同文書院阿片調査報告書》,愛知大学東亜同文書院大学記念センター2007印,第178页。
② 《孙中山严禁鸦片令》(1921年9月20日),《广东群报》,1921年9月21日。
③ 《广州市警察禁烟已著成绩》,《民国日报》,1922年2月14日。
④ 《创设广东万国禁烟分会》,《民国日报》,1922年3月29日。

处断,并永远驱逐出市。①

严厉的禁烟总是短暂而表面的,广东省军政混乱,人事更迭频繁,禁政难以延续。更重要的是,广州政府是一个战时政府,必须服从于军事斗争的需要。1923年3月,孙中山在广州成立陆海军大元帅府大本营,其财政部门以筹措军费为首要任务。虽然孙中山曾多次表明其严禁鸦片之态度,其任临时大总统及非常大总统期间亦数次颁布禁令,但在各地军阀迫种强征的大形势之下,广州虽曰革命政府,但为解决庞大之军政费用,其对待鸦片之态度与其他军阀之政府并无本质区别。于是大本营成立不久,财政部下即设立禁烟督办署,负责鸦片专卖的相关事宜。1924年1月后,大本营所辖各县均设立禁烟局及戒烟所,实行专卖制度。各地对为数不多的罂粟种植征收每亩15元的税收,每个烟灯每月亦征税15元。② 据说陈炯明部在惠州按亩收税,仅3个月就收特别田亩捐200万至300万元以上。当时粤省各地吸食鸦片十分普遍,除了烟馆外,客栈亦是吸烟的重要场所。客栈全都悬挂着谈话局、谈话所、灯局、红灯局等字样的灯笼,来招揽客人(吸食者)。在很多县,禁烟局将专卖业务承包给有实力之民间资本,如乐昌县,由裕昌总公司垄断全县的鸦片专卖。粤省对于外来鸦片,有不同于其他地区的特殊称呼,如法属印度支那、印度产的烟膏称为柔根,中国南部地区所产鸦片称为南料,北部地区所产烟土称为北料,零碎鸦片称为零剪。③

限于资料,目前我们尚不清楚大本营的禁烟督办署在鸦片税收方面的总体收入,但从督办署对于其他部门的拨付支持可见大本营政府对于鸦片的依赖。

---

① 《广东省长新订禁烟条例》,《民国日报》,1922年4月5日。
② 谷光隆编:《東亜同文書院阿片調査報告書》,愛知大学東亜同文書院大学記念センター2007印,第177頁。
③ 谷光隆编:《東亜同文書院阿片調査報告書》,愛知大学東亜同文書院大学記念センター2007印,第15頁。

### 表 9-28 大本营时期禁烟督办署拨付款项表①

| 用途 | 数额(元) | 财委会议决时间 | 备注 |
| --- | --- | --- | --- |
| 湘军毛毯费 | 10000 | 1924年1月7日 | 垫借(未还) |
| 东江作战军前进给养费 | 15000 | 1924年1月10日 | |
| 军政部日常费用缺口 | 5000 | 1924年1月14日 | |
| 航空局每月经费 | 15000 | 1924年1月14日 | 函复无从筹付 |
| 朱培德部日增加给养费 | 300 | 1924年1月14日 | 函复无从筹付 |
| 国民党广东支部代制棉衣 | 5000 | 1924年1月17日 | |
| 补军政部旧透支 | 30000 | 1924年1月17日 | |
| 朱培德部急需 | 2000 | 1924年1月21日 | |
| 湘军谭延闿部北伐开拔费 | 30000 | 1924年1月21日 | 实际支付9000元 |
| 军官学校开办费 | 1500 | 1924年1月23日 | |
| 赔付船价 | 450 | 1924年1月23日 | |
| 提前发给航空局经费 | 10000 | 1924年1月28日 | |
| 先筹广州制弹厂费 | 500 | 1924年1月28日 | |
| 广九铁路军车管理处日需煤炭费 | 200 | 1924年1月31日 | 一月为期，实际支付28天 |
| 军官学校开办费 | 60000 | 1924年2月8日 | |
| 上海议员旅费 | 500 | 1924年2月8日 | |
| 分担市政厅日担军费 | 2300 | 1924年2月8日 | 实际支付天数不详 |
| 朱培德部日增加给养费 | 300 | 1924年2月8日 | 未支付 |
| 路孝忱部每日伙食费 | 200 | 1924年2月8日 | 实际支付800元 |
| 朱培德部催付所部日增给养费 | 300 | 1924年2月11日 | 函复无款拨交 |
| 北伐军高凤桂师饷银 | 10000 | 1924年2月15日 | 实际支付1000元 |
| 大本营会计司急需经费 | 3000 | 1924年2月15日 | 未支付 |
| 湘军特别给养费 | 5000 | 1924年2月18日 | |
| 朱培德部催付所部日增给养费 | 300 | 1924年2月28日 | 未支付 |

---

① 《大本营财务委员会历次会议议决案》(1923年12月30日—1924年12月9日)，《中华民国史档案资料汇编》第四辑(下)，江苏古籍出版社1986年版，第1181—1346页。

(续表)

| 用途 | 数额(元) | 财委会议决时间 | 备注 |
|---|---|---|---|
| 接济何雪竹部伙食费 | 6000 | 1924年3月13日 | 未支付 |
| 原财政部担负军需处日经费 | 500 | 1924年3月13日 | 实际支付天数不详 |
| 补军需处欠各军费用 | 50000 | 1924年3月13日 | |
| 黄焕记煤炭费 | 3700 | 1924年3月18日 | 未支付 |
| 湘军谭延闿部各项费用 | 203000 | 1924年3月31日 | |
| 各军日给养费 | 500 | 1924年4月3日 | 商人开办日起付，实际支付天数不详 |
| 湘军军服及埋葬费 | 100000 | 1924年4月7日 | |
| 谭延闿部渡河材料费 | 18000 | 1924年5月16日 | |
| 湘军特别费 | 12000 | 1924年5月16日 | |
| 联军军医处日给养费 | 500 | 1924年7月6日 | 以一月为期，实际支付30日 |
| 可计算之总额 | 559350 | | |

上表可见，从1924年1月至12月，禁烟督办署归并于广东筹饷总局期间，至少拨付各军各部门50余万元。需要说明的是，其中有三笔日常经费因不知实际支付的时长，而未算进总额，故实际拨付金额当远远高于50余万。以往有学者仅根据财委会的议决，忽视了有部分拨款并未实际支付，而高估了拨付数额。① 在上述诸多拨付中，我们可以看出，禁烟督办署对于临时的非制度化的拨款，尚能勉力维持，但对于议决的日常经费，常常以各种方式拖延，以致很多款项未能到位或未能及时到位。由于日常经费负担最重，这引起孙中山及财委会的严重不满。如议决拨付朱培德部的日常给养费，每月数量9000元，并不算巨大，但经多次催促，孙中山甚至以大元帅名义，令禁烟督办署务必照付，禁烟督办署仍未能支付。最后，财委会议决这笔款项由沙田清理处承担，但沙田清理处亦声明不能派拨，最终拨付情形不详。又如给黄焕记之煤炭费，多次函催，至5月，财委会只得议决由粤省财政厅拨付。在各方催款的压力之下，禁烟署督办杨西岩于3月提出辞职，而孙中山又以大元

---

① 王金香：《广州国民政府鸦片政策探略》，《山西师范大学学报》（社科版），1997年04期。该文根据财委会决议案，认为34天内禁烟督办署即拨付了97.85万元。

帅的名义下发了《杨督办被控禁烟无成绩之原因》一文,令财政委员会"彻底查办,清理积弊,以维饷源"①。此案调查,虽然不了了之,但此后禁烟督办署的拨款明显减少,当时督办署以包商的方式将税收承包给民间资本,可显然办理禁烟成绩一般。承办商人李大光曾称:"开办数月,入不敷出,无力商借军费。"

禁烟督办署办理不善自然是一原因,但根子还在于广东政局混乱,需财孔亟。而孙中山对于各军所求,无不所允,甚至数千、数百元的款项,都以大元帅的名义,要求财委会议决拨付。且为了笼络仅名义上接受任命的旧军队,广州方面亦要拨付协济,如前述盘踞厦门的臧致平,而事实上厦门的烟税收入是极其丰厚的。在此背景之下,不仅禁烟督办署难以为继,财经委员会亦极感疲惫,甚至一度因无财政收入而暂时停会。②就在禁烟督办署因办理不善而归并入广东筹款总局的 12 月,孙中山北上参加善后会议,他在天津接受中华国民拒毒会的访谈,再次高调宣誓禁毒之态度:"鸦片营业绝对不能与人民所赋予权力之国民政府两立,中国之民意,未有不反对鸦片,苟有主张法律,准许鸦片营业或对鸦片之恶势力表示降服者,均为民意之公敌。对鸦片之宣战绝对不可妥协,苟负责之政府机关为自身之私,便对鸦片下旗息战,不问久暂,均属卖国之行为。欲达禁烟之目的,必须由国民政府裁定全国一致遵守之计划,但在军阀未经打倒,民治政府未能统一全国以前,拒毒团体须奋斗不懈,千万不可放弃坚忍与不妥协之奋斗决心,永远抱定彻底不降服之政策。"③此即著名的《总理拒毒遗训》,由此可见孙中山作为政治家在经济上的务实态度。

1925 年,粤北的鸦片收入几乎全部为湘军所夺,3 月,广州方面改换鸦片药膏销售方案并在广州市设立禁烟局,据说当时每天收入除了专卖费 6000 元,还有万益公司鸦片销售额。④ 1925 年 6 月广州国民政府成立之后,再次

---

① 《财政委员会第 23 次常会议决案》(1924 年 3 月 24 日),《中华民国史档案资料汇编》,第四辑(下),江苏古籍出版社 1986 年版,第 1224 页。
② 《大本营财委会为财政毫无收入暂行停会呈》(1924 年 8 月 26 日),《中华民国史档案资料汇编》,第四辑(下),江苏古籍出版社 1986 年版,第 1350 页。
③ 《总理拒毒遗训》,《禁烟公报》,1929 年第 7 期,第 28 页。
④ 谷光隆编:《東亜同文書院阿片調査報告書》,愛知大学東亜同文書院大学記念センター 2007 印,第 177 頁。笔者注:万益公司背景不详,应为承担政府专卖事宜之公司。

设立禁烟督办署,于 7 月 21 日颁布禁烟训令:"政府立法之意,在于四年之内用专卖之法收禁绝之效。所有广东省河南北及省外各属禁烟事宜,应由禁烟督办遵照条例,认真办理。无论何人,均不得私运私售。"① 可见,国民政府所谓的禁烟依然是鸦片专卖政策。22 日,《国民政府禁烟条例》颁布:(1)特设禁烟督办署主持禁烟,负责专卖事宜。(2)人民自本条例颁布实行之日起不得购买、运输、贩卖或是存储鸦片烟。鸦片烟是包括罂粟、烟土、烟膏、烟灰、烟丸及其他与鸦片同种类的吗啡、高根、海洛因等药品的总称。(3)各属长官在本条例颁布实行之前的三个月内派人严密搜查种植罂粟的人,并勒令其全部铲除。(4)私藏烟土、烟膏的,无论何人、任职何处,也不管上面是否贴有印花纸,都应当在该地成立专卖处或分部之后的十天内汇报所藏有的鸦片种类及数量。之后禁烟督办处会按相应的价格回收。(5)谈话室或是供吸食鸦片的烟馆自本条例实行之日开始一律禁止开设,申请受领吸烟证的人可吸食鸦片。(6)本条例实行前生产禁烟药品者须在自实行开始的十五天内向禁烟督办处提交该药品,检明其中不含鸦片成分之后会给适合作为戒烟药品的生产商发放出售许可证,然后才允许其出售禁烟药品。本条例同样适用于戒烟药品生产商。(7)私藏、私运、私制烟土、烟膏者,将被没收或销毁鸦片、运输船和制造器具,征收其鸦片价格两倍以下的罚金并处以五年以下监禁。开设吸食鸦片烟之官舍的,没收其鸦片及一切物品,还要处以 3000 美元以下罚金或处以五年以下监禁。② 除了禁烟条例外,国民政府还颁布了《禁烟督办署组织章程》及《禁烟领牌章程》③,以便进一步规范专卖制度。

7 月 22 日,国民政府财政部部长廖仲恺以"操守廉洁,才具优长,历充要职"等原因,推荐范其务任禁烟督办。范于 25 日上任,其间执行禁烟条例,严禁私种、私购、私运、私制、私卖、私吸鸦片烟等。值得注意的是,不久国民政府又任命范其务兼任军需局长。范氏一人兼任禁烟督办及军需局长两职,可见国民政府对禁烟事务之厚望。但范其务以责任重大为由,力辞军需局长。

---

① 《国民政府关于禁烟训令》(1925 年 7 月 21 日),《中华民国史档案资料汇编》,第四辑(上),江苏古籍出版社 1986 年版,第 127 页。
② 谷光隆编:《東亜同文書院阿片調査報告書》,愛知大学東亜同文書院大学記念センター 2007 印,第 178—179 頁。
③ 中国第二历史档案馆编:《中华民国史档案资料汇编》,第四辑(下),江苏古籍出版社 1986 年版,第 1148—1151 页。

虽然其恪尽职守,但禁烟成绩仍是不佳。10月,范提出辞呈,谓"虽事事躬亲,未收寸效,午夜筹维,终无良策,若再尸位,贻误更深,迫得呈请钧府,俯悯愚诚,准予辞职,另简贤能,实为恩便"①。虽然未有资料显示禁烟督办署当时的艰难情形,但想来范其务的处境亦不会好于原督办杨西岩。范其务可谓知难而退,他在辞呈中并未言明督办署的收入状况,但从一年后宋子文的一篇财政整理的呈文中可知,自1924年9月至11月,公家所收仅52万余元。②显然,此时禁烟督办署的办理状况与大本营时期相比,并无任何改善。

在国民政府施行专卖政策期间,竟有一严禁风波之插曲。1925年11月,东征军驱逐陈炯明,占领了惠州。在东征军总指挥部政治部主任周恩来、代主任熊雄呈文请求之下,国民政府令财政部转饬禁烟督办及筹饷局遵照,"惠城烟赌既经禁绝,嗣后不得弛禁为要"③。显然这是共产党公开表示严禁鸦片的态度,此与国民政府之政策不符,自然亦不会对专卖政策产生根本的影响。但在反帝的民族主义影响之下,万国拒土会在广州的分部却遭到撤除④,从禁烟角度而言,殊为可惜。

1925年12月,禁烟督办公署改称禁烟总处,归财政部直辖,将药料准予总商公诚公司承办,而以禁烟溢利分批各属分承,并于西江设立检查所,设置巡舰,派员办理截缉私运。但效果依然不显,自1925年12月至1926年4月,收款仅100余万元。故1926年5月,改官督商办,核准兴源公司承办运销,归财政部指挥及监督,每月限缴饷银35万元,额外溢利官七商三。试办数月,略有效果,从5月至9月,收入212万余元。但私烟充斥,仍不得力改其流弊。财政部长宋子文认为,究其原因是所谓专卖徒有其名,故于9月决定撤销兴源公司之承办,由财政部直接设局专卖,并颁布了《财政部禁烟总处戒烟药膏专卖总局组织章程》《戒烟药膏专卖总局职掌规则》《财政部戒烟药

---

① 《廖仲恺请任命范其务为禁烟督办及范辞职经过呈电》(1925年7—10月),《中华民国史档案资料汇编》,第四辑(下),江苏古籍出版社1986年版,第39—41页。
② 《宋子文关于一年间库款收入及整理财政经过情形呈》(1926年11月5日),《中华民国史档案资料汇编》,第四辑(下),江苏古籍出版社1986年版,第1402页。
③ 《国民政府饬禁烟督办及筹饷局严禁惠城烟赌令》(1925年11月23日),《中华民国史档案资料汇编》,第四辑(上),江苏古籍出版社1986年版,第139—140页。
④ 谷光隆编:《東亜同文書院阿片調査報告書》,愛知大学東亜同文書院大学記念センター2007印,第300頁。

专卖总局收买药料暂行规则》《各属禁烟局职务规程》等文件。此外,又于东兴、两阳、肇罗及西江下游等处分别添设检查所卡,认真严缉,以杜绕越。财政部长宋子文对此专卖方案极有信心,认为倘得邻省从同,地方军警协助,预算收入可增加至千万元。① 没有官方资料显示这一预算目标是否达到,于恩德认为,1926 年"广州设土膏运销总机关之后,当年税收即增至 1000 万元。广州一市,每日销售戒烟药膏 1 万两左右。连平县有烟馆 800 余,增城县 300 余家,故广东全省烟害殊为惊人"②。此外,据日人观察,当时鸦片商人要缴纳 5000 元营业税,并利润 80% 的附加税。政府每月在鸦片、赌博和风月场所等获利高达 200 万元,且计划对鸦片及赌博再次征税 2000 万至 3000 万元。③ 由此看来,与上述财政部的数据还是比较吻合的。

综上,从大本营到国民政府,孙中山领导下的革命政府对待鸦片之专卖政策与其他省份之军阀政府并无二样,其政策的着眼点在于征税。但所不同的是,其他省份由军阀主办禁烟,迫种强征是普遍现象。而广州政府的禁烟则完全由政府主办,虽然烟税收入多数用于军政费用,但绝对禁止军队染指鸦片。为此国民政府还专门制定防止军人将来烟土案发生办法,并规定各军不得请领烟土免税印花。④ 或许正是此一不同之处,使得广州政府的禁烟办理得较为规范,故而收入亦低于其他军阀政府。

22. 广西省

广西省因土质不适宜,产烟始终不盛,少量罂粟种植亦多在地广人稀之山区,特别是西北部的苗人聚居之处。由于与产烟大省滇、黔相邻,故桂省烟土并无输出,只能满足当地的部分需要。但在特殊时期,桂省亦会成为烟土输出省份。如 1917 年,贵州省为应付中英条约,烟禁极严,鸦片价格昂贵,故贩烟者纷纷往桂省收购烟土,一时间"通入广西之大路目下行人往来,甚为热

---

① 《宋子文请准制定戒烟药膏专卖总局组织章程及发买药料暂行规则呈批》(1926 年 9—10 月)、《宋子文关于制定各属禁烟局职务规程呈》(1926 年 10 月 1 日)、《宋子文关于一年间库款收入及整理财政经过情形呈》(1926 年 11 月 5 日),《中华民国史档案资料汇编》,第四辑(下),江苏古籍出版社 1986 年版,第 1118—1126 页、第 1402—1403 页。
② 于恩德:《中国禁烟法令变迁史》,河南人民出版社 2016 年版,第 181 页。
③ 谷光隆编:《東亜同文書院阿片調査報告書》,愛知大学東亜同文書院大学記念センター 2007 印,第 300—301 頁。
④ 中国第二历史档案馆编:《中华民国史档案资料汇编》,第四辑(上),江苏古籍出版社 1986 年版,第 132 页,第 1442 页。

闹。闻沿途旅店颇有客满不能再容之势"。由于贩运者众多,沿途旅店以芦席竹竿搭成房屋以容过客。这些贩土者至桂省后先付定钱,坐待罂粟成熟取浆而还。① 当然,广西省在多数时期还是烟土输入省份。因地理位置特殊,滇、黔二省的烟土均以广西省为咽喉要道,输往广州、香港、澳门及湖南、江西等处。因此,历届桂省当局均十分重视过境烟土的征税事宜。

1922年后,广西设立禁烟督察局于各道属,准许人民按等级领照专运,于云南、贵州设立坐庄,采办烟土运往本省。② 滇、黔烟土过境广西主要有以下线路,其中云南烟土过桂有3条:(1)由云南富州,经广西镇边、靖西、龙州、宁明海渊,抵广东钦州(现属广西)、廉州。此路运烟数目大,千人上帮。(2)由云南广南府出发,经剥隘、六丰到广西百色。或由广南、黄草坝等地经西林、西隆到百色,再经南宁转梧州下广东,此路烟土数目亦很大。(3)由滇边直接运往南宁。贵州烟土过桂主要有8路:(1)由贵州黎平府经大苗山,过西延县经全州一路。此路烟土数目不大。(2)由黎平府经大苗山,过龙胜入桂林陆行一路。数目也不大。(3)由贵州榕江县,水运至三江县分出龙胜、桂林一路。数目亦不大。(4)由榕江县运至三江县长安,折东上桂林一路。此路数目亦小。(5)由榕江县水运至三江县,至长安下柳州,船运至梧州出广东。此路数目颇大。(6)由贵州都匀、独山,陆运马驮至宜山,然后下柳州船运到梧州出广东。此路数目也很大。(7)沿红水河经都安,或由武鸣经南宁,或由宾阳出玉林,或直至柳州转梧州出广东。数目亦大。(8)由南龙、兴义、贞丰,过红水河,经旧州马驮至百色,再过南宁至梧州出广东。此路烟土数目极多,居各路首位。以上11条烟路,以右江—邕江—郁江—浮江水路为中心线路,该线运输的滇、黔烟土占全部过境烟土的十分之七八。西段以百色,中段以柳州、南宁、桂林为最重要的烟土集散地,全广西又以梧州为最大和最终的烟土集散地,形成了一个从西至东、横贯桂省、跨越2300余里的巨大烟路运销网络系统。③

由于运输烟土数量大,为保证安全,逐渐形成了走帮现象。1916年以后,滇、黔至百色一线,每天都有烟土马帮进出百色城。从百色前往云贵以货

---

① 《申报》影印本,第146册,上海书店1982年版,第180页。
② 于恩德:《中国禁烟法令变迁史》,河南人民出版社2016年版,第181页。
③ 黄滨:《近代滇黔鸦片与广西烟土商路》,《学术论坛》,1992年05期。

换烟的叫"上帮",每帮人数多达一千数百人。从云贵返回百色,一帮最多可以脱手50多万两鸦片。一些大烟帮势力很大,如百色的洪帮,专做用汽车大宗贩鸦片的生意,凭借与官府的密切关系,曾包揽了当地一大半的鸦片贩运和护送生意。此外,鸦片运输沿途的城镇都不同程度地出现"烟土化"的现象,鸦片贸易成为广西各主要城镇中最大的行业。在经济中心梧州,鸦片列为各行业之首。而且由于鸦片贸易利润高,许多其他行业亦兼营鸦片业。不少常规商业店铺,实际上是一个个烟庄。如凌云县城,比较大的苏杭、洋杂货店27家,其中有18家从事烟土兴贩业务,而且大多数商家的烟土贩运所得是主要收入,占总收入的50%至100%,苏杭、洋杂买卖竟成了表面的和顺带的生意而已。① 还有一些小县城,如东兴县,因鸦片贸易而迅速繁荣。1919至1926年间,以武装贩运鸦片,是东兴商人的黄金时代。东兴高楼大厦都是在此时期建立起来,官僚资本亦于此时达到最高峰。1919年,商人集合资本,由陈荣廷领队,钦州小董商人,绰号"高脚狮",用快枪护卫,从广西龙州、靖西剥隘直达云南大树塘车站,贩运鸦片挑回小董发卖获利1倍。此后,小董商人颜星恒到东兴邀帮。东兴商人立即组织队伍,先立商长,之下有队长,再下有馆长,每一馆长之下有30人,25人挑担,一人一担,挑600两烟土,5人持枪护卫。云南来回一次需时2个月,1年最多2次,每次万人来往。当时东兴经营烟土有八个大庄口,即恒和行、裕泰行、三泰行、安兴庄、仁和庄、东南美、宏安庄、源泰庄,每个庄口每年有一二百万元生意落行。② 东兴在当时是一个仅1万余人口的小县城,可见当时各城镇烟土市场的兴盛。

烟帮运输烟土虽然备有武装,但仍须处理好与沿途政府及驻军的关系。据白崇禧回忆,其年轻时在旧桂系军中任连长,曾驻防于通云南之剥隘河流域。该流域为滇省运往广西之鸦片囤积地。不少烟土商人向其活动,期望给予过境之方便。而黔省烟土运入广西的途径,则由黄绍竑连队负责查缉,黄部驻于田西附近之黄兰逻里一带。黔烟多由驼马千百成群运至百色,换取食盐、棉纱等物。传闻部属常常受烟商之惠私放烟商通行。③ 但这些通关贿

---

① 广西壮族自治区编辑组编:《广西壮族社会历史调查》(第四册),民族出版社1987年版,第400页。
② 庞智声:《广西商业史料》,广西商业厅商业志编辑室1990年印,第284页。
③ 白崇禧:《白崇禧回忆录》,解放军出版社1987年版,第11—12页。

赂,仅仅是中下层军官得到的小利益。广西军政当局看重的是巨额的鸦片利润及税收,如 1921 年,粤军取道西江攻入桂省。旧桂系将领林俊廷因孤军无援,向贵州边界撤走,靠贵州军阀卢焘的支持,借护送黔、桂烟土商帮的收入,全军伙食才得以维持。① 新桂系统一广西后,在建设广西方面颇有些成就的"黄绍竑时代",也是建立在鸦片烟之上的。旧桂系治广西时由于滥发纸币,导致金融的混乱和崩溃。1926 年,新桂系黄绍竑主政广西后,急于整顿金融,却又苦于没有资本,正是为难之际,部将刘日福将截缴烟商的 70 万两烟土交省府。于是,这批烟土便成为筹建广西银行、回收旧币、发行新钞的基金。新建的广西银行不仅收回了流通的劣币、统一了广西的金融,而且在两三年内投资修建了 3000 多公里的公路,兴办了一批小型工厂和农林试验场,并兴办了一所广西大学和几所中学。"这些所谓黄绍竑时代的建设,都是以 70 万两烟土作为本钱的。"② 除了直接以烟土为建设资金外,鸦片烟税在广西财政中亦有重要地位。据有关资料统计,桂省鸦片烟税最高收入年达 1700 万元,加上每年征收的赌馆税 200 万元,共 1900 万元,占当时(1926)广西财政总收入 2600 万元的 70%以上。③ 而民国时期的经济学家千家驹等人则指出:"惟广西之商业状况,有为吾人所应特加注意者有二,一为特货业(即鸦片业)在广西商业上占特殊重要之地位,特货业之兴衰,足以决定全省商场之荣枯。"④ 由此,也可看出鸦片烟与广西军阀政权的紧密联系。

广西当局为税收之故,自然不能彻底禁止人民吸烟。而且军阀中许多重要将领也吸食鸦片烟,如旧桂系的林俊廷,其烟瘾甚大。⑤ 各烟土公司除了主营贩运外,还兼制土膏,供给各烟铺出售,供人吸食。⑥ 当时广西各地多有"谈话室",其实便是吸烟室。广西民间流传着"吸烟可以避瘴气"之谬说,所以边地瘾君子越来越多。⑦

---

① 李家诹:《自治军占领南宁后广西的局面》,《广西文史资料选辑》(第三辑),1963 刊印,第 135 页。
② 黄绍竑:《新桂系与鸦片烟》,《广西文史资料选辑》(第四辑),1963 年刊印,第 16 页。
③ 庞智声:《广西商业史料》,广西商业厅商业志编辑室 1990 年印,第 288 页。
④ 千家驹、韩德章、吴半农:《广西省经济概况》,商务印书馆 1936 年版,第 18—19 页。
⑤ 政协广西委员会文史资料研究委员会:《李宗仁回忆录》(内部发行),南宁地区印刷厂 1980 年发行,第 209 页。
⑥ 于恩德:《中国禁烟法令变迁史》,河南人民出版社 2016 年版,第 181 页。
⑦ 白崇禧:《白崇禧回忆录》,解放军出版社 1987 年版,第 11—12 页。

烟土在桂系军阀与他省军阀间的关系中亦发挥着重要的作用，如 1920 年发生的滇桂战争就是云南军阀唐继尧因要打开鸦片销路而发生的。① 1924 年滇军第二次攻入桂省，当时滇军就带了大量的烟土，一是用来代替军饷，二是欲图带到广东出售借机发财。当时的滇军严重依赖鸦片，每个官兵都带着两支枪，一支为钢枪，另一支为烟枪。② 在 1924 年冬天到 1925 年秋天的一段时间里，是广西战事最连绵、艰苦的阶段。桂军方面，几乎全军要断炊。而久困南宁的滇军，见战事前途无望，已不能把烟土带到广州发财，乃趁机与南宁的烟商勾结放出烟土 20 多万两。这批烟土被桂军截获，成为决定新桂系统一广西、结束滇桂战争的决定性因素。③ 1924 年，宋子文执掌广东政府财权，曾对任过柳州禁烟局长的陈雄谈到广东的财政困难："广东财政收入除关税、赌饷、捐项外，只有在鸦片烟方面可以得到一笔收入。……这里的烟大半是由滇、黔两省运经广西到来的，广西靠广东的销路，广东靠广西通运，应互相关照，才能够双方有利。"④新桂系的黄绍竑还与宋子文合作，在广州成立了运销烟土的"两粤公司"，广西运往广东的滇黔鸦片绝大部分都通过该公司运营，占到广州销售鸦片的 50% 以上。⑤ 1925 年，孙中山北上以后，滇军欲图独占广东，向李宗仁要求借道广西进军广东，"唐氏（继尧）允送云南鸦片烟土 400 万两（约值 7 百万元）以为酬庸"⑥，但被李宗仁所拒绝。

## 第三节 罂粟种植与吸食人口的数量问题

1917 年后，中国烟祸在军阀推波助澜之下逐渐加深，仅十年时间，烟毒已经泛滥至无以复加的地步。在这十余年内，中国的罂粟种植面积及吸食人

---

① 黄绍竑：《新桂系与鸦片烟》，《广西文史资料选辑》（第四辑），1963 年刊印，第 16 页。
② 政协广西委员会文史资料研究委员会：《李宗仁回忆录》（内部发行），南宁地区印刷厂 1980 年发行，第 249 页。
③ 黄绍竑：《新桂系与鸦片烟》，《广西文史资料选辑》（第四辑），1963 年刊印，第 17—18 页。
④ 陈雄：《新桂系与宋子文》，《广西文史资料选辑》（第九辑），1981 年刊印，第 76 页。
⑤ 庞智声：《广西商业史料》，广西商业厅商业志编辑室 1990 年印，第 288 页。
⑥ 政协广西委员会文史资料研究委员会：《李宗仁回忆录》（内部发行），南宁地区印刷厂 1980 年发行，第 228—229 页。

数是逐年上升的。至南京国民政府成立前后,达到军阀弛禁时期的一个顶峰。本部分内容要考察的是 1927 年前后,中国在北洋军阀长达十余年的鸦片政策之下,罂粟的种植规模达到何种程度?吸食人数又有几何?当然,要获得准确的数据是极为困难的。理想的演算模式是:先统计出全国的罂粟种植面积,根据亩产量得出鸦片的年产量,然后再根据烟民的人均消费量计算得出大概的烟民数量。但由于当时并没有较全面细致的调查,关于罂粟栽种的亩数,于今而言也是一个难以确定的问题:一是因为军阀政府仍打着禁烟的旗号,不愿把诱迫种烟的劣迹公然昭示于天下;二是军阀政府摊派烟亩烟款都是通过基层官吏进行的,而基层官吏因层层中饱私囊而扩种的烟亩数量无从知晓;三是社会禁烟人士所做调查往往只限于个别地区,无法据此进行全面的统计。

### 一、目前关于 20 年代烟土产量及吸食人口的几种估算

关于 20 年代的烟土生产的估计,各种数据之间差距极大。中华国民拒毒会的估计是年产量 1 亿两。① 公共卫生专家伍连德的估计是年产量不低于 20 万担,即 3.2 亿两。1923 年,国联禁烟会的报告认为中国的年产量为清末烟禁之前的十分之一至三分之一。② 这个估算本身的跨度就比较大。根据前文所述,光绪三十四年(1908)的鸦片产量为 58 万余担。③ 按此,十分之一则为 9200 余万两,三分之一则为 3 亿余两。此外,万国拒土会会长、英国人韩济京曾公开表示,中国鸦片年产量为 4 亿余两。④ 这一估计的来源应该是 1922 年万国拒土会的报告,该报告认为 1921 年中国鸦片年产量 15000 吨,即 4.8 亿余两。1926 年的《东方杂志》亦引用了该数据。⑤ 万国拒土会的估算是比较高的,国人对此甚为不满,认为中国生产鸦片之量绝没有这么多,但中国自己又没有确切的统计,故亦无从加以辩驳。实际上,万国拒土会的估算还不是最高的,据 1928 年英文版《中华年鉴》的报告,1925—1926 年度,

---

① 中华国民拒毒会:《烟祸年鉴》(第三辑),1928 年,第 2 页。
② 华第:《国际联盟禁烟会之中国鸦片报告》,《东方杂志》,1923 年第 20 卷第 13 号。
③ 这一数字虽然与清廷户部估算相差较大,但实际得到清朝官方的认可。在 1909 年万国禁烟会上,中国代表亦引用了该数据。
④ 罗运炎:《中国鸦片问题》,兴华报社 1929 年版,第 90 页。
⑤ 周宪文:《中国之烟祸及其救济策》,《东方杂志》,第 23 卷 20 号,1926 年 10 月。

中国鸦片产量已达22000吨左右,即7亿余两,可与1905年清末禁烟之前的鸦片生产规模相比。①

关于吸食人数的统计,各项数据也是出入甚大。据日本人丸尾氏在1921年鸦片公卖条陈中估计,中国吸食鸦片者有1500万人。1926年美国人莫尔特(Ellen N La Motte)估计中国烟民达3000万人。罗运炎在《中国鸦片问题》中估计,吸食鸦片者占全民十之三四。② 据统计研究,1928年全国人口495381199人。③ 按照罗运炎的估计,则中国吸食人口达到1.5亿以上,这一数据实在是太高了。伍连德估计"我国人口计425000000人,有烟癖的为2250000人,占百分之0.53"④。这个根据不知从哪里得出,但前述伍连德所估计的中国的鸦片年产量不低于20万担,即3.2亿两。若仅为2250000烟民,则每个烟民每年消费烟土142.2两,这个吸食量过于大了。此外,1928年国民政府禁烟委员会报告,吸毒人数占5％,以4.9亿人口计,则有2400余万人吸毒。⑤

综上可知,军阀时期的罂粟种植面积历来没有统计,而烟土产量及吸食人口数的估计,各方数据相差极大,让人无所适从。看来利用目前的数据,要直接得出全国罂粟的种植面积是比较困难,甚至是不可能的。笔者在此试图通过倒推的方式,即先大体估算出吸烟人口,而后根据人均吸食量计算出全国每年的烟土消费量,再据此推算出罂粟的种植亩数。

二、吸食人口数的估计

关于吸食人口的估计,中华国民拒毒会曾有一个关于全国部分地区烟民人数与总人口数比例的抽样调查。虽然1929年已属于国民政府时期,但按常理推之,整个20年代的这一比例应与1929年相差不大。故此调查结论似乎亦可以作为我们考察军阀政权时期烟民比例的依据。中华国民拒毒会的调查方式是通信抽样调查,即将调查表寄出,由各地填写。当时拒毒会在全

---

① 章有义编:《中国近代农业史资料:1912—1927》(第二辑),生活·读书·新知三联书店1957年版,第210页。
② 唐子芩:《中国鸦片问题和对于农村的影响》,《南大经济》,1933年第2卷第2期。
③ 路遇、滕泽之著:《中国人口通史》(下),山东人民出版社2000年版,第1003页。
④ 中华国民拒毒会:《中国烟祸年鉴》(第三辑),1928年版,第3页。
⑤ 叶在和:《鸦片阻止云南社会进展之分析》,《天南》,1933年第2卷。

国各地区的调查多采用此方式。需要注意的是,若调查罂粟的种植面积,通信调查存在很大的问题,最大的弊端是没有确定调查范围,表格上只有"贵地""贵处"等字样,以至于调查地域的弹性很大,由调查者自由伸缩,有的调查表寄回的是一村范围,有的是几个村,有的是一个县,有的是几个县。因此,数据要互相校对都很困难。但此缺点对于烟民与总人口的占比调查而言,反而能起到乡村、城镇及不同地区之间样本的平衡作用。此次调查,拒毒会向全国发出的样表很多,但只有69处地方将表格寄回。这69处地方分布于19省,若将之作为全国抽样调查的样本而言,当然绝不算多,但也不甚少,毕竟此19省涵盖了西南、西北、东北、东南、中南、华北等区域,还是有较大代表性的。特别是在材料极为缺乏的领域,除此之外实在没有可以凭借的依据。

表9-29 1929年全国部分地区烟民人数与总人口数抽样调查表①

| 省份 | 调查处所 | 调查地人口数 | 调查地烟民数 | 烟民占比(%) |
|---|---|---|---|---|
| 江苏 | 18 | 2159000 | 68300 | 3.16 |
| 浙江 | 2 | 71000 | 600 | 0.85 |
| 安徽 | 7 | 673000 | 7600 | 1.13 |
| 福建 | 5 | 122000 | 2182 | 1.79 |
| 江西 | 1 | 3000 | 200 | 6.67 |
| 河南 | 5 | 4515000 | 173716 | 3.85 |
| 山东 | 5 | 2341000 | 14000 | 0.60 |
| 河北 | 1 | 10000 | 250 | 2.50 |
| 山西 | 2 | 351400 | 4040 | 1.15 |
| 广东 | 3 | 242000 | 6250 | 2.58 |
| 湖南 | 2 | 430000 | 11300 | 2.63 |
| 湖北 | 5 | 29200 | 85100 | 2.91 |
| 云南 | 3 | 19000 | 4400 | 23.16 |
| 贵州 | 2 | 83000 | 6100 | 7.35 |
| 四川 | 1 | 60000 | 5000 | 8.33 |

① 参见中华国民拒毒会:《中国烟祸年鉴》(第四辑),1929年版,第21—24页。

(续表)

| 省份 | 调查处所 | 调查地人口数 | 调查地烟民数 | 烟民占比(%) |
|---|---|---|---|---|
| 陕西 | 1 | 220000 | 40000 | 18.19 |
| 辽宁 | 3 | 70000 | 6200 | 8.86 |
| 吉林 | 1 | 100000 | 2000 | 2 |
| 黑龙江 | 2 | 250000 | 25000 | 10 |
| 合计 | 69 | 11748600 | 462238 | 3.90 |

根据上表，则中国当时的烟民比例为 3.90%。这一数据的可靠性如何呢？关于中国鸦片大范围内的调查，1906 至 1907 年有过全国各江海关监督向总税务司的两次报告，就各关所辖的省份做一个鸦片生产量的估计，这是中国空前的全国普遍的调查。除此之外，再未有过第二次大范围的调查。总税务司根据各关的报告，编辑了一册 Memorandum on Opium，该报告估计出当时中国全年消费鸦片 613917 担，则推算出烟民 13455699 人，中国烟民占全国人口的比例约高于 3.33%。但该报告并未对中国人口有详细的调查，称"The population usually assigned to China is 400 millions"（中国的人口通常称为 4 万万）①。这一估算与事实还是比较接近的。宣统三年(1911)，清朝政府进行了人口统计，为 408182071 人。② 可见，中华国民拒毒会关于烟民比例的调查结论，与晚清海关估算的匹配度很高。关于 20 年代的人口数量，如前文 1928 年的人口数为 495381199 人，按照 3.90% 的比例，则 20 世纪 20 年代末期的烟民总数约为 19319866 人。这一数字与我们通常认为的 2000 余万为近代吸食人口数还是比较符合的。

### 三、年消费量的估算

估算出全国烟民人数，再根据人均吸食量，就很容易得出烟土总消费量了。关于每个烟民的消耗烟土数量，涉及烟膏与烟土的转化关系问题。因烟民吸食的是烟膏（熟膏），而鸦片产量却是指烟土（生土）。煎熬烟膏的方法，简答地说就是把烟土加入水、烟灰（烟膏吸食时经过焚烧后的余烬）、杂质等

---

① Chinese Maritime Customs：Memorandum on Opium，见《中国鸦片统计的研究》，《社会科学研究》，1935 年第 1 卷第 1 期。
② 路遇、滕泽之著：《中国人口通史》（下），山东人民出版社 2000 年版，第 839 页。

熬煮,过滤去渣,凝固成膏。至于各成分之间的比例问题,只有 *Memorandum on Opium* 介绍得比较详细,即 1906 年烟土消费量为 613917 担,煎熬过程中减少 40％得烟膏 368350 担,然后加上上述三分之一重量的烟灰和杂质,约 122783 担,最后得烟膏总数为 491133 担。① 需要说明的是,烟灰为煎熬烟膏时的必要成分,100 两烟膏吸食焚烧可以产生 60 两烟灰。烟灰是辗转生产的,这一次的烟灰包含着上一次烟灰的毒质。而杂质,即俗称的"料子膏",并非熬膏时的必要部分,而是烟商作伪,为增加重量而掺入的各种胶质类材料,如牛皮胶、猪皮胶、苹果胶、红枣胶、金针胶等。晚清民国市面上的烟膏,除了极少数外,绝大多数都是加入杂质的。按此计算,则烟土熬成烟膏的折扣约为 80％。但这种算法先将烟土熬膏后再根据烟膏数量加入烟灰和杂质,似乎不太合理。根据民国时期的一般做法,即"烟土煎熬时先加入其一半重量的烟灰,去了渣滓收膏时可得烟膏六成"。这样烟土与烟膏的转化率为 90％。

关于每日消费量的问题。*Memorandum on Opium* 中估计鸦片消费量的一半是每天不出 1 钱的烟民所吸食的,另一半则是每天 4 钱的烟民所吸食的。② 若假定每日消费烟膏量为 T,烟民总数为 P,则 $0.5T/1+0.5T/4=P$,如此则 $T/P=1.6$,可知每个烟民每日吸食烟膏的平均量为 1.6 钱,根据 90％的转化率,则为烟土 2.22 钱。此外晚清时期,李圭曾估计"节多补少每人日吸烟膏 2 钱"③,则亦为烟土 2.22 钱。又据清末关东关税务司的估计,每个烟民每年消费烟土 4 斤。④ 时为 16 两制,则每日消耗烟土 1.75 钱。1926 年 11 月,北京成立京兆区禁烟善后总局,规定"凡领有戒烟执照者,每纸每月至少须定购烟土 6 两"⑤。则每个烟民每日的定额为 2 钱烟土。1928 年,南京特别市代表在全国禁烟会议中的报告:"每户(开灯售卖鸦片之户)每日售出鸦片之量平均为二两五钱……吸鸦片之顾客平均在十人以上。"⑥这种可开灯就地吸食的零售店售出的当属于烟膏,吸户不可能购买烟土回家自己熬

---

① Chinese Maritime Customs: Memorandum on Opium, 1907.
② Chinese Maritime Customs: Memorandum on Opium, 1907.
③ 李圭:《鸦片事略》(下卷),神州国光社 1940 年版,第 16 页。
④ Chinese Maritime Customs: Memorandum on Opium, 1907.
⑤ 罗运炎:《中国鸦片问题》,兴华报社 1929 年版,第 181 页。
⑥ 行政院禁烟委员会:《全国禁烟会议汇编》,禁烟委员会 1928 年印,第 56 页。

膏。二两五钱烟膏,则烟土为 27 钱,10 人以上之顾客,若取 12 人计算,则每人每日须烟土 2.25 钱。此外,还有美国人 George Shearer 在其所著的 *Opium Smoking and Opium Eating-Their Tsealment and Cure* 中记载人均吸食量为每日两钱①,折成烟土亦为 2.22 钱。笔者将上述不同资料所载的数据制表如下。

表 9－30　烟民每日消耗烟土量估计表

| 日消费量(钱) | 根据 |
|---|---|
| 2 | *Memorandum on Opium* |
| 1.75 | 晚清关东关税务司 |
| 2 | 北洋京兆区禁烟善后总局 |
| 2.22 | 《鸦片事略》 |
| 2.25 | 第一次全国禁烟会议报告 |
| 2.22 | *Opium Smoking and Opium Eating-Their Tsealment and Cure* |

从表 9－30 看,将 2 钱作为烟民的平均日消费量是比较接近事实的。而民国时期一般舆论均认为烟量最大者不过每日一两,这样的人一天到晚抱着烟枪,很少数的瘾小者,一日几分也可以维持,平均估计每个烟民每日消耗烟土 2 钱。每日 2 钱,每年则消费烟土 73 两。前述全国烟民数量约为 19072176 人,每人年均耗费烟土 73 两,则全国烟土年消费量为 1392268848 两。这个数字是惊人的,远超过上述中华国民拒毒会及万国拒土会等的估算。

当时,舆论关于中国的鸦片生产量有这样一种奇怪的现象。一方面,20 年代的报刊及时人笔记对罂粟种植的记载,动辄遍地罂粟,吸食者十之六七、十之八九等,不做具体研究统计,仅凭感性观察,在抽象层面将罂粟种植现象夸大到无以复加。但另一方面,在具体的微观层面,却连年产 4.8 亿两都不能接受。事实上,笔者所估算的,无论是 3.85% 烟民比例,还是每日消耗 2 钱烟土,这两项数据并没有一个让人显得有过高之处。笔者认为,20 年代末期中国烟土年消费达到 13 亿余两,是十分接近历史事实的。根据 1906 年海

---

① George Shearer: Opium Smoking and Opium Eating-Their Tsealment and Cure, 1931, p. 89.

关的报告估算,清末时期中国消耗的烟土已经接近 10 亿两。而经过北洋时期的弛禁,烟祸泛滥已完全恢复了晚清的状态,甚至有过之而无不及。清代是一个统一的政权,虽然在经济上亦对鸦片财源有一定的依赖,但统治者始终希望能在中国禁止鸦片。故尽管种植普遍,却尚无迫种强征的现象,鸦片税主要是运输及消费方面的税厘。而北洋时期的军阀割据政权,为财政计,采取的是一种毫无底线的竭泽而渔的政策,迫种强征是全国的普遍现象。这也是晚清时期,罂粟种植对传统农业尚无较大影响,而北洋时期已经严重影响传统农业的原因。此外,北洋时期的人口超过清末时期。据宣统三年(1911)的统计,全国人口为 408182071。① 1928 年的人口比 1911 年增长了近 9000 万。这样看来,年消费 13 亿余两的数字还是比较符合事实的。

### 四、烟土年产量的估算

烟土消费量并不等于中国的烟土产量,这涉及另外两个问题,即每年外国烟土的进口量和国产烟土的出口量问题,这两个问题都不太容易弄得清楚。先看进口鸦片,1917 年后印度鸦片不再通过海关合法进口了,但其他国家如波斯,鸦片还是有进口记录的。

表 9-31　1918—1930 年海关输入的外国烟土数量统计表②

| 年份 | 数量(斤) |
|---|---|
| 1917 | 107338 |
| 1918 | 33756 |
| 1919 | 15600 |
| 1920 | 13620 |
| 1921 | 33270 |
| 1922 | 不详 |
| 1923 | 30193 |
| 1924 | 24400 |
| 1925 | 63668 |

---

① 路遇、滕泽之著:《中国人口通史》(下),山东人民出版社 2000 年版,第 839 页。
② 参见《1863—1930 年海关贸易册》。

(续表)

| 年份 | 数量(斤) |
| --- | --- |
| 1926 | 57750 |
| 1927 | 45649 |
| 1928 | 45589 |
| 1929 | 106080 |
| 1930 | 63900 |
| 合计 | 约 640813 |

十四年中,海关每年进口鸦片 457000 余两,但外国鸦片的输入绝大多数是通过走私的。除了被江海各关查获的部分外,很难知道鸦片走私的总量。虽然海关没有了印度鸦片的进口记录,但在整个 20 年代,中国始终有印度鸦片的走私进口,亦有明确的市价。如 1926 年,仅江海关就破获国外私入烟土 6 万多英两,其中印度烟土 4000 多英两。① 可见,1917 年后印度烟土依然源源不断进入中国。此外,据中华国民拒毒会的报告,从波斯布市尔(Bushire)口岸,每年有 20 只船装土运往中国。每只船平均载 500 箱,每箱 160 磅。统计每年红土之输入,至少有 160 万磅,约 1800 万两。② 可见外国每年输入中国烟土规模之大。但是仅依据零散的资料很难得出输入烟土的总量,故海关查获的资料似乎是一个突破口。

表 9-32  1917—1930 年海关破获烟土数量统计表③

| 年份 | 数量(两) |
| --- | --- |
| 1917 | 251147.9 |
| 1918 | 327321.7 |
| 1919 | 593574.3 |

---

① 罗运炎:《中国鸦片问题》,兴华报社 1929 年版,第 93 页。1928 年国务院禁烟委员会出版的《全国禁烟会议汇编》中两次提及 1926 年江海关破获从印度输入的烟土 4000 多万两,这应当是"4000 多英两"之误。因为该年全国海关共破获中外烟土 82916 磅,即 994992 两。印度烟土明显不符合 4000 多万两的表述。

② 罗运炎:《中国鸦片问题》,兴华报社 1929 年版,第 28 页。

③ 参见 1917—1928 年中华国民拒毒会:《烟祸年鉴》(第三辑),第 72—73 页,1929—1930 年《烟祸年鉴》(第四辑),第 86 页。

(续表)

| 年份 | 数量（两） |
| --- | --- |
| 1920 | 1185639.4 |
| 1921 | 1841816.6 |
| 1922 | 840513.5 |
| 1923 | 633280.9 |
| 1924 | 1052838.3 |
| 1925 | 600237.1 |
| 1926 | 1017401.7 |
| 1927 | 670926.1 |
| 1928 | 639354.7 |
| 1929 | 712926.58 |
| 1930 | 383329.41 |

表9-32中提供了十四年来各海关所破获的烟土统计，但是海关破获烟土占走私烟土的比例是否可供考察呢？以及这一比例是多少呢？美国学者Ellen N LA. Motte曾说："世界私贩烟土，以及麻醉药物的数量甚大，每年各地被查获的，不过占全额百分之五，其百分之九十五全是脱漏，未曾发觉的。"①上表中区分不出有多少是外国烟土，这一比例也没有科学依据，有多少是走私的中国烟土。仅1930年的数据较全面，既有破获总量383329.41两，又有外国烟土的数量统计，为10304.50两，占破获烟土总量的2.688%。②这似乎为我们寻找历年外国烟土破获量提供了一个思路，假使破获的概率对于外国烟土和本国烟土没有什么相异时，则本外烟土的消费量之比与本外烟土的破获量之比是成正比例的，即外土破获量/本土的破获量＝外土消费量/本土消费量。但是问题的关键在于，各江海关与中国内地交通司法机关对于外土查获的比例相差甚大。以1929年为例，该年全国各江海关破获外土数量占烟土破获量的比例为0.67%，而交通司法机关所破获的比例为3.30%。

---

① 罗运炎：《中国鸦片问题》，兴华报社1929年版，第94页。
② 中华国民拒毒会：《烟祸年鉴》（第四辑），1929年版，第86页。

表 9-33　1929 年全国各机关破获烟土比较统计表①

| 机关名称 | 处所 | | 外土破获量（两） | | 烟土破获总量（两） | | 外土占总比（%） |
|---|---|---|---|---|---|---|---|
| 海关 | 37 | | 4755.7 | | 712926.6 | | 0.67 |
| 交通司法机关 | 邮局 | 24 | 12487 | | 378035.2 | 7517 | 3.30 |
| | 铁路局 | 26 | | | | 34338.8 | |
| | 地方法院 | 83 | | 8473 | | 163665.2 | |
| | 县政府 | 376 | | 3702 | | 115037.2 | |
| | 省市公安局 | 9 | | 312 | | 48418 | |
| | 高等法院 | 8 | | | | 9059 | |

（交通司法机关处所合计 526）

表 9-33 中所反映的现象与我们的想象适得其反，照理在海关破获总量中，外土的百分数应该高于内地各机关破获总量中外土的百分数。因为外国的商品要到达消费者手里，非全部通过海关不可。而本国生产的商品，要到达消费者之手，就有一部分没有通过海关的必要。如印度鸦片要进入中国，海关是无可飞渡的，但云南省所消费的鸦片以本省出产居多，便没有通过海关的必要。因此，海关破获可能的烟土并非烟土消费量的全部，只是外土消费量的全部和本土（通过海关者）的一部分。但是消费地的交通司法机关对于烟土消费量的全部，是普遍的有着破获的可能性。也就是说，在海关破获量中，外土的百分数要高于内地各机关破获量中外土的百分数。

海关与内地交通司法机关的数据产生差异的原因是什么呢？1928 年全国禁烟会议期间，江海关外班华员俱乐部向大会提交海关查抄进口毒品案，谓"我国海关因大权旁落，彼帝国主义者对解除中华民族黑籍冤苦之拒毒工作当然不彻底负责。又以抄出毒物之后一方面既须将毒物焚毁，一方面又须给查抄人员以全体十分之一奖金。奖金愈多，海关支出亦多。海关多一笔支出，即彼帝国主义视中国海关收入为挹注之非法外债及赔款少一层挡保，故于抄毒物明禁暗纵，有假面具之工作而已。我全体外班华员虽明知其狡，以太阿倒持只得暂时忍怒。……此项办法以防帝国主义之互相勾结私运毒物进口。其经华员查出则由船主向税务司伪称转往某国之货，若未查出则借流

---

① 中华国民拒毒会：《烟祸年鉴》（第四辑），1929 年版，第 79—80 页。

氓等为之包卸。上述事实屡见不鲜,前年海军张处长扣留大宗毒物,结果仍被设法免脱"①。海关外班华员的提案所反映的情况,即便是因会议的特别背景而对部分情节有所夸张,但绝非空穴来风。可见海关当局对于外土的查抄存在故意宽纵的现象。中国的拒毒工作在掌握海关的英国人眼里是无关痛痒的,在他们的殖民地中,华侨吸食鸦片亦是放任的,华侨是他们鸦片专卖政策的唯一对象,他们又怎么会关心中国内地的毒祸状况呢?因此,海关破获的外土与烟土总量的比例并不能作为我们计算外土输入量的根据,而这个根据只能是内地各交通司法机关的破获统计。故据上表,1929 年全国 526 处的报告,共计破获烟土 378035.2 两,其中外土 12487 两,占 3.30%。笔者想不出本土和外土在内地各机关的破获概率应该不同的理由。故我们估计消费总量 1392268848 两中,3.30% 为外国烟土,其重量为 45944871 余两。

再看中国鸦片的出口数量问题。关于这一问题,因资料缺乏,连推算的依据都没有。在国际场合,各列强常指责中国有鸦片出口,以此作为拒绝取缔自己殖民地内鸦片生产的借口。如 1924 年 11 月,国联召开禁烟会议,除日本代表外,英、法、荷、葡、暹、印等国代表都坚称,因中国鸦片私运到他们属地之内,故一切禁吸的办法都不能生效。中国代表施肇基发表演说:"中国慷慨地承认,并且深切地抱歉,因为国内政治状况,暂时的纷乱,致使罂粟的栽种和鸦片的使用及制造,恢复到了某种程度,自然这种事实能使本会议所要解决的各项问题更加复杂而困难,但这不过是目前暂时的状况,而且中国鸦片,亦需待达到出口的程度,始能在国际发生关系,可是现在却没有确切的证据,证明达到了出口的程度,所以列强若借口中国烟祸的复活,亦不实行禁烟,这不惟是不智,且也是不公……"②日本代表苏井莫那替中国辩护,谓中国若有烟土私运出口,为何与福建仅隔一水的实行专卖制度的台湾地区却从未发现用中国私运的大陆烟土,且福建南部还是著名的产烟区。这难道不是中国烟土从来没有出口的有力证据吗?③

需要指出的是,虽然中国代表未承认有鸦片出口,西方国家亦未有过硬

---

① 国务院禁烟委员会:《全国禁烟会议汇编》之《提案汇存》,1928 年版,禁烟委员会 1928 年编印,第 25—26 页。
② 罗运炎:《中国鸦片问题》,兴华报社 1929 年版,第 118 页。
③ 罗运炎:《中国鸦片问题》,兴华报社 1929 年版,第 121 页。

的证据来证明此点,但我们做一客观分析,中国每年生产如此庞大的鸦片,通过边境省份,有少部分走私到国外是难以避免的。但规模肯定少于进口鸦片,即便有数百万甚至上千万两,在每年接近13亿余两的消费量面前都可以忽略不计。我们暂且先将消费量与进口量的差额作为中国鸦片的年产量,即1392268848 两—45944871 两＝1346323977 两。其实与出口一样,在如此庞大的数量面前,无论进口及出口若何,对考核中国年产量的影响都不大,甚至纠结于外土数据是使用海关的还是内地交通司法机关的,都显得不是那么重要。因为无论以何为依据,都可以说中国年产烟土达到13亿余两,我们亦可从各省的数据来考核13亿这一数字的可靠性。如四川省,1924年时产量达到16万担,即2.5亿余两[①],若至20年代后期,当大致恢复到1906年时期的23万余担,即接近4亿余两。而云南与贵州省的数据各方差异较大,据日本领事馆1924年的调查,云南产土近5000万两,估计至20年代末期当达到1亿两。贵州省1922年产土5万担,即8000余万两,估计至20年代末期当达到1.5亿余两。但据国民政府西南建设委员会的报告,至20年代末期时,云南产量达到4亿两,贵州则达到2亿两。[②] 如此,则西南三省总量即达到10亿两。国民政府关于云南、贵州产量的估算可能过高,但保守估计8亿两还是有的。根据自晚清以来西南地区就约占到全国60%的产量这一状况,全国产量13亿两这一数据还是比较接近历史事实的。

### 五、罂粟种植面积的估算

明确了烟土的产量,就可以估算全国罂粟种植的大概面积了。首先要清楚的就是每亩烟田的平均产量。受土壤、温度、湿度等自然条件的影响,亩产量在各地的差异肯定比较大。这个问题在由政府经营鸦片的印度亦是人异其说,莫衷一是。按照财政统计内的英属印度的鸦片生产量和农业统计中的鸦片田面积相比较,每英亩烟土产量有12磅、14磅、18磅、46磅的估计。[③] 按12磅来估测,则相当于中国的亩产20两左右,似乎偏低,或许英属印度的

---

[①] 详见本章第二节。
[②] 孟广照:《云贵农村经济之发展》,国民政府建设委员会《建设·西南专号》,1931年,第13期,第41页。
[③] Shah khanbate: Wealth and Taxable Capacity of India, p.103.

烟农为逃税亦存在隐瞒产量的现象。按 14 磅,则相当于中国亩产 23 两。按 18 磅,则相当于中国亩产 30 两左右。按 46 磅,则相当于中国亩产 75 两左右。

中国烟土的亩产问题在清代卷部分曾略有讨论,中国历来将亩产 50 两作为平均产量。1929 年中华国民拒毒会曾就此问题做过抽样调查,包括分布在 10 个产烟省份的 24 处地方的平均亩产量。

表 9-34　各地平均烟土亩产量调查统计表①

| 调查地点 | 每亩产量(两) |
| --- | --- |
| 陕西洋县 | 100 |
| 河南洛宁 | 100 |
| 湖北保康 | 100 |
| 贵州水城 | 100 |
| 河南唐河 | 90 |
| 安徽怀远 | 60 |
| 广东平度(似为山东之误) | 60 |
| 河南上蔡 | 50 |
| 河南邓县 | 50 |
| 河南安阳 | 50 |
| 河南洛阳 | 50 |
| 湖北枣阳 | 50 |
| 湖北恩施 | 40 |
| 安徽歙县 | 40 |
| 山东益都 | 32 |
| 湖北保康 | 30 |
| 云南武定 | 30 |
| 贵州松桃 | 30 |
| 安徽巢县 | 24 |
| 广东高明 | 20 |

---

① 中华国民拒毒会:《烟祸年鉴》(第四辑),1929 年版,第 98 页。

(续表)

| 调查地点 | 每亩产量（两） |
|---|---|
| 云南江城 | 20 |
| 辽宁义县 | 20 |
| 福建清流 | 12 |
| 平均 | 49.9 |

表9-34中的中数、普通数为50两，平均数为49.9两，可见自晚清以来就将50两作为中国鸦片亩产量的标准还是有一定依据的。而上述印度亩产量的20两、23两、30两、75两，亦基本覆盖了表中的不同地区的低、中、高产量。两者之间有相当的契合度。如此，全国每年烟土生产量（1346323977两）/每亩烟田平均产量（50两）＝全国烟田面积（26926479.5亩）。

这个数字相较于全国耕地而言，是一个什么概念呢？据北京政府农工商部统计，全国耕地面积共有1745669003亩。但1923年荒地面积有896216784亩，实际约有耕地849452219亩。① 若按此，则全国鸦片烟田占耕地之面积为3.04％。从国民政府统治初期看，耕地面积似乎有所扩大。据1931年日文中国年鉴，全国1943个县，调查过1146县，其耕地总面积为796795157亩。假定各县耕地面积较为趋同的话，则可计算得出全国耕地面积为1350936291亩。1932年国民政府主计处发表全国耕地面积为1248781000亩，但其缺少几处地方，故全国总面积应该超过这个数字。② 如此看来，20世纪20年代末至30年代初，中国的耕地面积应在13亿亩左右。那么，全国烟田面积占耕地面积的比例约为2％。

中华国民拒毒会于1928年调查过西南24县的罂粟种植面积，其结论是罂粟种植面积占其他农作物种植面积的3％—6％。③ 假定这些地区的罂粟种植面积为X，耕地总面积为Y，则X/(Y-X)＝3％—6％，如此则可计算出罂粟种植面积占耕地面积X/Y＝2.9％—5.6％。需要注意的是，西南地区的这一比例是远高于全国其他地区的，换言之，这一数字远超出全国平均比例。1928年，中华国民拒毒会会同金陵大学农经系赴皖北调查农作物和罂

---

① 唐子芩：《中国鸦片问题和对于农村的影响》，《南大经济》，1933年第2卷第2期。
② 国民政府主计处统计局：《统计月报·农业专号》，1934年，第2页。
③ 中华国民拒毒会：《烟祸年鉴》（第四辑），1929年版，第1页。

粟的栽种状况,据蒙城乡间 37 家农户的报告,罂粟占耕地总面积亦为 2%。①综合各项资料,笔者认为全国鸦片烟田面积占耕地总面积的比例在 2%—3%,是比较符合事实的。

综上,根据推测,笔者认为 20 世纪 20 年代后期,中国的鸦片产量约为 13 亿两,烟民人数 1900 余万,占总人口比例约为 3.90%,全国烟田面积占耕地面积的比例约为 2%。需要说明的是,由于资料缺乏,样本数量不够充足,上述结论还不能说是绝对的可靠。但可以肯定的是,北洋政府统治后期,中国的烟祸已经重新泛滥成灾,其程度甚至超过清末禁烟之前,则是不争的事实。

---

① 中华国民拒毒会:《烟祸年鉴》(第四辑),1929 年版,第 52 页。

# 第十章　禁烟外交与海外华人所受之毒祸

自清末民初以来,毒品问题逐渐成为一个全球性的问题,中国烟毒泛滥的状况引起国际社会的广泛关注,这种关注以不同的形式成为中国外交的压力。北洋时期,虽然烟祸由各地割据之军阀造成,但国际各方之抗议需要由并无威信的中央政府去应对。本章从英国的态度及国际禁烟会议两个方面来阐述这一问题。

## 第一节　英国的责难

英国是中国禁烟的利益相关方,因《中英禁烟条约》的存在,自清末以来,中国各省陆续完成禁种,英方亦只得依约停止印药输入,至1917年后,中国已无合法输入之印度鸦片。英国时刻关注着中国的罂粟种植问题,其在华各地领事馆、各处传教士、商人等,均通过不同途径将此方面的情报报告给驻华使馆或英国政府,英方则不断地以照会等形式向中国外交部提出抗议,或在国际禁烟会议中联合印方代表对中国代表进行责难。

最早引起英方关注的省份是陕西省,如前所述,陕西省在民初禁政中的效果并不理想,在各方压力之下勉强完成禁种,但毒卉很快便复炽。1919年5月,英使馆照会外交部,称陕西省复行种烟。6月,英使再次照会外交部,称苏、闽、皖、湘、陕、川、滇、黔、东三省、新疆等省现仍种售烟土,并要求将玩视禁令官吏分别处置。25日,国务院电令上述各省督军省长等,谓所在官吏能否实力奉行,有无包庇情事,切实稽查等语。各省均称实力禁烟,绝无包庇情事,但新疆省之反应尤为强烈。27日,省长杨增新回电北京,谓新疆自民国元年就实行查禁,未尝稍遗余力,拿获种烟人犯即行重办。八年来,辖境内实无听人民擅种烟苗之事,且英、俄两国在新商民无处不有,共同共闻,岂能凭空捏饰。英使所称新疆种烟一节,系传闻失实,毫无证据。应请英使派驻新领事赴新疆各处亲身履勘,若有烟苗发现,必将种烟之人立予惩办,并将查禁不力之地方官一并议处。杨增新要求新疆将此电照会英美两国公使,并谓新疆辖境内烟苗早已一律肃清,外人仍有烦言,究竟是何用意,殊难索解。①

新疆之强硬态度给中央政府以信心,外交部将各省复电转示英方。此次英方未有确凿之证据,故并未深究,但大总统徐世昌仍责成内政部拟定相应办法。10月,内政部拟定"责成各省区长官督察禁种烟苗办法",并于初冬派专员赴各省区协同履勘。根据该办法,各省区长官要按月将办理禁种情形报告国务院,各地军事长官应配合省区长官铲除烟苗。中央特派查勘人员负责禁种烟苗状况的考察事项及禁种烟苗官吏的考核事项。② 但因中央政权衰微,地方军阀割据,此督察办法并未能遏制地方日益严重的罂粟种植。

1921年4月,驻英公使艾斯敦报告英国政府,谓"中国各省广种罂粟,吸食贩运均有增加",英政府饬令驻华英使详细调查后向中国政府正式抗议。英方举动为中国驻英公使顾维钧预先察觉,其于5月中旬即电报外交部,汇报了相关细节。外交部立即咨行内务部"先事筹维,预为查禁"。

英使之抗议照会于6月28日到外交部,照会除了指责中国"违约失信",威胁"环球之各文明国必视中国官宪之退化"等外,还列举中国各地罂粟种植的具体情形,指出陕西省烟苗以渭河流域汉中府以南,及该省之东南地区最多。该省西部烟税甚重,不种烟者亦一律征税。且在各级军官的默许之下,陕省烟土大量输入山西。热河及绥远地区种烟亦较多,虽然热河当局迭次布告禁令,但实际上鼓励种烟,并按每亩6元征收税款。甘肃省为补救财政,公然劝种烟苗,秦州一带每亩征税6两,分栽种、开花、收成三期征收。湖北省之西南及安徽省之亳州,种烟比原来有所扩大。福建省南部种植地面极广,督军李厚基虽有铲除之言,却并未履行。闽省北方军队亦劝种,尤以建宁一带产烟最多。川、藏交界处种有大宗烟苗,川边镇守使所收款项多以此为来

---

① 《政府公报》,1919年9月5日。
② 《政府公报》,1919年11月4日。

源。此外，吉林与黑龙江两省种植亦多。新疆省情形已经交涉，有文牍在案。其余四川、云南、湖南、贵州等省亦有盛种罂粟之广大地方。

虽然外交部觉得英使照会用词"近于侮辱"，但此次照会英方显然做足准备，资料翔实，而外交部对中国烟禁废弛之事实亦心知肚明。故外交部只得例行函咨内务部，并由大总统饬国务院通行各省区长官一体查禁。各地对于中央饬令的回复，大致谓"禁烟政要，无不尽力办理。惟各处偏僻地方，间有偷种情事，或因借灾弛禁，或系愚民贪利假托军人名义，或有军人借欠饷为名，或因前在他军势力范围，以致防不胜防，禁不胜禁。然一经发现，无不铲除。甚则官员撤差，军民罚办"。而对于英使所称陕省种烟收税及热河每亩纳洋6元等情事，二省长官概不承认，认为"或系传闻之误，或系他军流言"。既然各地拒不承认有迫种收税之实，外交部亦无力查实，只得以各方回复敷衍英方，谓"此次各省区长官覆文虽所称情形不同，而无不以查禁自任。谓其有办理为难之处，则或非诬"①。

鉴于各地复行种烟之趋势，内务部根据大总统之命令特派大员分赴各省查勘。但除福建省对查勘尚为配合外，其他各省均以地方辽阔、为期短促，致使部员并未能各处亲履详勘。而英国方面，则利用万国拒土会会员、教会游历商人等深入内地，随时搜集烟禁情报，并且调查者常携带照相器具将种烟状况拍照作证。故7月间英使又照会外交部，抗议各省种烟及贩烟情形，并提供各地种烟之相关证据。外交部只得于7月12日再次咨行各省督军、省长、都统、镇守使等，严饬所属实力查禁。② 但种烟情形未有好转，其原因自然是中央对地方已经失去控制力量。从1921年开始，外交部将内务部送到各省的常年禁烟报告转寄国联办事处，但各省对此并不愿意积极配合。1922年，内务部称常年报告各省咨复者只有新疆、四川两省。四川的所谓报告仅是一份"四川省禁烟暂行条例"，而新疆报告则是自1919年至1922年有关禁烟的布告及电文12件。在这些文件中，省长杨增新表达了对英方的严重不满，谓甘肃遍地种烟，英人默无一言，独对于未种罂粟之新疆诬为遍种罂粟，并指出，1921年8月，英国驻喀什副领事由喀什至阿克苏、库车、伊宁一线亲

---

① 《外交公报》，1921年，第4期。
② 《外交公报》，1922年，第16期。

自勘察,往返数千里,并未见有一烟苗发现。且新疆烟案还常与英人有关,如 1922 年 7 月,稽查人员在喀什噶尔道一英人所开店内,查获 109 斤的烟土。① 尽管新疆方面一再对英方的态度提出异议,但英方依然十分关注新疆及中国其他省份的禁烟形势。1923 年,英国驻北京使馆内的一份电函谓经副领事菲乐尔查实,四川南川、宜宾、广元、昭化、剑阁、金堂、新繁、广汉、广安、汉中、通江、巴中、资阳、西昌、会理等县种烟最多,请相关人员注意。② 1924 年 7 月,英国政府向国联禁烟委员会提交报告,再次指责中国新疆与俄属及阿富汗属边境往来贩运烟土,且谓新疆烟土价格昂贵,导致俄国、阿富汗等处烟土流入。③

事实上,民初以来,新疆烟禁极严,1923 年之国联禁烟委员会之报告亦承认此事实。新疆地域辽阔,边境之处有私运之情事固属事实,但英国的夸大指责,与新疆的烟禁事实不符,且将新疆历年禁烟成绩及破获中外烟案一笔抹杀,并置英人违禁贩烟各案不顾。此外,俄属、阿属种植罂粟,中国官厅无法管辖,且英国、俄国、阿富汗之人对于新疆禁令置若罔闻,可谓禁者自禁,来者自来。如 1924 年年底,英国人戈比比亚满(音译)等伙同阿富汗烟贩百余人偷运大宗烟土由蒲犁边界入境,遭中国关卡查挡,戈比比亚满等竟将卡兵捆绑,闯卡而过。后在莎车县被截获,交由喀什道尹提向英领署交涉,此案至英国向国联提交报告书时尚未终结。④

1917 年后,中英均已成功履约,且原条约中并未言明若此后中国再有种烟,则若何若何。故依条约精神,20 年代中国各地普遍种植之罂粟,当并不受条约之限制。若从国际关系角度而言,中国禁政无论成效如何,当属于一国之内政。且中国鸦片产量极大,仍属烟土之消费国和进口国,虽或有少量鸦片走私出口,但并未明显成为鸦片输出之国,当时世界上亦未有任何地区深受中国所产鸦片之毒害。英国若从人类文明角度对中国烟祸加以关注,自然亦无不可,但以照会的方式提出外交抗议,显然反应过度。究其原因,是英国自己并未停止英属印度的鸦片生产,这些鸦片几经周转,多以走私方式源

---

① 《外交公报》,1922 年,第 15 期。
② 《英帝国主义之鸦片政策》,《向导》,1923 年,第 48 期。
③ 《外交公报》,1925 年,第 46 期。
④ 《外交公报》,1925 年,第 46 期。

源输入中国。显然,英国的外交诉求仍是为了巨额之鸦片利益,而不是关心中国人的健康,最希望的局面是中国无罂粟的种植,而国人则可尽吸印度所产之鸦片。此卑鄙、龌龊之心理与鸦片战争前后并无异样。需要指出的是,英国在不断指责中国政府纵容毒祸之时,其在南洋各属的殖民地政府却在施行鸦片专卖政策,受毒祸者多为华人。此种区别对待政策岂能不相互矛盾?若许东方吸食鸦片,其结果必流毒于自命文明较高之西方,绝无一部分人独能免其殃祸。而英国政府从不检视自己,也从不放弃任何指责中国的机会。此种指责还充满着所谓高等文明自命不凡的优越感,以及对"劣等民族"的偏见与歧视。殊不知历史最公正,英国政府的两面政策尽显帝国主义贪婪、自私、可耻之本性。

## 第二节 国际禁烟会议

### 一、"国联禁烟委员会"的成立

民初,海牙国际鸦片会议是讨论和限制毒品生产及贸易的国际组织。"一战"后,国际联盟成立,且《巴黎和约》中亦载有禁烟条款,故荷兰政府决定将禁烟事宜移交国联办理。1920年10月,驻美公使、巴黎和会中国代表顾维钧电告外交部,称国联即将成立禁烟委员会,希望外交部会同内务部先事资料方面的准备,包括中国的禁烟法令、禁烟成绩及现在烟苗复见省份等汇编。① 与此同时,前驻荷公使、巴黎和会代表唐在复亦电称,国联禁烟委员会拟以中、英、法、日、印、荷、葡、暹罗等国为委员,并邀请非国联成员之美国入会,准备于1921年5月在日内瓦召开第一次禁烟会议。中国外交部得到通知后,决定派驻意大利公使、巴黎和会代表唐在复为国联禁烟委员会之中国代表。唐在复于清末即作为代表参与上海万国禁烟会,民初任驻荷兰公使参与国际禁烟事宜,无论对于外交还是禁烟事务均极为熟悉,确为合适之人选。

1920年12月,国联第四届大会通过设立禁烟顾问委员会议案,该会英

---

① 《内务公报》,1921年,第88期。

文名称为"Advisory Committee On Traffic in Opium and other Dangerous Drurs",中国外交部及禁烟总会发表文字译为"国联禁烟顾问委员会",国内报刊常译为"国联禁烟会议"或"国联禁烟委员会"。① 从英文看,外交部的翻译似乎较为贴切,亦可见此为国际有关禁烟事宜的协调组织,对各国政府并无绝对之约束力。该会成立后,逐渐形成惯例,即每年开会两次,春季会议于5月间举行,秋季会议在11月间举行,地点均为国联总部驻地——瑞士日内瓦。②

二、中国参会之情形

自1921年5月2日至1924年8月14日,国联先后在日内瓦召开六次禁烟大会,中国均派出代表参加。限于资料,本节仅以部分会议的细节为例,说明当时国际禁烟会所关注的主要内容,各主要国家在会议中的角色扮演,以及中国在会议中的地位问题。

1. 1921年5月会议

1921年5月2日至5日,国联禁烟委员会第一次会议在日内瓦召开。会议目的之一,就是全面调查世界毒品生产及使用情况,故向与会各国发放了详细的关于鸦片及麻醉品的生产、使用、进出口的调查表格。英国代表对中国政府并不信任,故其提议大会,谓中国可委托万国拒土会调查。中国代表唐在复表示对此不能接受,其电函外交部,建议由外交、内政、司法、农商等部及税务机关派专员组成调查会,并兼聘北京万国拒土会之一二人帮同办理,以后事实上即使调查不能周备,亦可借此免滋外人口舌。此建议为外交部批准,并由唐在复在会上提出。

"北京万国拒土会"以中国民间禁烟组织之身份受邀派代表列席会议。此前万国拒土会曾于2月21日专电国联秘书厅,其秘书长亦发函致国联行政院主席,两文无甚出入,均谓印度应将鸦片生产额减少至能敷医药之用为度,并请设法将中国香港、新加坡,及与香港地区有连带关系之澳门,将鸦片专卖制度取消。英国代表马可(内务部司长)并未发表特别言论,乃请将拒土

---

① 孟鞠如:《国际禁烟与中国》,《外交评论》,1937年第8卷第4期。
② 廖德珍:《国际禁烟公约与中国烟药问题》,《外交评论》,1935年第5卷第3期。

会之函件转送英国政府请与明白答复,俟国联禁烟会收到英国答复书后再议办法。但万国拒土会之提议遭到印度代表之反对,其认为印度每年所产鸦片远不及中国之多,仅达到华土25%至40%而已。以助理员身份参加会议的英国前驻北京公使朱尔典却认为,中国产土超过印度万难凭信,并谓印度不将产土之额减少,则中国终不能解决鸦片问题。其指出中国局面至为危险,各地遍种烟土,因上述殖民地之专卖制度存在,鸦片私入中国境内,若此害不绝,国联禁烟会何以慰中国人民之望?此后,同样以助理员身份参会的美国人哈密顿莱特夫人亦发表看法,亦认为印度、波斯、土耳其等地方所产之鸦片至能敷医药之用即足。印度代表意识到其作为产烟大国,在会上遭到普遍反对,于是坚称该会讨论的问题是实行《海牙公约》,并无权对废止栽种鸦片的相关问题做劝告。并谓自中国清末禁烟以来,印度政府已经损失了大宗收入,且印度鸦片从来只是直接售予外国政府,由外国政府负责。但朱尔典反对此说,其谓有证据能证明每年有大宗印度烟土运入中国,故必须印度政府减种减运,则中国入口毒物方可大见减少。嗣后印度代表只得表示要等印度政府之意见再定讨论办法。

值得注意的是,朱尔典曾主持《中英禁烟条约》之谈判,其时锱铢必较,为印土之生产、销售争得最大之利益。其卸去公使之身份后,无利益瓜葛,反而能以一种文明、公允之态度看待中国之鸦片问题。

该会议就中国内地之烟禁问题进行了专题讨论。英国代表马可询问中国代表及助理员朱尔典能否将中国种烟情形述告一二,然后再讨论如何帮助中国政府禁烟之办法。唐在复称,中国中央政府对于私种罂粟一事,一向竭力施禁。虽然现在中国内部有若干地方尚滋扰乱,然此不过一时之现象。中国政府与人民反抗鸦片之决心至为坚固。边远省份虽间有种植之举,但消息流传变本加厉,往往不堪凭信。且各省政派分歧,军队隶属亦殊,关于种烟一事之消息亦多伪造,反对者既利用之,而道路传闻又往往以小为大,以十为百,遂去事实愈渺。唐在复指出,国联对中国普遍种烟之传闻不宜轻信,中国政府必尽力实行禁种罂粟之法律规令,务使国内种烟制烟之举扫除殆尽。唯吸烟之人往往依外入私货为生命,近年来私运鸦片及吗啡等毒品入华之举年甚一年,故欲使中国除毒务尽,必先杜绝私运入口一事。此事关系多数国家,并非中国一国所能办到。最后,唐在复提议,请国联转请各国政府注意《海牙公约》第 15 条关于私运一项务须设法进行,此一提议通过全体赞成并表决通过。

会上朱尔典称中国北方情形至为危险,吗啡之危害日甚一日,北京苦力大多有吗啡癖,甚至街上苦力将手臂纳一窗中,用一二角小洋即可暗射吗啡一次,此风不绝后患无穷。但现在种烟省份为中央政府权力之所不及,故朱尔典提议,当取得北京政府的同意后,由英法及各国驻各省领事馆,直接与各省督军谈判禁烟的相关事宜。大会对朱尔典之议赞成通过,但中国代表唐在复对此持保留意见,未参与表决。唐在复认为,现在中国私种的省份只有福建、陕西二省,且情况亦不宜过度夸张。至于由各国领事与督军直接谈判之事,此为特别政治问题,不在禁烟公约之内。会后唐在复表示,该议案虽然通过,但只能在《海牙公约》范围内行事,而各省种烟事宜为中国内部事务,应由中国自理。朱尔典亦承认鸦片公约颇多限制,但如种烟完全为各国内政,则恐怕鸦片永难绝迹。① 显然,朱尔典长期在中国工作及生活,对中国的政治状况了解极深,知道中央政府对地方禁政并无约束力,试图通过各国领事与各省势力协商而影响禁政。但唐在复作为中国中央政府之代表,其肯定不能同意此议。一方面,禁政乃内政事宜,关乎主权,自然不能由外人直接干涉;另一方面,虽然北洋时期中国政令不统一,但外交权始终由中央政府掌握,若各国领事绕开中央,直接与各省政府谈判,意味着中央外交权的部分丧失,以此为契机或许日后谈判事宜还会扩大到其他领域。故关于领事抗议一节,本次会议并未有所决定。

2. 1922 年 5 月会议

1922 年 2 月,唐在复提出国联行政院事务繁重,难以兼顾禁烟委员会事宜,且禁政须常与英美要人接洽,发言通信又用英文,诸多隔膜,一再电请外交部改派相当人员担任禁烟委员。此后,外交部派署理驻英使馆一等秘书朱兆莘兼充国联禁烟委员会委员。② 唐在复乃晚清同文馆学习法文出身,历任外交职务,经验丰富。笔者判断,其辞去禁烟会议之职务的原因,并非是事务繁重或语言障碍,而是因国内烟毒泛滥,政府无力禁止,中国代表在国际场合

---

① 《外交公报》,1921 年,第 3 期。
② 《外交公报》,1922 年,第 11 期。

进退两难。

在 1922 年 5 月的国际禁烟会议上,中国提交了禁烟报告,并将外国吗啡私运入口、流毒蔓延等情形一并宣布。该报告是上年内务部派员查看各地情形之后的材料汇编。但大会指责中国报告不尽不实,再次提议领事干涉。朱兆莘及唐在复(仍为驻国联代表兼驻意公使)坚决不允,经力争,会议取消领事干涉。英国代表又提出中国政府须邀请国联代表,在罂粟花开之时会同查勘。此提议经过讨论,最终议定为中国政府派员会同各省商会、教育会、禁烟团体及万国拒土会代表 1 人,于罂粟花开之时赴各省会同查勘。万国拒土会代表可直接向国联禁烟委员会报告。为此,外交部备感压力,于 8 月 19 日咨各省督军、省长、都统、川边镇守使等"务希申明禁令,切实进行"①。领事干涉一节,直到 9 月国联讨论禁烟报告时,印度代表仍强烈提出,并谓中国产烟占全世界 80%,中国政府无力禁止,故领事干涉为事实所必需。经中国代表顾维钧坚持,始照行政院原议办理,将领事抗议一层决议从缓。② 此事后来亦不了了之。

3. 1923 年 5 月会议

1923 年 5 月,国联禁烟委员会第五次会议在日内瓦召开。此次会议邀请未加入国联之美、德等派代表到会。美国代表波尔特在会上提议,除医药及科学应用外,鸦片制品的用途应该一律视为非法。中国代表朱兆莘对此表示极为赞同,称不先限制产额,但禁止买卖,实属无益。现在必须限制栽种及制造吗啡等药品,仅以足够医药科学上的需要为限。朱兆莘还借此机会,对关于中国政府鸦片专卖的传闻进行了回应,认为"此实系一种谣言,毫无根据,我政府并未曾考虑此事"。美国提议得到各国代表的大致赞同,但英印代表提出保留案,以医疗条件为由,称印度生产供吞服治病的鸦片不得认为非法。此后,会议议决承认美国提议的大致原则。③

由于会议有美、德等非国联成员国参加,故欧美舆论对会议极为关注,各国新闻记者旁听者达 200 余人,函电交驰,朝有讨论,夕已披露于世界各大报纸。在会议上,中国始终是关注之焦点,中国问题被列为特别议案。会上公

---

① 《外交公报》,1922 年,第 16 期。
② 《内务公报》,1922 年,第 100 期。
③ 幼雄:《国际联盟取缔鸦片的办法》,《东方杂志》,1923 年第 20 卷第 10 号。

开了税务司、万国拒土会、各省当局报告的有关中国从1921年至1923年的禁烟报告。但报告质量极低,直隶、江苏、山东等省份未提供报告,其他省份的报告亦极为粗糙,只有关于种植的一般描述,并无明确的地点及种烟亩数的调查。国联秘书厅禁烟股所接各国代表、万国拒土会、各省教会调查中国鸦片情形之报告却尤为详尽。故会议期间,中国内地的种烟黑幕,皆为各国代表一一宣布,中国代表朱兆莘处于四面楚歌之中。①

此外,还需要指出的是,自国联禁烟委员会成立两年以来,不断催促各会员国批准《海牙公约》之议,但应者寥寥。究其原因,有的是与鸦片利益有极大之关系,如波斯、土耳其。有的是因国内法令及手续问题,如瑞士。在这些未签约国家中,多数与中国禁烟关系并不密切,如阿根廷、阿尔及利亚、秘鲁、卢森堡、乌拉圭等,少数与中国乃至国际禁烟问题有绝大之关系,如土耳其。土耳其鸦片产量极大,故根本无意加入公约。禁烟委员会曾申请国联行政院通告各成员国,以后凡是与土耳其订立条约,以其批准《海牙公约》为前提。但此通告并无强制性的约束力,自然亦难以有实际效果。

4. 1924年5月会议

1924年5月的会议,矛盾的焦点在于香港印土的加运问题。会议之前,港英政府就向国联禁烟委员会请求每月加运印土10箱,经中国代表朱兆莘极力反对而作罢。此次会议,英印代表又复行提出。为此,朱兆莘与英印代表又舌战一番。英印代表谓,从前香港每月运印土45箱,自中英协定实行后,改为月运20箱,运额骤减,供不应求。因从前存土尚多,可以提用,现提用已尽,而销额不敷,非由印加运,则中国私运势必源源偷入,其实增加10箱于寻常销额并无增加。朱兆莘谓香港专卖原系寓禁于征,应递年减其销额,乌有复准加运之理。且鸦片非食粮之比,除正当用途外无所谓销额不敷。中国内地厉行禁吸而邻境不禁,内地有烟癖之人势必趋之若鹜,中国法令将无所施。各国方责中国禁烟不力,得毋躬自厚而薄责于人耶。② 会上为此争论极为激烈,会议亦未有定论,但英方依然在香港加运印土10箱。由此可见,英国对于所谓禁烟态度之丑陋。

---

① 华第:《国际联盟禁烟会之中国鸦片报告》,《东方杂志》,1923年第20卷第13号。
② 《外交公报》,1924年,第31期。

5. 1924 年 11 月会议

1924 年 11 月的会议有两场。一场于 3 日召开,参加会议的除中国外,还有在远东有殖民地且准许其售吸鸦片的列强国家,共 7 个国家。另一会议于 17 日召开,由国联成员国及《海牙公约》签约各国约 40 国参加。①

3 日会议上,中国再次成为各国代表讥讽指责的对象,中国代表施肇基、朱兆莘、王广圻在会议上如同罪犯受审。尽管施肇基等人做了最大努力试图使中国摆脱受人耻笑的处境,但英、法、印度等代表一再发难。综其大意,不外谓各国远东属地之禁烟困难皆因中国烟土私运入境所致。而印度代表于开会之始即宣布北京万国拒土会报告中所载,中国岁产烟土 15000 吨,占全世界产额十分之九等语。虽然中国代表朱兆莘否认此说,但会中气氛对中国极为不利。施肇基等则搜集英、法、荷等国在远东殖民地的鸦片专卖贻害中国侨民等资料,以及各国政府不愿放弃专卖政策之隐衷。施肇基表示,中国烟禁废弛是因为目前的政局纷乱,一旦纷乱停止,烟毒即可肃清。英国代表指责中国不遵守"中英禁烟条约",徒托空言,不足为信。对此,中国代表提出外国不法烟贩享有治外法权的保护,是影响中国禁烟的原因之一,但英国代表复又指责中国代表态度不好。双方各执一词,会议无实质进展。在与会各国的指责和嘲讽下,中国代表备受羞辱。②

17 日会议的议题是会商限制吗啡、海洛因等麻醉品的制造以及限制用以制造麻醉品的生鸦片与高根叶的输入以及输出总额问题。中国代表团仍由施肇基、朱兆莘、王广圻三人组成。丹麦驻德国公使柴勒充任会长,施肇基及古巴代表被推选为副会长。会上美国代表团提出议案,请各国订立法规,限制生鸦片及高根叶之出产以科学上、医学上之需要为度。印度代表竭力反对,谓此条建议涉及各国需用之鸦片产额问题,系在议事日程范围之外,本会无权讨论。印度代表并以退出会议为要挟。此后,会长柴勒认为该议案在议事日程范围内,而赞成将该案提交大会讨论者有 26 国,反对者仅印度 1 国。弃权者为英、法、荷兰、葡萄牙、土耳其、巴利维亚、希腊、澳洲、南斯拉夫 9 国。后美国代表团提出,各国中尚准使用熟鸦片者,应按照目前之进口总额,每年

---

① 于恩德:《中国禁烟法令变迁史》,河南人民出版社 2016 年版,第 189 页。
② 于恩德:《中国禁烟法令变迁史》,河南人民出版社 2016 年版,第 189—190 页;《外交公报》,1925 年,第 47 期。

递减十分之一,十年后不得再输入生烟以供吸食。此提议又遭英国、法国、荷兰、葡萄牙等国反对,谓该议案在议事日程范围之外。究其原因,实乃这些国家在远东殖民地之烟税甚巨,中国代表则支持美方之议案。双方相持不下,因新年在即,延会至 1925 年 1 月 19 日续开。

1925 年 1 月会议又召开,英国代表宣称英政府对于其属地上之吸烟恶习愿在 15 年内禁除,此 15 年之起点以中国能实行禁种,不再有私运危险之日始。至于何为中国禁种已经达到所谓无私运危险之地步,则由国联组织专门委员会调查后决定。荷兰、法国代表对该提议表示赞同。法国代表还专门指出,安南与产烟之国接壤,非邻国先行实行禁种,则安南禁烟徒鼓励私贩耳。施肇基对此极为不满,随即在会上宣言:"西方各国于远东属地立法禁烟毫无定期,中国人民颇为失望。本代表团对于鸦片私贩有碍各属地监督及限制合法贸易一节并不完全否认,但各国故意张大其事,视私贩为不能履行《海牙公约》所载禁吸条件之理由,本代表团万难赞同。"中国代表团还反对国联派员调查,谓禁种虽经条约规定,而施行之效果如何究属内政,外人公然派员调查,有干涉内政之嫌。美国代表亦认为,中国因政局之关系,致有非法吸种,然他国绝不能作为借口,希图免除《海牙公约》之义务。美国提案获多数国家的赞同,但英国、法国、印度竭力反对。后经多方协调、讨论,仍无圆满之结果。故 1925 年 2 月 6 日,美国代表团宣告退会。英、法、荷等国无意于远东属地实行禁烟,由此可见,中国代表在会议上本就因国内烟禁废弛而遭到责难,因美方与中方主张一致,中国代表方能勉力维持局面。美国代表团退出后,中国代表成孤掌难鸣之势,且各国远东属地专卖政策之受害者均以华侨居多,中方于此亦不得不有所表示。故 2 月 7 日,中方代表团亦退出会议。美、中退会后,会议对于麻醉剂问题仍按股讨论继续进行。但会上亦认为,麻醉剂一项只占禁烟问题之十分之一,而鸦片则占禁烟问题之十分之九。①

中国代表团退会后致函禁烟委员会,称"实非得已,并深引为遗憾。但此次会议对于禁用熟烟之办法既未能达到一致满意之协定,中国代表团以为除停止参与外而别无他法"。该函还附有说帖,指出各国远东殖民地之鸦片专卖政策实与吸引华工有莫大之关系,并谓该国远东殖民地之收入仍由鸦片而

---

① 《外交公报》,1925 年,第 49 期。

得其半。①

  自1921年5月至1924年11月,国联禁烟委员会先后在日内瓦召开6次禁烟大会,中国均派出代表参加。20世纪20年代,中国烟禁废弛已达极为严重之程度,各省种烟之情形早为在华外人所熟悉,故在国际禁烟会上,中国之烟禁已无秘密可言。而中国政府所送达国联秘书厅之调查各省烟苗报告,不但远欠完备,且诸多不符事实。所载甘肃、新疆、湖北、安徽等省鲜有罂粟踪迹,掩饰过分,受人指责时反难解释。中国代表为国家颜面及利益,对于中国内地的严重毒祸不能全盘承认,又必须力争外国之毒不得入华,此本身就为极困难、极矛盾之外交任务,故中方代表虽竭力辩白,但仍屡被攻击,常处于四面楚歌之境地。中国外交界无不视此差为畏途,此亦为唐在复辞职之原因。另一方面,英、法、荷等在远东有殖民地之国家均在殖民地内实施鸦片专卖政策,受毒祸者多为华人。专卖政策的原因:一是为巨额之税收;一是以鸦片吸引、诱惑华工。此实为与文明相去甚远之鄙陋政策。而英印代表在会上之嘴脸亦最为丑陋。作为世界上最早从事鸦片生产及贸易的国家之一,给中国人民造成的伤害罄竹难书,至此仍不肯放弃鸦片交易,又有何资格去指责中国呢?此外,印度每年生产鸦片数以吨计,却称此鸦片用来吞服,为"有价值的家庭疗法",是无害的。英印对于全世界的鸦片毒祸其实负有最重大之责任。

## 第三节 世界毒品生产与中国之关系

  民国时期,中国仍然是鸦片生产及消费大国,但我们并不能因此而忽略其他国家毒品的生产和贩卖,特别是麻醉毒品的生产和贩卖。北洋时期的中国尚不具备制造麻醉毒品的技术条件,因此国内市场所流行的吗啡、海洛因等麻醉毒品均由其他国家生产制造,并输入中国。故中国之禁政与世界毒品生产实有莫大之关系。

  世界毒品生产的种类主要是鸦片、吗啡、海洛因、可卡因等。据美国议员

---

① 《外交公报》,1925年,第53期。

透露，20年代全世界鸦片之种植，除了中国无确实统计外，印度、波斯、土耳其、希腊、南斯拉夫等处共有60万英亩（364万余亩），年产不下1500吨（约4800万两）。① 又据1924年国联禁烟委员会报告，除中国外，各主要国家的鸦片年产量为印度200万磅、土耳其65万磅、波斯45万磅、阿富汗2.5万磅、暹罗1.5万磅、日本1.1万磅②，合计315.1万磅（约4574万两）。又据中华国民拒毒会海外分会调查，英属印度的鸦片年产量1500吨、波斯162吨、土耳其250吨、巴尔干半岛及塞尔维亚希腊等地157吨，合计2069吨（约6600万两）。上述三种数据虽有差异，但亦有一定的契合度。可见除中国外，世界其他国家每年大约生产鸦片当不低于5000万两。如此巨大的产量做何用处呢？一般有四种用途：一是少部分供当地居民食用；二是提供给实行鸦片专卖政策的殖民地使用，如英属南洋各地、荷属东印度等，当然吸食者主要仍是华人；三是仍有部分辗转输入中国，丰富中国市场的品种；四是作为生产麻醉毒品的原料，此用途数量庞大。

吗啡来自罂粟，是鸦片的提纯物。全球生产吗啡之鸦片原料主要来自南斯拉夫与小亚细亚。20年代初期，南斯拉夫每年生产之鸦片原材料100吨，土耳其之小亚细亚年产240吨。而吗啡出产及输出规模依次为德国、英国、美国、日本、瑞士、法国。德国年输出额达4.5吨，英国、瑞士约2吨。1920年法国出产吗啡270公斤，1924年达322公斤，1926年达2吨。

可卡因，又名古柯碱，是从古柯叶中提取的麻醉品。古柯原产于南美，清末其出口额达2800余吨，至20世纪20年代降至1000吨。究其原因，是南洋爪哇等地的气候、土壤与南美秘鲁等处类似，亦适合种植古柯。清末，南洋（爪哇）出口之古柯已达1000吨。20年代，南洋所产古柯已经占到世界销路的一半。古柯的制造品需要大规模的化学工厂，生产居多者依次为德国、日本、美国、法国等。

海洛因是以吗啡生物碱为基础的半合成麻醉品，毒性极大，一旦染瘾，极难戒除。20年代海洛因之生产规模依次为德国、英国、日本、美国。1925年，德国输出量为1490公斤。③

---

① 《鸦片之源流》，《国学论丛》，1927年第1卷第1期。
② 《时兆月报》，1926年，第21卷，第9期。
③ 竞舟：《国际烟毒之探源》，《拒毒月刊》，1929年第27期。

表 10－1　20 年代世界各国麻醉类毒品生产数量表①

| 国家 | 吗啡（磅） | 海洛因（磅） | 可卡因（磅） |
|---|---|---|---|
| 德国 | 17600 | 2660 | 14700 |
| 英国 | 10000 | 800 | |
| 日本 | 12700 | 6600 | 5400 |
| 瑞士 | 5800 | 1800 | 1700 |
| 美国 | 21000 | 1100 | 5300 |
| 合计 | 67100 | 12960 | 27100 |

由上可知，除中国外鸦片生产最多的地区为英属印度，麻醉类毒品生产最多的是德国。但无论何地生产之麻醉毒品，只要运输入中国，却多与日本有莫大之关系。日本学者菊地酉治亦承认，"吗啡和其他麻醉品等事件之发生，十之八九牵涉到日本人身上。制造与运输自然为英、德两国，担任跑街者，厥为日本人，至于贩卖商店，几乎全部为日本人所经营"②。关于日人对华贩毒，在前文"外人之贩毒情形"部分已有详细阐述，此不赘言。或许出于贩毒的原因，不少在中国的日本侨民亦染上毒瘾，满洲的日本侨民逐渐传播吸烟恶癖，满洲及俄领的日本娼妓大都染有烟癖。奉天城内日本留学生夫人，约 200 人染瘾，其他侨民亦有许多吸烟。

表 10－2　日本殖民地及内地吸毒人数统计表③

| 地区 | 毒品种类 | 人数 |
|---|---|---|
| 台湾人 | 鸦片与吗啡 | 10 万—15 万 |
| 朝鲜人 | 主要是吗啡，少数鸦片 | 7 万—10 万 |
| 旅韩日人 | 吗啡 | 1000 余 |
| 内地日本人 | 吗啡、可卡因 | 2.5 万—3 万 |
| 满洲及俄领日本人 | 鸦片、吗啡 | 6000—8000 余 |

---

① 《时兆月报》，1926 年第 21 卷第 9 期。
② ［日］菊地酉治口述：《日本专家对于中日鸦片问题之观察》，朱元文译，黄嘉谟校，《拒毒月刊》，1927 年第 27 期。
③ ［日］菊地酉治口述：《日本专家对于中日鸦片问题之观察》，朱元文译，黄嘉谟校，《拒毒月刊》，1927 年第 27 期。笔者注：表格中"台湾人"指处于日本殖民统治下的中国台湾省人，并非日本国民。

由上表可见,日本内地并无吸食鸦片者,均为麻醉类毒品的成瘾者,但在中国台湾及满洲的日人吸食鸦片者较多,应是受当地流行之影响。因日本在台湾地区实行鸦片专卖政策,故在台湾的日人吸食人数是最多的。

由于受资料限制,只能对世界毒品生产作一简要概述,由此亦可见,历次国联禁烟委员会上指责、讥讽中国之主角,哪一个又不是毒品制造及输出之大国呢?世界各国中与鸦片贸易关系最深者莫若英国。北洋时期,国际社会欲铲除鸦片之毒,却只专注于当时中国这样的弱国,而漠视罪魁祸首,当然无成功的希望。英国之于鸦片享有三种不同之利益:一是种植,印度罂粟种植毒祸遍于世界。二是消耗,英国殖民地吸食鸦片者多于他国。三是制造,即鸦片的副产品吗啡、海洛因等的生产。与其他相关国家,诸如法国、日本、荷兰、波斯、土耳其相比,唯独英国包揽上述全部三项利益。中国的烟禁成绩付之东流,并非全属中国之过。中国经列强侵略,主权尽失,国家财政困窘,欲加关税半分,非取得十余国之同意不可。中国在军阀统治之下,生产鸦片确实不少,各地军阀亦均以烟税充军饷。假使中国有关税自主权,则军饷可不必仰给于烟税,烟祸自可稍戢。总之,列强为维护自身利益,不肯稍减各类毒品之生产及运输,为维护在华市场,又不允中国有半分关税主权,却又大声指责中国军人收取烟税,无非欲推卸自身之责任罢了。

## 第四节 海外华人所受之毒祸

近代中国,香港、澳门虽处于殖民统治下,非中国政府所能管辖,但港澳华人乃至南洋华侨却均为中华民族的同胞,故他们所受毒祸的状况亦是我们关注近代毒品问题时所不能忽略的。而海外华人华侨所受毒祸之根源无一不是当局所实行之鸦片专卖政策所造成。除菲律宾外,各政府均针对华侨实行鸦片专卖政策,这些鸦片大多数来自英属印度。

一、英属殖民之毒祸状况

英国进行殖民统治的地区实行鸦片专卖政策的,主要包括南洋各属与香港。南洋各属殖民地主要有五部分:一是海峡殖民地。包括今新加坡及马来西亚的槟榔屿、马六甲、纳闽（拉布安）等地。二是马来联邦。1896年，英国将马来半岛上四个接受其保护的马来王朝（今马来西亚雪兰莪、森美兰、霹雳和彭亨四州）组成马来联邦，由海峡殖民地总督兼任首脑。三是马来属邦。1909年，英国人从暹罗手中获得吉兰丹、吉打、玻璃市、登嘉楼的管辖权，并于1914年介入柔佛王国，将这五邦组成马来属邦。四是文莱国，旧称渤泥。五是斯里兰卡，旧称锡兰。

1. 南洋各属

英国在南洋各属施行鸦片专卖政策，其目的有二：一是贪图巨额税利；二是为吸引劳工。海峡殖民地及马来联邦之鸦片输入、转运、配制、批发、零售之特权，俱操于各地方政府鸦片专卖局手中。供专卖的鸦片烟膏装入吸管之后，由星洲（新加坡）土产税局输入各马来邦，准备零售给吸烟者。只有在各地专卖机构登记之吸烟者，才能向政府烟店购买烟膏，此乃唯一合法之购买手续。①

关于各属专卖的鸦片数量问题，限于资料难以厘清。1924年3月24日，英国保守党议员汉能氏在下院质问："1923年从印度运往香港及海峡殖民地之鸦片共有若干？阻止鸦片私运入中国有何办法？"印度管理部次官回答："由印度运往此两项殖民地之鸦片，仅为经该两殖民地政府所订定者。1923年运往香港者计240箱，运往海峡殖民地者计2100箱，每箱各140磅，此等鸦片均有进口政府予以证书，依照国际联盟会所定之形式，载明系充合法用途，故许其进口。运往此两项殖民地之鸦片，于运到目的地之前，无私运入中国之可能。"汉能氏又问："合法用途究竟为何种用途？"次官对此未回答。显然，此合法用途就是指在政府专卖制度之下，各殖民地公然出售鸦片。

1921年，中国驻国联代表顾维钧在国联会议上提出，世界鸦片生产当以严格的医学需要为限制。但国联听从英代表之提议，将此议案改为鸦片生产以医学及合法需要为限。那么何为合法？按照国联规定，鸦片之进出口必须由政府颁给证书，证明系合法用途。据此，英印政府输入任何数量之鸦片，均以"合法用途"四字包括。② 印度虽然产量极大，但运往英属南洋各地的数量

---

① 《马来亚人民日趋健康之途》，《拒毒月刊》，1936年第106期。
② ［美］Ellen N. La Motte：《鸦片与英国》，《东方杂志》，1924年第21卷第22号。

不敷专卖之用。据1928年的统计,海峡殖民地政府鸦片专卖局购印度鸦片2027箱,波斯鸦片950箱,自造烟土319.9980万两,查获私土转入公卖达13.0551万两。若按前述每箱140磅计,则该年海峡殖民地用于专卖之烟土总量为600余万两。但马来联邦及马来属邦则没有资料可资说明专卖鸦片的数量问题。

关于税收的大概数量问题,亦只有零星的资料可资说明。1922年及1928年海外禁毒组织有相关的调查数据。又据伦敦外务杂志载,1923年11月,英议员庞松培在下院质问殖民部大臣各殖民地专卖鸦片所得税收之总数,殖民大臣有关于英属殖民地税收比例之答复。笔者根据这些数据,制表格如下:

表 10-3 英属南洋各殖民地税收概况表

| 殖民地 | 烟税比例(%) | 1922年税收(元) | 1928年税收(元) |
| --- | --- | --- | --- |
| 海峡殖民地 | 45.5 | 14730724 | 12322263 |
| 马来联邦 | 16.8 | 39472074 | 11782128 |
| 萨拉华克(马来砂拉越州) | 14.0 | | 951118 |
| 锡兰(斯里兰卡) | 0.75 | | |
| 局化埃(马来柔佛州) | 34.25 | 3451541 | 4224465 |
| 克达(马来吉打州) | 38.3 | | 2052564 |
| 潘利司(马来玻璃市州) | 44.3 | | |
| 克兰丹(马来吉兰丹州) | 23.5 | | |
| 脱来加奴(马来登嘉楼州) | 37.7 | | 291570 |
| 勃罗纳(文莱) | 14.9 | | 79447 |
| 北婆罗洲(马来沙巴州) | 12.3 | | 93498 |
| 邦尼士(马来槟城州) | | | 206508 |
| 吉溟(?) | | | 4350848 |
| 合计 | | 57654339 | 36354409 |

由上表看,除了锡兰外,整个英属南洋各地的烟税占比均较高,其中海峡殖民地最高,超过45%。殖民当局应该是始终力图扩充鸦片销路的,但从上表看,1928年的海峡殖民地、马来联邦的烟税收入比1922年缩减不少,马来属邦柔佛的鸦片税有所增加。或许是统计口径的问题,由于资料并不连贯,

很难对此问题进行评述。但英国殖民政府每年在海峡殖民地及马来联邦、马来属邦等地获取烟税收入数千万元当是不争的事实。

除了上述直接税收外,鸦片在殖民地还有吸引劳工之价值。这些殖民地之劳动力多数为华人,可以说,殖民地之繁荣全为华人劳工血汗所造成。中国劳工众多,死者死而来者来,很多为鸦片所吸引。1922年秋,马来联邦上禀英国殖民部,请停止鸦片专卖。殖民部大臣之答复函尤值得注意,大意为:入境华人大多吸烟,而其中多数为殖民地需要之劳工,若实行烟禁而阻止此等劳工之移入,则马来全境必遭巨害。因为移入之劳工既大半为吸烟者,自然以烟土之输入为便。若马来实行烟禁,此间无鸦片可购,则华工即将绝迹。故中国之禁烟问题实与马来之禁烟问题大有关系。

作为一个政府的正式函件,竟然将鸦片诱惑劳工之原因说得如此直白,令人瞠目结舌。更令人心惊的是,多数华工并非因吸烟而来南洋,而是成为华工后,受毒化政策之影响,方才染瘾。新加坡反对鸦片专卖的康瑙来博士曾称"中国工人由中国入马来境时,大多数不吸鸦片,而在英国国旗之下始成此瘾"。可见英殖民政府之险恶用心。

据国联禁烟委员会调查,全英属马来亚450万人口,吸食鸦片者占8%。除了一小部分妇女外,其余均为劳动者。据1921年马来亚的户口调查,华侨有170余万,沾染鸦片者达40余万,华侨的吸食者占23%。而新加坡华侨人数约40万,吸烟者68000人,占17%。新加坡华侨吸烟者中福建人最多,潮州人次之,广府人居三,客籍第四。据1924年禁烟委员会的报告,68%的华人鸦片吸食者,系来马来亚后始行沾染者。由此可见,鸦片专卖政策与华人吸烟之关系及华侨在海外受到鸦片毒害的程度。除了政府所设专卖局外,公馆、俱乐部、妓院等90%以上都是培养烟民的地方。①

各地华侨人数与年进口鸦片数量间的正比例关系,亦可见华侨所受毒害之一斑。20年代,马来沙巴州华人37600,年进口鸦片量18000磅。新加坡华侨人数432764,鸦片进口量达160000磅。而马来联邦华人数674548,鸦片进口量为187000磅。② 另据记者赴南洋的调查,谓华侨中受毒害最严重

---

① 陈希文:《马来亚之鸦片祸害》,《南洋情报》,1933年,第1卷第10期。
② 蔡受百:《上海大开烟禁中之国际禁烟问题》,《国闻周报》,1925年,第2卷第18期。

者乃华侨中之苦力,工厂中往往发现华人吸烟,劳工中吸食鸦片之华人占 40%—50% 之多。①

2. 香港

香港自晚清以来就是洋药入口转运的枢纽,故鸦片充斥。1914 年,港英政府开始实行鸦片专卖政策,先曾设烟田,能付款者即可购买。后来取消烟田,仍由港外购买烟土实行专卖。当时本港销用之数,规定每年 540 箱,其中由印度运入者 240 箱,接近一半。专卖之公司,每年向当局缴纳 200 万元。② 而代售公烟者,仅限于政府发给牌照之人。20 年代,全港共有代售公烟店 70 家,计本港 30 家,九龙 22 家,新界 18 家。据英国议会资料,20 年代香港烟税占税收总额的 22.4%。

由于公烟价格昂贵,故每年私运入口之鸦片数量极多,甚至超过政府专卖之鸦片数量。1918 年,香港售出专卖之公烟 63.9684 万两,1924 年售卖 35.1560 万两,1928 年则降为 24.7352 万两,可见私烟入口之严重。为打击私烟,港英政府逐年增加缉私人员数量,为防止妇女偷运,还雇佣部分女缉私人员。加强缉私成效显著,仅 1923 年,港英政府就查获私烟 30.0567 万两。香港总督司徒拔(Sir Reginald Edward Stubbs)曾解释私运与专卖之关系,其谓专卖之初,即有英国鸦片源源私运入港。后由内国查禁,此路遂无鸦片入港。近年来,中国及波斯鸦片私运入港络绎不绝,香港政府颇难对付。中国鸦片随处可购买,价廉于香港,售价相去甚大,香港政府禁不胜禁,转使商业大受影响。香港一地每日过往者数千人,不能一一尽加搜查。本年公卖鸦片销售增加,实由禁止私运更为严厉所致,故续增专卖之价与鸦片销数并无影响。③

香港税务人员因贩土盛行,获利甚多。当时内地烟禁废弛,鸦片价格相较于专卖之香港地区要低廉很多。许多烟贩将鸦片从汕头运至香港,然后充当税务人员的报信人,税务人员接信后将烟土查获充公,或得到价值相等之金钱。而报信兼贩土之人亦取得同样之报酬,相当于以所得报酬之低价将鸦片批发给港府。每有运输烟土之船到港后,必有大批人员随同税务人员前往

---

① 黄嘉惠:《最近一年之拒毒运动》,《时事年刊》,1930 年第 1 期。
② 卜兰柯原:《中国政府应否实行熟鸦片专卖制度》,《禁烟汇刊》,1937 年第 1 期。
③ 《港督解释鸦片专卖》,《民国日报》,1922 年 10 月 13 日。

码头,此等人或为烟贩同党,或为旧犯。当时香港政府查获私土案极多,但拿获烟贩却极少,可见香港政府发展鸦片专卖之手段极为卑劣。而香港居民欲吸鸦片亦极为方便,多数中国旅馆内可任意觅灯吸烟。①

1927年,港英政府又实行减价售烟,以与私烟争夺市场,专卖鸦片数量骤增4倍。在港英政府的专卖政策之下,全港吸烟人数极多,达20余万人,占全港成年人口数之20%—25%,其中包括妇女1%—2%。由于香港居民增减不定,加以私运洋药者甚多,故很难确定每人吸烟分量。在吸烟人口中,华人高占90%,可见华人受毒之深。

以上是关于英国进行殖民统治的地区鸦片专卖政策的一般概况。与专卖相映成趣的是,英国驻北京使馆却盛唱禁烟。如前文所述,其在国际会议中当然也不忘谴责中国违背条约、军阀种烟等等,而伦敦教会亦常常指责中国多数地方之军人强迫人民种烟云云。其实若有志禁绝烟毒,则先请英国政府严禁英属远东各处之专卖政策。显然,英国政府执行的是自己不愿放弃鸦片利益,却要中国禁烟的双重标准。拿破仑曾说过,英国是个开铺子的民族,英国的种种做法,使得拿破仑的这一比喻在中国很有市场,学者陈西滢还针对英国提出了"开铺子主义"。当时国内舆论,特别是左派刊物对英国的抨击很激烈,如《共进》杂志呼吁:"亲爱的同胞呀,国际鸦片会议如此收场了,可是帝国主义者之真面目更觉显明了,……打倒帝国主义是我们今日惟一的工作。"②"这就证明所谓文明国的政府只惟利是图,而不惜以鸦片等毒物祸害人类。""自己在中国贩卖鸦片的帝国主义者,对于中国种植鸦片屡次提出抗议,这就是'只许州官放火,不许百姓点灯',要中国不出产鸦片而只卖他们输入的鸦片,这是英帝国主义者的逻辑。"③

## 二、荷属东印度之毒祸状况

荷属东印度,是指荷兰殖民政府统治之下的印度尼西亚。从19世纪末开始,荷印政府将鸦片贸易包于私人办理,后在马都拉试验政府专卖之办法,并在吧城(今雅加达)建立一个鸦片制造厂。从马都拉起,1904年全爪哇实

---

① 《英帝国主义之鸦片政策》,《向导》,1923年第48期。
② 幼石:《国际鸦片会议之结果与帝国主义者英国之真面目》,《共进》,1925年第77期。
③ 《鸦片会议给中国人的教训》,《向导》,1925年第102期。

行鸦片公卖,1920年全荷印实施此制度。但此种专卖制度是有弹性的,随各岛情形而异:第一种,若干地方,华人尚少,吸食鸦片者尚未发现,故吸食鸦片完全禁止,此种地方人口约占五分之一。此后若有任何地方无吸食鸦片者,即被划入被禁区。第二种,以城市为主,称为自由区,主要是华人及少部分土人可以购买及保存鸦片,但在数量及时间上有一定限制,每次购买均有记录,此部分人口约占二十分之一。自由区事实上分为两种管理方式:一是"绝对执照制度",即在该地区吸食鸦片之人所持执照绝对不能增加;一是"非绝对执照制度",即执照可以增加,主要是为新迁入之华人而设。

据远东鸦片管理调查委员会报告,荷印鸦片工厂(雅加达)设备及生产制度均相当完备,分办事处、储藏室、实验室、电力厂、制造厂、木作室、制膏厂、配料室、装管印封处、发送处、修理处等。荷印鸦片先在官立工厂中熬制成膏,然后由特殊机器装入金属管子,并加以密封。该制管、装管及封管之机器,由德国工程师设计,并在德国兵工厂生产。管子的规格有二百分子一两装、百分之一两装、五十分之一两装、二十分之一两装、八分之一两装、四分之一两装。1927年出售熟鸦片62吨,制各类管108841194管。管子一面印有装管日期及数量,另一面印有"荷属印度专卖局"字样。此外,还在熟膏中加入秘密药品,专卖局只要加以分析便可辨别真伪。1844至1898年,年均出售熟鸦片923141两。据1908年荷兰政府报告,该工厂之规模每年能制造熟膏62吨,此数乃荷印1925年至1934年十年间之最高合法消费量。① 另据国联鸦片委员会的报告,20年代荷属印度生产的鸦片存储量,足敷46年吸食之需。② 由于产量极大,烟膏还输入中国,称为"爪哇膏",流入华南及上海等港口。③

关于鸦片的专卖事务,完全由荷印鸦片管理局处理。据1924年调查,荷属东印度烟税收入达37500000元。至20世纪20年代末,有专卖处1051间,有执照之烟馆49处。荷印政府获得的鸦片专卖纯利达2700万盾,占总收入之5%。④ 当然,与英属南洋各殖民地一样的是,荷属东印度鸦片专卖政

---

① 卜兰柯原:《中国政府应否实行熟鸦片专卖制度》,《禁烟汇刊》,1937年,第1期。
② 《统计消息·国际》,《河南统计月报》,1936年第2卷第3期。
③ 刘仲英:《南洋各属的鸦片问题》,《海外月刊》,1935年第33卷。
④ 驻荷兰领事馆:《和印之鸦片问题》,《外交部公报》,1936年,第9卷第3期。

策的受害者亦主要是华人华侨。荷属东印度群岛,华人居此有千余年历史。20年代,荷属东印度华侨人口数880000,年进口鸦片量达234000磅。① 据荷印政府1920年官卖鸦片营业报告,旅居华侨有吸烟执照者为19552人,吸食鸦片337011两1钱9分。无吸烟执照私吸者70266人,吸食鸦片868347两5钱2分。总计华侨吸烟人数89818人,吸食鸦片12005359两。每两估价25盾,金钱之消耗达30134000盾。当地土著居民全数51524438人,吸烟人数仅96296人,不到0.2%,吸食鸦片仅395507两4钱2分。华侨每人每年吸烟达13两5钱,土人每人每年仅4两2钱。华侨吸烟人数以工人居多,苏门答腊岛东部华侨仅11万余人,染有鸦片瘾者,达45000余人。② 此辈工人多为"猪仔"工人,与工厂定有合同,入不敷出,工头与工厂常假工人银币,供其吸烟之需,使工人困于毒瘾,麻木本性,长受束缚。据20年代国联调查,中国苦力之吸烟者,情尤可怜,闻每日吸烟之费,竟有耗其所得工资80%以上者。③

据20年代末的统计资料,荷印吸食鸦片之167191人,其中华人80762人。虽然当时专家认为此统计数字只能抵真正吸食鸦片者数字的半数,但即便如此,华人吸食的比例亦是很高的。因为华人只占总人口的2%,吸食者却占到近50%,说华人是荷印鸦片专卖政策的主要受害者亦不为过。④

### 三、葡属澳门之毒祸状况

限于资料,关于葡属澳门的鸦片专卖情况不甚了了。但澳门的葡澳政府每年政费均取之于烟赌捐,据中国政府驻葡萄牙使馆报告,澳门1918年鸦片项下收入为7000万(Pataca,澳门币),1919年为6000万,1920年为4000万。至20年代中期,则降至2000万元。收入减少的原因有二:一是私运入澳门之鸦片增加;一是1923年7月,英属印度输入澳门之鸦片条约即将结束,故合法入澳门的鸦片减少。⑤ 虽然税捐在减少,但考虑到澳门人口才10余万

---

① 蔡受百:《上海大开烟禁中之国际禁烟问题》,《国闻周报》,1925年,第2卷第18期。
② 黄嘉惠:《最近一年之拒毒运动》,《时事年刊》,1930年第1期。
③ 国民政府禁烟委员会:《禁烟公报》,1931年,第3期。
④ 驻荷兰领事馆:《和印之鸦片问题》,《外交部公报》,1936年,第9卷第3期。
⑤ 《外交公报》,1926年,第56期。

人,华人占 92%,余为葡萄牙人,可见华人受其毒祸之深。中国代表曾在国联禁烟会上要求澳门禁烟,但葡澳政府坚执不允,华人受毒害日深,中国无如之何。

因受资料限制的影响,上述只能对海外华人所受毒祸做一般性概述。殖民地政府打着禁烟的旗号而施行公卖制度,其实质是为了敛取巨额税收。20年代末,国联派烟土专员比利时人 Mau Seogelard 赴远东调查,Mau Seogelard 谓,"南洋一带,鸦片之价,几与金之半价相等,故吸烟如吞金。殖民地政府,设局专卖,以示控制而裕税收。二钱左右之鸦片,生以玻璃小管,约值比币六十佛朗(国币八元)。因售价之贵,私贩极多。据闻鸦片销量,公卖者仅占四分之一"①。可见,公卖制度并未解决烟禁问题,反而增加了私贩。

---

① 国民政府禁烟委员会:《禁烟公报》,1931 年,第 3 期。

# 第十一章　民间禁烟运动的继续发展

北洋时期,在中国的政治实践中,已经逐渐出现了人民主权观念,这种观念势必对有广泛参与性的民众禁烟运动产生影响。从清末至民国,民间禁烟组织的发展呈现出两个新的特点:一是体现了在民族主义的语境之下,民众将个人命运和国家强盛及民族的复兴结合起来的自觉;二是民间各类禁烟资源逐渐整合,出现全国统一性的组织。因日益发达的媒体所提供的信息渠道和交流平台,民间禁烟组织迅速掌握禁烟的话语权,营造了独立于政权系统之外的立言空间,甚至对政府的监督也在某种程度上获得了意识形态的合法性。

## 第一节　传统政治之转型与禁烟运动之关系

近代中国,因"亡国灭种"的危机而导致民族主义高涨。那些由知识分子所主导、媒体推波助澜、民众广泛参与的禁烟运动亦构成了民众政治生活的丰富历史图景。这首先得益于中国自晚清以来就逐渐形成的社会公共领域。哈贝马斯认为,公共领域就是我们社会生活中的一个领域,而某种接近于公众舆论的东西能够在其中形成。当公民们以不受限制的方式进行协商时,对于涉及公众利益的事务有聚会、结社的自由和发表意见的自由。[①] 近代中国的历史表明,中国模式并非是对西方理论或经验的简单重复和模仿,它具有

---

① [德]尤尔根·哈贝马斯:《公共领域的结构转型》,曹卫东、王晓珏、刘北城等译,学林出版社1999年版,第48页。

自身的独特性。学者许纪霖认为,"中国的公共领域,不仅仅是一个西方移植而来的外来理念或结构,它在中国的历史文化传统中,拥有自身的本土资源:儒家式的民本主义思想、古代士大夫反抗性的清议传统等等"①。

近代中国沧海横流,中国的文化精英面临着从传统士大夫向现代知识分子转型的历史任务。正如胡适所言,"一个时代要有一个时代的'士大夫'"②。在转型过程中,有两个因素不容忽视:一是科举制度的废止;二是西学东渐的冲击。科举革废,使得知识分子上升做官的制度化通道被关闭,他们必须寻求新的社会及政治地位。随着西学东渐的展开,报纸杂志、电报电话、新型学校、社团等新事物的出现,自由结社和报刊立言成为很多"以天下为己任"的知识分子的自觉选择,并成为他们精神生活和社会生活中不可或缺的一部分。一旦失去体制内的身份,书生论证往往从现存政治体制的维护者发展为怀疑者和批评者,他们始终将现代媒体作为干预国家政治生活、参与社会发展进程的舞台,这亦是政治参与方式从传统向现代的深刻转变。

近代公共领域及现代媒体的出现,不仅改变了知识分子,亦为普通公众的思想交流提供了全新的平台,既开启了民智,亦创造了越来越多的具有较高素质的受众。内忧外患愈演愈烈,报刊作为一种方便、迅捷的媒体方式,适应了社会各界人士了解时势和民情的需求,从而成为普通市民争相购买和阅读的公共读物。据统计,民国时期有5%—7%的中国人经常阅读报刊。③ 而收音机和电影新闻的发展,使得城市中文盲或半文盲的居民及产业工人也能够大量接触到媒体信息。这些对中国民众认识社会、参与社会政治活动起到重大的作用。

鸦片在近代中国常被视为"亡国灭种"与"东亚病夫"的象征,故各类报刊均对鸦片问题有相当高的关注度。而现代媒体的特征之一,则无论是经营管理、办报宗旨,还是在实践活动上,均实现了对统治阶级的背离。报道政务、批评政府、提倡改革,均体现了对政权的疏离与对政府的批判。故活跃的报

---

① 许纪霖:《近代中国的公共领域:形态、功能与自我理解——以上海为例》,《史林》,2003年第2期。
② 胡适:《领袖人才的来源》,《胡适文集》(第5卷),北京大学出版社1998年版,第416页。
③ [美]柯博文:《走向"最后关头"——中国民族国家构建中的日本因素(1931—1937)》,马俊亚译,社会科学文献出版社2004年版,第2页。

纸总是对政府的鸦片政策跟踪报道,实行着舆论的监督。晚清的"八省统捐"政策,中外禁烟谈判,各有关鸦片的上谕、奏折、大员间的往来电文,以及民国时期的存土收购、政府专卖等内容,各类报纸总能各显神通,在最短的时间内将之刊登出来,使得以往较高层、机密的官方文书进入普通知识阶层的视野。媒体的发展,使得鸦片不仅成为一个全社会关注的问题,而且能够形成政府与民间互动的一个领域,无形中增强了对政府鸦片政策的制约。这类媒体本身亦有意识地发表对鸦片政策的态度,有时是民众群体声音的表达,有时却引导着读者的倾向。总之,北洋时期,报刊舆论已经以其独特的方式显示威力,在许多民众禁烟运动中,报刊不仅以长篇累牍的报道来推动运动的开展,更在很大的程度上充当了组织者的角色。

民众对禁烟运动的参与,最先受到官僚士绅的影响。由于传统社会的士绅与下层民众联系紧密,常常以民众利益代言人的身份出现,故他们的认识常常左右民众对事物的判断。由于近代鸦片的泛滥,下层民众中的许多人亲身经历或耳闻目睹到鸦片肆虐的危害,对其有了较感性和具体的认识,因此,下层民众虽然有着各种知识和认识上的局限,但在烟毒的认识问题上并非空白。在 20 世纪以前,禁烟是统治阶级的意志,而到了民国时期,则成为新型知识分子及他们所影响的普通民众的自觉。从某种程度上说,中国的民族主义精神正是通过一系列的民间禁烟运动得以发扬光大的。民间禁烟运动要求国家独立和社会进步,阐扬了近代民族主义的基本内涵。只有废除不平等条约才能实现鸦片流毒的彻底清除,成为人们的共识,反对、废除不平等条约成为禁烟运动中全民族意识的焦聚点,这是民族主义成熟的重要标志,体现了中国近代民族意识的觉醒。民间禁烟运动兴起后,出现了前所未有的局面,全国各个阶级、阶层,各种政治力量均投入其中,通过这一共同目标合为一股争取民族独立的力量。运动摒弃了"义和团式"的粗糙模式,以废除治外法权和租界为斗争目标,采取了示威、游行、演讲等合法方式,同时还充分利用报纸杂志等新闻媒体,广泛进行宣传发动,在更高的层次上高昂了民族精神。民间禁烟运动不仅冲淡了国内的惧外观念,而且动摇了列强的条约信念,使之感受到中国潜蓄的,或一种新的民族意识正在喷发,这种民族意识使他们不得不开始考虑逐步放弃在华的条约特权。在禁烟运动的推动下,中国政府也表现出前所未有的勇气,在鸦片外交问题上一度相当积极。禁烟运动所体现的这一民族运动的伟大力量,使得民众的呼声转化为对外交涉的一种力量,这种力量使得任何政府都不能忽视。

## 第二节 各禁烟团体的成立及活动

民国初年,风气大开,民众结社自由,各级各类禁烟团体纷纷设立。全国性的组织有禁烟联合会、万国拒土会、中华国民拒毒会。各地方的禁烟组织名目繁多,有些是清末名称的延续,有些是新设立的,有些是全国性组织的分支机构。各种禁烟团体组织人员调查鸦片泛滥的情况,向政府提出议案,并开展了声势浩大的禁烟宣传活动,对阻止烟毒的蔓延起到积极作用。除了专业的禁烟组织之外,部分有影响的宗教、教育、妇女等民众组织亦对烟毒问题十分关注,并时时发声。

### 一、全国禁烟联合会

1913年3月4日至8日,在北京举行全国禁烟会议,讨论研究全国禁烟合作问题,各省均派代表赴会。① 20日,由各省所派代表组成全国禁烟联合会,并获内务部批准。该会作为民初第一个全国性的禁烟组织,其官方背景极强。首任会长章遹骏为陆军中将,时任总统府军事顾问及全国军界统一会副会长(会长段祺瑞)。此后,担任会长者亦多为有政府背景之人士。如1916年会长推举,会长张一麐,名誉会长伍廷芳及柏文蔚。② 张一麐为前教育总长,刚卸任数月。伍廷芳时任外交总长,次年又代理国务总理。柏文蔚为前任安徽都督。③

从成员上看,亦能体现官方背景这一特征。召开全国禁烟会议时,北京方面要求各省选派人员入会,或在京议员中选择一二人入会,并于各地成立禁烟分会。④ 这或许是为了日后召开会议的方便,不少省份均选择在京议员

---

① 于恩德:《中国禁烟法令变迁史》,河南人民出版社2016年版,第151页。
② 《全国禁烟联合会举定会长》,天津《大公报》,1916年12月19日。
③ 刘寿林等编:《民国职官年表》,中华书局1995年版,第39页、18页、10页、187页。
④ 《上海公报》,1913年,第10期。

为代表入会。如江苏省,接到函件后立刻指派苏省在京国会议员王立廷、徐兰墅二人为代表入会,并转令境内各机关联合设立禁烟分会。① 全国禁烟联合会成立之时,正是政府与民间社会的禁烟决心及禁烟热情最高涨的时候,可谓举国上下,皆曰禁烟。禁烟联合会较强的官方背景有利于沟通朝野,顺应当时的禁烟形势。

全国禁烟联合会成立后,立即致函各省,指出目前尚有12省禁种未绝,并指出,"从前种植已绝,外土停运之省份,亦乘机复种,授人口舌。若长此迁延,十年欺瞒,毒卉未肃清,则败名辱国"②。要求各省抓紧禁种工作,不得延误履约日期。

1913年5月初,全国禁烟联合会在北京召开全体职员大会,议决各案如下:一、本会代表已赴英国,亟应预备一切禁烟报告,宣布中外各报一体咸知;二、决定上书大总统,请下禁烟命令,督促进行;三、组织英文月报,使各国均知中国禁烟实情;四、派代表赴检察厅询问谭陆烟案,二次起诉因何不办;五、致书上海关,调查现在有无印土入口,沪上存土究有若干,请查复核办。③ 根据讨论决定的议案,全国禁烟联合会积极联络各界,上书大总统及外交部,要求政府与英使商酌废约。④ 为多方推动此事,副总统黎元洪与外交部颁给禁烟联合会会长章遹骏介绍书,1913年4月25日,章遹骏以中国民间禁烟组织代表身份赴英谈判。⑤ 在英国期间,章遹骏与包括外相格雷在内的英国朝野要人多次会晤,协商禁止印药输入事宜,并写成《赴英办理禁烟报告》上报政府。虽然章遹骏以民间代表身份赴英,但英方对其半官方之身份自然亦心知肚明。故章遹骏此次赴英,亦属于中国政府对英国态度及底线的一次外交试探,为日后谈判创造了条件。

禁烟联合会存在期间,最重要的工作还是对全国禁政的调查与监督。如1913年,禁烟联合会根据吉林省禁烟协会的报告,将吉省烟禁废弛的情形函开内务部,内务部立即饬令吉省民政长切实调查。⑥ 1914年,禁烟联合会根

---

① 《上海公报》,1913年,第10期。
② 《上海公报》,1913年,第10期。
③ 《全国禁烟联合会开职员会》,天津《大公报》,1913年5月5日。
④ 《废烟约之好消息》,《宪法新闻》,1913年第6期,第151—152页。
⑤ 《全国禁烟联合会章代表赴英之预备》,《震旦》,1913年第3期,第298页。
⑥ 《内务公报》,1913年,第2期,第36—37页。

据察哈尔、顺天、直隶等地分会的调查报告,函开内务部,指出上述各地烟异常废弛,内务部立刻咨察哈尔都统,令直隶民政长、顺天府尹认真查禁。① 对于一些官员的违禁行为,联合会的监督力度亦很强。1916 年,新任司法总长张耀曾由云南到上海,其仆人被英捕房查获私运 40 箱鸦片②,其中有 20 箱鸦片系在上海道尹公署查获,报传为张耀曾寄于此。而该案所涉其他人犯还有辛亥革命时期闸北统带李振武、滇督唐继尧部团长叶荃、北京商人孙世奇及滇督代表陈廷和、王铁山、王竹村等。③ 烟案发生后,全国舆论大哗。全国禁烟联合总会于 8 月 16 日上国务院转呈大总统呈,指出此次烟案中,"张耀曾有司法总长之任命,其人格、地位与寻常之烟贩不同,中外人士,视线胥集中于此,若意存姑息,则腾笑友邦,妨碍禁令。此案有损国家体面,新任司法总长,有私运鸦片之行为,已属不堪。而其破案又在租界,无论结果,须听外国领事裁判。以一国执行法律最高之长官,先在租界中有刑事罪名之牵涉,以后能否修正法律,挽回法权,使外人悦服。而且堂堂道尹公署竟发现私藏烟土之案,致使我共和民国,被若辈将体面扫地以尽。目下全国人士所最痛心疾首者,以我国之至高等官吏及至尊贵之议员,作此无廉耻行为,在外国领事裁判权下俯首对质耳。请大总统颁布明令,取消彼等官吏资格及议员资格。一面饬令外交部向英使表示,我政府定将此案有关之要人,尽法惩治,以便要求引渡"④。不久又有传闻,参议院议员袁某住京城云南会馆,曾于事发前电致上海道尹,嘱税务司请饬免验行李,不料竟有大宗烟土到沪。更难以容忍的是,上海道尹即便藏有毒品,可堂堂中国官厅,其坐落地方应完全为中国管辖,而外国律师捕头搜查起赃如入无人之境,丧权辱国莫此为甚。全国禁烟总会认为此次烟案虽多各报喧载,然证据充分,实无掩饰之余地。故该会状请检察长于犯人所在地实行检举,立即传讯,提起公诉或移送上海地方检察厅,俾便要求英廨移归并案办理,以维法治而伸国权。⑤ 此后,唐继尧电称,滇省所派赴京代表,均品学兼优、洁清自好之士,绝不至私带烟土。但此次出

---

① 《内务公报》,1914 年,第 6 期,第 129 页。
② 《张总长带烟案之嫌疑》,天津《大公报》,1916 年 8 月 11 日。
③ 《上海烟土案破获后之有关人犯》,天津《大公报》,1916 年 8 月 16 日。
④ 《全国禁烟联合总会上国务院转呈大总统呈》,天津《大公报》,1916 年 8 月 18 日。
⑤ 《全国禁烟总会状请地方检察厅依法检举烟案嫌疑要人文》,天津《大公报》,1916 年 8 月 27 日。

省时,因赶船期,除所带仆从,同行之普通人甚多,并有多数商人在内,挟带烟土必系随从人等与普通商人勾结包庇之所为。① 虽然唐继尧有包庇之嫌,试图以仆人及普通商人顶包,但事后结果确如唐继尧所料,除仆人外并未有官员受到处罚。张耀曾之司法总长职务在此期间曾由次长江庸短暂代理,不知与此事是否有关,但很快便复职到任。②

1916年12月10日,召开全国禁烟联合大会,该会以中英烟约届满,要求未经禁种净尽之云南、贵州、陕西、江西、广东、江苏六省,应急从速禁绝。经各省代表议决,呈请大总统明令该六省长官,设立禁烟督察处,分途铲除。又以1915年苏、赣、粤三省的督销印烟合同事,议决呈请国务总理,饬令禁烟特派员,将该合同取消。又议决呈请政府设立禁烟善后调验公所,无论官职大小,凡有鸦片嗜好者,一经举发,一律送所调验,褫职判罪。③ 1917年7月,陕西中英会勘,烟苗已报告肃清,1918年又复弛禁。关于陕边的违禁种烟,报纸宣传,群情骇异。全国禁烟联合会推会长安铭赴陕调查,安铭经陕北葭县属之息蜊峪、大会坪、梓花渡等村,无不满种鸦片,榆林所属各县尤为繁多,而烟民倡言不讳。禁烟联合会电请陕省军政长官,实力维持烟禁。④ 发电后,复访问陕省各邑军民官吏,兼证之士绅父老。据媒体言,陈树藩劝导种烟有种植证据,此次安铭亲自查勘,所言自然是可靠的,政府方面仅据陕省长复电,转复禁烟联合会,敷衍了事,绝不追问,诚不知政府所司何事,而故意袒庇陕吏期满中外者,是果何居心也。⑤

内务部与具有半官方背景的禁烟联合会关系较为融洽。作为全国禁烟事宜的主管机关,内务部亦希望民间的禁烟事宜能够由禁烟联合会统一联络,这样有利于中央政府的掌控。故1914年,有人申请设立"全国禁烟实行取缔会",内务部以与全国禁烟联合会宗旨相同而毋庸另立名目加以拒绝。⑥ 此外,内务部对禁烟联合会的活动亦尽量予以方便。1915年5月,禁烟联合会副会长安铭赴沪购焚烟土,内务部咨江苏巡按使、宣武上将军,请其饬属妥

---

① 《唐继尧电请严办烟犯》,天津《大公报》,1916年8月25日。
② 刘寿林等编:《民国职官年表》,中华书局1995年版,第42页。
③ 《禁烟大会纪事》,天津《大公报》,1916年12月15日。
④ 《陕北弛禁种烟问题之近讯》,长沙《大公报》,1918年6月22日。
⑤ 《陕西破坏烟禁之铁证》,长沙《大公报》,1918年7月2日。
⑥ 《内务公报》,1914年,第5期,第121页。

为接待。① 但并不是禁烟联合会的任何要求，内务部均能满足。1914 年，联合会以烟患日亟，边疆私贩充斥，要求针对边疆地区另定禁烟条款，而内务部觉得此举应毋庸议，因为关于鸦片烟罪新刑律第二十条规定得很详细。② 全国禁烟联合会总会还是试图对鸦片的法律施加影响，如 1916 年 9 月 23 日上参众两院请愿书，拟请将新刑律第二百六十六条制造鸦片烟、或贩、或卖、意图贩卖而收藏、或自外国贩运者，分别加等处刑。③ 此一目的亦未能达成。

1917 年之后，国会名存实亡，各议员纷纷离京，禁烟联合会无法正常运转，而各地烟禁开始废弛，亦不可能再派代表入会，故 1917 年后禁烟联合会即实际解散。随着 1918 年万国拒土会的成立，有关烟毒调查、禁烟宣传、监督禁政等职能，已完全为万国拒土会所取代。

## 二、万国拒土会

1918 年，北京部分中外人士组织起一个禁烟委员会，其目的为防止鸦片贸易及鸦片种植的复活，后因组织扩大，遂改组为万国拒土会。④ 1919 年正月，北京万国拒土会派伍连德赴上海监督焚毁鸦片，上海名人聂云台等便乘此机会在上海成立分会。⑤ 同时，天津此前成立之拒毒会亦允为该会之分会。此后，辽宁、山东、山西、河南、湖北、湖南、江苏均设有分会。7 月，北京、天津总干事前赴上海，与上海支会商议组织全国委员会。后北京、天津、上海三会合组为一总会，以北京分会为总会。⑥ 其英文名为"International Anti-Opium Association, Peking"，当时称为"北京万国禁烟总会"，办公地点在北京西堂子胡同 26 号⑦，总干事为英国人韩济京。各分会一般 1 省 1 个，均设于省会城市，但江苏省较为特殊，省城南京并未设会，而上海、苏州、盐城却分

---

① 《内务公报》，1915 年，第 21 期，第 88 页。
② 《内务公报》，1914 年，第 8 期，第 151 页。
③ 《全国禁烟联合会总会上参众两院请愿书》，天津《大公报》，1916 年 9 月 26 日。
④ 于恩德：《中国禁烟法令变迁史》，河南人民出版社 2016 年版，第 183 页。
⑤ 《万国拒土会消息》，《兴化》，1919 年第 16 卷第 39 期，第 18 页。
⑥ 于恩德：《中国禁烟法令变迁史》，河南人民出版社 2016 年版，第 183 页。
⑦ 谷光隆编：《東亜同文書院阿片調査報告書》，愛知大学東亜同文書院大学記念センター 2007 印，第 121—122 页。

设三会。① 总会只为合作目的而设立,并不负责指导管理之责任。各地分会仍独立募集基金,并计划会务,有国际及外交事务,则由总会处理。各地分会当将地方烟毒情形报告总会。该会为增进拒毒之势力,亦注意邀请政府要人加入该会。当时,黎元洪、徐世昌、钱能训、靳云鹏、曹汝林、蔡廷干等均为该会会员。② 据1925年的日文资料,该会成员主要为在华外国传教士、医师及其他宗教团体成员。从会长至秘书官等实际职务均为英人担任,中国政府要人黎元洪、王宠惠、颜惠庆、周自齐、董康、熊希龄等多任顾问等虚职。③

万国拒土会成立后,其活动主要有国际与国内两大部分。国际方面的工作有如下几个方面:

(1) 致电巴黎和会,陈述中国禁烟的民意与决心,请各国取缔鸦片出口,使中国得以扫除国内烟毒。并要求巴黎和会于条约中加入禁烟立法一项。

(2) 请中国邮政总办英国人 Des. telan 于万国邮务大会时提议查禁寄毒品办法。

(3) 请在上海举行的英人商务大会向英国政府建议查禁鸦片贸易。④

(4) 联络各国公使,搜集各国有关禁烟之法令,并将外国人在中国破坏禁烟法令事件请各公使向本国政府说明。该会就中国海关查获的麻醉药数额、国籍、品种、商标等接受报告或调查,向该干系国在北京的公使及中国政府寻求事实的真伪,并将其结果报告给中国政府、该干系国公使及国际联盟。⑤ 该会还曾劝告日本政府,将鸦片、吗啡等列入日本领事裁判所应行惩罚之禁物贸易单内。⑥

(5) 联络国外各有关人士互通消息,并与国外拒毒团体,如英国查禁鸦片贸易会等互相联络。⑦

---

① 谷光隆编:《東亜同文書院阿片調査報告書》,愛知大学東亜同文書院大学記念センター2007印,第122頁。
② 于恩德:《中国禁烟法令变迁史》,河南人民出版社2016年版,第183—185页。
③ 谷光隆编:《東亜同文書院阿片調査報告書》,愛知大学東亜同文書院大学記念センター2007印,第121頁、123頁。
④ 于恩德:《中国禁烟法令变迁史》,河南人民出版社2016年版,第184页。
⑤ 谷光隆编:《東亜同文書院阿片調査報告書》,愛知大学東亜同文書院大学記念センター2007印,第123頁。
⑥ 《万国拒土会开会志要》,长沙《大公报》,1919年11月5日。
⑦ 于恩德:《中国禁烟法令变迁史》,河南人民出版社2016年版,第184页。

（6）与国联合作，调查中国医药需用之毒品数量报告国联。每年10月以后，给在留中国各地的外国传教士及该会支部寄数十封信函，收集该地方的情况报告，综合旅行者亲眼看见的事情或报纸、杂志上的新闻等，每年就中国的鸦片及其他麻醉药的栽种情况、交易状态、同官府的关系、课税状况、吸食者人数、吸食地数量及其他各方面，写调查报告。一方面，将完成的调查报告发送给国际联盟本部，给其做参考资料；另一方面，向中国政府及一般社会做宣传，让大家了解该情况。① 除了撰写调查报告外，还编写各类英文刊物，做对外参考、宣传之用。其中有年报《中国鸦片的种植与交通》（*Opium Cultivation and Trafficin China*）、《中国的吗啡与麻醉药品》（*Morphia & Narcotic Drug in China*）。还出版了《鸦片备忘录》（*Memorandum on Opium*）和《鸦片战争》（*War against Opium*）等单行本印刷品。此外，每年在《中国年鉴》（*China Year Book*）中开辟"鸦片"（*Opium*）一栏，对中国每年度鸦片问题进行论述。②

（7）请国联催促相关国家在《海牙公约》上签字，并要求公开国联禁烟委员会之会议内容及报告。1911年12月，海牙国际禁烟会议通过了《海牙禁烟公约》，大半仿照了1909年上海万国禁烟会议成规议定③，无论何国均须实行禁烟法令限制栽种及制造鸦片，并制定各国鸦片进出口之口岸，其余口岸一概禁止出入。④ 该公约成为世界反对毒品贸易的重要文件，此后国际禁烟方案大都以《海牙禁烟公约》为依据。但是由于该公约有若干国拒绝签字或忽略签字，1919年7月1日至9日，万国拒土会开会讨论1909年上海召开的万国禁烟会所定公约的相关事宜，敦请荷兰政府劝告尚未签字的奥地利、挪威、瑞典三国办理批准立法手续。⑤ 但在远东从事毒品贸易的波斯、土耳其二国，却始终未在《海牙公约》上签字。

上述各事多数均蒙国联或相关国家允纳，虽然不全为万国拒土会之因，

---

① 谷光隆编：《東亜同文書院阿片調査報告書》，愛知大学東亜同文書院大学記念センター2007印，第123页。
② 谷光隆编：《東亜同文書院阿片調査報告書》，愛知大学東亜同文書院大学記念センター2007印，第124页。
③ 《海牙禁烟会议定草案》，《北洋官报》，1911年第2987期，第9页。
④ 《海牙禁烟会议决要件》，《北洋官报》，1911年第2991期，第9页。
⑤ 《万国拒土会来函两件》，《北京大学日刊》，1919年5月21日，第383期。

然至少有相当之影响。

万国拒土会在国内的工作,最重要的就是设法制止国内各地鸦片之复种。外国拒土会宣称,本会既成为会,对于政府垄断销售鸦片之法,无论行诸中国或行诸别国,不但以前当为反对,以后亦永为反对。其办法即向各地传教士征求鸦片种植的消息,宣布于社会,使得社会人士以舆论之力制止之。如1923年,关于福建省军阀罂粟复种的情况就是由万国禁烟会福建拒土分会报告而引起外交部注意的,并要求地方当局严申禁令。万国拒土会对于宣传工作特别注意,常将各地烟毒状况登诸报端,使社会人士明了鸦片之害。此外,万国拒土会还建议中国政府制定详尽的禁烟法律,并使之能切实执行,俾得禁绝国内罂粟之种植。该会以中国4万万人数为标准,估算出中国每年医疗用吗啡约需2万两,高根2000两,并且代中国政府拟定《管理麻醉剂进口及销售办法》草案。①

上述为万国拒土会成立及运作的一般概况。总之,在20年代,该会对中国政府的禁烟工作发挥着较大的影响。

### 三、中华基督教协进会拒毒委员会

除了专业的禁烟组织外,一些其他的群众团体亦十分关注毒品问题,将禁烟作为团体活动的重要内容之一。如中华妇女节制协会1917年2月16日在上海南门思鲍堂开禁烟大会,并邀请万国改良会全权代表丁义华演说。② 上海绅耆穆杼斋、莫子经等及南北商会正副会长发起全国自治禁烟会,以公正劝导国人自治禁烟为宗旨。③ 而中华基督教协进会则成立了专门的拒毒委员会,从事拒毒宣传、教育。④ 该会的积极奔走对中华国民拒毒会的成立作用极大。

1923年,中华全国基督教协进会举行年会时,建议全国教会积极努力开展拒毒运动。其目的为使全国教会对于国家大害,联合一致做有效之行动,唤起公众觉悟,且使国外帮助中国拒毒人士,了解中国人民之禁烟热情,以求

---

① 《外交公报》(通商),1923年第22期,第2—3页。
② 《女子节制会之禁烟大会》,《申报》,1917年2月18日。
③ 《自治禁烟会宣言及简章》,《申报》,1919年2月23日、24日。
④ 《本会成立拒毒委员会》,《中华归主》,1923年第143期,第18页。

减少毒害。该大会决定设立一拒毒委员会,其重要工作即注意宣传。该委员会借用万国拒土会之会所及其文件印刷品,制备各种宣传品。6月,该会又与其他团体,如全国男女基督教青年协会、卫生教育会、中国医药学会、基督教妇女节制会等,讨论拒毒问题,同时公教会亦允合作。此外,该会每于各基督教团体举行大会时,必派代表提出鸦片问题。但该会最大之努力则为积极推动组织中华国民拒毒会。1924年11月,日内瓦举行国联禁烟委员会。中华基督教协进会拒毒委员会委派顾子仁以民众代表参会,并在会上陈述中国人民的禁烟立场。①

随着全国民众禁烟运动的不断高涨,到20世纪20年代,各类团体有了两个明显的特征:一是同国际上的禁烟活动逐渐相联系;二是各团体开始联合趋向规模化发展,并日益对政府和民众产生较大的号召力和影响力。这些都为中华国民拒毒会的成立奠定了基础。

### 四、中华国民拒毒会

中华国民拒毒会的成立是民间禁烟力量的一次成功整合,它利用日益发达的媒体所提供的信息渠道和交流平台,逐渐营造了独立于政权系统之外的立言空间,成为民间禁烟运动最重要的领导组织。

1. 成立之经过

1924年7月,中华高等教育会在南京举行年会,大会通过反对使用毒品的决议案,并议决促进全国教育机关于该年11月日内瓦开国际禁烟大会之前,先开始一种拒毒运动。大会委派代表与其他各团体合作开展拒毒运动,同时中华基督教协进会拒毒委员会与上海总商会接洽,召集上海各团体,开会讨论组织一永久拒毒机关。② 8月5日,中华高等教育会、中华基督教协进会、中华教育改进会、中华基督教青年会、环球中国学生会、中华民国学生联合会、中华卫生教育会、男女青年会、上海总商会、江苏省教育会、上海日报公会、上海律师公会、中国红十字会、全国医药会、中华医学会、世界佛教居士林、上海万国拒土会、中华职业教育社、中华全国道路建设协会等30余团体

---

① 于恩德:《中国禁烟法令变迁史》,河南人民出版社2016年版,第185页。
② 于恩德:《中国禁烟法令变迁史》,河南人民出版社2016年版,第185—186页。

在上海组成中华国民拒毒会(下称"拒毒会")。此后拒毒会的团体不断扩大，上海图书馆协会、上海留美同学会、上海理教联合会、中华妇女节制协会、国民对英日外交大会、救国联合会、基督教救国会等先后参加进来。① 拒毒会成立之直接原因是应对同年 11 月召开的日内瓦国际禁烟会议，向国际社会展示中国人民禁烟的热情及努力。该会宗旨为联合全国各团体设法肃清国内鸦片之种植、国外鸦片及一切复制毒品之输入。该会设董事及干事两部，董事部由会员推选 13 人组成，主持本会一切会务，设会长、副会长、书记、会计各一人。② 该会对外交流及宣传之英文名称为"National Anti-Opium Association"，办事机关设于上海圆明园路 23 号。首届 13 名董事为马相伯、徐谦、黄炎培、罗运炎、钟可托、袁希涛、郭秉文、丁淑静、吴山、石美玉、宋汉章、胡宣明、张一鹏。其中名誉会长马相伯、会长徐谦、副会长黄炎培、中文书记罗运炎、英文书记钟可托、会计吴山、干事钟可托及未列入董事之黄嘉惠。③

2. 主要活动与运行机制

中华国民拒毒会成立后，发表通电二则，一致各省人民团体，一致各省军民长官，痛陈鸦片应行严禁情形，此后各地风起云涌，先后在全国各地设立分会及筹备处 300 余处。该会在 1924 年 8 月至 1927 年期间的主要工作，可分为国际、政府和社会三个方面。

(1) 国际方面。

1924 年，国际禁烟大会召开时，备请愿文请求限制鸦片及毒品出产，限于在科学及医学方面的用度。其文谓："晚近鸦片及同类毒物之用于医药及科学限量之外者日见增加，大足为全人类幸福之害；年来敝国因内争影响，禁烟法令失其效能，加以外国毒物源源输入，乃至毒氛弥漫，流毒全国；敝国人民之侨民居于列强属地，如海峡殖民地、东印度等处者，多惨受鸦片及一切同类毒物之戕害，为当地政府所不能否认；吾人深信联合各国限制鸦片及一切同类毒物之出产、制造、贩卖，为芟除此项毒害之最佳办法。本会深悉鸦片流

---

① 罗运炎：《中国烟禁问题》，兴华报社 1929 年版，第 112 页。
② 《拒毒会开会纪》，《申报》，1924 年 8 月 6 日。
③ 谷光隆编：《東亜同文書院阿片調査報告書》，愛知大学東亜同文書院大学記念センター 2007 印，第 124—126 页。

毒之剧烈,爰敢代表中华国民,表示拒毒之决心。自兹以往,必竭力排除万难,肃清敝国国内之鸦片,并恳贵会贯彻主张,邀请各国、订立公约,互相遵守,限制鸦片高根等之出产制造,至科学及医药最低限量为标准。如是则不但敝国人民将拜受所赐,全球人类之有受毒害而欲图免除者,亦咸蒙其益矣。深望诸君善用此千载一时之良机,为全人类之幸福。"①此外,拒毒会还统计了全国签名赞成之团体4200余,代表4663000余人。公推蔡元培、伍连德、顾子仁为我国国民代表,出席日内瓦国际禁烟大会。

1925年,委托顾子仁博士出席联太平洋国民会议,吁请各国一致主张拒毒。1926年7月,委托驻美公使施肇基派员代表拒毒会出席在美国费城举行的世界拒毒教育大会。1927年,请驻意公使朱兆莘向国联正式宣布第三届拒毒运动周情形,后国联准中华国民拒毒会有代表国民列席会议之特权。同年又向太平洋国民会议提出建议,要求制止鸦片及麻醉药品的生产及对华输入。②

与万国拒土会不同的是,拒毒会完全是本土组织,但其却得到国际社会的普遍信任。仅单纯地从禁烟禁毒的角度而言,拒毒会在国际社会比北京政府具有更大的影响力。

(2) 政府方面。

禁烟运动是近代中国涉及公众利益的一项事务,故拒毒会始终以"督促政府严厉禁烟"为己任。③ 1924年成立伊始便发文向北京政府请愿,其文谓:"据国际联盟所得报告,我国去岁鸦片产额,增至15000吨,烟禁废弛,无可讳言。如此情形,不惟大损国际信用,抑且危及国本。本年11月,国际联盟会在日内瓦举行鸦片出产国与毒物制造国两项会议。前者几专对我国而发,我国政府受国民付托之重,至今尚未公布切实办法,殊令国人畏惧。连日路透专电,传国际联盟预备会对于我国全权代表之陈述已有不信用之表示,以万国拒土会之报告为将来讨论解决我国禁烟问题之根源。同人目击鸦片流毒之剧烈,深感本项问题之重大,爰联合同志,组织中华国民拒毒会,定期举行大规模拒毒运动,期与政府分途进行,扫清国内鸦片,禁绝输入毒物。请求政府,将提交日内瓦禁烟大会之国内鸦片流毒报告公布全国;请求政府,通令各

---

① 《中华国民拒毒会之成立》,中国第二历史档案馆藏,档号:四-(2)24。
② 于恩德:《中国禁烟法令变迁史》,河南人民出版社2016年版,第186页。
③ 《拒毒会发行月刊》,《申报》,1929年10月27日。

省军民长官实行禁烟法令,并各以身作则,戒绝鸦片;请求政府,训令全权代表,在日内瓦大会与本国国民代表及各国代表通力合作,促成公约,限制鸦片及一切毒物之出产,至医药及科学上适用之最低限度为止,并以我国政府与国民决心,昭示各国。"① 此请原文,含蓄地表达了国内外对政府禁毒工作的不满,明确表示将与政府分途进行,充当民间禁烟运动之领袖。

1925年春,段祺瑞执政在北京召开善后会议,会议议事日程第五项中列有禁烟议案一条。该议案由内务部会同外交部所拟定,但民间传闻,此议案属掩耳盗铃之举,其目的并不在于禁烟,乃在利用善后会议试行鸦片专卖。此议论并非空穴来风,如前文所述,1923年间财政部曾听从总税务司安格联之建议,欲试行鸦片专卖,后因举国反对而作罢。此次政府又欲施行专卖,并将收入充作裁兵经费。其方案是仿照烟酒署例,在京设总署,在各省设立本局。该方案经阁议讨论,交由内务、财政、外交三部会核,各部以兹事体大、莫敢负责,遂乘机提出善后会议,欲意借会议之名,行开放烟禁之实。拒毒会以鸦片专卖如果见诸实行,不但危害民生,亦且失国际信用、损及国家体面,故刊文反对鸦片专卖宣言,函致全国各分会、各公团一致电京,以致反对鸦片专卖之声甚嚣尘上。② 拒毒会还致函国务总理顾维钧,要求追究相关人员的责任。③ 政府鉴于民气激昂,公卖之意遂寝,此后还特别重申禁烟令。④ 该举动虽属一种掩饰文章,但政府能顾全民意、幡然改计,仍有值得肯定之处。凭借舆论与政府博弈而取得的胜利,为拒毒会的进一步参与政治集聚了资本。善后会议期间,拒毒会应邀派代表赴京,明确要求政府允许其对禁烟工作"贡陈意见,俾资采择"⑤。

拒毒会在善后会议上所提关于禁烟问题之建议案:

其一,政府特简廉明果毅负有众望之人员,任禁烟督办,会同各部总长及各省军民长官厉行禁烟法令,并于各省区设立检查公署,直隶中央,秉承督办之指挥,办理一切之业烟及其他毒品事宜。

---

① 《中华国民拒毒会之成立》,中国第二历史档案馆藏,档号:四-(2)24。
② 《中华国民拒毒会之成立》,中国第二历史档案馆藏,档号:四-(2)24。
③ 《拒毒会反对鸦片公卖》,《申报》,1925年5月8日。
④ 《中华国民拒毒会之成立》,中国第二历史档案馆藏,档号:四-(2)24。
⑤ 《中华国民拒毒会提出善后会议关于禁烟问题之建议案》,《时兆月报》,1925年,第9期。

其二，政府训令各省区军民长官，以身作则，严令制止所属军警官吏勒种烟苗，包庇贩运，吸食鸦片以及含有毒质之丸丹，抽收亩捐特税、印花税、灯捐、专卖等项，巧立名目之弊政。

其三，政府责成各埠海关人员，重申严禁鸦片及其他毒品入国之政令。

其四，政府训令各省区县行政官厅，定期设立勒戒局，并责成市场镇乡团集村间家长等，清查户口，出具联保，禁戒烟丹，违者连坐。

其五，政府为求以上禁令之实施有效，应颁各种惩戒条例及奖励办法。

其六，政府责成京内外军民长官，限制检举所属官吏僚佐之吸食鸦片及其他毒品者，悉予罢斥，其各吸食鸦片及其他毒品之军警，悉予裁汰。

其七，国民会议严出条例，剥夺烟民公权，至戒绝后始予恢复。

其八，政府指令教育部，将鸦片毒害编入教科书内。

其九，禁烟督办及各省区检查公署，遇必要情形派员巡察各地时，国民禁毒会得派员参加，并由各地禁毒分会具陈意见，俾资采择。

其十，各地烟禁是否肃清，向由各省区军民长官根据地方官厅呈报为准，往往不实不尽，无可讳言。应由政府训令地方官厅，于具报时，会同当地禁毒分会，得其校核虚实，以明真相。①

1925年5月，关税会议开会时，中华国民拒毒会建议政府将来增加关税时指拨专款用于禁烟。同时法权会议开会时，向会议陈述治外法权及领事裁判权为私运鸦片及毒品之护符，吁请各国从速取消。该会还就政府意欲公卖鸦片一事同政府交涉，促使政府打消专卖念头，最后内务总长声称，政府绝不做专卖计划。10月，鸦片公卖之说再起，拒毒会又电请段祺瑞"明令遏止"。压力之下，北京政府终于"取消是议"②。拒毒会还就一些地方弛禁鸦片的现象吁请当局切实查禁，如上海南市土行林立，公开交易，该会请求当局查禁，结果土行倒闭。1926年，江北12县发现烟苗，该会请求当局铲除。同年皖省公卖鸦片，该会亦电请皖省当局查禁。

值得注意的是，在拒毒会监督政府，逐渐成长为全国禁烟运动的领导组织时，国民党政权亦在南方日趋崛起，并以"打倒帝国主义""打倒军阀"的口

---

① 谷光隆编：《東亜同文書院阿片調査報告書》，愛知大学東亜同文書院大学記念センター2007印，第137—138页。

② 中华国民拒毒会：《拒毒月刊》，1925年第5期。

号,开始了一场北伐革命战争。与北京政府不同的是,无论是党国体制的设计,还是政权合法性的建设,国民政府都必须有效地控制全国的民众运动及社团组织,务求成为禁烟运动的领导者,而非以配角的身份追随着运动的方式与节奏。故拒毒会与国民党之关系亦十分值得关注。1924年11月,孙中山赴京参加善后会议,12月抵达天津,与各团体代表举行茶会①,并向参会的拒毒会成员表达了其对于禁烟的态度:"鸦片营业绝对不能与人民所赋予权力之国民政府两立,中国之民意,未有不反对鸦片,苟有主张法律,准许鸦片营业或对鸦片之恶势力表示降服者,均为民意之公敌。对鸦片之宣战绝对不可妥协,苟负责之政府机关为自身之私,便对鸦片下旗息战,不问久暂,均属卖国之行为。欲达禁烟之目的,必须由国民政府裁定全国一致遵守之计划,但在军阀未经打倒、民治政府未能统一全国以前,拒毒团体须奋斗不懈,千万不可放弃坚忍与不妥协之奋斗决心,永远抱定彻底不降服之政策。"②这是国民党领导人与拒毒会的第一次接触,并就禁烟问题首次交换了意见。后拒毒会将在天津的这次谈话内容作为"总理拒毒遗训"加以宣传,将其作为督促政府禁烟的一把利剑。"总理拒毒遗训"对国民政府的禁烟产生了重要的影响。不容忽视的是,孙中山在代表国民党表达禁烟态度的同时,亦婉转地表明:待国民党统一全国之后,自应由其来主导全国的禁烟运动。

1927年3月,国民革命军到达上海,拒毒会设宴招待东路前敌总指挥部政治部主任陈群、特务处长杨虎等人,明确表达了"青天白日旗所到之处,拒毒事业即开新局面"③的希望。对于拒毒会的盛情款待,国民党持谨慎的态度,陈群、杨虎及上海市党部等机构仅派出代表赴宴。尽管代表们均表示愿尽力赞助拒毒运动④,但实际上,此次宴请中拒毒会并没有得到新政府关于禁烟的任何承诺。对于国民政府而言,无论是执政党的意识形态,还是领袖孙中山的"拒毒遗训",都必须承担彻底清除烟毒、建设现代民族国家的历史任务。但双方的价值诉求显然存在着差距。国民政府希望将拒毒会纳入政

---

① 《中山大学学报》编委会:《孙中山年谱》,(香港)大东图书公司1980年版,第128页。
② 中山大学历史系孙中山研究室、广东省社会科学院历史研究所、中国社会科学院近代史研究所:《孙中山全集》(十一),中华书局1986年版,第492页。
③ 中华国民拒毒会:《拒毒月刊》,1927年第11期。
④ 《拒毒会欢宴政治部代表》,《节制》,1927年第5期。

权体制之内,加以引导和控制。拒毒会亦希望在政府的领导之下推动禁烟工作,但社会监督的角色定位使其与政府间的关系不断恶化而终致解散。国民政府的禁烟运动亦因此失去与基层的紧密联系,难以实现全面的社会动员和整合。而民众的利益表达和政治参与渠道一旦被堵塞,也就失去了运动的广泛参与性。若从国家与社会的关系角度分析日后拒毒会解散的命运,则尤显历史的耐人寻味之处。

(3) 社会方面。

拒毒会存在的十三年时间(1924—1937),是中国民间禁烟运动最辉煌的时期,拒毒会担当了全国拒毒的领袖职能。拒毒会社会方面的主要工作是毒况调查与拒毒宣传教育。

毒况调查分为两种方式:一是利用各地的拒毒分会、同志社及其他民间团体,甚至政府及社会名流,广发调查表格,调查各地流毒实况。① 表格内容分鸦片产区地名、烟苗所估面积、每年何时下种何时收成、每亩烟苗每年可收烟膏若干两、所出烟土售至何处、自1917年以后烟苗是否增加、1923年以后产量如何、成年之人吸食鸦片烟者每百人约有若干、地区民众对于禁烟有何举动等数项。此外,还要列出参与调查人数及姓名、调查方法、调查费用等。② 二是派员亲自到各地调查。如拒毒会干事戴秉衡曾独自前往东北,深入日租界,完成《东北烟况实祸》的报告。③ 持续的毒况调查,使得拒毒会掌握了充分的数据,权威的信息成为其凝聚公信力的基础。

拒毒宣传教育则形式多样,影响广泛。拒毒会派员至上海各学校及各省组织讲演,商请中华教育改进社编辑拒毒教材,预备通俗拒毒教育材料,筹备摄制拒毒电影,举行拒毒演讲比赛等。并出版《拒毒小册》《拒毒月刊》《拒毒特刊》《英文季刊》《烟祸年鉴》等刊物,公布各地毒祸实况及拒毒成效。1926年创办的《拒毒月刊》是拒毒会的机关刊物。该刊发行后,其销量不断增加,三年内即达到20万份④,成为拒毒会"发挥言论宣传事业的先锋"⑤。需要指

---

① 中华国民拒毒会:《拒毒月刊》,1926年,第3期。
② 谷光隆编:《東亜同文書院阿片調査報告書》,愛知大学東亜同文書院大学記念センター2007印,第138—139頁。
③ 中华国民拒毒会:《拒毒月刊》,1930年,第42期。
④ 《拒毒会发行月刊》,《申报》,1929年10月27日。
⑤ 中华国民拒毒会:《拒毒月刊》,1926年创刊号。

出的是,社会力量对国家或政府的调节作用恰恰是通过公共舆论来实现的。从《拒毒月刊》等刊物的发行数量可见,拒毒会已经在一定程度上掌握了公共舆论这一调节机制。

最具影响力的宣传教育活动则是"拒毒日"和"拒毒运动周",拒毒会以每年9月下旬的星期天为拒毒日(Anti-Opium Sunday),1924年及1925年均借此日大张旗鼓地进行禁烟运动。① 随着运动声势的扩大,从1926年开始,拒毒会将每年的10月1日至7日,定为"拒毒运动周"。此后,"拒毒运动周"成为拒毒会发动群众、宣传拒毒主张、造成拒毒舆论的重要舞台。在"拒毒运动周"内,拒毒会积极调动一切社会资源参与其中,如《申报》《新闻报》《字林西报》《上海泰晤士报》等中西报馆均响应运动,发行拒毒特刊;各游戏商场亦特编拒毒戏剧等节目;各影戏剧院加映拒毒幻灯影片;各大中小学校亦纷纷进行拒毒宣传及演讲比赛等。② "拒毒运动周"为拒毒会提供了发动群众、增强影响力、提高社会地位的重要舞台,拒毒会亦始终以主导者的角色控制着运动的规模及步骤。

拒毒会成立之后,作为民众禁烟运动的领导组织,其行动及舆论对于政府之禁烟有莫大之影响。在拒毒会的努力下,各地民众拒毒运动也纷纷开展起来。凡国内各大城市均有拒毒分会之设立,各地拒毒运动皆由分会指导而进行,如办理"拒毒运动周"、举行巡回拒毒运动及拒毒展览、发动学生拒毒大运动、督促地方政府禁烟事宜等。③

### 五、各地方禁烟组织概述

民初地方各类禁烟组织,有些是清末禁烟组织的延续,有些是万国拒土会及中华国民拒毒会的分支机构,有些是新成立之独立机构,后又改头换面允为万国拒土会及中华国民拒毒会之分会,因名目繁多,难以一一考证,下文只能对部分地区的组织运动状况做一概述。

辛亥革命后,政局纷乱,却也为民间结社提供了极大的生存空间。就禁

---

① 谷光隆编:《東亜同文書院阿片調査報告書》,愛知大学東亜同文書院大学記念センター2007印,第139页。
② 中华国民拒毒会:《拒毒月刊》,1927年专号。
③ 于恩德:《中国禁烟法令变迁史》,河南人民出版社2016年版,第185—188页。

烟组织而言,各市、各县,甚至部分乡镇都有设立。如浙江省,杭州地方有国民禁烟会、恢复禁烟主权会,嘉禾县有嘉属六邑禁烟联合会,永嘉县有祛毒社、禁烟协会等。① 国民禁烟会是清末(1911 年 5 月)由沈钧儒等人发起成立的。民国后,由莫永贞等继续办理,机关设于杭州佑圣观巷。② 从名称而言,国民禁烟会似乎是全国性组织,或至少发起者意图将之发展成为一全国性组织,但显然该会影响有限。此外,直隶省亦有顺治国民禁烟会③,但没有资料显示与杭州的国民禁烟会有何关系,或许只是名称相同。

比较有代表性的还是福建去毒社,如前卷所述,该社在清末就有着极为强大的地方背景与势力。民国成立后,该会在地方依然十分活跃,会员在全省各县积极活动,宣传教育民众、监督政府禁烟。1912 年 3 月,在临时大总统孙中山颁布禁烟令后,去毒社不但拟定了福建禁烟单行律草案,且还制定了全省闭歇膏店、肃清吸户日期一览表。该会行动得到福建官方相当高程度的认可,福建当局基本用了这部条例,只对草案的第二条涉及限制洋土贸易的部分做了修改。④

在广东省,辛亥革命后,先期仍沿袭清末禁烟局所勒戒,协助政府禁烟。后由于戒烟会与警察部分沟通不畅,致"稽核匪易"⑤,故在 1912 年 5 月把禁烟事宜悉归各地警察部门兼办,而戒烟会即由绅民自行组织。该会经费主要来自绅商资助,除了戒烟会外,广东民众还成立了民团局、阅书报社、戒烟俱乐部等禁烟组织。此外,万国改良会广东支部、广东戒烟振武宗社等,奉万国改良会会长丁义华函嘱,发起筹办广东恢复禁烟主权会。1912 年 5 月 8 日,借青年会大集议,政界、社团、报界等到会者数百人。该会宗旨为协助政府恢复禁烟主权,会后又拟定章程 10 余条。⑥ 总体而言,民初广东省民间禁烟活动还是比较活跃的。但禁烟方式与清末并无不同,主要仍是制造戒烟药丸、

---

① 辜孝宽:《浙江省二十年禁烟史略》,《浙江民政》,1931 年第 39 期。
② 《奉天等省禁烟情况——万国改良会禁烟问答》,天津《大公报》,1912 年 8 月 19 日、20 日、21 日、23 日。
③ 《奉天等省禁烟情况——万国改良会禁烟问答》,天津《大公报》,1912 年 8 月 19 日、20 日、21 日、23 日。
④ 《福建外交司抄送福州去毒社禁烟单行律及膏店闭歇日期一览表》(1912 年 3 月 17 日),马模贞主编:《中国禁毒史资料:1729 年—1949 年》,天津人民出版社 1998 年版,第 569 页。
⑤ 《函覆禁烟近状》,《民生日报》(广州),1913 年 5 月 1 日。
⑥ 《会议恢复禁烟主权》,《民生日报》(广州),1912 年 5 月 9 日。

免费赠予吸烟人,派员演说、劝人戒瘾等,在宣传发动方面尚未具备现代社团组织的特征。万国拒土会成立后,广东省于1922年3月设立分会。活动亦不外调查、宣传之类,并且与总会类似,十分注意吸收当地政界名流入会,增强拒毒影响。该会4月举行禁烟大运动,举大理院长徐谦为文牍部干事、广东省省长陈炯明为征求部干事、广东教育会长汪精卫为演讲部干事,并向全省96县发出函件,劝各县设立分会,先请各县县长担任提倡,并函各县绅商学各界协助县长进行。正因为该会与政界关系融洽,其附设之戒烟医院每月费用1000元,均由广东省审、检二厅烟案罚款项拨支。① 由于此后孙中山实行"联俄联共"的政策,在反帝的民族主义影响之下,万国拒土会在广州的分部却遭到撤除。② 单纯地从禁烟的角度而言,殊为可惜。

在山西省,1919年9月18日,山西拒毒会在太原召开成立大会。该拒毒会为地方禁烟组织,并非后来中华国民拒毒会的分会。该会邀请阎锡山担任名誉会长并出席成立大会做发言。阎锡山指出,"我国救亡之法非从禁烟拒毒入手不可"。会上发表宣言:"禁烟拒毒应如战阵勇士之拼命奋斗,……望我晋人士自本日起,便与鸦片断绝关系,并力拒毒以为全国禁烟之模范省。"③拒毒会是辅助政府禁烟的机关,太原设立拒毒总会,并在全省105县设立拒毒分会。各县拒毒分会积极开展禁毒工作,宣传禁毒思想。1924年中华国民拒毒会成立后,山西亦很快建立了分会。笔者判断,该分会应该是在原有拒毒会基础上整合而成,但与其他地区不同,山西省拒毒分会却名声不显。随着日内瓦国际禁烟会议的召开,山西社会各界和禁烟团体团结一致,结成山西国民拒毒运动联合会,共同带动民间禁烟活动。如1926年10月7日,山西国民拒毒运动联合会举行第三次全省拒毒大运动,邀请全省105县拒毒分会及各界人士在太原洗心社自省堂集合讲演,宣传禁烟禁毒。④

20年代初,在东北奉天(今沈阳市),商务总会、市政公所、基督教青年会、道德研究会等相互呼应,联合发起拒毒会运动,对内宣传鸦片及吗啡之毒

---

① 《创设广东万国禁烟分会》,《民国日报》,1922年3月29日。
② 谷光隆编:《東亜同文書院阿片調査報告書》,愛知大学東亜同文書院大学記念センター2007印,第300頁。
③ 《山西拒毒会成立大会纪实》,《来复》,1919年第77期,第15—17页。
④ 《第三次全省拒毒大运动》,《来复》,1926年第413期,第10页。

害,对外团结一致努力维持国家名誉,促进国际禁烟大会的开展。其主要活动有:(1)在各个店铺中悬挂各类旗帜,以示鸦片毒品灭国毁民之意。(2)联合各公共团体,共同努力开发民智。(3)利用报纸、杂志等各类通信言论机关,在国际禁烟大会上发起活动,设法通过相关法案,以便限制鸦片的种植及生产。(4)发动各个学校的童子军联合团体,在各省的军民长官、公署、议会张贴拒毒的公告,并在火车、轮船等所有交通机关上张贴警告文以便宣传鸦片之危害。(5)拍摄活动照片,或是上演舞台剧,进行实际宣传,并以该活动的成功为期,在1924年10月前设立的集会达到129个,随后又设立了30多个集会。在北方以哈尔滨青年会为中心,负责组织这些集会。

1924年9月,哈尔滨成立了拒毒会,各阶层纷纷响应。9月28日,哈尔滨全市各个团体及市民齐聚傅家甸滨江公园,在那里举行了拒毒演讲大会,与会者包括40多个公共团体以及1600余名市民,东北特区行政长官朱庆澜出席大会并讲演。该大会举办之后,拒毒会成员越发积极地举办各种活动。他们与军队合作,对吸食鸦片的居民及私贩鸦片的机构展开调查。与关税局和其他的官员一起,对车船内的走私犯以及附近的私种者进行追踪。与医药局、学校和其他各个公共团体保持联络,并用尽演讲、访问、报纸、杂志等方式开展拒毒相关活动。①

上述是北洋政府统治时期民众禁烟运动的一般概况。鸦片泛滥成灾,已成为国家衰败与民族耻辱的象征,在"亡国灭种"的民族主义语境之下,民众始终是禁烟运动中最基本的社会力量。"国家兴亡,匹夫有责"的观念深入人心,并成为国人政治参与的价值取向和行为标准,因此民众对禁烟运动的参与、监督便在某种程度上获得了意识形态的合法性。值得注意的是,在民众广泛参与的背后,始终未脱离禁烟社团的组织发动与推波助澜,这些活动在社会上均产生了很大的影响。只是由于中央政府名存实亡,各省军阀自行其是,民众拒毒运动虽然能够影响社会公众的态度,但无法改变军阀政府弛禁鸦片的严峻事实。

---

① 谷光隆编:《東亜同文書院阿片調査報告書》,愛知大学東亜同文書院大学記念センター2007印,第440页。